新注蟋蟀谱

孟昭连◎编著

天津出版传媒集团
天津人民美術出版社

图书在版编目（CIP）数据

新注蟋蟀谱 / 孟昭连编著. -- 天津 : 天津人民美术出版社, 2022.9
ISBN 978-7-5729-0350-2

Ⅰ. ①新… Ⅱ. ①孟… Ⅲ. ①蟋蟀－文娱活动－中国
Ⅳ. ①G899

中国版本图书馆CIP数据核字(2022)第048236号

新注蟋蟀谱
XINZHU XISHUAI PU

出　版　人：杨惠东
责 任 编 辑：李　慧
助 理 编 辑：孙　悦
技 术 编 辑：何国起　姚德旺
出 版 发 行：天津人民美術出版社
社　　　址：天津市和平区马场道150号
电　　　话：（022）58352900
邮　　　编：300050
网　　　址：http://www.tjrm.cn
经　　　销：全国新华书店
制　　　版：天津市彩虹制版有限公司
印　　　刷：天津海顺印业包装有限公司
开　　　本：889毫米×1194毫米　1/16
印　　　数：1-3000
印　　　张：27.5
版　　　次：2022年9月第1版
印　　　次：2022年9月第1次印刷
定　　　价：128.00元

个人简介

孟昭连，江苏省沛县人。1978年入南开大学中文系汉语言文学专业学习，先后获得文学学士、硕士学位。1987年留校任教，从事古代文学教学与研究。曾任文学院讲师、副教授、教授，文学专业博士生导师，现已退休。著有《中国小说艺术史》《白话小说生成史》《孟昭连〈金瓶梅〉研究精选集》《之乎者也非口语论》等文学、语言学著作，及《中国鸣虫》《中国葫芦器》《中国虫文化》等民俗学著作。

目录

绪　言

——论蟋蟀文化

蟋蟀是一种常见昆虫。《辞海》上是这样介绍的：“亦称‘促织’‘趋织’‘蛐蛐儿’。昆虫纲，直翅目，蟋蟀科。触角较体躯为长。雌性的产卵管裸出。雄性善鸣，好斗。种类很多，最普通的为中华蟋蟀，体长约20毫米。年生一代。以翅摩擦发音。干燥虫体入药，性温，味辛咸，有毒，功能利尿，主治水肿、小便不通等症。同科有油葫芦、大棺头蟋等。因均在地下活动，啮食植物茎叶、种实和根部，都是农业害虫。”作为一种自然科学的研究对象，蟋蟀并未引起昆虫学家的格外注意，大部分昆虫学著作谈到它的内容十分有限，而且毫无例外地将它作为一种农业害虫来论述，研究的是如何消灭它们。但是很奇怪，在民俗文化研究领域，蟋蟀却是一个人们常常提到的话题，而且它充当的角色是完全不同于在昆虫学著作中的。是的，在丰富多彩的民俗文化中，蟋蟀确实占着一个不可缺少的位置。两千多年来，这种本来十分普通的昆虫走进了人们的生活。有人畜养它，赏玩它；也有人吟咏它，歌颂它。人们为它而喜，为它而忧，因它而倾家荡产，由它而骤然暴富，并因此而演出了一幕幕悲剧、喜剧、闹剧。环视世界其他各国，似乎没有哪个民族像我们的祖先那样，为蟋蟀花费了那么多的心血；更没有像我们那样，居然积累起内容丰富的当然也是极具民族特色的“蟋蟀文化”。

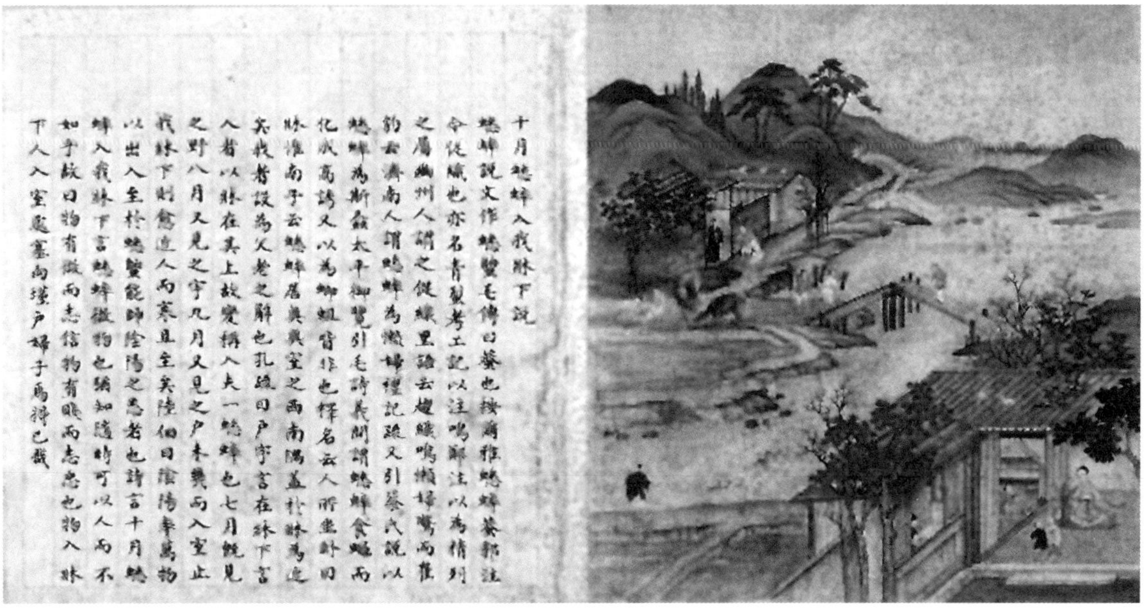

《诗经·豳风·七月》诗意图

一

宋 苏汉臣《百子图卷》中的斗蟋蟀

提到蟋蟀，首先让人想起的是斗蟋蟀的游戏。作为一项民俗活动，它已经有了一千多年的历史，而且现在仍然保持着旺盛的生命力。对于斗蟋蟀的是是非非，自古以来人们已经谈了许多，大多不外“玩物丧志”之类。但是我们要问，天下之游戏尽多，为什么独有斗蟋蟀千年不衰？天下之民族甚众，为什么只有我们才对这小小的虫豸情有独钟？我觉得这是一个很有研究价值的课题。也许，它反映了我们民族心理的一个侧面：崇尚自然，自得其乐，在对大自然的追寻中实现心灵的宁静和精神的愉悦。其实，以草木虫鱼为诗歌、绘画及其他艺术的题材，无不是为了这个目的；而这与我们传统文化中的一个重要组成部分——老庄思想又是有密切联系的。

根据目前掌握的资料显示，斗蟋蟀似乎是一项最先兴起于宫廷和上层社会的游戏。宋人顾逢在他的《负暄杂录》中记载，唐代天宝年间的长安富人已开始用珍贵的虫具畜养蟋蟀，用斗蟋蟀的方式进行豪赌，一掷千金。此前的王仁裕也记载，天宝间长安宫女养蟋蟀听鸣叫。唐玄宗是一个很会娱乐的皇帝，斗鸡走狗无所不为，斗蟋蟀始于此时的宫中和长安街市倒也在情理之中。不过对此我们还缺乏更多的证据，尤其是缺少实物方面的证明。比较准确的说法应该是，宋代确已有了斗蟋蟀游戏，并且很快就发展到相当规模。南宋姜白石的一首词里说，当时的杭州城里不但有斗蟋蟀的游戏，而且一开始就与赌博联系起来，所以蟋蟀的价格亦甚昂贵。按理说，斗蟋蟀赌注极大，只有富家子弟才有资格玩这种游戏。其实不然。作为一种游戏，斗蟋蟀并不为富人所专有，穷人也以之取乐。西湖老人曾在他的《繁胜录》里记载了宋代杭州城的胡同里斗蟋蟀的热闹场面。有意思的是，当时杭州城周围的农民纷纷捉蟋蟀到城里来卖，根据斗性的强弱确定价格的高低。还有人专卖用来畜养蟋蟀的各种笼具，并出现了专以驯养蟋蟀为业的所谓“闲汉”。由此可知南宋的斗蟋蟀活动已发展到相当规模，已然成为一项社会性很强的娱乐活动。

宋代有一幅署名苏汉臣的《百子图卷》，现藏美国大地博物馆。此画引起我们注意的不仅在于它是一幅蟋蟀题材之作，而且还直接表现了宋代斗蟋蟀的情景，对我们认识古代斗蟋蟀的历史是有很大价值的。关于此画的真伪，可能还存在着争议，如果确为苏汉臣的作品，确能为我们认识宋代的蟋蟀文化，提供相当全面的帮助。苏汉臣，宋宣和、绍兴两代画院待诏。此画题为“百子”，顾名思义，应该是表现一百个儿童的题材。不过我们所见到的画面只有七个男女幼童，其中一个前半身在画外，只有后半身在画面内，似乎正在抓蟋蟀。另六个幼童围在一起，有蹲有坐，一个趴在地上，一个站在别人身后。地上摆着几个蟋蟀罐，和一个方形器物，可能是用来比蟋蟀大小的比笼。一童正手执斗栅，半蹲着往打开的蟋蟀盆里倒蟋蟀，好像是刚斗完的样子。其他几个小童都专心致志地看着他手中的动作。与他相对的小童坐在地上，手里紧紧地捂着一个蟋蟀罐的盖子。相邻的另一童则用胳膊肘支在蟋蟀罐上。趴在地上的小童手托左颊，一副悠然自得的神情。背景是一片树林，林中有竹子、芭蕉、假山，斗蟋蟀的场面就是在林前的空地上。曾有人把此画称作“秋庭童戏图”，从背景上看，斗蟋蟀的地点更可能是某富人的后花园。这幅画的重要性在于，它不是像前代的草虫画那样，只把蟋蟀、草虫本身作为表现对象，而是以可视的形象生动表现了斗蟋蟀这一社会现象，所以它的认识价值要比一般草虫画大得多。比如说有关斗蟋蟀活动的起始，到底是在什么时候，《负暄杂录》说是在唐代，但没有更多的史料予以说明，很难说是准确的。那么是否在北宋呢？也没有十分可靠的证据，只有明代沈德符的《万历野获编》提到有所谓“宣和盆”；既然宣和年间已经有蟋蟀盆，那么斗蟋蟀活动自然应该出现在此时或更早。除了这条孤证，我们一直缺乏有力的证据，说明北宋时斗蟋蟀已成为我国民间的一项娱乐活动。现在有苏汉臣的这幅画，问题就解决了，说明斗蟋蟀在北宋不但已经出现，而且已经发展得十分成熟，这一点只要看一眼《百子图》的画面，就很清楚了。当然，苏汉臣是由北宋入南宋的遗民，他这幅画反映的可能是南方生活，画面中的竹林、芭蕉似乎也说明更可能是南方，这时已经属于南宋。不过这只能说明，斗蟋蟀可能首先兴起于南方，北宋时期的典籍还没有注意到南方人的这一有趣的游戏；但当京城迁到杭州以后，人们开始为这项奇趣横生的活动所吸引，并且在各种记述中屡屡提到它。

斗蟋蟀在历史上是极得最高统治者青睐的，有两个名字大家耳熟能详，即南宋的“蟋蟀宰相”贾似道和明朝的“蟋蟀皇帝”朱瞻基。一位宰相，一位皇帝，却冠之以蟋蟀之名，可见不是一般的玩家，而是地地道道的蟋蟀迷了。也因此，斗蟋蟀的名声愈加不妙，不仅是“玩物丧志”，而且还成为害民亡国的代名词。《宋史》载外敌入侵，襄阳被围的紧急关头，贾似道置国事于不顾，竟然还在“与群妾踞地斗蟋蟀”，第一次把南宋的灭亡与斗蟋蟀间接地联系起来。后来清代王应奎的《柳南随笔》，亦记明末的军中将领马士英斗蟋蟀，并感叹“蟋蟀一物，既亡宋又亡明矣。”其实，这都是耸人听闻的臆说。试想，国家的强弱兴亡，有多方面因素，也不是短时间内所能造成的，将之归罪于小小蟋蟀岂不荒唐！这不过是不懂政治的文人们的迂儒之论罢了。娱乐活动并不分阶级，斗蟋蟀更是老少咸宜，贵贱皆可，并不是统治阶级的专利。事实上，明清两朝玩蟋蟀更多的是普通老百姓。明代袁宏道记北京城里“瓦盆泥罐遍市井皆是”，刘侗云“斗盆筒罐无家不贮”，又有诗云“风露渐凄紧，家家促织声”，可见斗蟋蟀同时也是一项群众性很强的活动。再至后来，斗蟋蟀还成为一些文人雅士们消闲遣兴的形式。

蟋蟀之所以成为文化，并不仅仅表现在它是一项社会性的娱乐，更主要的表现在它为我们积累下丰富的文献资料，不但使我们从中可以了解有关蟋蟀的知识、斗蟋蟀的技巧，还能了解几百年前的民风民情及至民族心理，也就是说，这些蟋蟀文献中包含丰厚的民俗文化内容。比如，贾似道为政的功过我们所知不多，也可以略而不论，但他写下了我国古代第一部研究蟋蟀的专著《促织经》，实在为蟋蟀文化的发展奠定了基础。众所周知，我国古代的自然科学算不上发达，由于受到诸如“五行说”之类观念的影响，对自然界事物的观察常常是唯心的。比如古代对昆虫的观察就出现过“化生说”，认为昆虫与昆虫之间，昆虫与其他动物之间，甚至昆虫与非生物之间，都可以在一定条件下相互转化，并为此演绎出很多奇奇怪怪的故事和传说。但蟋蟀与蚕好像是两个例外，我们的祖先对这两种昆虫却进行了长期的堪称科学的研究，不少结论即使今天看起来仍然是十分准确的。蚕是与人们生活密切相关的昆

宋 无名氏 《蟋蟀图》

虫，人们在长期的生产和生活中进行了大量的观察研究，得出科学的结论是可以理解的。怪的是，蟋蟀与人们的生活并非息息相关，而对蟋蟀的研究却是我国古代昆虫学中最细致也是最成功的。何以如此说呢？不妨以贾似道的《促织经》为例。这部一万余字的著作从形、色、胜、养、斗、病几部分入手，对蟋蟀的方方面面进行了详尽的论述。例如蟋蟀的体色，贾似道分为青、黄、红、紫、黑、白；而红又分为真红、水红，青又分为真青、深青、淡青、紫青、灰青、虾青、蟹青等，黄分真黄、红黄、紫黄、深黄、淡黄、狗蝇黄等，并且还发现了蟋蟀的体色与其斗性是有一定联系的，提出“白不如黑，黑不如赤，赤不如黄”的说法。再如虫具问题，古人认为畜养蟋蟀最好的虫具是陶盆，为什么呢？因为蟋蟀自古被称作“阴虫”，喜阴暗潮湿，过于干燥对其生长发育不利，只有用陶盆才符合其生活习性。至于斗蟋蟀时的指挥技巧，就更令人叹为观止了。《促织经》的出现，说明南宋斗蟋蟀游戏不但已经非常普及，而且养斗技巧已经达到相当高的水平，脱离了早期的质朴状态，开始由简单的“游戏”向“艺术”过渡；书中表现出来的理论特征，说明它正在形成一种特殊的文化形态。畜养玩斗蟋蟀的技巧至明清两代又有了很大的发展，有关蟋蟀的经谱也出现很多，内容也愈益丰富，使蟋蟀文化的积累具备了相当的规模。

值得一提的还有，随着斗蟋蟀活动的发展，蟋蟀罐等虫具的制作工艺也逐渐成熟，并使它由一种单纯的实用工具，变为极其精美高雅的艺术品。这些罐的制作除了为适应蟋蟀的生活习性而注意它的质地、大小、厚薄、深浅外，还极讲究在式样、图案方面的多样和美观。就质地来说，有陶、瓷、玉、石、雕漆、戗金、缸釉；工艺技术由宋至明，愈加精湛。其中明宣德年间所造谓之“宣德罐”，最为珍贵，至万历年间就已经很难得，被玩家视为珍宝了。宣德盆为苏州所造，李诩《戒庵老人漫笔》称其“镂雕人物，妆彩极工巧”。据传宣德皇帝御用的一具戗金盆，声名最著，价值连城。清初诗人吴伟业曾作诗以记之，中有“戗金髹漆隐双龙，果厂雕盆锦香褥”之句。现在还有少量明宣德罐存世，皆为澄泥精工制作，造型端庄，花纹图案龙腾凤舞，质地细腻滑润，古朴雅致，显示出极高的工艺价值。明清艺人为此付出了辛勤的劳动，像明代的邹家、万礼张及清代的赵子玉、杨彭年等，亦是名闻遐迩的制罐名家，他们为蟋蟀罐登上大雅之堂，最后成为一种独特的工艺品，作出了自己的贡献。

二

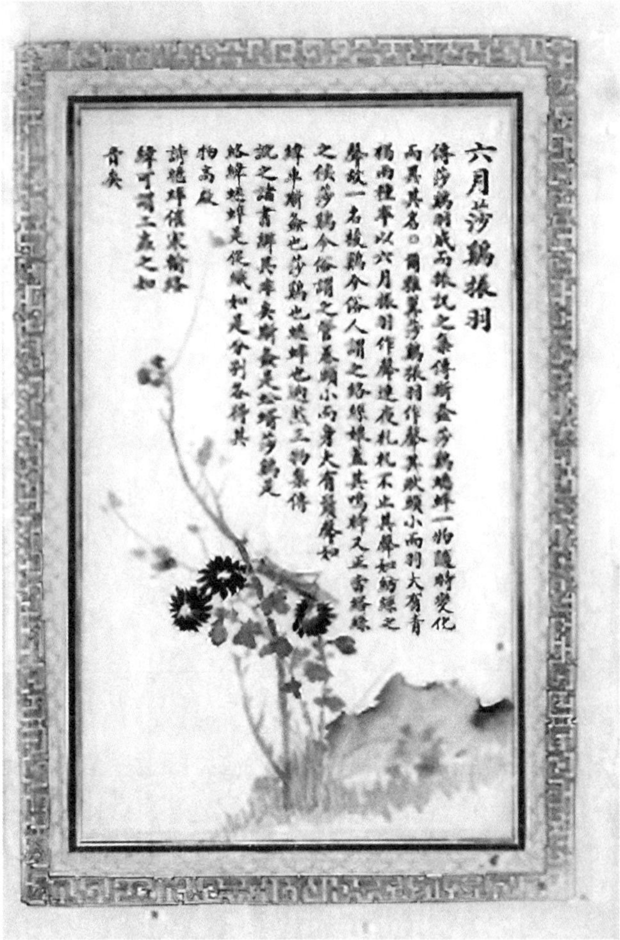

《毛诗品物图考》“六月莎鸡振羽”

蟋蟀还曾经是无数骚人墨客吟咏的题材，令古往今来多少多情的读者愁肠寸断！蟋蟀入诗，比斗蟋蟀游戏的产生要早得多，在两千多年前的《诗经》里就已出现了对蟋蟀的描述。如《豳风•七月》：“五月斯螽动股，六月莎鸡振羽，七月在野，八月在宇，九月在户，十月蟋蟀入我床下。”最后一句是说随着天气渐冷，蟋蟀开始由野地进入庭院。《唐风》中还有一首诗题目就叫作《蟋蟀》，诗中说：“蟋蟀在堂，岁聿其莫”“蟋蟀在堂，岁聿其逝”“蟋蟀在堂，役车其休”。大意是说，蟋蟀已经来到我的家，日月过得是如此之快，还是让我们尽情享乐吧。蟋蟀在这两处都是标志时令，说明已经到了一年之末。

后来的咏虫诗中，有不少是吟咏蟋蟀的。如晋代卢谌的《蟋蟀赋》：“何兹虫之资生，亦灵智之攸援。享神气之分眇，体形容之微换。于时微凉既成，大火告去，玄乙辞宇，翔鸿南顾。风泠泠而动柯，露零零而陨树。日转景而西颓，汉回波而东注。厉清响于干霄，激秋声以迄曙。”不过作者在这里只以客观的笔法写出蟋蟀的生成与生活习性，尚缺乏深刻的寓意。在大部分咏蟋蟀诗里，蟋蟀的鸣声最受诗人注意。与蝉的高亢鸣声相比，蟋蟀之鸣声似乎更具悲凄幽怨的特色，故在古代诗人的笔下，蟋蟀的鸣声都是悲音，蟋蟀的意象是表示悲愁伤感。如唐代张随《蟋蟀鸣西堂赋》：“若夫八月在宇，三秋及门，清韵昼动，哀音夜繁。潘生感而增思，宋玉伤而断魂。”李子卿《听秋虫赋》：“轻扬飒而韵合，残溜泠而响聚。陇水咽而应然，峡猿啼而何取。由是知悲秋者自此生兴，感物者因兹为主。则有三年逐臣，千里远客，乡路何处，君门且隔。吟泽畔之风秋，卧江皋之烟夕。逆旅愁听，鸣蛩四壁；欲解寒衣，萧然泪滴。……”写人们一到深秋季节，听到蟋蟀的鸣叫，便会引起伤感之情。为什么鸟语花香使人精神愉快，而蟋蟀的鸣声却那么令人伤感呢？李子卿在赋中有一个很有意思的解释：“且虫声也无端，人之听也多绪。亦由心羁者多感激，志苦者易凄楚。”这个解释无疑是对的。蟋蟀并没有感情，不懂得喜怒哀乐，鸣叫是它的自然属性，并非因为有什么伤心事。每当夏去秋来，黄叶随着寒风落地，蟋蟀们的鸣声四起，总会引起多愁善感的人们的无限忧思。放逐之臣会想起昔日的荣华富贵而倍感沮丧，孤守空床的思妇会想起飘泊远方的丈夫而更觉孤苦，失恋的男女会想起热恋的时节而愈益悲伤。蟋蟀的这种感人力量其实并非来自其本身，而是因为与之紧密相联的季节——秋天。古代诗歌中有一类悲秋的题材，专写秋天的景物给人带来的伤感之情。秋天万物凋零，象征着生命的终结，一草一木都会引起人们的伤感之情，而蟋蟀的鸣叫恰在此时。如果说早秋的蟋蟀的嘹亮叫声尚能给人以美感的话，那么晚秋蟋蟀时断时续、略带颤音的鸣叫，确显得有气无力，给人以如泣如诉的感觉，难免让人思绪万千。让我们再看杜甫的《促织》诗："促织甚微细，哀音何动人。草根吟不稳，床下夜相亲。久客得无泪，故妻难再晨。悲丝与急管，感激异天真。"诗中写作者久客在外，思亲的泪水早已流干，但当听到床下成对的蟋蟀发出的鸣声，似乎又看到妻子夜不成寐的情景。王龙起的《寒蛩》诗写得尤为动人。诗中的思妇孤守空床，在灯火如豆的冬夜里听到蟋蟀的鸣声，勾起了对远游他乡的丈夫的思念，辗转反侧，难以成眠，只好起身步入中庭，面对长空皓月，凭栏细听，但除了满耳的虫鸣和叮当的铁马声，她什么也没有听到，徒增了忧伤和凄凉！

大部分类似的咏蟋蟀诗尽管动人，诗中抒发的多为作者个人的情感，情调较为低沉，但也有少数诗篇着眼于封建社会劳动人民的悲愁，以蟋蟀之声表现劳动人民的感情，并寄托自己的同情之心。如唐张乔："念尔无机自有情，迎寒辛苦弄梭声。椒兰金屋曾何织，偏向贫家壁下鸣。"（《促织》）蟋蟀鸣如机杼之声，故有"促织"之名。自古民间就有"促织鸣，懒妇惊"之说，谓蟋蟀鸣叫有催女功之作用。诗人对鸣叫的蟋蟀发出了质问："你们为什么偏偏跑到穷人的壁间催促'快织，快织'，富贵人家的女子为什么不织？"对贫富的差别、剥削和被剥削现象表示不满。宋王令《闻促织》："衰草风来响不知，破窗灯灭月藏辉。白头老妇无机织，卧听邻儿慢捣衣。"诗中的白发老妪处境更悲惨，她穷得甚至连一台织机也没有，只好在一个昏暗的夜晚，躲进破屋里早早睡下，任蟋蟀到处鸣叫，她只有卧听邻家洗衣声的权利啊！岳珂《蛩》："春蚕缫茧白如霜，机妇停机待天凉。井蛩一夜秋已至，寸丝千结萦柔肠。催租吏嚣翁媪怒，裘葛未成心转苦。篝灯促织永夜忙，悔杀比邻日长语。"诗中写秋日的蟋蟀已经鸣叫起来，蚕农尚未将蚕丝织成绸帛，官府已派催租吏喧嚣着逼上门来，一对老夫妻还没有尝到丰收的喜悦，心中便已充满了悲苦。老妇一边点灯赶紧织布，一边还在心里埋怨白天和邻人闲话，耽误了宝贵的时光。这首诗与白居易的《卖炭翁》表达了相类的主题。

蟋蟀的意象当然不完全是悲切，也有趣味横生的咏蟋蟀诗。由于民间斗蟋蟀和畜养鸣虫活动十分活跃，理所当然地也引起诗人的注意。南宋词人姜白石有一首《齐天乐•赋蟋蟀》，序中已提到斗蟋蟀在当时是一件很普及的民俗活动。不过他的这首词的正文仍然从蟋蟀的鸣声着笔，并没有描写蟋蟀的争斗的场面。明代诗人高承埏有一篇《蟋蟀赋》，对蟋蟀的养斗描写得十分生动。如他写两虫相斗的场面："招朋偕侣，消暇乘闲。依稀乎命帅出境，仿佛乎拜将登坛。赌以玉麈，注以金钱；东西对列，左右旁观。策之以草秆，鼓之以笑喧。其形昂若，其

小儿斗蟋蟀

声喑然。见形而斗志遂起，闻声而雄心各前。张牙耀刃，竖须矗竿；挺翼直接，拔足争先。一进一退，载合载旋。形势既陈，步伐不愆。或佯输而乍走，或凝立而持坚。颉颃既久，雌雄乃殊。负者敛形却窜，捷者凌势长驱。余声不绝，胆气犹粗。逞雄骄于顷刻，变胜败于须臾。盖不离方寸之地，而若开八阵之壮图。莫不扬声赞彩，抵掌谐呼。”作者怀着浓厚的兴趣描绘了蟋蟀相斗时的激烈场面以及围观者的热烈气氛。两只小虫虽为微物，似通人意，在方寸之地进退有据，攻守有致；忽昂首而向前，顷仓皇已逃窜，在众人的赞彩谐呼中演出了一场有声有色的战斗。王醇《促织》诗写小儿夜捉蟋蟀的稚态：“风露渐凄紧，家家促织声。墙根童夜伏，草际火低明。入手驯难得，当场怒不平。秋高见余勇，一忆度辽兵。”三四句尤其生动，小儿夜伏墙根草丛之中，不顾蚊虫叮咬，专心致志地捉蟋蟀，憨稚之态似在目前。同时代的诗人顿锐的《观斗蟋蟀》也写出了蟋蟀在战场上的雄姿：“见敌竖两股，怒须如卓棘。昂臧忿塞胸，彭亨气填臆。将搏必踞蹲，思奋肆凌逼。既却还直前，已困未甘踣。雄心期决胜，壮志冀必克。依稀触与蛮，蜗角并开国。人生亦类斯，隙驹争得失。”作者以拟人的笔法写出蟋蟀的剧烈争斗，并由虫及人，认为在短暂的人生旅程里，为蝇头小利争得患失，其实都无谓得很，表现了作者对人生的超然态度。可以看出，同为咏蟋蟀之作，有的是悲悲切切，充满伤感的情调；而在另外一些诗人手里，则又变得威武雄壮，奇趣横生。可见蟋蟀作为一种普通昆虫，本无忧喜勇怯可言，它的鸣叫也好，格斗也罢，都只不过是它的自然之性，但到了文人的手里，却成了感情的寄托物，其实不过是文人“自作多情”罢了！

三

蟋蟀等草虫之入画也有悠久的历史，后来逐渐发展为草虫画一派。据《吴录》："曹不兴善画。孙权使画屏风，误笔落点素，因就以作画。权以为生蝇，举手弹之。"曹不兴是三国时的著名画家，他在落墨上稍加点染，即成一幅栩栩如生的蝇图，可见绘画技巧之高。不过事实上，草虫入画比这还要早得多，或许从绘画产生时就已经出现了草虫图。已经发现的古代崖画、陶器、钟鼎器的饰纹中，都可以发现昆虫的形象，如鼎器中的蝉纹、蝉形的玉饰等；而在春秋战国及秦汉时期的服饰、壁画中，草虫的形象就更为常见了。现在所见最早的蟋蟀入画是在五代黄筌的《写生珍禽图》中，此画似为习作稿本，平列各种鸟雀草虫及龟类20余种，个个逼真，栩栩欲活。草虫除了蟋蟀，还有蜂、蝉、飞蝗、蚱蜢、天牛等，极精细准确，用色浓淡相宜，可谓创工笔草虫画之高峰。

清代末年还有一幅画值得我们再次注意，它就是刊在《点石斋画报》上的一幅描写清末上海斗蟋蟀的绘画作品。这幅以石版印刷的画生动地展示了清末上海斗蟋蟀的热闹场面。斗场安排在一个豪华的公馆里，或许就是个专门会斗蟋蟀的斗场。透过打开的窗户，可以看到窗外亭子、假山及小桥流水，风景秀丽。墙上靠着的百宝格里排放着各种蟋蟀罐，另一面墙壁上挂着的一面八角形西洋挂钟，说明这时正是海禁初开的清朝末年。窗下是一张条案和桌椅，上面都摆着式样各异的蟋蟀罐。条案后站着一位身穿长袍马褂的长者，手边放着纸笔，似在为来会

近代上海的蟋蟀斗场

齐白石 《蟋蟀罐图》

斗的客人签到。有主仆二人正向主人施礼，似乎已经斗完，正要离去；仆人手里提着装蟋蟀罐的提盒。另有主仆二人正从门外进来，仆人手里提着用花布包着的东西，显然是蟋蟀罐。在厅堂的中间，一张八仙桌前正展开蟋蟀的激斗。十余人围在桌前，盯住斗栅观看。有的手执芡草，有的伸手指指点点，一派兴趣盎然的样子。桌子上的斗栅是方形的，旁边放着一只过笼。整个画面上的人物众多，神态各异，但无不与斗蟋蟀相联系，真实生动地反映了清末上海的斗蟋蟀之风。

近世草虫画的大家，当推齐白石为首。齐白石一生作品无数，最多的就是花鸟草虫画。他尤喜画蟋蟀、蝈蝈、螳螂。他有一幅《豆角蟋蟀》，草草几笔画出豆角的花叶枝蔓，架下有十八只神态各不相同的蟋蟀，有的正在寻找战斗的对手，有的双须相接已做好战斗的准备，有的则已在激烈地厮咬，败者慌忙逃窜，胜者在后猛追；还有两只远远地躲在豆叶下，正在眺望同伴们的游戏。整个画面生气盎然，洋溢着一股天真烂熳的气氛，极富自然情趣。表面上看，似乎是写实，实际上却是以浪漫主义的手法表达画家对自然的情怀。因为，自然界中的蟋蟀，如果没有人的挑逗，是不会自己格斗起来的。

如果说齐白石的蟋蟀和草虫洋溢着天然机趣的话，那么以画人物为主的当代画家范曾笔下的《促织》则充满着激情与思想。范曾的人物画具有独特的风格，有人评价说是“画中无景，心中有景”，画面上并无任何背景，只以人物的神态动作表现深刻的思想。他多画神话人物和历史人物，无论是专事捉鬼的钟馗，还是高歌“大江东去”的苏东坡，眉宇间洋溢着一种不可遏制的豪气，显示着盖世英雄的本色。即使是面壁十年的达摩和悠然出关的老子，在静若潭水的神态背后，心中似亦有无限的烟波。范曾对蒲松龄的小说《促织》情有独钟，认为作品“情愫感人至深”，所以曾几次以《促织》为题作画。其中一幅即以小说故事为题材，表现成名父子在悲剧发生前的平静的生活。画面中的小童正手执芡草，引逗罐中的蟋蟀，父亲在旁观看，满脸安详之态，让人真切感受到父子二人的平和心境。如果我们再联想小说的悲剧结局，就会进一步想到，在这宁静的画面后面，实际上隐含着画家一颗愤怒的心，也就是对悲剧制造者——封建统治阶级的切齿仇恨。另一幅《促织》是写二童围坐罐前，以蟋蟀为戏，表现他们的赤子之心。但实际上，根据作者的题识，这幅画的主题是以童心反衬“窃画伪造者”的“鄙陋”之心，表达作者的痛恨心情。也就是说，在范曾的笔下，是以蟋蟀表现某种心境、精神和思想，而非蟋蟀本身，这与齐白石的蟋蟀草虫画是截然不同的。

四

历史悠久的斗蟋蟀习俗，构成了中国传统文化中一个很奇特的现象，把它称作“蟋蟀文化”是不是过分了一点呢？一点也不过分。说它是一种文化，是因为它由最初的一种自然现象，逐渐演变为一种社会现象和文化现象，积累起十分丰厚的内容，在多种领域（尤其是社会民俗和文学艺术）里造成了深刻的影响。因此，蟋蟀文化也引起了民俗研究者乃至昆虫学家们的注意是不奇怪的。近一二十年来，适应市场的需求，出现了不少介绍蟋蟀养斗知识的“新谱”之类的著作，大多在抄缀古谱的基础上又加以个人心得而成，但毕竟受到蟋蟀爱好者的欢迎。作为文化水平不高的蟋蟀爱好者，他们希望看到通俗易懂的普及读物，提高自己的养斗技巧，这是各类“新谱”畅销的主要原因。但另一面，作为一种文化的研究，仅仅保持在这个水平上还不够，还需要往更深更广的层面扩展。比如说，对中国斗蟋蟀的悠久历史加以勾勒，探讨蟋蟀文化的成因，在整个中国传统文化的背景下，看蟋蟀文化与其他学科的联系，等等。应该说，在这方面还有很多工作要做。有些研究者已开始这方面的工作，也取得了一些成绩。笔者不揣浅陋，近些年也忝列蟋蟀文化研究之列，先后编著出版了《蟋蟀秘谱》《中国鸣虫与葫芦》《中国虫文化》，并发表了一系列昆虫文化研究方面的文章，力图将蟋蟀文化的研究系统化，并得到民俗学、昆虫学研究领域的专家们的赞赏和鼓励。更为可喜的是，从文化的角度研究蟋蟀，研究昆虫，不仅受到民俗学家的注意，近年也成为昆虫学研究的新领域。由于传统上不同学科的隔阂，昆虫与文化基本上是不搭界的。但随着科学研究的发展，不同学科的交叉和渗透已势在必行。传统昆虫学很少注意昆虫在文化上的表现，反而是民俗研究者们对此更感兴趣。近些年，这一倾向已有所改变。事实上，国外已形成一个新的学科——文化——昆虫学，并发展为昆虫学的一个重要分支。我国在这个领域的研究应该说才刚刚开始。20世纪80年代，老一辈的昆虫学家周尧先生就曾发表《昆虫与中国文化》的文章。也有的昆虫学家开始注意昆虫与文学艺术、民俗风情的关系。昆虫文化研究（或曰文化昆虫学）与传统昆虫学有什么不

范曾《促织》

作者历年有关中国虫文化的著作

同？上海昆虫研究所的金杏宝博士说：“作为昆虫学者，我更感兴趣于通过对中国虫文化的探讨，了解人类与昆虫共存互利的历史，改变人类的‘昆虫即害虫’的偏见。”（选自与作者的通信）我以为此话在一定程度上道出了昆虫文化的本质。是的，我们不要再把昆虫作为敌人，而是作为朋友来看待，深入探讨人与虫共存的历史，虫对人类文明造成的深刻影响，这就是我们的任务。确实，由于我们长期把昆虫与害虫画等号，所以总是将昆虫与农业、经济紧密地联系在一起，而与文化似乎无缘。现在是改变这种观念的时候了。金博士近年应邀为美国《文化昆虫学》杂志撰文，全面介绍我国古代的蟋蟀文化及当代中国文化昆虫学研究状况。这对于国外学者了解刚刚起步的中国昆虫文化研究是有意义的。她的新著《中国市场常见鸣虫》既有民俗文化的趣味，更具自然科学的严谨，是昆虫学者进行昆虫文化研究的成功尝试。北京农业大学的昆虫学博士彩万志，在一次全国昆虫学研讨会上提交了论述昆虫与我国传统节日的论文，他在参加编写的《观赏昆虫大全》一书中撰有“昆虫文化赏趣”一节。这些情况说明，包括蟋蟀文化在内的中国昆虫文化的研究正在深入，正在朝更科学、更理论化的方向发展，而不是停留在要么是影印古人著作，要么是回忆自己捉蟋蟀的经历的低水平上。我相信，昆虫学与民俗学的结合，将使我国的蟋蟀文化研究提高到一个更新的水平。

第一卷 论赋

论　　赋

一、概　述

蟋蟀是一种极其普通的昆虫，可是它在古代人们的生活里扮演着极重要的角色，在一千多年的历史中充当了人们的精神娱乐品，上自王公大臣，下至走卒贩夫，有那么多的人对这小小的虫子满怀着热情，倾注了心血，被它迷得如醉如痴，似癫似狂。我们在前面已经提到，蟋蟀竟能发展成一种文化，这在世界其他国家简直是不可想象的。那么这里究竟有什么奥妙呢？我们在这部分辑注的前人有关蟋蟀的论述，对解开这个谜肯定是有帮助的。自从《诗经》开始，蟋蟀及其他昆虫便频繁地出现在历史记载中、哲学著作里，尤其是文学作品里，不断地受到人们的论说和吟咏。最早它不过是作为节气和时令的标志，渐渐地它的鸣叫声受到人们的注意，更多地成为人们抒情的借代物。后来它又被人们发现具有“三德”或“五德”，一度成为伦理道德的“楷模”，并被赋予政治含义。不过最为人们称道的当然还是它的无畏的斗志和高超的争斗技巧。是的，大自然中还有像它那样在强敌面前毫无畏惧，不惜以死相拼的勇士吗？它的

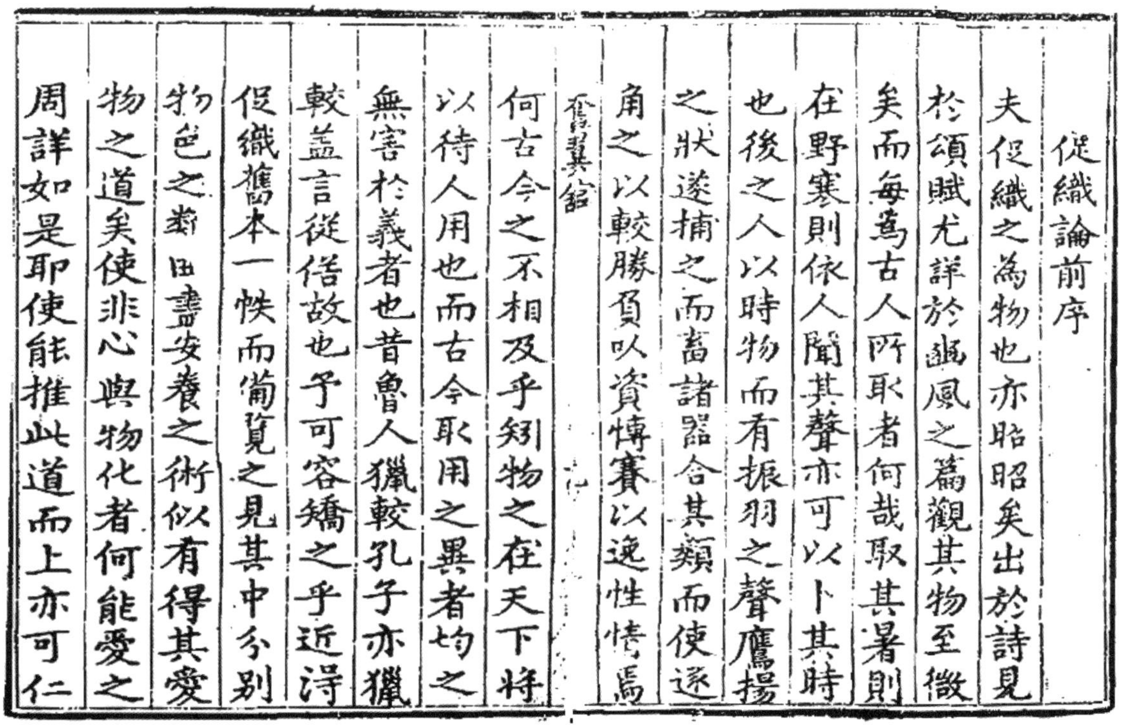
促織論前序
夫促織之為物也亦昭昭矣出於詩見
於頌賦尤詳於豳風之篇觀其物至微
矣而每為古人所取者何哉取其暑則
在野寒則依人聞其聲亦可以卜其時
也後之人以時物而有振羽之聲鷹揚
之狀遂捕之而畜諸器合其類而使逐
角之以較勝負以資博賽以逸性情焉
奮翼其鋭
何古今之不相及乎矧物之在天下將
以待人用也而古今取用之異者均之
無害於義者也昔魯人獵較孔子亦獵
較蓋言從俗故也予可容矯之乎近得
促織舊本一帙而備覽之見其中分別
物色之勢由畜安養之術似有得其愛
物之道矣使非心與物化者何能愛之
周詳如是耶使能推此道而上亦可仁

明本《重刊订正秋虫谱》“促织论前序”

这种精神多么容易让人想起征战沙场、为国为民而捐躯的历代英雄啊！其实，也正是它的这种斗争精神才吸引了千千万万的爱好者，使人们得以在平和轻松的气氛里，于方寸之地体会到战争的乐趣。玩斗蟋蟀虽然只是一种娱乐，可是它对人们的影响，它给予人们的，早已超过了单纯的娱乐。从下面的前人论述中，首先我们体会到的是，人们为它花费了多少精力！可以这么说，虽然我国古代的自然科学不算十分发达，比如说对昆虫的研究总体来说算不上系统和理论化，可是蟋蟀却是个例外，即使从自然科学的角度来看，对它的全面认识确实也已经达到了相当高的水平。至于说前人从文化角度对蟋蟀的认识，内容就更丰富了。读了前人的这些论述，相信读者对蟋蟀这种小昆虫，对它作为一种游戏，对它作为一种文化，都会有新的认识。

本卷汇编了前人有关蟋蟀的序论及部分诗赋。所谓“序论”大多是古代蟋蟀经谱的序跋，也有的是出自其他著作，主要内容是勾勒古代斗蟋蟀的历史，从正面论述这项民俗活动的意义，也有的是抒发对蟋蟀的一往情深。这些论述的作者大都是当时的文人，有的还是很有名的文人。从中我们可以看出斗蟋蟀活动在历史上曾经形成的影响。在中国古代的诗词歌赋里，以蟋蟀为题材的作品很多，但大多是吟咏蟋蟀的鸣声，抒发作者悲怨情感的。我们在这里只辑录了与斗蟋蟀有关的部分作品。这些作品描述当时斗蟋蟀的热烈场面，十分生动形象，可以说是一部形象的斗蟋蟀史。另外，对蟋蟀斗技的描写，也相当生动活泼。

二、序　论

◎ 促织论前序

夫促织之为物也亦昭昭[1]矣，出于诗[2]，见于颂赋[3]，尤详于《豳风》[4]之篇。观其物至微[5]矣，而每为古人所取[6]者，何哉？取其暑则在野，寒则依人，闻其声亦可以卜其时[7]也。后之人以时物[8]而有振羽之声，鹰扬[9]之状，遂捕之而畜诸器，合其类而使逐角之，以较胜负以资博赛[10]，以逸性情焉。何古今之不相及乎？矧物之在天下将以待人用也[11]，而古今取用之异者，均之无害于义者也。昔鲁人猎较，孔子亦猎较[12]，盖言从俗故也，予可容矫[13]之乎？

近得促织旧本一帙而备览之[14]，见其中分别物色之类[15]，曲尽安养之术[16]，似有得其爱物之道矣。使非心与物化者[17]，何能爱之周详如是耶！使能推此道而上，亦可仁民[18]矣。余因所感，遂得复增己见，赠以诗词若干，佥梓以锓，用彰不朽。兹古人感物之智不拂，而后人爱物之心不废，虽非有裨于治道[19]，亦可以资格物之学[20]也，是何伤于义哉！予因序诸篇首，后之君子览之，请勿见哂[21]焉。

（明本《重刊订正秋虫谱》）

【注释】

(1)昭昭：明亮，显明。这里是指蟋蟀很有名气。(2)诗：指《诗经》，因《诗经》中最早写到了蟋蟀。也可以理解为泛指一切诗，以与下句的颂、赋相对。(3)颂赋：颂和赋是古代的两种文体，有不少吟咏蟋蟀的题材，如晋代卢谌的《蟋蟀赋》等。(4)《豳风》：指《诗经》中的《豳风·七月》。此篇中有“十月蟋蟀入我床下”之句。(5)至微：非常细小微贱。(6)取：有可取之处。这里是指古人常在诗赋里吟咏蟋蟀。(7)卜其时：知道时令的早晚。卜，测知。时，时令、节气。(8)时物：合于天时之物。这里是指蟋蟀总是随着一定的节气出现和消失。(9)鹰扬：像雄鹰展开双翅飞翔一样，喻威武的气势或大展雄才。(10)博赛：指用斗蟋蟀来赌博。(11)这句是说自然界的万物都是由人来利用的。(12)猎较：此语出自《孟子》：“孔子之仕于鲁也，鲁人猎较，孔子亦猎较。”猎较，古代鲁国的风俗，人们在打猎的野外争夺猎物，以作祭祀之用。(13)矫：纠正。这句话的意思是说，斗蟋蟀已成为人人都喜欢的风俗，我哪里又能改变它呢？(14)一帙：一卷，一本。备览：全都看了。(15)分别：区分辨别。物色：指蟋蟀的体形体色。(16)曲尽：用曲折的笔法写尽。安养：静养。(17)心与物化：是指把自己的心思都用在蟋蟀的身上。(18)仁民：对人民施行仁政。这两句话是说，如果把对待蟋蟀的这一番热心用到人民的身上，也就算是仁政了。(19)裨：益处，好处。治道：指治理国家的方法。(20)格物之学：认识世界万物的学问，格物，推究事物的原理。(21)哂：笑话，讥笑。

◎ 破俗说

尝见人之好养促织者，□□□动志殷殷，始则用计捕之，终则尽术养之，□□而暮□□□□而□不吝，虽妻子恩爱，有不足以方其珍□□□□□哂之，每是旁人之非也。及友人者□□□□□□而决其雌雄，乃见其张牙鼓翼，有奋不顾身之忠，有争先搏敌之勇，有委屈诱敌之智，然后知人之好之者，其物之所以动人乎。以缈缈之躯，备乎忠、勇、智三德，而不好者非夫也；昔是傍人之非，殊谬矣。矧清秋寥落之天，聚知己斋头，命将出师，笑谈灭虏。不唯责其建功立业，而且借之乎怡养性情，遣其寂寞，较之一搏千金者何如耶？较之挥金买笑者，又何如耶？人果何惮而不好之哉！此予所以甘处其非，而不顾旁人之非之也欤！

（明本《重刊订正秋虫谱》）

◎ 促织论

论曰：天下之物，有见爱于人[(1)]者，君子必不弃焉。何也？天之生物[(2)]不齐，而人之所好亦异也。好非外铄[(3)]，吾性之情发也。情发而好物焉，殆有可好之实存于中矣[(4)]；否则匪好也，岂其性之真哉。况促织之为物也，暖则在郊[(5)]，寒则附人[(6)]，若有识其时[(7)]者；拂其首则尾应之[(8)]，拂其尾则首应之，似有解人意者[(9)]；甚至合类颉颃[(10)]，以决胜负，而英猛之态甚可观也，岂常物之微者若是班[(11)]乎？此君子之所以取而爱之者不为诬也[(12)]。

【注 释】

(1)见爱于人：为人们所喜爱。(2)生物：造化万物。不齐：不同。(3)外铄：从外部损毁。《孟子·告子上》："仁义礼智，非由外铄我也，我固有之也，弗思耳矣。"此句的意思是说，人的爱好是发自内心的，不是从外部强加的。(4)殆：大概，大约。可好：值得喜爱。实：实在的内容。这句是说，人们喜爱某种东西，是因为它有值得人们喜爱的内容。(5)郊：郊野，野外。(6)附人：靠近人。连上句是说蟋蟀天热的时候生活在野外，天冷的时候就移到人们的院落中来了。这两句是由《诗经》中的"七月在野，八月在宇，九月在户，十月蟋蟀入我床下"变化而来的。(7)识其时：知道节气的早晚。(8)拂：轻轻地撩拨。指用芡草引逗蟋蟀。首：头须。尾：尾须。应：有反应。(9)这句是说就像懂得人们的意思一样。(10)合类：将同类聚在一起。颉颃：相抗衡。此句指把雄性蟋蟀放在一起让它们格斗。(11)班：等同。《孟子·公孙丑》："'伯夷尹伊于孔子，若是班乎？'曰：'否。自在生民以来，未有孔子也。'"此句意为，（其他小虫）能与它相比吗？强调蟋蟀的斗技是其他昆虫所没有的。(12)最后一句是说，因此，人们喜爱蟋蟀是有道理的，是没有错的。

愚尝论之[(1)]：天下有不容尽[(2)]之物，君子有独好[(3)]之理。独促织曰莎鸡，曰络纬，曰蛩，曰蟋蟀，曰寒虫之不一其名[(4)]；或在壁，或在户，或在宇，或入床下[(5)]，因时而有感[(6)]。夫一物之微，而能察乎阴阳动静之宜[(7)]，备乎斗战攻取之义[(8)]，是能超乎物者也甚矣[(9)]，促织之可取也远矣[(10)]。

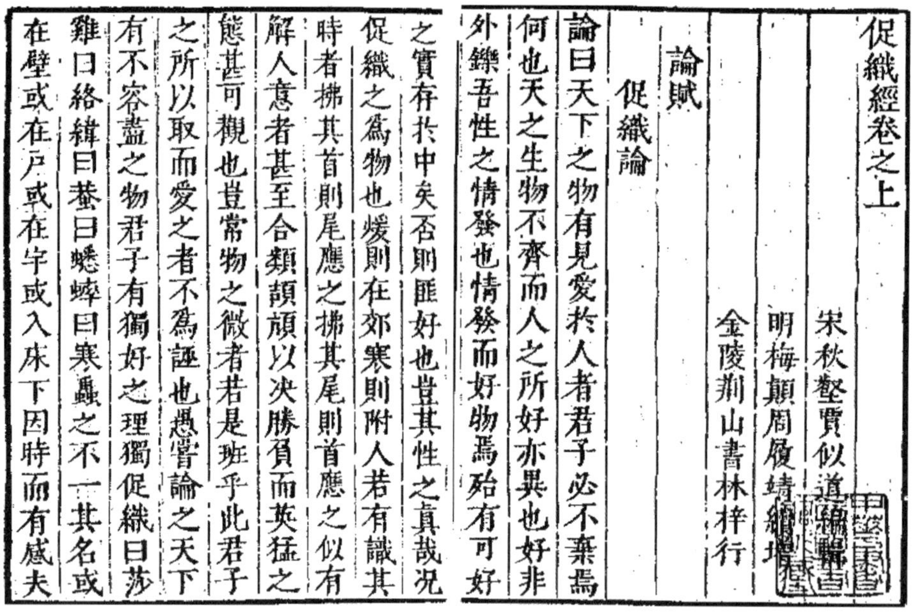

促織經卷之上
宋秋壑賈似道編輯
明梅顛周履靖續增
金陵荊山書林梓行
論賦
促織論
論曰天下之物有見愛於人者君子必不棄焉何也天之生物不齊而人之所好亦異也好非外鑠吾性之情發也情發而好物焉殆有可好之實存於中矣否則匪好也豈其性之真哉況促織之爲物也煖則在郊寒則附人若有識其時者拂其首則尾應之拂其尾則首應之似有解人意者甚至合類頡頏以決勝負而英猛之態甚可觀也豈常物之微者若是班乎此君子之所以取而愛之者不爲誣也愚嘗論之天下有不容盡之物君子有獨好之理獨促織曰莎雞曰絡緯曰蛬曰蟋蟀曰寒蟲之不一其名或在壁或在戶或在宇或入床下因時而有感夫

周履靖《促织经》“促织论”

盖自唐帝以来以迄于今[11]，于凡王孙公子，至于庶人富足豪杰[12]，无不雅爱珍重之也[13]。

【注释】

(1)愚：谦词，我。尝：曾经。论：论说。(2)不容尽：即无穷无尽。(3)独好：独特的爱好，偏爱。(4)此句之前的莎鸡、络纬、蛩、寒虫等都被古人认为是蟋蟀的别名。如晋崔豹的《古今注》云：“莎鸡，一名络纬，一名蟋蟀，谓其鸣如纺纬也。”其实莎鸡、络纬均是指纺织娘，与蟋蟀是不同的。蟋蟀谓蛩的说法见唐孔颖达《毛诗正义》：“蟋蟀，蛩。”又因蟋蟀“得寒则鸣”（《古今注》），所以根据这一习性，俗又称之为寒虫。(5)在壁：居住在墙缝里。语出《礼记·月令》：“季夏之月，蟋蟀居壁。”“在宇”“在户”之说皆出《诗经》，详见前注。(6)此句意为根据时节的变化而有所感觉，有所反应。(7)察：察觉。阴阳：古人认为阴与阳相反而又相成，构成整个世界。天为阳，地为阴；日为阳，月为阴；雄为阳，雌为阴；暖为阳，寒为阴。这里主要指后者，即天气的暖与寒。动静：本指运动与静止两种状态，这里指蟋蟀的不同行为。宜：相宜，适当。整句意为蟋蟀能根据时节的寒暖变化确定自己的适当行为。(8)备：具备。这一句是指蟋蟀天生具有格斗厮杀的习性。(9)是：这些。指蟋蟀知阴阳能格斗的特点。超乎物者：意为超过其他昆虫的本领。甚：突出，厉害。(10)这句是说蟋蟀可取之处实在太多了。远：指斗蟋蟀的历史很长。(11)唐帝：唐代的皇帝。这里是指唐玄宗李隆基。据五代王仁裕《开元天宝遗事》和宋顾文荐《负暄杂录》载，以蟋蟀作为玩物，始于玄宗称帝的天宝年间。迄：到。(12)王孙公子：富人家的子弟。庶人：泛指平民百姓。(13)雅爱：赏玩爱好。珍重：视若珍宝而看重之。

又尝考其实矣[1]：每至秋冬，生于草土垒石之内[2]。诸虫变化[3]，隔年遗种于土中[4]，及其时至方生之时[5]，小能化大也[6]，大亦能化小也。若夫白露渐旺[7]，寒露渐绝[8]，出于草土者其身则软[9]，生于砖石者其体则刚[10]，生于浅草、瘠土、砖石、深坑、向阳之地者，其性必劣[11]。

【注 释】

(1)考其实：指考察蟋蟀的生长变化规律。考，观察，考察。(2)生：出生。这句说每到秋冬之交，蟋蟀便从草丛石堆里出现了。(3)诸虫：各种昆虫。变化：指昆虫由生至死的各种虫态变化。(4)隔年：头一年。遗种：指昆虫下卵。种，卵也。(5)方生：就要出生。指蟋蟀就要从卵里孵化出来。(6)化：变化。这一句是说蟋蟀从卵里生出来后，就开始它的发育过程，由小变大。不过下一句说的“大亦能化小”则是不对的。(7)此句云到了白露节（阳历九月八日前后）的时候，正是蟋蟀的旺季。俗说“白露前后出将军”正缘于此。(8)此句云到寒露节（阳历十月八日或九日），天气渐趋寒冷，蟋蟀大多已死，故曰“渐绝”。(9)草土：草丛或土堆。身：指蟋蟀的体质。软：软弱无力。(10)砖石：指砖缝或石缝里。刚：刚强，健壮。(11)性：指蟋蟀的斗性。劣：差。

赤黄其色也，大抵物之可取者(1)。白不如黑，黑不如赤，赤不如黄(2)。赤小黑大，可当乎对敌之勇(3)；而黄大白小，难免夫侵凌之亏(4)。又原夫入色之虫(5)，赤黄色者，更生头项肥、脚腿长、身背阔者为首也(6)；黑白色者，生之头尖项紧、脚瘦腿薄者何足论哉(7)！或有花麻头、水红花牙、青灰项、白肋翅、阔翼、翘翅、龟背、虾脊、促织身、螳螂状、土狗形、蝴蝶头、尖夹翅(8)，此数者又皆为虫之异象者也(9)。

【注 释】

(1)赤黄其色：红色和黄色的蟋蟀。大抵：大约，差不多。可取者：值得选用的东西。这句是说红、黄二色的蟋蟀斗性强，应该选出来畜养。(2)这几句是从蟋蟀的体色上比较优劣，认为黄色虫最佳，红色虫次之，而白色虫最差。(3)这句是从体形大小上比较，认为只要体大，即使色黑者亦可与体小的红虫对阵。(4)侵凌之亏：在敌虫的进攻面前吃亏。指斗败。(5)原：推根求原，研究。入色：符合体色标准。(6)头项肥：头额和脖子长得宽阔肥壮。身背阔：蟋蟀的背部和全身宽阔厚实。(7)项紧：脖子窄小。何足论哉：哪里还值得一提呢？(8)由“花麻头”开始，这些都是蟋蟀的种类，详见本书的有关章节。(9)异象：指蟋蟀的相貌奇特，不同一般。

若夫伤残独腿、五爪偏牙之类(1)，犹或可取(2)，唯四病者，切宜弃之(3)。何也？仰头一也，卷须二也，练牙三也，踢腿四也(4)。两尾高低，曾经有失(5)；两尾垂萎(6)，必是老衰，其亡也可立而待。若有热之倦怠(7)，与夫冷之伤惶者，且不可缓其调养之法也(8)；使调养之法缓，情性之欲拂(9)，则物之救死而且恐不赡也(10)，何暇勇于战斗，期于克捷(11)，而能超乎群物者哉(12)！

【注 释】

(1)伤残：身体受伤或肢体缺损。独腿：只有一条大腿，俗谓“单条虎”者是也。五爪：五条腿。蟋蟀本六足，五爪仍谓缺一条腿。偏牙：双牙大小不一。(2)犹或可取：尚且有可取之处。(3)切宜弃之：千万要丢弃它。指这种虫不可能取胜，不要徒费力气。(4)卷须：蟋蟀头须要细直柔软，若头须卷起则是受热之症。练牙：空嚼牙。踢腿：大腿向后弹。(5)两尾：两支尾须。有失：在水食调理或格斗时有所失误。(6)垂萎：干枯下垂。(7)热之倦怠：蟋蟀因受热而精神慵懒。下句是说因受冷而有惊恐之色。(8)调养之法：指食疗、药疗、水浴等调理方法。(9)拂：受到损害。这句是说蟋蟀因病而斗性受到损害。(10)恐不赡：恐怕还来不及呢。(11)克捷：在对敌格斗时取胜。(12)超乎群物：超过众多对手，战胜群敌。

故曰：君子之于爱物也知所爱[1]，知所爱则知所养也[2]，知所养则何患乎物之不善哉！是为论。

（明本《重刊订正秋虫谱》）

【注 释】

(1)知所爱：知道它们（蟋蟀）的爱好，指要了解蟋蟀的生活习性。(2)知所养：知道怎么才能养好它们。

◎ 胜败释疑论

夫选虫如选将，用虫如用将[1]。用虫而斗，即如用将而战也。选将非长子，必有舆尸之凶[2]。选虫非正色[3]，安免夫败北之诮[4]？故选虫不精者，百战百败无惑矣。用之弗当[5]，亦十败八九焉。何也？虫有青黄赤白黑之分，其色有次第[6]，其才能亦次第为高下者。是以青胜乎黄，黄胜乎紫，紫胜乎白，白胜乎黑。此天地钟灵毓秀[7]，秉赋才品而不容勉强者也[8]。

【注 释】

(1)选虫：对蟋蟀的辨别挑选。选将：挑选将才。用虫：指蟋蟀格斗时的比对、指挥等技巧。(2)舆尸之凶：指战败。舆尸，用车子装载尸体。(3)正色：纯正的体色，指蟋蟀的体色没有杂色。(4)败北：即失败。诮：讥讽。(5)弗当：指对蟋蟀的使用指挥不正确。(6)次第：前后次序，高下，优劣。(7)这一句是说蟋蟀乃天地精华孕育而成。钟灵毓秀：聚集培育精华。(8)秉赋才品：此句是说蟋蟀的体形体色及格斗才能是自然天成的。

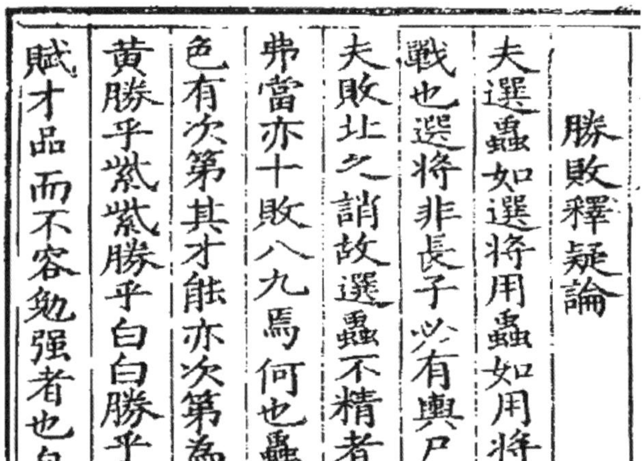
勝敗釋疑論
夫選蟲如選將用蟲如用將用蟲而鬪即如用將而戰也選將非長子必有輿尸之凶選蟲非正色安免夫敗北之誚故選蟲不精者百戰百敗無惑矣用之弗當亦十敗八九焉何也蟲有青黃赤白黑之分其色有次第其才能亦次第為高下者是以青勝乎黃黃勝乎紫紫勝乎白白勝乎黑此天地鍾靈毓秀秉賦才品而不容勉强者也自夫五將軍之外有所謂

明本《重刊订正秋虫谱》“胜败释疑论”

自夫五将军[1]之外，有所谓紫青、淡青者焉，有所谓淡黄、紫黄者焉，又有所谓淡紫、黑紫、黑青、乌青者焉[2]，然虽可以标炳[3]将苑，树功[4]程能，要之不可与五将军为敌者[5]；推而至于花青、花紫、油光、嫩垢之虫[6]，譬之不练之兵，无能之将，即欲与裨将等争胜负且不可[7]，而况正色之五将军者乎！

【注释】

(1)五将军：指前文所说的青、黄、紫、白、黑五种正色之虫。(2)紫青、淡青等：这些都是蟋蟀的品种，详见下文有关内容。(3)标炳：应作“彪炳”。本指彪身上的斑纹光彩灿烂，引申为文彩焕发。这里是指蟋蟀声名显赫。(4)树功：建立功勋。程能：衡量或呈现才能。(5)要之：俗云“简要地说”。(6)花青、花紫等：这些虫都属于劣虫，详见本书有关内容。(7)裨将：副将，犹今云“二流选手”。

奈何世之蓄虫者，或失目[1]于遴选之时，或谬合[2]于将战之际。彼青而我以紫对[3]，彼黄而我以黑敌，彼真青而我以油花、嫩垢之色者应之，则未战而先知其败矣，何必交锋接战而后见哉！乃有未识虫色者[4]，乃自疑之曰：“我虫固青紫生者矣，胡反败于黄黑者耶？”噫！不知黄黑者真[5]，而其所谓青紫者自不知其为花色也[6]。谚云：“一真胜百假。”味哉言乎[7]，于胜败何疑之有？且虫之真假之色，了了然在目，固未尝韬光敛迹[8]，示人于难知。顾畜之者未得夫藻鉴之明[9]，复怀夫回护之短[10]，遂以假为真，以庸才[11]而当乎上将，一败之后，怨天尤人，果谁咎[12]欤？

【注释】

(1)失目：因眼力差而看错。犹古董行里的“漏眼”。遴选：挑选。(2)谬合：指在格斗前的比对时，在体形体色方面观察失误，不该合对而合对。(3)敌虫是青色虫，我却用紫色虫与它相对，这就是比对的失误。因前面已经说过“青胜于黄，黄胜于紫”，所以紫虫与青虫相对必然失败。下面两句说的也属于错误的合对。(4)未识虫色：指不懂得蟋蟀体色的优劣。(5)真：指蟋蟀体色纯正。(6)花色：即杂色，体色不纯。(7)味：体会，体味。这句是说，好好体味一下这句话吧。(8)韬光敛迹：把自己的长处掩饰起来，不为人所见。(9)藻鉴：又作“藻镜”，品评鉴别。明：明白，有眼力。(10)回护之短：即护短。这里指只是盲目地认为自己的蟋蟀是正色之虫。(11)庸才：平庸之才。(12)咎：过错。

是故用意[1]遴选，必罗[2]真才而后用之，专心命将[3]，必知己知彼，避其相凌之色后敌之[4]，又必养威蓄锐，勿劳其力[5]焉；饮食适宜，毋亏其体[6]焉。以是而交锋对敌，有不全胜三秋垂名竹帛[7]者，吾不信也。谨论。

（明本《重刊订正秋虫谱》）

【注释】

(1)用意：用心，一心一意。(2)罗：搜罗，觅寻。(3)命将：指确定某些虫为将才。(4)这句是说要避开对自己不利的虫色，寻找对自己有利的虫色再相对。(5)勿劳其力：不要过度消耗它的体力。(6)毋亏其体：不要使它的身体受亏。(7)垂名竹帛：即名垂青史之义。竹帛，本指竹简和丝帛，古代用来作为书写工具，故代指史书。

◎ 蟋蟀论

序属三秋[1]，时维[2]七月。禀受[3]肃杀之气，化[4]为促织之虫。述其奥妙之玄机[5]，乃作今时之赌赛。千般调养，皆遵昔日之规模[6]；数句言辞，可教后来之子弟[7]。

【注释】

(1)序：时序，节气。属：恰值。三秋：早秋、中秋、晚秋。此云时令正好到了秋天。(2)时维：与“序属”同义。维，维系。(3)禀受：承受。肃杀：酷劣萧索。一般用来形容秋气。(4)化：化生。古人认为世间万物都是由气变化而成的，如这里就认为蟋蟀是感受秋气而变成的。(5)玄机：深奥而玄妙的机理。(6)遵：遵循，按照。规模：这里是规范、规定的意思。(7)子弟：本指富家子弟或游手好闲之徒，这里主要指蟋蟀爱好者。

盆须用古，器必要精[1]。如遇天炎，常把窝儿[2]水浴；若交秋冷，速将盆底泥填[3]。下盆须食白花草[4]，则泥泻出；然后必飧黄米饭[5]，可长精神。食不宜多，休要缺水。嚼牙狭食[6]，暂喂带血蚊虫；内热慵鸣，聊食豆芽尖叶[7]。落胎粪结，必吃虾婆；失脚头昏，川芎茶浴[8]。如若咬伤，速用童便蚯蚓粪调和，点其疮口；禁齿，须将牵草[9]用苍蝇头血染成，如是良医。敌疲休与水，斗处切傍饥[10]。游栅沿墙[11]，藏之暗所。隔盆鸣叫，速使相离。每至未申[12]，便当下食；但临子丑[13]，且听呼雌。

【注释】

(1)器：指蟋蟀罐和其他虫具。精：精致，精美。(2)窝儿：也是指蟋蟀罐。天热时要每天用凉水涮罐，使罐内清凉舒适。(3)泥填：指为蟋蟀罐砸泥底，这样使罐有保温保湿的效果。不过后来的蟋蟀罐在使用前都要先将泥底砸好，不必等到天冷的时候。(4)下盆：把新捉来的蟋蟀入盆畜养。白花草：又叫旱莲草，详见下文的“白花草诀”。(5)飧：吃。黄米饭：即小米饭。宋明时期的蟋蟀行家认为黄米饭对蟋蟀生长最好，所以把它作为蟋蟀的主要饲料。(6)嚼牙：也即上文说到的“练牙”，就是不停地空嚼牙齿，一般是格斗时受伤所致。狭食：因双牙受伤，所以进食困难。(7)豆芽尖叶：指绿豆芽，有清热去火的疗效，可治蟋蟀受热之症。(8)川芎：即芎䓖，一种香草，叶茎细嫩时又叫蘼芜，可入药，有清热之效。以产于四川者疗效最佳，故曰“川芎”。(9)牵草：也写作

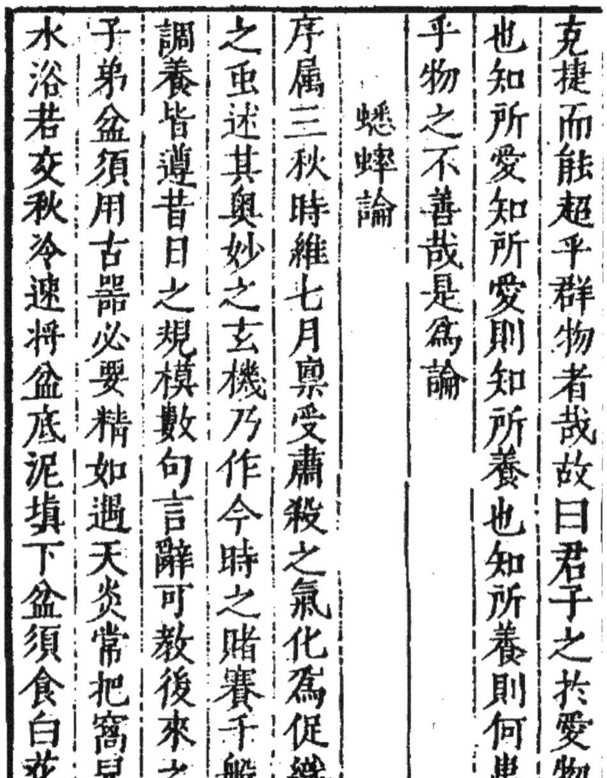
克捷而能超乎群物者哉故曰君子之於愛物
也知所愛知所愛則知所養也知所養則何患
乎物之不善哉是爲論

蟋蟀論

序屬三秋時維七月禀受肅殺之氣化爲促織
之虫述其奥妙之玄機乃作今時之賭賽千般
調養皆遵昔日之規模數句言辭可教後來之
子弟盆須用古器必要精如遇天炎常把窩兒
水浴若交秋冷速將盆底泥填下盆須食白花

明 周履靖 续增《促织经》“蟋蟀论”

“芡草”，一种指挥蟋蟀格斗的工具。(10)傍饥：让蟋蟀饥饿一些。民间认为蟋蟀格斗时不要饮食太足，使之保持在半饥饿状态；太饱则斗性不足。(11)游栅：在栅内不停地走来走去。栅，指斗栅，古代用来斗蟋蟀的工具，相当于后世斗盆的作用。沿墙：墙是指蟋蟀盆的内壁。(12)未申：未指下午一点至三点，申指下午三点至五点。(13)子丑：子指夜间十一点至凌晨一点，丑指凌晨一点至三点。

浑身好似一团花，红铃[1]难托；遍身却如三段锦，白肋无成[2]。腿长有胜无输，身狭少赢多败。头粗难壮，何人与我敢争锋；牙细翅宽，必定知他难受口[3]。麻头秀项销金翅[4]，名播他乡；虾脊蛾身橄榄形，声扬别郡。尾短终无力，牙长必有功。看来有妙必藏，莫与他人频睹矣。黑白多输，青黄多胜。狭长有失，扁阔迷痴[5]。焦尾便可弃之，毋为后悔；铃脱休寻争斗，免使嗟吁。

【注释】

(1)红铃：蟋蟀体表的一种红色附生物，现代昆虫学家认为是寄生在蟋蟀体上的螨虫。古代名之为“红铃”，并以之作为此种蟋蟀的名称。据古谱歌诀，此虫“红肩红肋及红铃”，满身皆红，所以上句说它是“浑身好似一团花”。难托：意为不要指望它来取胜。(2)三段锦、白肋：均为蟋蟀名目，详见本书有关蟋蟀品种的内容。(3)受口：指蟋蟀在格斗中有相持能力，禁得住敌虫的厮咬。难受口就是说招架不住对手双牙的进攻。(4)麻头、销金翅：及下一句的虾脊、橄榄形都是蟋蟀的名目，见本书有关蟋蟀品种的内容。(5)迷痴：指蟋蟀好斗。

是虫[1]也，白露旺生，寒露渐绝，草土中则软，砖石内则刚，背阴必娇，向阳必劣。深砖厚石，其色青黄；浅草薄泥，其颜黑白。若爱其才，必相其色。得之于心，用之于手[2]。虽以微虫，慎勿轻视。然赌赛有千般之变化，调理有万种之功夫[3]。未尽片言，再词于后。

（周履靖续增本《促织经》）

【注释】

(1)是虫：指蟋蟀。是，这个。(2)连上句是说将畜养蟋蟀的知识记在心里，熟练掌握，以在实践中应用。(3)万种之功夫：指畜养调理蟋蟀有很多方法。

◎ 又论

蟋蟀者，秋虫[1]也，名促织，亦名孙旺[2]，虎丘人曰趱织者[3]。昔日无名氏曾作《育养蟋蟀调理方》一篇[4]。子弟一生，所爱其物，亦作《论生化之原》[5]，相虫儿之风鉴[6]，故作是言也。夫促织者，草土中虫之变化，或隔数年，放子于土中[7]，生小化大。白露旺生，寒露暂绝。草土中必嫩，砖石中必刚。浅草薄土，其色黑白。厚砖深坑，其色赤黄。背阴必娇，向阳必劣。白不如黑，黑不如赤，赤不如黄，黄不如青。赤小黑大可对，黄大白小是亏。赤黄色者，更生得头大项肥，腿长身阔者，皆可观也。黑白更若头尖项细，脚小体轻，皆不中也。既爱其才，必相其色。作诗一首，断句三思[8]。形相绝好者，可胜言哉；其余歹者，皆不足观也。

（周靖续增本《促织经》）

【注 释】

(1)秋虫：秋天的昆虫，种类很多，蟋蟀仅是其中的一种。但后来不少人把秋虫只理解为蟋蟀。(2)孙旺：应作“旺孙”，亦写作“王孙”。汉郑玄《毛诗笺》云：“今人亦谓之蟋蟀一名蜻蛚，楚人谓之王孙。”(3)虎丘：山名，在苏州市西北。这里作为苏州的代名词。趱织：又作“赚绩”，顾禄《清嘉录》：“蟋蟀，……吾乡谓之赚绩。”(4)《育养蟋蟀调理方》：应是一篇论述蟋蟀饲养及调理的专文，惜不载。(5)《论生化之原》：这是本篇“又论”的原题，观其内容正与原题相符。(6)相：端详，观察，即俗云“相面”之义。风鉴：本指以风貌品人，即通过相面之术对人的才能、见识、祸福等作出判断和预测。这里是喻指根据蟋蟀的形色判断虫的优劣。(7)放子：产卵。此句中说的“隔数年”才产卵是不对的，蟋蟀每年都要产卵。“隔数年”应为“隔年”之误。(8)断句：这里是指写完以后，非指句读也。

◎ 总 论

石公[1]曰：以上凡促织之态貌情性，纤悉[2]必具。嗟乎，一虫之微妙曲折如此！由此推之，虽虮虱蠛蠓[3]，吾知其情状与人不殊[4]矣。

（明袁宏道《促织志》）

【注 释】

(1)石公：袁宏道的号。(2)纤悉：细致且详尽。(3)虮虱：虮，虱子的卵。虱，虱子。蠛蠓：小蠓虫。这一句泛指世上的微小生命。(4)不殊：殊，不同。不殊即没有什么不同。

◎ 俗

凡都人[1]斗促织之俗，不直闾巷小儿也[2]，贵游至旷厥事[3]，豪右以销其赀[4]，士荒其业[5]。今亦渐衰止，唯娇姹儿女[6]，斗嬉未休。

（明刘侗《促织志》）

【注 释】

(1)都人：北京人。都，京都，指北京。(2)不直：不仅。直，只是，仅仅。闾巷：里巷。(3)贵游：没有官职的王公贵族。旷：荒废，耽误。厥事：其事，即这些人的分内事。(4)豪右：富豪之人。销：花费。赀：即“资”，钱财。(5)士：文人。业：学业。(6)娇姹儿女：即少男少女，青年人。

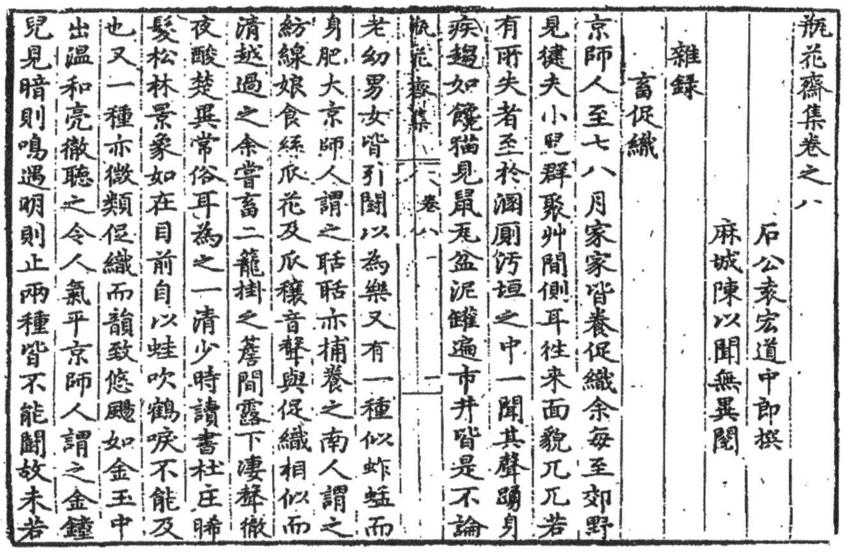
瓶花齋集卷之八

石公袁宏道中郎撰

麻城陳以聞無異閱

雜録

畜促織

京師人至七八月家家皆養促織余每至郊野見健夫小兒群聚艸間側耳往来面貌兀兀若有所失者至於溷厠汚垣之中一聞其聲踴身疾趨如饞猫見鼠瓦盆泥罐遍市井皆是不論

瓶花齋集 卷八

老幼男女皆引鬪以為樂又有一種似蚱蜢而身肥大京師人謂之聒聒亦捕養之南人謂之紡綫娘食絲瓜花及瓜穰音聲與促織相似而清越過之余嘗畜二籠掛之簷間露下淒聲徹夜酸楚異常俗耳為之一清少時讀書杜庄睎髮松林景象如在目前自以蛙吹鶴唳不能及也又一種亦微類促織而韻致悠颺如金玉中出温和亮徹聽之令人氣平京師人謂之金鐘兒見暗則鳴遇明則止兩種皆不能鬪故未若

袁宏道《瓶花斋集》“畜促织”书影

◎ 论似

有一种似蚱蜢而身肥大，京师人谓之聒聒，亦捕养之；南人谓之纺线娘。食丝瓜花及瓜穰，音声与促织相似，而清越过之。余尝畜二笼，挂之檐间，露下凄声彻夜，酸楚异常，俗耳为之一清。少时读书杜庄，晞发松林景象，如在目前，自以蛙吹鹤唳不能及也。

（明袁宏道《促织志》）

◎ 又

又一种亦微类促织，而韵致悠扬，如金玉中出，温和亮彻，听之令人气平，京师人谓之金钟儿。见暗则鸣，遇明则止。两种皆不能斗，故未若促织之盛。

（明袁宏道《促织志》）

◎ 别

然嬉之虫，又不值促织。有虫黑色，锐前而丰后，须尾皆歧。以跃飞，以翼鸣，其声磴棱棱，秋虫也，暗即鸣，鸣竟刻，明即止。瓶以琉璃，饲以青蒿，状其声名之曰金钟儿。有虫便腹青色，以股跃，以短翼鸣，其声聒聒，夏虫也，络纬是也。昼而曝斯鸣矣，夕而热斯鸣矣。秸笼悬之，饵以瓜之瓤，以其声名之曰聒聒儿。其先聒聒生者，曰叫蚂蚱，以比于聒聒，腹太似恨蹇，翅太似恨长，鸣太似恨细。有螂蟧者，蜩也。马螂蟧者，蝉也。名以听者之所为情，寂寥然也。鸣盖呼其候焉：三伏鸣者，声躁以急，如曰“伏天、伏天”。入秋而凉，鸣则凄短，如曰“秋凉、秋凉”。取者以胶首竿承焉，惊而飞也，鸣则攸然。其粘也，鸣切切，如曰“吱、吱”。入乎手而握之，鸣悲有求，如曰“施、施”。促织之别种三：肥大倍焉者，色泽如油，其声“哟、哟、哟”，曰油胡卢。其首大者，声“梆、梆”，曰梆子头。锐喙者声“笃、笃”，曰老米嘴。三者不能斗而能声，摈于养者，童或收之，食促织之余草具。蚂蚱之种三，俱不鸣。青翼而黄身，跃近而飞远，飞则见其袭羽，或红焉，或黄焉，曰蚂蚱。其青而长身者曰匾蛋，嬉者股系而提之，使飞不止，以观其袭羽。其扁身长脰昂首出目者，刀螂——螳螂也。性怒无所畏让，嬉者亦股系而触之，以观其怒也。蜻蜓之类三：大而青者曰老青，红而黄者曰黄儿，赤者曰红儿，好击水而飞。童圈竹结彩线网曰絯，循水次群逐而扑之，名呼以祝曰“栖、栖”。扑着曰絯着，得一曰一朵，以色玩如花也。别有鳖身象鼻而贝色大如朱缨，曰春橡，生椿，其臭椿也，不可触。有若半赤豆而蓖麻点者，曰瓢儿，生蔬畦，捉之则溺腥黄，污不可脱，而童手之不已也。有金光而绿色，甲坚而须劲以动，曰金牛儿；黑色白点，曰春牛儿，无所可娱也，击而毙之则已。有玄身而两截，形刚而性媚，掐其后，首则前顿，声“嚗嚗”然，仰置之弹而上，还复其故处，不能遂复而走也，曰叩头虫，一曰捣碓虫焉。

（明刘侗《促织志》）

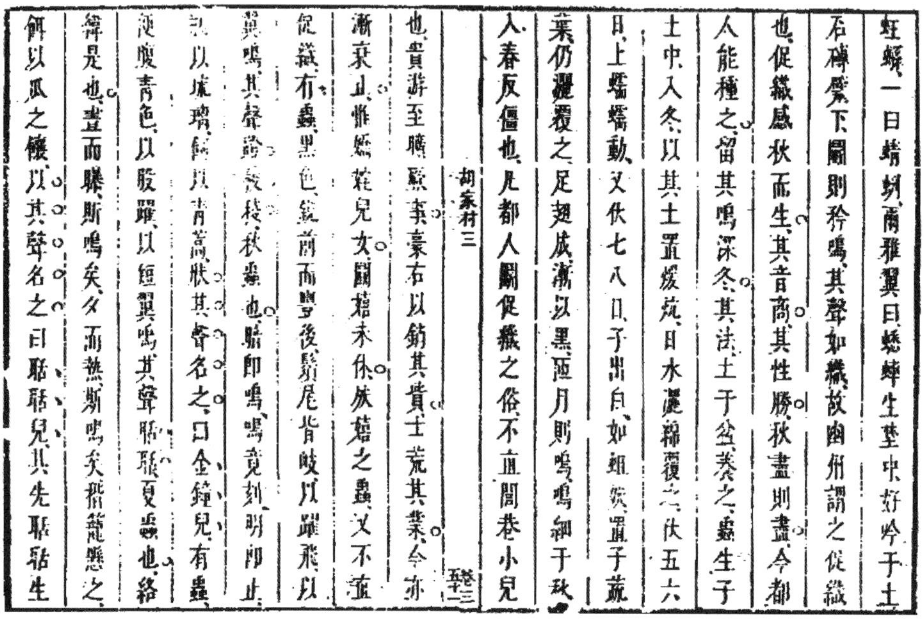
蟋蟀一曰蜻蛚爾雅翼曰蟋蟀生野中好吟于土
石磚甓下鬬則矜鳴其聲如織故幽州謂之促織
也促織感秋而生其音商其性勝秋盡則盡今都
人能種之留其鳴深冬其法土于盆養之蟲生子
土中入冬以其土置煖炕日水灑綿覆之伏五六
日上蠕蠕動又伏七八日子出白如蛆然置子蔬
葉仍灑覆之足翅成漸以黑匝月則鳴鳴細于秋
入春反僵也凡都人鬬促織之俗不直閭巷小兒
胡家村三　卷三 五十三
也貴游至曠厥事豪右以銷其貲士荒其業今亦
漸衰止惟婦稚兒女鬬嬉未休族嬉之蟲又不直
促織有蟲黑色銳前而豐後鬚尾皆岐以躍飛以
翼鳴其聲踏夜秋蟲也暗即鳴鳴竟刻明即止
訛以琉璃瓶貯青蒿飼其聲名之曰金鐘兒有蟲
便腹青色以股躍以短翼鳴其聲聒聒夏蟲也絡
緯是也晝而曝斯鳴矣夕而熱斯鳴矣籠懸之
餌以瓜之瓤以其聲名之曰聒聒兒其先聒聒生

刘侗等 《帝京景物略》“胡家村”书影

◎ 名

考促织，《尔雅》曰天鸡；李巡曰酸鸡；郭璞曰莎鸡，一曰樗鸡；《方言》曰王孙，一曰蜻列；《尔雅翼》曰蟋蟀。生野中，好吟于土石砖瓦中。斗则矜鸣，其声如织，故幽州谓之促织也。

（明刘侗《促织志》）

◎ 蟋 蟀

蟋蟀，一名莎鸡，俗名趣（一作促）织，又名蛩，感秋气而生。形似蝗且小，正黑有光泽如漆。有角翅[1]二，长须。其性猛，其音商[2]，善鸣健斗。色有青黑黄紫数种，总以青黑者为上。其相以头项肥，脚腿长，身背阔者善角胜[3]。凡生于草上者身软，生于砖石者体刚，生于浅草瘠土者性和，生于乱石深坑向阳之地者性劣。

【注释】

(1)角翅：指蟋蟀的双翅。(2)商：古代五音之一。按照阴阳五行之说，商、秋均属商，蟋蟀向来被称作秋虫，所以说它的鸣叫也被认为是商音，表示凄楚悲凉。(3)角胜：争夺胜利。

每于七八月间，闾巷小儿及游手好闲之辈，多荒废本业，提竹筒、过笼、铜丝罩、铁匙等器具[1]，诣丛草处或颓垣破壁间[2]，或砖瓦土石堆，或古冢溷厕之所[3]，侧耳徐行。一闻其声，轻身疾趋[4]，声之所至，穴斯得矣[5]。或用以铁挖，或掭以尖草[6]；不出，再以筒水灌之，则自跃出矣。视其跃处，而以罩罩之。如身小头尖，色白腿细者，弃去；若红麻头、白麻头、青项金翅、金丝额、银丝额[7]，是皆最妙者；次则黄麻头，再次则紫金黑色者，尽皆收归。每一虫不论瓦盆泥钵，即时[8]养起。候有贵公子富家郎，并开赌斗者[9]，不论虫之高低，每十每百输钱买去[10]。遂细定其名号[11]，曰油利挞、蟹壳青、金琵琶、红沙、青沙、绀色、枣核形、土蜂形者为一等[12]，长翼、飞铃、梅花翅、土狗形、螳螂形者为一等，牙青、红铃、紫金翅、拖肚黄、狗蝇黄、锦蓑衣、金束带、红头紫者为一等，乌头金翅、油纸灯、三段锦、月额头、香狮子、蝴蝶形者为一等，每日比斗。其中有百战百胜者，是为大将军，务养其锐[13]，以待稠人广众之中，登场角胜。

【注释】

(1)竹筒、过笼等：这些都是捕捉蟋蟀用的工具，详见本书有关虫具的内容。(2)诣：到，去。颓垣破壁：破败的墙壁。(3)古冢：古墓。民间传说墓地里易出善斗的蟋蟀，其实并无科学道理。溷厕：厕所。(4)轻身疾趋：把身子放轻，以碎步快速向前。(5)穴：指蟋蟀的洞穴。(6)掭：轻轻地拨动、引逗。(7)自“红麻头”一直到下文的“蝴蝶形”，都是蟋蟀的名目，详见本书有关蟋蟀品种的内容。(8)即时：马上。(9)这一句是指用蟋蟀赌博的人。(10)每十每百：意为往往一次几十几百地买蟋蟀。输钱：花钱。(11)名号：名字。(12)一等：一个级别。买主根据蟋蟀种类的优劣，排出等级。这里根据优劣的次序，共排出了四个等级。(13)务养其锐：即养精蓄锐之义。

每至白露，开场者大书报条[1]：某处秋兴可观[2]。此际不论贵贱老幼咸集[3]。初至斗所[4]，凡有持促织而往者，各纳之于比笼[5]，相其身等色等方合[6]，而纳乎官斗处[7]。两家亲认定己之促织，然后纳银作采[8]，多寡随便[9]。更有旁赌者[10]，与台下亦各出采。若促织胜主胜，促织负主负。胜者鼓翅长鸣，以报其主。即将小红旗一面，插于比笼上。负者输银。

【注释】

(1)开场者：开蟋蟀斗场的人，实际上也就是利用斗蟋蟀开赌场的人。刘侗《帝京景物略》云“斗有场，场有主者”就是说的这种人。报条：犹如今日体育比赛的海报，上面写着斗蟋蟀的时间、地点。(2)这一句就是报条上所写的内容。秋兴，即指斗蟋蟀的游戏。(3)咸集：都聚集在一起。(4)斗所：指蟋蟀的斗场。(5)比笼：古代用来量蟋蟀大小的笼具，用竹筒做成，主要可以用来量蟋蟀的体长。详见本书有关蟋蟀虫具的内容。(6)方合：才与对方合斗。合，把自己的蟋蟀与对方的蟋蟀合在一个斗盆里，叫作合对，或合斗。(7)官斗处：指蟋蟀斗场里主持比赛的人。双方确定合对后，都要把自己的蟋蟀交到他的手里，由它主持开斗。(8)纳银：拿出银子来。作采：作为赌斗的彩金，也就是赌注。(9)多寡随便：赌注的多少由自己决定，赌注下得多，赢时便赢得多，但输的时候也输得多。(10)旁赌者：用斗蟋蟀赌博，虫主固然是赌斗的双方，而旁观的人也可以参加到其中的一方同赌。方法与现代的赌赛马相似，输赢随自己加入的虫主一方而定。

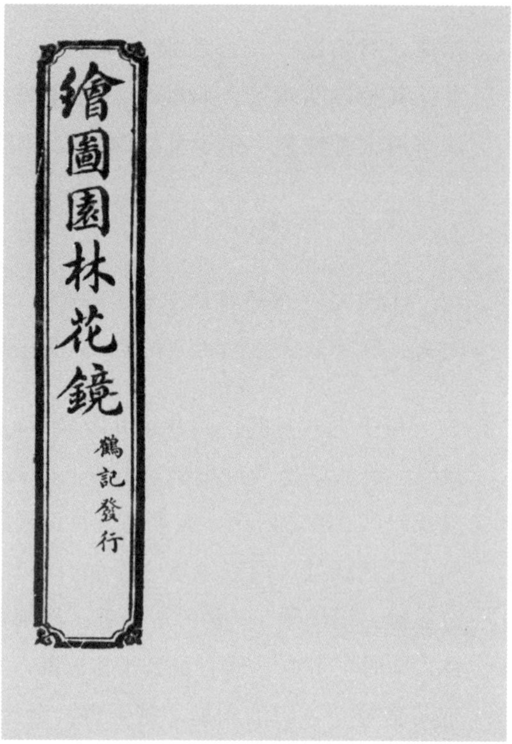

清 陈淏子《花镜》封面

其斗也，亦有数般巧处[(1)]。或斗口，或斗间[(2)]；斗口者勇也，斗间者智也。斗间者俄而[(3)]斗口，敌弱也；斗口者俄而斗间，敌强也。昔人促织有忌四：一曰仰头，二曰卷须，三曰练牙，四曰踢腿，皆不可用。若过寒露后，则无所用之矣。养法：在先置瓦盆百余（近日有烧成促织盆），每盆各致其一，内填泥少许于底。用极小蚌壳一枚盛水，日以鳗鱼、鳜鱼、茭肉、芦根虫、断节虫、扁担虫饲之[(4)]。如无虫，以熟栗子、黄米饭为常食。如促织积食，以水畔红虫饲之。冷病嚼牙，以带血蚊虫饲之。热病以绿豆芽尖叶，或棒槌虫饲之。斗后粪结，以粉青小虾饲之。斗伤以自然铜浸水点之。牙伤以茶姜点之。咬伤者，以童便调蚯蚓粪点之。气弱者饲以竹蝶，身瘦者饲以蜜蜂。如此调养，促织之能事毕矣。

（清陈淏子《花镜》）

【注释】

(1)数般巧处：指蟋蟀格斗时的各种技巧。(2)斗口、斗间：都是蟋蟀格斗技巧，详见本书有关格斗的内容。(3)俄而：突然，马上。(4)鳗鱼、鳜鱼等：均为喂养蟋蟀的饲料，详见本书有关畜养的内容。

◎ 蟋蟀序

窃闻[(1)]天地无私，万物随时而变化；阴阳不爽[(2)]，气机应候以流行[(3)]。固知芸生[(4)]繁盛，造物[(5)]英奇，靡不为高厚[(6)]之所覆育，又何论物之巨细哉。虽然，物之巨者固不暇论，而物之细者亦不知而足。

【注释】

(1)窃闻：我私下里听说。窃，谦词，指自己。(2)不爽：没有差错。(3)气机：指阴阳二气的运行规律。应候：与上句“随时”义同，都指随着季节。(4)芸生：即芸芸众生，泛指世间万物。(5)造物：造物主，指大自然。(6)高厚：指天地。

然以物之至细，而有能顺天时、达阴阳、明地利、觉寒暑[1]，擅文德而备武功[2]，能不晓而动农事[3]，用舍行藏[4]，有合乎调燮[5]之宜者焉。又当夫夏日炎炎，动股焉，振羽焉；秋风凛凛，在野焉，在宇焉。其潜于昼而吟于夜，似顺天时而达阴阳者；其居于户而依于人，明地利而觉寒暑者。乃若始跃以股，鸣能以翅，其安闲之状，擅文德也；临场不避敌，遇战必扬威，其勇敢之气，备武功也。故流火授衣[6]，机女[7]听蛩吟而勤织；烹枣剥葵[8]，田夫聆虫唱而观成[9]：其感人情而动农事也有如此。

若夫变化随乎时序，迁徙近乎人居，畏冰霜之肃杀，欲思隐遁[10]以保身，以视夫用舍行藏为何如也[11]。于是知天地之无私，阴阳之不爽。其变化流行于覆育之中者，靡不随时应候也，而又何论于物之巨细哉。是为序。

康熙五十三年岁次甲午季夏朔日，吴门梦桂月攀氏序于金台揽秀轩中。

（清天绘阁本《蟋蟀谱》）

【注释】

(1)这一句是说蟋蟀具有天的各种才能。顺天时是指它随着秋天的到来而出现，随着寒冬的来临而消失。达阴阳是指它对阴晴、干湿、昼夜等十分敏感。明地利是指它有能力挑选有利的地势居住。觉寒暑是指它随着寒暖的变化而迁徙住处。(2)文德：本指以礼乐教化进行统治。这里是指儒雅斯文的举止。武功：战功。(3)动农事：意指农民听到蟋蟀的叫声抓紧干农活。(4)用舍行藏：应作“用行舍藏”，意为被任用即行其道，不被用则隐居起来。语出《论语•述而》：“用之则行，舍之则藏，惟我与尔有是夫。”(5)调燮：指阴阳二气的调理谐和。(6)流火：火指心宿星。流火意为心宿星偏西，表示秋天就要到来。授衣：古代九月间开始准备冬天的衣服叫授衣。(7)机女：织布的妇女。这一句是由“促织鸣，懒妇惊”化出。(8)指到了秋天收获的季节。(9)观成：看到了自己的劳动成果。(10)隐遁：逃跑隐蔽。这一句以蟋蟀冬天藏进洞里比喻人在严酷的环境里隐居以自保。(11)视：看作，当成。何如：如何，怎么样。

◎ 总论

夫二氛运行[1]，万物化生[2]。故圣人曰：“四时行焉，百物生焉。”《易》曰：“天地氤氲，万物化成。”[3]信斯言也，何物有出于阴阳之外者？然物之生，各有其时，如初春则蛰虫始动[4]，入夏则蝼蝈始鸣，秋则蟋蟀居壁，冬则蛰虫俯原[5]。

【注 释】

(1)二氛：二气，指阴阳二气。(2)化生：发育滋生。(3)氤氲：古人认为天地未开之时，天地间充满的混沌之气。(4)蛰虫：冬天到土里过冬的昆虫。(5)俯原：潜伏到土里。

夫蟋蟀之生，秉天地之气，感雨露之精，随时变化。暑则在郊，寒则附人，似识时；拂其首则尾应，拂其尾则首应，似解人意者。合类颉颃以决胜负，英猛之气其可观也。况当三秋佳景，水碧山清；霜飞丹叶于江干[1]，露浥黄花于篱落[2]。园亭之上，几席之间，微雨初过，炎敲顿歇[3]。浮绿蚁以款宾朋[4]，铺红氍而观斗战[5]。斯时也，败者曳兵而走，胜者奋勇以追，一若欲灭而朝食[6]。凯歌迭奏，舒翅扬威，其胜者乐也。其乐者为谁？蟋蟀也。然蟋蟀何以乐？亦唯借人之乐以为乐；而不知人之乐，更借乎蟋蟀之乐以为乐也。

（清天绘阁本《蟋蟀谱》）

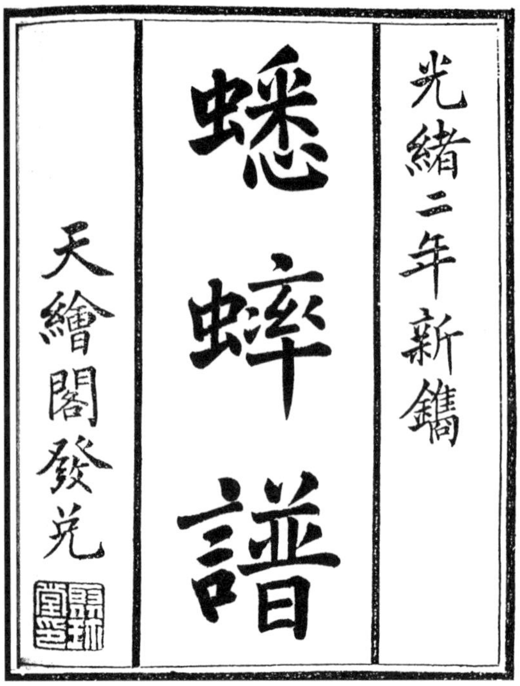

清 天绘阁《蟋蟀谱》封面

【注 释】

(1)飞：打落。丹叶：秋天的红叶。江干：江边。(2)露浥：露水打湿。篱落：篱笆。(3)炎敲：炎暑，炎热。敲，指敲石，俗谓火石，能打出火来。(4)绿蚁：古代称酒上泛起的绿沫为绿蚁，也作酒的代称。(5)红氍：红毡。(6)灭而朝食：打败敌人再吃早饭，比喻灭敌极易。典出《左传》："齐侯曰：'余姑翦灭此而朝食。'不介马而驰之。"后来常用来比喻消灭敌人的意志很坚定。

◎ 促织经序

昝葩经咏昆虫甚夥[1]，而蟋蟀见于唐什[2]，详于《豳风》，是亦古风雅之士究心[3]所在也。自唐李来[4]，宫中为蟋蟀戏，传至外间，人争效之[5]。然辨形辨色之说，究未通晓。至宋贾秋壑著《促织经》，所谓形色始详论焉。迨明季坊简[6]，多创为歌吟，著其名兼著其象[7]，绘其色亦绘其声。然错舛纰缪，正复不少。余值小圃凉生，酒酣夜坐，风飘桐叶，露湿桂花。因检旧编，挑灯删定。非敢自附于古之格物君子[8]，亦一时游戏偶及云尔。时康熙乙未仲秋上浣，小厂偶书[9]。

（清金文锦《促织经》）

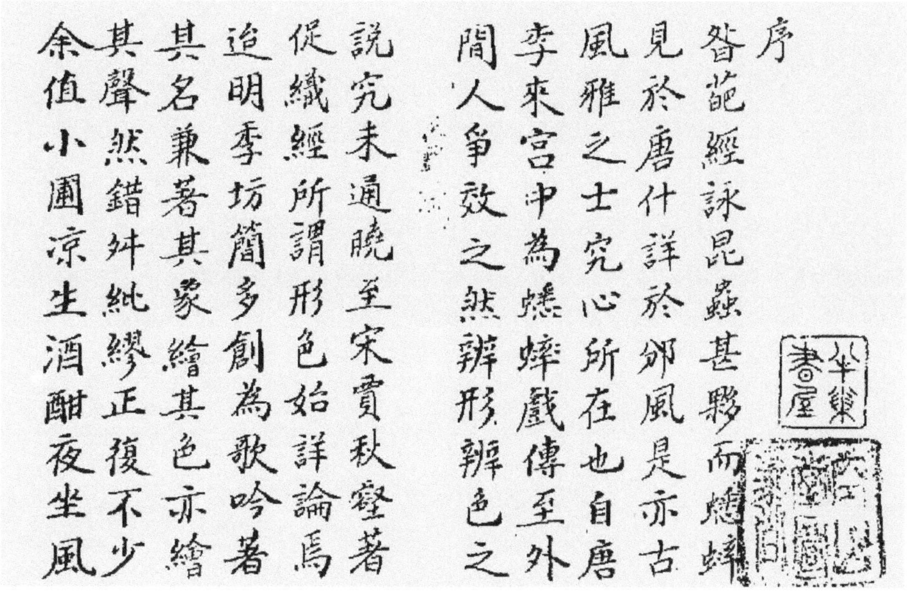
序
嘗葩經詠昆蟲甚夥而蟋蟀
見於唐什詳於豳風是亦古
風雅之士究心所在也自唐
李來宮中為蟋蟀戲傳至外
間人爭效之然辨形辨色之
說究未通曉至宋賈秋壑著
促織經所謂形色始詳論焉
迨明季坊簡多創為歌吟著
其名兼著其象繪其色亦繪
其聲然錯舛紕繆正復不少
余值小園涼生酒酣夜坐風

清 金文锦《促织经》抄本序

【注释】

(1)葩经：指《诗经》。语出唐代诗人韩愈《进学解》：“《诗》正而葩。”葩，华美之意。后来便称《诗经》为葩经。(2)唐什：指《诗经》中的《唐风》。《唐风》中有《蟋蟀》篇。什，篇什。(3)究心：用心。(4)李唐：即唐朝。因唐朝为李姓所建，所以史称“李唐”。(5)这几句是指《开元天宝遗事》中“宫中妃妾辈皆以小金笼捉促织，闭于笼中，置之枕函畔，夜听其声，庶民之家皆效之也”的记载。(6)明季：明朝。坊刻：民间书坊所刻印的书。这里是指明代所出的几种蟋蟀谱。坊，书坊。(7)著：与下句的“绘”都是描写的意思。(8)格物君子：推究事物原理的人。这里指学问深奥之人。(9)康熙乙未：康熙五十四年，即公元1715年。

◎ 促织经

虫生于草土者身软，砖石者体刚，浅草瘠土者性和，砖石深坑及地阳向者性劣：若是者穴辨。凡促织青为上，黄次之，赤次之，黑又次之，白为下。号红麻头、白麻头、青项金翅、金丝额、银丝额，上也；黄麻头，次也；紫金、黑色，次也：若是者色辨。首项肥、腿胫长、背身阔，上也；不及斯次；反斯下也。其号之油利挞、蟹壳青、枣核形、土蜂形、金琵琶、红沙、青沙、绀色，为一等；长翼、梅花翅、土狗形、螳螂形、飞铃，为一等：若是者形辨。养有饲焉，有浴焉，有病用医焉。鳗鱼、稻撮虫、水蜘蛛、扁担虫、沟红虫、蟹白、栗黄、米饭，食养也。榨小青虫汁而糖调之以浴，随净甜水以涤，水养也。虫病而治之，水畔红虫主积食，蚊带血者主冷，蛆蜕厕上臼棒槌虫主热，粉青小青虾主斗后，自然铜浸水点者主斗损，茶姜点者主牙损，童便调蚯蚓粪点者主咬伤，竹蝶主气弱，蜂主身瘕，医养也。如是促织性良气全矣，中则有材焉者，间试而亟蓄其锐，以待斗。

（清金文锦《促织经》）

◎ 促织经跋

尝观促织旧论，其辨形辨色详矣，而犹有未尽载者。盖其为头也，有圆而带扁曰烧饼头[(1)]，圆而无棱曰和尚头，浅而无额曰半爿头，圆足而小曰一抹头，圆而深长曰寿星头，有棱而未圆足曰牙刷头、大方头。大抵寿星头为最上，余皆中下。间有佳者，亦十无二三。至于脑线有本细而末大曰鼓槌线，本直而末外弯曰牛角线，模糊而不分明曰濮脑线，粗而呆色不切肉曰浮脑线。凡遇此种色样，皆非所宜。唯奇脑线则透顶及面，或一条二条，或明或暗，其为入选者矣。牙钳有黑白红紫四种，然类于白者有浆钳，类于红者有脂泥钳，类于紫者有酱板钳，类于黑者有绛香钳，俱属无用。又开钳只宜一线，八字钳与菱角钳不足取也。

【注释】

(1)此处所论各种头形及脑线，详见本书有关品种的内容。

若夫颜色形像更须识别。颜色有清有浊[(1)]，清者善斗而持久，浊者虽斗而不终。形像有熟有生[(2)]，熟者有间而有口，生者有口而无间。此之不可不知也。其于腿欲其长也，亦有短而圆肥，如双陆腿之妙者[(3)]。肉欲其厚也，亦有细而短薄如木屐丁之奇者[(4)]。项欲其大也，亦有中高而旁窄，如肿项石鼓项之无用者[(5)]。虫之变态百出，皆未易执一以论。观者心领神会，自能得其大概。孰优孰劣，一目了然。则其为头，为脑线，为牙钳，为颜色、形像，为腿，为肉，为项，岂有毫厘之失误者哉！

凡此俱旧论之所未及，故详著之以备观览焉。

（清金文锦《促织经》）

【注释】

(1)有清有浊：指蟋蟀的体色有的清晰明亮，有的昏暗模糊。(2)有熟有生：指蟋蟀的体形有的发育成熟，有的发育不足。(3)双陆：古代的一种博戏，可能与现代日本的飞双陆相似。(4)木屐：古代的一种木底鞋，底有二齿，以行泥地。(5)石鼓：用石头雕成鼓形。石鼓项指脖项两端细中间粗。

◎ 王孙鉴序

《诗》三百篇，其托兴于昆虫草木者居多。即如《豳风• 七月》，述戒农功，而“五月斯螽动股”数语，不啻长言而咏叹之。乃知蟋蟀虽微，暑则在野，寒则依人，殊足流连[(1)]耳。自唐蓄以金笼，肇为夜戏[(2)]，越宋迄明，学士大夫斗蛩滋盛，岂特被之咏歌而已哉。尝考贾秋壑《促织经》，唯形与色亦曾胪载[(3)]，然语焉而不详，矧不多概见。此谱卷分三帙，辨其形声，审其饮食，验其性情，原原本本，词旨盎然。使非好学深思之士，心通造化，何能若此之核且博[(4)]耶？行见传播艺林[(5)]，不特导秋兴家之先路[(6)]，而朱中翰之闳通淹雅[(7)]，亦于是乎征[(8)]。

（清赠怡馆增订《王孙鉴》）

【注释】

(1)流连：爱好而难以舍弃。(2)奁戏：妇女的游戏。因《开元天宝遗事》说玩蟋蟀是唐代宫女最先发明，故有此说。(3)胪载：记载。胪，陈述，传告。(4)核且博：真实而广博。(5)行见：行将，将要。(6)先路：此句指对蟋蟀玩家有指导作用。(7)闳通淹雅：渊博的知识和高雅的风度。(8)征：表现，显示。

◎ 王孙鉴叙

趣织微物也，然因乎天时，应乎地气，观夫《月令》[1]之所详，《豳风》之所咏，候时协律，罔或爽焉。里谚云："促织鸣，懒妇惊。"则此蛩也，可以占日月之代谢，警人事之怠荒，非细故也。

顾其性善斗，而其势又莫肯相下[2]。当其鼓翼而前，奋翅以往，或两敌相冲，或孤军深入，莫不竭其勇力，务期克捷而后快。以故赏鉴之家得一殊品[3]，则贮之以玉笼，蓄之以古器；乃至有以穷其饮食嗜好之所宜，审其居处寒暖之所适，播之诗歌，传诸后世。岂非以肮脏之致，有足怡人性情者欤！第旧本虽多，谬误不少。余裒而集之[4]，删繁就简，汇成一帙。虽非军国重事，或亦博物君子之一助云尔。

（清赠怡馆增订《王孙鉴》）

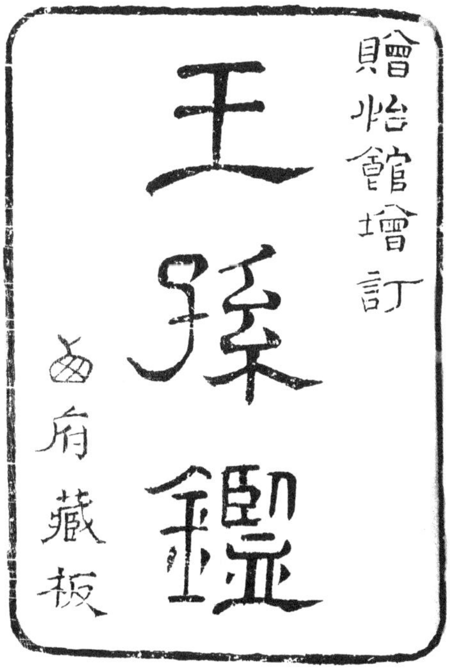

赠怡馆增订《王孙鉴》封面

【注释】

(1)《月令》：《礼记》中的一篇，记载一年十二个月的时令及相关的事物，其中有"蟋蟀居壁"之句。(2)莫肯相下：争强好胜，不肯认输。(3)殊品：不同一般的佳品。(4)裒而集之：汇集。

◎ 王孙鉴原序

余平生于游戏三昧之事，靡不为之，唯促织未之讲也。每见秋来醉心于此者，心窃笑之。及读麻城刘同人先生所著《帝京景物略》，中载"胡家村"一则，乃知一物之微，其足动人爱护也如此，其足费人精详也如此，不禁油然有动于中也。

其略曰：秋七八月，游闲人提竹筒、过笼、铜丝罩，诣丛草处、缺墙颓屋处、砖瓦土石堆磊处，侧听徐行，迹声所缕，发而穴斯得。乃掭以尖草，不出，灌以筒水，跃出矣。视其跃状而佳，遂捕之，蓄养之。稍试之，试而材，然后以斗。《经》曰：蛩生于草土者身软，砖石者体刚，浅草瘠土者性和，砖石深坑及地阳向者性烈：若是者穴辨。凡促织青为上，黄次之，赤次之，黑又次之，白为下：若是者色辨。首项肥、腿胫长、背身阔，上也；不斯次，反斯下也：若是者形辨。养有饲焉，有浴焉，有病用医焉，如是促织性良气全矣。中则有材焉者，间试而亟蓄其锐以待斗。初斗，蛩主者各内蛩于比笼，身等色等，合而内乎斗盆。蛩胜主胜，蛩负主负。胜者翘然长鸣，以报其主，然必无负而伪鸣，与未斗而已负走者，其收辨，其养素，其试审也。蛩斗口者勇也，斗间者智也。斗间者俄而斗口，敌蛩弱也；斗口者俄而斗间，敌蛩强也。

考促织，《尔雅翼》曰“蟋蟀”，李巡曰“酸鸡”，郭璞曰“莎鸡”，《方言》曰“蜻蛚”。生野中，好吟于土石砖瓦。一斗则矜鸣，其声如织，故幽州谓之“促织”也。促织感秋而生，其音商，其性胜，秋尽则尽。今都人能种之，留其鸣深冬。其法：土于盆养之，蛩生子土中。入冬，以其土置暖炕，日水洒，绵覆之。伏五六日，土蠕蠕动。又伏七八日，子出，白如蛆然。置子蔬叶，仍洒覆之。足翅成，渐以黑。匝月则鸣，鸣细于秋，入春反僵也。

凡都人斗促织，不直闾巷小儿也，贵游至旷厥事，豪右以消其赀，士荒其业。由是观之，辇毂之下，风尚且然，何怪乎世人之乐此不为疲也！

因遍购原本《促织经》付之梓，公诸同好，使天下后世，咸知促织一物，必如是精详爱护而后可，不如是精详爱护则不可。将从此而养促织者日见少，其唯此书乎？从此而养促织者日见多，亦唯此书乎？

（清赠怡馆增订《王孙鉴》）

◎ 重订王孙鉴始末叙

吾友林君田九，与翠庭朱翁，故至戚也。翁嗜古博物，性情豪迈，无世俗龌龊态。晚年辑《王孙鉴》一书，士大夫争购之。翁殁后乏嗣[1]，林君往唁，散步至赠怡馆，书板[2]委弃壁间。俄见幼婢趋进，取以烹茗。惋惜殊甚，亟命随人束载[3]以归，按次检点，已亡其半矣。吾友屡为余言，谋欲补锓[4]，苦力不逮[5]。嗟乎！士君子绩学既邃，则人品必高；立品愈高，则家计必啬[6]，理固然也，宁独吾友哉。

【注 释】

(1)乏嗣：没有后代。(2)书板：指《王孙鉴》一书的雕板。(3)束载：捆扎起来运走。(4)补锓：补刻。指把前面说的丢失的那部分书板补刻完整。(5)不逮：不及，达不到。(6)家计：家产。啬：穷困。

岁乙未，吾友不辞竭蹶，决计重订，余亦附忝末议。不半载，而残缺者补矣，疑缪者正矣，剥蚀腐朽者更新矣。间有原书未及处，添入数条，依然完璧。林君喜庐山面目今得复见也，属序于余。余沉思未有以应。会有八旬执友，扶杖而来。余述其故，执友笑谓余曰：“子自号老小团，此事无庸诿也。夫人当少年英锐，励志耘窗[1]，声色货利之属，举宜[2]屏绝，藐兹蠕动，又奚容[3]玩物而丧志。今子年逾六旬，正宜寄情花鸟，游戏草虫，娱此天假余生。若重违友意，是没齿而不悟也。试问当年翠翁，是刻又何为耶？”余闻执友诲，悚然警悟[4]，遂不揣谫陋，迅笔叙其始末，使当世读是书者，咸知吾友补亡重订，裨益艺林，其功比于束皙[5]矣。岂唯翠翁有知，深铭雅意，余亦从此随蛀孙后，辨妍丑，较输赢，纵情葍壑，争逐郊衢，庶几不失其赤子之心乎。时乾隆四十一年正月，茸城[6]老小团庄乐耕莘田叙。

（清赠怡馆增订《王孙鉴》）

【注释】

(1)耘窗：在窗下耕耘，亦即寒窗苦读之意。(2)举宜：都要。举，全部。(3)奚容：哪里能容忍。(4)悚然：害怕的样子。警悟：省悟。(5)束皙：晋代人，曾与人共同整理汲郡战国魏襄王墓出土的竹简，成《竹书纪年》《穆天子传》等。(6)茸城：松江的别名。

◎ 赠怡馆论促织

促织之名，其来远矣；促织之斗，爱者众矣。唯明朝宣庙[1]时，雅尚此戏，盆极奢华，窝极工巧，金台金陵[2]，王侯公子，竞为博赛。所以识者著辨色之论，作形像之歌，发明调养之法，叙陈疗治之方，传之至今而勿替也[3]。此博赛胜负，藻鉴是赖，而人多忽之，何耶？盖皆无识之徒，私心自用，妄曰吾自能之，实则吾自误之也。是以遴选贵其精详，视形辨色，时其调养疗治，一遵前贤[4]指授之诀，斯无所失，亦无所误矣。其可以冒昧而从事耶。

【注释】

(1)宣庙：指朱瞻基的宣宗朝。古代帝王死后，在太庙中立室奉祀，并追封庙号。(2)这几句形容宣宗时虫具的奢华精美。“金台金陵”是说虫具以黄金装饰。“台”可能指斗台，“陵”指蟋蟀死后的葬具。(3)勿替：无法代替。(4)前贤：指前代有经验的玩家。

夫蟋蟀者，秋虫也。一曰促织，一曰蛀孙，此蟋蟀之异名也。昔有《秋虫谱》，始道其化生之本末，中道其颜色之美恶，终道其形像之异同，可谓深切而著明矣。今再原之：蟋蟀者，莎虫所变化也。八九月间，下子在土中，至来岁三四月间生出，渐渐长大，白露则旺，寒露则衰，春风起而必亡，时序之使然也。但其生长在深沙厚土者其性刚，其色黄赤；生长在浅沙薄土者其性柔，其色黑白。青黄受阳阳必优[1]，黑白受阴阴必劣。黄赤小黑白大，不妨对敌；黑白小而青黄大，何可相争。若青黄紫，更生得头魁脚长，项宽体厚，牙阔尾枪[2]，均为上将。如黑白红铃，又生得头尖脚短，项紧体荡，牙娇尾颓，俱败相也。故爱其材也，必当观其色；然其色之美者，而形似蜈蚣、杨甲、螳螂、蝼蛄、蜘蛛者[3]，尤将中之枭将[4]也。或色美而形非，恶虫之化，不失为中材。若夫色之不美，而形似灶鸡等类柔弱者，又何足道哉！

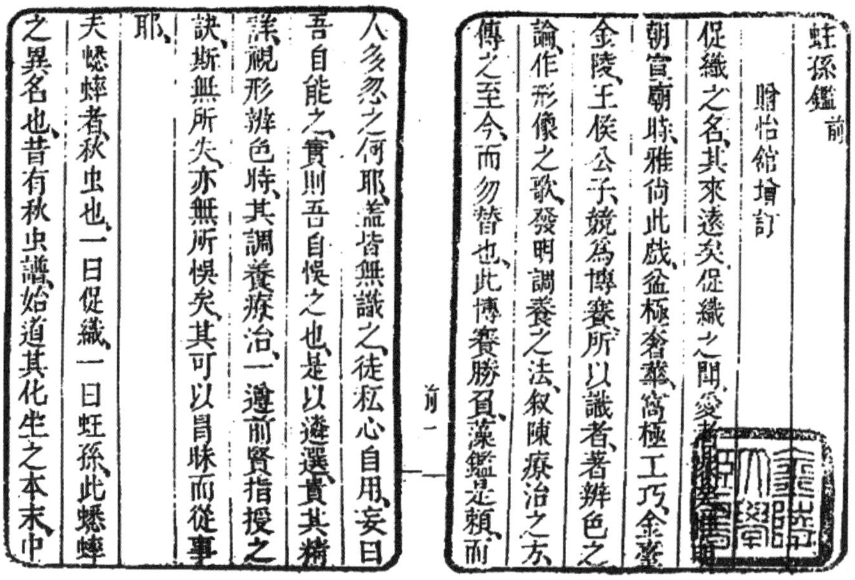
蛀孫鑑 前
贈怡館增訂
促織之名其來遠矣促織之鬪愛者
朝官廟時雅尚此戲盆極奢華窩極工巧金
金陵王侯公子競爲博賽所以識者著辨色之
論作形像之歌發明調養之法叙陳療治之方
傳之至今而勿替也此博賽勝負藻鑑是賴而
人多忽之何耶蓋皆無識之徒私心自用妄曰
吾自能之實則吾自悞之也是以遴選貴其精
詳覘形辨色特其調養療治一遵前賢指授之
訣斯無所失亦無所悞矣其可以冒昧而從事
耶
夫蟋蟀者秋虫也一曰促織一曰蛀孫此蟋蟀
之異名也昔有秋虫譜始道其化生之本末中

清赠怡馆《蛀孙鉴》
“论促织”

【注释】

(1)这一句是说青色和黄色的蟋蟀是受阳光的经常照射所致，所以战斗力也强，是有一定道理的。(2)尾枪：喻尾须尖长硬挺。(3)蜈蚣、杨甲等：与下文的“灶鸡”均为蟋蟀的名目，详见本书有关品种的内容。(4)枭将：勇猛善战之将。

夫养蛩如养兵，选蛩如选将。一非选也，不免舆尸之诮；一既精也，可免败北之悔。甚也，选贵其精而已。蛩有青黄赤白黑之正色，斯为真将。降此有淡紫黑青等，虽不失将材，而非可与真敌也。递而至于花青、花紫、油滑、嫩垢之类，譬之疲癃残疾，且不敢与偏裨伍，况欲与真青色争胜负乎？奈何世之畜蛩者，既失目于遴选之时，复谬合于定对之际；彼真色而我以慢(1)应之，则未斗而先知其败也，何俟交口而后决哉！然则养蛩者亦选其真可也。是故早秋必广收博采，加以明辨之，精而后无遗珠(2)。临局比合，必知彼知己，毋使相凌相占(3)，庶几无浪战(4)。虽然，亦视其养之何如耳。朝廷得一贤佐，苟非假之岁月以观其成，予之禄糈以养其廉(5)，授节钺(6)以重其权，捧轮毂(7)以重其体，而欲奏麟阁之勋(8)，不能也。今之畜蛩者，苟非宽其盆罐以适其体，调其饥渴以顺其情，勿烦斗以劳其力，勿屡视以劳其色，而欲操必胜之术，其可得乎？

（清赠怡馆增订《王孙鉴》）

【注释】

(1)慢：傲慢、怠忽的态度。(2)遗珠：本意是遗漏珍珠，比喻遗漏人才。这里是指遗漏了优品的蟋蟀。(3)相占：指敌虫在体形体色上占了自己的便宜。(4)浪战：不能取胜的无谓战斗。(5)禄糈：丰厚的俸禄。廉：廉明的作风。(6)节钺：符节和斧钺。古代拜大将军要先授节，再授钺。二者都是权力的标志。(7)轮毂：指乘坐用的车子。(8)麟阁：指麒麟阁，汉代的阁名，在未央宫内。朝中有功之臣绘像其中。

◎ 玩花轩客问说

予于小圃理菊，偶睹飞梧敲窗，微凉生袂，感时触物，叹息久之。忽有故人，款户[1]相访。因命童子进酒，谈笑及暮。见新月东升，虫吟唧唧。

客问曰："凄凄凉凉，如诉如泣，此何物乎？"予曰："虫名促织，非秋不鸣。"客曰："既知其名，必知其实。盍为我言之？"予曰："七月流火，草虫生化。禀天地一灵之性，变为此虫。看养有法，胜负攸分。其间奥妙玄机，可以心悟，不可以言传者也。"客恳求其秘[2]。因告之曰："盖自白露渐生，而盆须用古；寒露渐绝，而盆宜换新，未申时须当喂食，寅卯时且听呼鸣。隔三朝方可水浴，间五日始可相争。"

【注 释】

(1)款户：敲门。(2)秘：秘密，指看养蟋蟀的方法。

小儿斗蟋蟀图

客曰："养法既得其详，看法未闻其命。"予述古语以证之曰："苔壁吟秋夜[1]，身微[2]识者稀。更兼颜色广，俊杰细思之。观于古言，则其色难辨可知矣。兹略叙其梗概：麻头青项销金翅[3]，名扬天下；虾脊蛾身橄榄形，声播四方。浑身好似一团花，红铃难托；满体色如真锦绣，白肋无成。腿长则有赢无输，翅松则多负少胜。头魁者必能发夹，牙娇者决难受口。光项莫留，免其后患。黑肉便弃，可杜嗟吁。脚短无后力，唯拖肚不忌。牙长能受夹，独黄脑不宜。谚云："黑白全无用，青黄不可欺。狭长终有失，扁阔最痴迷。"

【注 释】

(1)苔壁：长满青苔的墙壁。(2)身微：身份低贱。(3)自此句以下提到的蟋蟀名目，详见本书有关蟋蟀品种的内容。

客曰："看法已具，其虫能无病乎？病以何法治之？"曰："此物至微而体至渺[1]，故其调养工夫，喂药奥妙，又岂易言哉！至如饭不可缺，而腥气染者食之，有损无益；水不可浑，而油盐着者食之，多死少生。头昏用川芎相调浴之，结粪以豆芽蛴螬[2]合食喂之。肚若作泻，此热极所致，宜饲生虾肉；日夜鸣盆，因腹内有虫，饮以甘草汤。尾若高低，有亏水食；二尾双垂，可知老朽。练牙减食，宜喂带血蚊虫；游册沿墙，可服凉桐梓草。须卷脚焦者不治，脚尖筋落者难医。"

客矍然而起曰："以至微之虫，知肺腑之事，纤悉具备。使执事遇时当路，其能燮理阴阳，致百姓雍熙[3]，万物咸若者，又当何如也？”

（清赠怡馆增订《王孙鉴》）

【注释】

(1)渺：本指遥远，这里是深奥微妙之意。(2)蛴螬：即地蚕，生长于土中，乳白色，极肥腴。(3)雍熙：欢乐和睦。

◎ 齐东问难

或问于王浣溪曰：“促织为童稚[1]所玩之物，而子素称高士[2]，且须发皓然，无乃好此童稚之所玩[3]，不已为达者笑乎[4]？”曰：“噫！是非尔所知也，居吾语汝。余尝见子之蓄鸽否？”曰：“然。”“又见子常养鸟否？”曰：“然。”“试问之，鸟之与鸽，有何益哉，而子嗜之？”曰：“鸽能飞，鸟能鸣，是以养之。其不胜于秋虫乎？”浣溪曰：“鄙者子也！鸽之为物，譬之小人，其主盛，则饮之啄之，而相依群聚；一朝势退，哄然而散，招亦不来，呼亦不至，与无义之徒何异焉？禽之鸣也，处茂林之间，嘤鸣[5]上下，杂奏笙簧[6]，固所有也。今子笼而囚焉，其悲怨之声，如泣如诉，而子以为巧舌美音，不亦愚乎？如促织者，鸣不失时，其信昭矣；遇敌必斗，其勇大矣；折肢断筋，宁死疆场，如截肠啖睛，其忠如是。以视鸽之趋炎附势者，孰优孰劣？”或举手而谢曰：“谨闻命矣！固非吾侪之所知也[7]，故云。”

【注释】

(1)童稚：幼童，小孩。(2)高士：高洁之士。古代文人常以之自比，以表达自己的高远志向及不与世俗同流合污的人格。(3)无乃：居然。(4)达者：与“高士”意近，指看透人生、超尘脱俗的高人。(5)嘤鸣：指小鸟一边在树枝上跳来跳去，一边快乐地鸣叫。(6)笙簧：代指音乐。(7)吾侪：我们。

◎ 促织论

促织者，秋蛩也。隔年遗种于土中，时至方生。处暑出，白露旺生，寒露渐绝。或系诸虫变化，如蜈蚣、胡蜂、地狗之类，上也；蜗牛、地蚕，湿虫所化，下也。生于草土者身软，砖石者体刚，浅草瘠土者色多黑白而性和，瓦砾深坑及地阳向高阜者，色多赤黄而性烈。大抵白不如黑，黑不如赤，赤不如黄，黄不如青，青不如紫。赤小黑大，尚堪对敌；黄大白小，切勿交锋。原夫青黄之蛩，首大项肥，腿长身背阔厚为上；黑白色者，头小项窄，腿脚短瘦，翅薄身不方厚为下。若花麻头、灰青项、歪身、线额、弯翅、弯尾、翘翅、绉翅、龟背虾脊、八脚、四钳及螳螂形、土狗形、胡蝶头、蛱蝶翅之数者，俱属异相也。至于伤残之蛩，如独腿、五爪之类，虽不全，犹或可取；唯四病者，速宜去之：仰头一也，卷须二也，练牙三也，踢腿四也。两尾高低，曾经有失；二尾俱垂，老将惫矣。又若热而仓皇，冷而倦怠，稍不骁健，亟宜如法调养，勿贸贸而前也。

（清赠怡馆增订《王孙鉴》）

◎ 赠怡馆续著

高江村先生《金鳌退食笔记》：本朝南花园内，于秋时收养蟋蟀，至灯夜则置之鳌山灯内。奏乐既罢，忽闻蛩声自鳌山中出，岁以为常。

《开元天宝遗事》：唐明皇朝每至秋时，宫中妃妾辈皆以小金笼捉促织，闭于笼中，置之枕函畔，夜听其声。庶民之家皆效之也。

《宋史》：度宗时襄樊围急，贾似道日坐葛岭，起楼台亭榭，作半闲堂，日肆淫乐。尝与群妾据地斗蟋蟀。所狎客戏之曰："此军国重事耶？"自是或累月不朝。俗传有贾平章秋壑半闲堂《秋虫谱》，遍为搜访，未见善本。及抄录者，词意鄙俚，夹杂无伦，大都托名伪撰，以讹传讹，深无足取。至有艳称济颠僧点化促织名王彦章一事，为之填词曰《醉菩提》，以不见史传，未敢遽以稗官家言纂入，姑俟后考。

《王弇州史料》：宣德九年七月，敕苏州府知府况钟："比者内官安儿吉祥采取促织，今所进促织数少，又多有细小不堪的。已敕他每于末后运自要一千个。敕至，尔可协同他干办，不要误了。故敕。"

褚稼轩《坚瓠余集》：吴俗喜斗蟋蟀，多以物色决赌。《庚巳编》载相城刘浩好斗促织，偶临水滨，见一蜂以身就泥中，转辗辗数四，起集败荷叶上。久之，身化为促织，头足犹蜂也。持归养之，经日脱去泥壳，则全变矣。健而善斗，敌无不胜，所获甚多。又张廷芳亦好之，至荡其产。芳素敬玄坛神，乃以诚祷，诉其困乏。梦神告曰："吾遣黑虎助尔，已化身在天妃宫东南角树下矣。"明日芳往觅之，获一促织，色黑而大。用以斗，无不胜者。旬日间，获利如所丧者加倍。至冬而死，芳为恸哭，以银作棺葬之。

袁中郎《瓶花斋集》：京师人至七八月，家家皆养促织。余每至郊野，见健夫小儿群聚草间，侧耳往来，面貌兀兀，若有所失者。至于溷厕污垣之中，一闻其声，踊身疾趋，如馋猫见鼠。瓦盆泥罐，遍市井皆是。不论老幼男女，皆引斗以为乐。又有一种似蚱蜢而身肥大，京师人谓之聒聒，亦捕养之；南人谓之纺绩娘。食丝瓜花及瓜穰，音声与促织相似，而清越过之。余尝畜二笼，挂之檐下，露下凄声彻夜，酸楚异常，俗耳为之一清，少时读书杜庄，晞发松林景象，如在目前，自以蛙吹鹤唳不能及也。又一种亦极类促织，而韵致悠扬如金玉中出，温和亮彻，听之令人气平，京师人谓之金钟儿。见暗则鸣，遇明则止。两种皆不能斗，故未若促织之盛。尝观贾秋壑《促织经》，其略谓：虫生于草土者其身软，生于砖石者其体刚，生于浅草瘠土砖石向阳之地者其性烈。其色白不如黑，黑不如赤，赤不如黄，黄不如青。白麻头、青项金翅、金银丝额，上也；黄麻头次也；紫金黑色又其次也。其形以头项肥、脚腿长、身背阔者为上，头尖项紧、脚瘦腿薄者为下。虫有四病：一仰头，二卷须，三练牙，四踢腿。若犯其一，皆不可用。其名色有白牙青、拖肚黄、红头紫、狗蝇黄、锦蓑衣、玉锄头、金束带、齐膂翅、梅花翅、琵琶翅、青金翅、紫金翅、乌头金翅、油纸灯、三段锦、红铃月额头、香色肩铃之类甚多，不可尽载。养法：用鳜鱼、茭肉、芦根虫、断节虫、扁担虫、煮熟栗子、黄米饭。医治之法：嚼牙喂带血蚊虫，内热用豆芽尖叶，落胎粪结用虾婆，头昏川芎茶浴，咬伤用童便、蚯蚓粪调和点其疮口。凡促织之态貌情性，纤悉毕具。嗟乎，一虫之微妙曲折如此！由此推之，虽虮虱蠛蠓，吾知其情状与之不殊矣。

（清赠怡馆增订《王孙鉴》）

◎ 兰畅居士爱蛩说

物之微而足以感人者，莫蝉与蛩。若蝉鸣于仲夏，声出新樾[1]间，唤醒北窗凉梦，恍然别作一境界，使人检点身心，一番感触。唐人有句云："志士心偏苦，初闻独泫然。"会意微矣。蛩鸣于秋，其声哀怨，动骚人[2]嫠妇之思，为更甚于蝉。顾蝉之为物，屏迹高柯[3]，吸风饮露，有清虚廉让之致[4]。蛩独好争以勇胜，推其故，殆禀金虎肃杀之气[5]，生意迫促[6]，不得其平，故激而为志微噍杀[7]之音，发而为愤怒陵竞[8]之状。以二物较之，蝉品为优；然蝉唯新蜩，足清人耳，所谓麦蛰是也。其大者谓之螃，大而黑者名栈，皆噪聒不耐静听，又不若蛩之莎阶草径，声声凉露矣。周元公载之《豳风》，以纪《月令》，后之咏歌者，止状其声，而不详其形。若夫斗蛩之戏，止有半闲堂一事，他无闻焉。近世则有《秋蛩谱》，有栅局[9]，江浙最盛，征逐数百里，不啻斗鸡走狗之乐也。

【注 释】

(1)樾：树荫，也指路边的林荫树。(2)骚人：诗人。自屈原《离骚》之后，作诗者多仿效

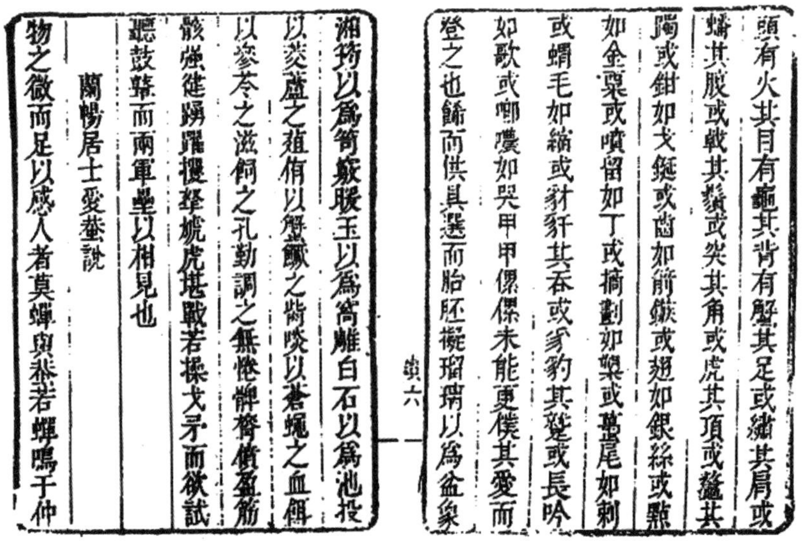
頭有火其目有龜其背有盤其足或豬其肩或
蟠其腹或戴其鬚或尖其角或虎其項或蠢其
蹢或鉗如戈鋋或齒如箭鏃或翅如銀絲或黯
如金粟或噴留如丁或摘劃如槊或蔓尾如剃
或蛸毛如絲或豺犴其吞或豸豹其蹬或長吟
如歌或唧噥如哭甲甲傈傈未能更僕其愛而
登之也飾而供具選而胎胚擬瑠璃以為盆象
蟲六
湘筠以為筒嫩暖玉以為窩雕白石以為池投
以茭蘆之菹侑以蟹𩩲之髓啖以蒼蠅之血餌
以參苓之滋飼之孔勤調之無倦髀脅僨盈筋
骸強健躍躍攫拏虓虎堪戰若操戈矛而欲試
聽鼓鼙而兩軍壘以相見也
蘭暢居士愛蛩說
物之微而足以感人者莫蟬與蛩若蟬鳴于仲

清赠怡馆增订《王孙鉴》"兰畅居士爱蛩说"

之，故有此称。嫠妇：寡妇。(3)屏迹：把自己的身体隐蔽起来。高柯：高枝。(4)清虚：清静无为，归之自然，与世无所争。(5)金虎：指西方、秋天。《淮南子》："西方，金也……其神为太白，其兽白虎。"(6)这句是指蟋蟀的生命短促。(7)噍杀：声音急促而不舒缓。此句出自《礼记·乐记》："是故志微噍杀之音作，而民思忧。"(8)陵竞：本为戒惧之状，这里是相互争斗的意思。(9)栅局：即蟋蟀的斗场。

霞瀛大珠生居城市，无蝉声而酷好蛩，比之卫公鹤[(1)]、支公马，殆更有甚。其相蛩之法，独出精意。辨色则离娄[(2)]之明，辨声则师旷[(3)]之聪。骨相肉相神相，则九方皋[(4)]伯乐之智；得时失时先天后天之论，则扁鹊华佗之术[(5)]；调驭饮食，得其性情，则王良造父之技[(6)]。尝为予言其故，予不甚解，以"子非鱼，焉知鱼"为对。及熟思之，其言皆根极至理。盖斫轮解牛[(7)]，当以神遇而不可以言传者。因不禁慨然曰："蛩之为物也幺么[(8)]，而其理精微有如此。以小喻大，格物之学，其何有穷？昔人欲视焦冥[(9)]，斋戒三日而后见；学射则悬虮虱[(10)]，视之大如车轮而后贯。唯其用心之审，而后有得焉。今以相蛩之法测之，凡有形象者，则推步占验[(11)]，素问玉函之书可也[(12)]。以相蛩之心测之，凡为道艺者，则承蜩、弄丸、棘猴、玉楮之技可学也[(13)]。心通乎物，物通乎理。驴之鸣也有言，鸟之音也有语，其理可推；而不可推者，莫不可以察识矣。神哉奇哉！微矣渺矣！请仍质之大珠王。

（清赠怡馆增订《王孙鉴》）

【注 释】

(1)卫公鹤：典出《左传》："冬十二月，狄人伐卫。卫懿公好鹤，鹤有乘轩者。将战，国人受甲者皆曰：'使鹤，鹤实有禄位，余焉能战！'"(2)离娄：人名，据《孟子》记载是古代的明目人，据说"能视于百步之外，见秋毫之末"。(3)师旷：人名，古代乐师。生而目盲，善辨声乐。(4)九方皋：春秋时人，擅长相马，为伯乐所称道。(5)扁鹊、华佗：均为古代著名的医者。(6)王良、造父：均为古代的善御马者。(7)斫轮：用斧子把木头砍成车轮。解牛：即用刀子宰牛。(8)幺么：微小。(9)焦冥：传说中的一种小虫，极微细。《列子·汤问》云其"群飞而集于蚊睫，弗相触也"。(10)此句说的是甘蝇学射的故事。甘蝇是古代的神射手，传说他刚学射箭的时候，师父让他练习凝视悬在空中的虱子，待看见虱子像车轮那么大了，箭术就练成了，后果如其言。(11)推步：古代的推算天历术。占验：占卜灵验。(12)素问：古代的一部医书。玉函：玉制的书套。(13)承蜩：捕蝉。《庄子·达生》："仲尼适楚，出于林中，见佝偻者承蜩，犹掇之也。"弄丸：古代的一种玩球杂技。聚众丸投空中，以手相接，使不坠地。棘猴：据《韩非子》，战国宋有人请为燕王在棘刺尖上做母猴。后来燕王以为其人虚狂，将其杀掉。后人以棘猴喻欺诈诞妄。玉楮：战国宋人以玉刻制楮叶，三年乃成。

◎ 先天后天论

万物本一元之氤氲，以成化育。其未生也，气主之[(1)]；其既生也，形主之[(2)]。气运于无为[3]，先乎天而存者也；形呈于有质[4]，后乎天而具者也。此炼气养生修真家[5]，以先天后天四字为竞竞也[6]。余尝窥其理而概之[7]，百昌群动[8]，以为无不皆然。恨昔之人，无以证余之言也；今于蟋蟀，而有以晤其理之必然矣[9]。

【注释】

(1)未生：指尚未化育成物的时候。气主之：受到气的控制。(2)形主之：受到形的制约。连上句意为万物化育而出之后，脱离了气的状态，各具其形状，或曰以各自的形表明自己的存在。(3)运：运行。无为：无所为，没有一定的目的；此处指天地开辟前的自然状态。(4)呈：呈现，表现。有质：有一定的物质。此句意为万物所以各具其形，均要在一定的物质基础之上。(5)炼气、养生、修真：均是道家的修身养性之术。(6)先天：指万物成形之前。后天：万物成形之后。这里是以道家十分注意后天养生之术，来比喻蟋蟀的后天调理也很重要。(7)窥：本指偷看，这里是研究、探究的意思。概之：概括它。(8)百昌、群动：均指世上万物。(9)晤：同“悟”，明白，通晓。

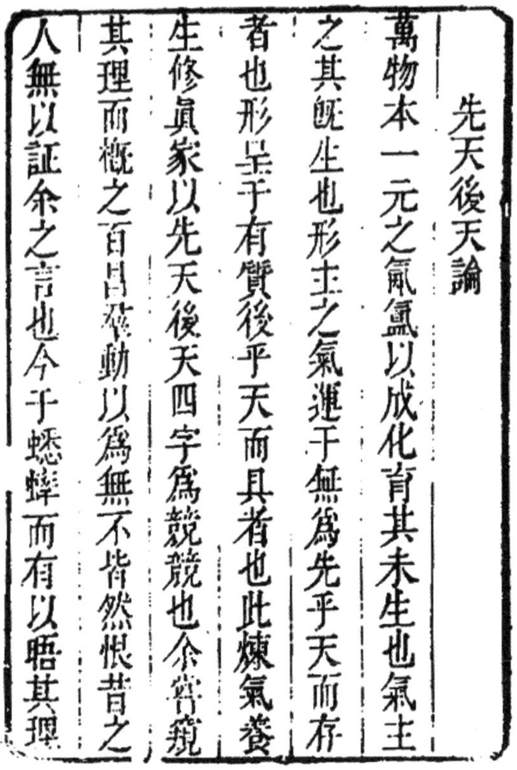
先天後天論
萬物本一元之氣氳以成化育其未生也氣主之其既生也形主之氣運于無爲先乎天而存者也形呈于有質後乎天而具者也此煉氣養生修眞家以先天後天四字爲競競也余嘗窺其理而概之百昌羣動以爲無不皆然恨昔之人無以証余之言也今于蟋蟀而有以晤其理

清赠怡馆《王孙鉴》“先天后天论”

夫蛩，乃一微物耳，其形色像貌，宜无勿同矣[1]。乃形之有大小，色之有黄白，力之有勇怯，性之有动静，其相去不可以铢两计者[2]，何也？则以先天后天之所得殊也。其全乎先天者，所生必于地脉灵秀之区[3]，燥湿适中之壤，而又雨旸时若[4]，风露融和之候，感触秋金之气，脱化而生，全是大气所鼓[5]。至于脱化后，伏土五七日方始登盆。先天之气涵养[6]既足，保护之法又极周密，不受饥饱之失调，未遭慢斗伤损之疏虞，神全气足，此得乎后天者全也；此尽属乎人为也。先天之事不易知，然气以成形，气足者形必如之，神亦必如之。故先天俱足者上也。先天不甚足，而后天以补之者次也。若先天不足，而后天复戕贼者[7]，必无济也。

【注释】

(1)无勿同：没有什么不同。(2)相去：相差。铢两：铢、两均为古代的衡制单位。一铢是一两的二十四分之一。铢两是表示极轻微的数量。(3)地脉：古代认为地有脉络。实即地形地势。灵秀：神异而美好。(4)雨旸：晴天。雨旸时若意即阴晴适宜。(5)大气：指宇宙间的阴阳之气。(6)涵养：滋润养育。(7)戕贼：残害，糟践。

今修炼家专讲后天，非一定之理耶？集中有言先天者十之三四，言后天者十之五六，殆亦挽回造化，不得不详且琐也。至于化生之物[1]，其从变化而来者，本来之性未尽脱化[2]，则强者得强，弱者得弱，是不特禀先天之气，并复得后天之形矣。其理亦微矣哉，故为先天后天论。

（清赠怡馆增订《王孙鉴》）

【注 释】

(1)化生之物：这里是专指古谱上所说的那些由其他昆虫变成的蟋蟀，比如说蜈蚣变虫、桑虫变虫等。其实这是古人的一种错误认识。(2)本来之性：是指原来昆虫所具有的特性。

◎ 得时失时论

语云“乘时[(1)]而动”，是贵乎其时之审也[(2)]。夫早秋、中秋、晚秋，递为时之先后。蛩禀冷热之性，于焉攸分[(3)]。如初出之候，两尾平垂，粪仅泥水，是其后天之气未充，于以角胜，如孩提之童，使之披坚执锐，是未及其时；逮衰老之年，使之操戈跃马，是又过其时：均谓之失其时也。

【注 释】

(1)乘时：趁机。抓住有利时机。(2)贵：看重。审：细密，详尽。(3)于焉：于此，在这里。攸分：马上就区分开来。

待蓄养有日[(1)]，俟其双尾挺劲，粪亦结粒而白，则精彩强壮，勇力倍加，如马之膘肥骁健，自能腾踔[(2)]千里；鸟之羽翮[(3)]丰满，自然奋迈[(4)]云霄：此正其得时之候也。然或因水食之失调，接斗之频烦[(5)]，虽乘其时，亦常蹶蹶[(6)]。人但知时不可失，而未致审于毫厘之间矣[(7)]。是故得时失时，虽视乎蛩性之早晚，而实由人握其权也。

【注 释】

(1)有日：有些日子，有一段时间。(2)腾踔：腾跃。(3)羽翮：羽翼，翅膀。(4)奋迈：奋翅到达。(5)频烦：即频繁。(6)蹶蹶：本义是跌倒，这里指失败。(7)毫厘之间：指细微之处。

抑更有说焉：蛩遇识者，爱护郑重，如人之拔于侪伍之中[(1)]，登之将帅之任。知己遇合[(2)]，千载一时，此得时也。或落市井之间，拦入儿童之手，虽具美质，无由自明[(3)]；甚至横遭屈辱，寻至湮没，此失时也。是其时之得失，又视蛩之遭际也夫。

（清赠怡馆增订《王孙鉴》）

【注 释】

(1)拔于侪伍之中：从众人中选拔人才。侪伍，群众，主要指普通士兵。(2)遇合：相遇，遇上。(3)无由自明：意为无法表现出自己的才能。

◎ 肉相骨相神相论

相[1]者，犹言乎像也。有其像必有其相，此存乎物之形体者也。又相[2]者，相之也。物有相而我相之，此存乎我之品鉴者也[3]。存乎物者，肉有相，骨有相，而神无相；非无相也，藏于骨肉之中，实超乎骨肉之外，形声俱泯[4]，变态无端，可意会而不可言传，全在相之者之伐毛而洗髓矣[5]。九方皋之相马也，云在牝牡骊黄之外[6]。吾不知舍牝牡骊黄，又何持[7]以为相乎？噫，此其所以为神也。

【注 释】

(1)相：名词，相貌，长相。(2)相：动词，观察，即“相面”之相。(3)存乎我之品鉴：存在于我的主观品评鉴赏之中。这一句是说事物的客观形象通过人的主观品评才可以反映出来。此句与下一句“存乎物者”相对而言。(4)形声俱泯：既无形象，也无声音。泯，泯灭，消失。(5)伐毛洗髓：本义是清除污秽，脱胎换骨。这里是指要透过表面征象抓住本质，真正认识到神的真意。这句是说，神虽无形无色无声，但只要认真体会，是可以捉摸得到的。(6)牝牡：雌者曰牝，雄者曰牡。骊黄：指马的体色。骊，黑色。此句云判定马的优劣，不在于是雌是雄、是黑是黄这些表面现象，而有更为内在的东西。(7)持：根据，依据。

今夫蛩之微物也，其头项整齐，形体方幅者，肉相之所取也，吾察而能知之。其腿脚圆长，威如虎踞[1]者，骨相之所取也，吾细察之而亦能知之。至于气度昂藏[2]，精彩焕发，大小之不能拘[3]，黄白之不能限，毫厘有失，千里终差，吾将孰从而察之，又孰从而知之？然而相马以肥[4]，则飞兔骙袅漏矣[5]；相马以力，则龙媒骥子遗矣[6]。相蛩而不以神，则虽善敌如黑虎[7]者，亦觌面[8]而失之矣，何足与于相蛩之道哉！

【注 释】

(1)虎踞：虎蹲之势，喻威猛。(2)气度昂藏：气概不凡，威风凛凛。昂藏，高朗轩昂貌。(3)拘：约束。连下句是说，蟋蟀有无神，不是大小或体色的差异所能决定的。(4)相马以肥：以肥作为判断马的优劣的标准。(5)飞兔、骙袅：皆为古代传说中的神马名。《吕氏春秋》：“飞兔、骙袅，古之骏马也。”(6)龙媒、骥子：《汉书》：“天马徕，龙之媒。”谓天马来是龙出现的征兆。龙媒即天马，喻指骏马。骥指千里马，骥子亦谓良马。(7)黑虎：传说中一只神变的蟋蟀。据明陆粲《庚巳编》：“吴俗喜斗蟋蟀，多以决赌财物。予里人张廷芳者，好此戏，为之辄败，至鬻家俱以偿焉。岁岁复然，遂荡其产。素敬玄坛神，乃以诚祷，诉其困苦。夜梦神曰：‘尔勿忧！吾遣黑虎助尔。今化身在天妃宫东南角树下，汝往取之。’张往掘土，得一蟋蟀，深黑色而甚大，用以斗，无弗胜者，旬日间获利如所丧者加倍。至冬，促织死，张恸哭，以银作棺葬之。”(8)觌面：相遇，打照面。

况夫神之为言，更有隐显[1]之不同。世之好蛩者，亦尝奉此为竞竞然，以羽翼有光者为神，而不知韬华敛耀中有精彩存焉；以体格矫拔[2]者为神，而不知平常态度中有至奇寓焉；以桓桓[3]武健，猛气见于头额者为神，而不知色相静舒[4]，矜张不露[5]中有大勇在焉。盖于莫可名状[6]之内，实有一段不可磨灭之景，浮溢[7]于形色像貌，令识者心领而意会焉。彼世之所谓神者，犹不脱于肉骨之内，而非所谓牝牡骊黄之外也。是故用肉相者，十得其三四；用骨相者，十得其六七；用神相，则十不失一：真畜蛩家上乘法门也[8]。

【注 释】

(1)隐显：这里是指神的外在表现有的比较明显，有的则较隐晦。(2)矫拔：矫健而挺拔。(3)桓桓：勇武貌。(4)静舒：沉静舒缓。(5)矜张不露：自信而不表现出来。(6)莫可名状：说不出来的状态。指很玄妙，难以言说。(7)浮溢：浮现充满。(8)上乘法门：最好的诀窍。法门，佛教指修行者入道的门径。

昔人云："操千曲之引而后可以审音[1]，观千剑之铏[2]而后可以辨器。"使非极目力之精，心灵之妙，熟悉于古昔之歌诀箴论，殚精于日夕把玩[3]，当场比较胜负之余，不足语于斯也。噫，微矣！相蛩而至此，亦蔑以加矣。

（清赠怡馆增订《王孙鉴》）

【注 释】

(1)操千曲之引：指奏很多乐曲。操，弹乐器。引，古乐体裁。审音：指判定乐音的优劣。这句意为只有积累了丰富的实践知识，才可以对某事加以评价。(2)铏：应为"刑"，铸剑用的模子。《荀子》："剖刑而莫邪已。"(3)殚精：耗费精力。日夕：从早到晚。

◎ 蟋蟀称将军说

蟋蟀之以将军称也，果何自昉[1]乎？时论以其鼓勇善斗[2]，决胜负于两敌之前，与一将登坛，万夫辟易[3]者相类，遂摭据[4]而名之。其说似矣，然而鹌鹑黄脰之善斗者[5]，皆有是称，而皆无所考据，则亦未免于臆[6]也。或曰："螀，蝉属。蟋蟀，《说文》作悉帅，去虫字，皆有将军义，故名将军。"其说近似有理，然《月令》"寒蝉鸣"，郑注："寒蝉即寒螀，一名蟪蛄。"[7]陶弘景以《离骚》"蟪蛄鸣，声啾啾"[8]，注以为即寒螀。然则螀虽蝉属，并非蛩也。又王安石《字说》云[9]："蟋蟀，能率阴阳之悉者也。"杨龟山非之[10]，以为阴阳非蟋蟀所能帅，然则帅亦非尽从将帅义。今徒以一字可矫托[11]，而即称之曰将军，则又未免于凿[12]也。

【注 释】

(1)昉：开始。(2)时论：时下的说法。鼓勇：鼓足勇气。(3)万夫辟易：众兵因惊吓而逃跑。辟易，惊退。(4)摭据：拾取。这里是借用之意，即借用"将军"作为蟋蟀的代称。(5)黄脰：鸟名，又叫黄头。体似麻雀，羽毛黄润，趾爪刚强，善斗。人或饲为斗鸟。宋王质《林泉结契》："身全黄，足白或黑，腹白。夏多闻，秋稍息。鏖战至死不声，以作声为负。"(6)臆：主观臆测。

(7)郑注：指汉代郑玄为《礼记》所作的注。郑玄对“寒蝉鸣”注云：“寒蝉，寒蜩，谓蜇也。”此处所引不是原文。(8)陶弘景：南朝时人，古代著名的医学家，著有《本草经集注》等书。《离骚》中有“蟪蛄鸣兮啾啾”之语。此处所引非原文。陶弘景《本草经集注》中有如下一段话：“其四五月鸣而小、紫青色者，蟪蛄也。《庄子》云‘蟪蛄不知春秋’是也。《离骚》误以蟪蛄为寒螿尔。”陶氏是说《离骚》将蟪蛄理解为寒螿是不对的。而本篇的作者认为“似为寒螿”是陶氏的观点，这就理解反了。(9)王安石：宋代人，曾为相。《字说》是他撰写的一部字书。他在这部书里解释蟋蟀是能统领天地间的全部阴阳之气，所以叫作“悉帅”。(10)杨龟山：指宋代理学家杨时，因晚年隐居龟山，故世称“龟山先生”。非之：指不同意王安石的解释。(11)矫托：假托。(12)凿：穿凿，牵强附会。

余尝细考其义而不可得，偶忆《月令》“蟋蟀居壁”[1]，而《汉史》“诸侯皆从壁上观”两语[2]，不禁有微会焉。夫“从壁上观”与“居壁”，奚啻天渊[3]，何容附会，而不知确有不可易者。今夫蛩之寂居垣墙中，藏器待时[4]，与壁上之以逸待劳者一也。至于乘时而奋，及锋而试，前无坚对，所向披靡，与大将之一鼓作气，卿子而称冠[5]，广老而称飞[6]者，又无不一也。是“壁上”为大将藏锋之地，而“在壁”乃秋蛩养锐之区。今试看兜鍪耀日[7]，铠甲凝霜[8]，在壁垒之中者，人皆以将军称之。又试看尾枪须戟，体健头魁，居墙壁之中者，吾何得不亦以将军名之？可知两壁不同地，而居壁者皆可独将一军；两将不同伦，而成将者不必分两壁。世徒以其善斗而名将军者，岂知名以地传，更彰明较著[9]也哉？

【注释】

(1)《礼记·月令》有“季夏之月，蟋蟀居壁”之句。(2)《汉史》：指《史记》，汉司马迁撰。“诸侯”句出自《史记·项羽本纪》，原文是：“及楚击秦，诸将皆从壁上观。”意即置身事外，坐山观虎斗。(3)奚啻天渊：指有天壤之别。奚啻：不仅。(4)藏器待时：藏起自己的武器，等待适当的时机。即养精蓄锐，伺机出击。(5)卿子而称冠：《史记·项羽本纪》：“王召宋义与计事而大说之，因置之以为上将军……诸别将皆属宋义，号为卿子冠军。”卿子，犹言公子，敬称。因位置将军之上，故曰“称冠”。(6)广老而称飞：广老指汉代名将李广。《史记·李将军列传》：“广居右北平，匈奴闻之，号曰‘汉之飞将军’，避之数岁，不敢入右北平。”后来以“飞将”称神速勇猛的战将。(7)兜鍪：古代打仗时戴的头盔。耀日：在日光照射下闪闪发光。(8)凝霜：像落上一层白霜一样。指寒光闪烁，非常明亮。(9)彰明

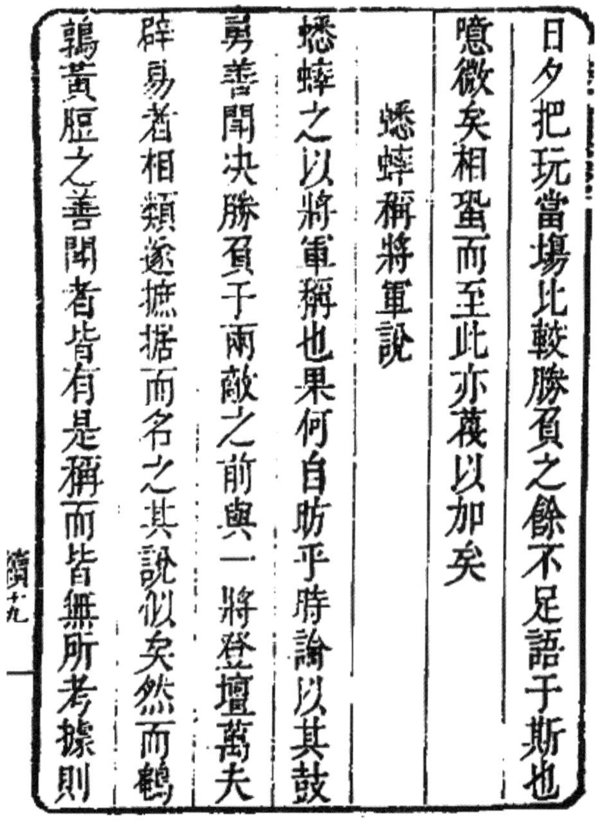
日夕把玩當場比較勝負之餘不足語于斯也
噫微矣相蛩而至此亦蔑以加矣
蟋蟀稱將軍說
蟋蟀之以將軍稱也果何自昉乎胥論以其鼓
勇善鬬决勝負于兩敵之前與一將登壇萬夫
辟易者相類遂摭据而名之其說似矣然而鵪
鶉黃脰之善鬬者皆有是稱而皆無所考據則
續十九

清赠怡馆《王孙鉴》“蟋蟀称将军说”

较著：明显。

嗟乎！古人称名之意[(1)]，何尝之有，假借居多。曲江以家鸽寄书而名之曰“奴”[(2)]，孤山以鹤性善驯而名之曰“子”[(3)]。余至“金衣娘”“雪衣公子”，比类随物，而名各有当[(4)]。然则蟋蟀之以居壁而称将军也，或有訾其臆与凿乎[(5)]，夫亦称名核实之一说云[(6)]。

（清赠怡馆增订《王孙鉴》）

【注释】

(1)称名之意：指名字中的深刻含义。(2)曲江：这里是指唐张九龄。张曾为玄宗宰相，为李林甫所诬，回家乡曲江闲居，人称为曲江先生。据《开元天宝遗事》：“张九龄少年时，家养群鸽，每与亲书信往来，只以书系鸽足上，依所教之处飞往投之。九龄目之为飞奴。时人无不爱讶。”(3)孤山：本为山名，在杭州西湖。此处代指宋代诗人林逋。林一生不娶，结庐西湖孤山，以植梅畜鹤为娱，人称之为“梅妻鹤子”，意即以梅为妻，以鹤作子。(4)名各有当：每个名字都有自己的适当含义。(5)訾：非议。(6)称名核实：名和实相一致。

◎ 盲蛩说

陈眉公《太平清话》[(1)]：“蝴蝶、络纬、蟋蟀以须交。”[(2)]愚按：蟋蟀双眸炯炯，然用视以须[(3)]，以犹龙听以角[(4)]，蛇视以舌也[(5)]。凡逢角斗之时，先将其须缭绕于前[(6)]，是其视也。须既相交，然后张牙迎敌。其有须短而至秃者，俗谓之盲蛩。是无须曰盲，知其视全在于须矣[(7)]。至须交之说，未敢尽信，以蟋蟀仍呼雌帖子，即蝴蝶亦以尾交，存其说可也。

（清赠怡馆增订《王孙鉴》）

【注释】

(1)陈眉公：明代作家陈继儒，眉公是他的号。工诗擅文，亦擅书画，并对通俗小说颇有研究。《太平清话》是他的一部笔记著作。(2)此句认为蜂、蝶之类以头须进行交配，在古代是一个很普遍的认识，非陈眉公一人也。李时珍《本草纲目》云：“蝶，蛾类也。大曰蝶，小曰蛾。其种甚繁，皆四翅，有粉，好嗅花香。以须代鼻，其交以鼻，交则粉退。”不过蝶类的须与蟋蟀的须并不是一回事。一般认为的蝶须，实际上是它的针状喙，即嘴也。所以说“蝶以须代鼻”是对的，但云其以须交却是误解。而蟋蟀的头须则不能相交，也不能以须代鼻，它只是触角器官，而非嗅觉器官。(3)用视以须：以须看东西。用视，当作视觉器官。(4)听以角：用角来听声音。(5)视以舌：用舌头来看东西。以上几种说法，皆荒唐之言。(6)缭绕：指蟋蟀将头须在额前晃来晃去。(7)这几句的意思是说人的眼瞎谓之盲人，蟋蟀的须短或秃谓之盲虫，可见蟋蟀的须与人的眼睛作用是一样的，都是用来看东西。其实这种比喻也是不对的。

◎ 像形说

蛩之有像诸形[1]者，亦如人相之或如禽，或如兽之意也。然相之或如禽或如兽，岂云即是禽即是兽乎？班定远燕颔虎头[2]，燕耶？虎耶？楚商臣蜂目豺声[3]，蜂耶？豺耶？盖相如其贵者则贵，如其贱者则贱而已。故蛩之有像形者，非尽由于物之变[4]，就其像之勇猛者则优，像之懦弱者则劣也。虽秋露既降，金风乍起，物之感化实繁有徒[5]，岂无已变而原形尚可仿佛者[6]，岂无已变化而原形尚存其一二者？如精灵之感托[7]，得而成人，未必其形像酷肖，而偶于一相一事[8]，必有极相似者，不能掩其本来面目。

【注释】

(1)像诸形：指有的蟋蟀长得像其他昆虫的样子。(2)班定远：指汉代班超。《后汉书·班超传》："相者指曰：'燕颔虎颈，飞而食肉，此万里侯相也。'"燕颔虎头：指王侯富贵之相。(3)蜂目豺声：目如蜂而声似豺，形容恶人的声音容貌。《左传·文公元年》："蜂目而豺声，忍人也。"(4)物之变：这里是指蟋蟀由其他昆虫所变。(5)实繁有徒：指有很多。《书·仲虺之诰》："简贤附势，实繁有徒。"(6)仿佛：相像。这句是指还保留着某些原形。(7)精灵：人的灵魂。感托：即托生。(8)指在相貌或做事的某一点上。

彼蛩之长脚细腰而为蝴蝶形，头尖身阔而为杨甲[1]形，尚带前生色相，亦不能必其尽无也。然而余则以为像形者，像其形也。像本来之形幻而难知，像现在之形显而易见。试观雀入大水为蛤[2]矣，蛣蜣转丸而为蝉[3]矣，且如朽苇为蛩[4]矣，一经脱化，以大变小，以蠢化灵。造化之巧，何从测其端倪[5]。若现在者，勇怯显具，像貌毕呈，如人龙行鹤步[6]，不必追溯其龙鹤变相，但既具其相，自有其福。何也？龙鹤之相，本非凡也。蛩之有像杨甲、蝴蜂者，亦不必追溯[7]其何物变来，但既有其状，自肖其勇。何也？杨甲、蝴蜂相，本自勇也。若使腌臜陋劣，即使显然为物所变，亦何用哉？故曰：贵贱者亦如之而已。为作像形说。

（清赠怡馆增订《王孙鉴》）

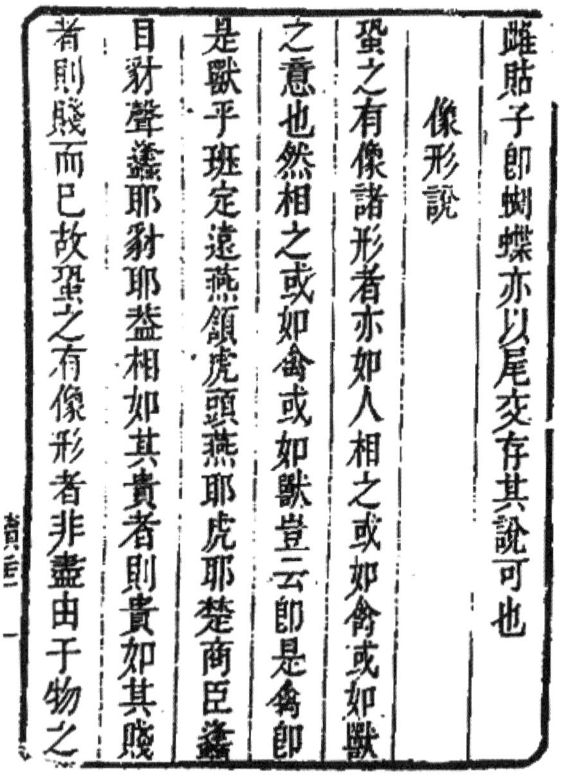
雖貼子即蝴蝶亦以尾変存其說可也
像形說
蛩之有像諸形者亦如人相之或如禽或如獸
之意也然相之或如禽或如獸豈云即是禽即
是獸乎班定遠燕頷虎頭燕耶虎耶楚商臣蠭
目豺聲蠭耶豺耶盖相如其貴者則貴如其賤
者則賤而已故蛩之有像形者非盡由于物之

清赠怡馆《王孙鉴》"像形说"书影

【注释】

(1)杨甲：一种生长在杨树上的害虫。明徐光启《农政全书》："桑之下，可以艺蔬。其艺桑之园，不可以艺杨；艺之，多杨甲之虫，（玄扈先生曰：杨不可绝，宜勤捕之。）是食桑皮，而子化其中焉。"(2)雀入水为蛤：此语出自《礼记·月令》，原文是："入秋，爵（雀）入大水为蛤。"意为雀到了秋天就会进入水里变成蛤蚌。这是古代的一种唯心的化生观点，认为不同的物种之间，可在一定条件下相互转化。(3)蛣蜣转丸而为蝉：蛣蜣，又称蜣螂，俗称屎壳螂，因其善推粪球，故又称“转丸”。古代化生说认为蝉为蜣螂所变。《关尹子》曰：“蜣螂转丸，丸成而精思之，而有蝡白者存丸中，俄去壳而蝉。”(4)朽苇为萤：此语亦出自《礼记·月令》，原文是：“季夏，腐草为萤。”意为到了夏天，腐烂的草就会变成萤火虫。(5)端倪：苗头。(6)龙行鹤步：形容帝王的容仪威严。(7)追溯：探究根源。

◎ 杂说

或以大喻小，或以小喻大，每多嗤[1]为迂儒之谈，然确有根乎至理[2]者。如云选蛩如选将，用兵自禡祃[3]兴师，结营临阵，客胜主胜，皆以孤虚克择是务[4]。予意秋兴亦然。如畜养之法，安置于生气方则旺[5]，置于天乙方多胜[6]，置于病符死绝方则多夭折[7]。出斗向吉门[8]，我克方多胜，并月建日辰[9]，宜向何方，各有避忌。如得东者往东则胜，往西则败。其间主胜客胜，俱须按月建日辰先后推择[10]，背孤击虚[11]，参以白奸亭亭[12]，随时转变为贵。不特此也，即当局之人，亦要看气色，取战堂[13]明亮光彩者胜，皆非贸贸[14]为之也。孰谓一蛩之微，不足与登坛夺帜者同类而并观哉！

【注释】

(1)每：往往。嗤：嗤笑。(2)根乎至理：有至理做根据。至理，真理。(3)禡祃：古代士兵出师之前的祭礼，祷告士兵平安。(4)孤虚：古代利用天干地支推算日时的方法。天干为日，地支为辰，日辰不全是为孤虚，主事不利。克：相克，胜。这一句是说，斗蟋蟀的人皆以推算之法避开不利的日子，选择有利的日子进行格斗。(5)生气方：古代风水先生认为世间充满气，有些地方的气对人有好处，这种地方就是生气方，主人生旺。(6)天乙方：按照奇门遁甲的说法，将军带兵出战，要选择有利的时机和地形，所谓“天乙之神所在宫，大将宜居击对冲”。所以这里说蟋蟀要想在格斗中取胜，也应该处在天乙方的位置。(7)病符死绝方：古代术数家认为在某些时间里，某个方位为凶门，万事不宜，非死即病；而另外的方向则为吉门，于事有利。(8)吉门：吉利的方向。(9)月建日辰：每月都要推算出这个月哪一天出斗有利，哪一天出斗不利，以便以后按此推算而行。(10)推择：推详选择。指按照已经推算出来的日子选择格斗的时间。(11)背，避开。击，出击。背孤击虚：《六甲孤虚法》：“甲子旬中无戌亥，戌亥即为孤，辰巳即为虚。甲戌旬中无申酉。申酉为孤，寅卯即为虚。”(12)白奸亭亭：古代兵占运筹之法。亭亭为天之贵神，白奸为天之奸神，代表交战的双方，有“背亭亭击白奸，百战百胜”之说。(13)战堂：额部。(14)贸贸：贸然，轻率。

逐年将军生相颜色不同，要看其年是何干支，是何纳音[1]。得其正者，方为真正大将。其他颜色，亦得成将，但遇值年颜色[2]者，则不能胜矣。纵有生相不能尽美，而与值年颜色相类者，往往较之别色，自觉善斗。[3]再又须详其年之水旱雨旸，如年遇亢旱，所出之蛩，定多小而不丰厚。倘得一丰厚肥大者，自当迥出寻常。如年遇水涝，所出之蛩，每多娇艳[4]而肥大，未能尽佳；至有绝好出色者，或遭水淹浸，致损元气，终难成将。凡遇愆阳久雨[5]，必当细为详察。至捕捉购求，亦有日辰方位，宜向宜背[6]，应验不爽。此理甚微，养蛩家无以其迂而忽之[7]。

【注释】

(1)纳音：古乐有十二律，每律的五音，共六十音。以六十甲子与六十音相配，此即为纳音。(2)值年颜色：与天干地支相联系，古人认为每年都有一种颜色作为代表。能符合这种颜色，就是值年颜色。(3)以上几句都是说的所谓“值年颜色”的重要。在其他条件相同的情况下，“值年颜色”者胜过其他体色的虫；即使在生相上有欠缺者，如能生得“值年颜色”，仍属优品。(4)娇艳：指体色鲜艳好看。(5)愆阳：阳气过盛。指天旱或酷热。(6)宜向宜背：这几句是说捕捉蟋蟀也有方位问题，有的方向不能去。所以捕前要弄清什么方向有利，什么方向不利。(7)迂：迂腐。忽：忽视，疏忽。

相书[1]云：“一官[2]成十年之富贵，一府[3]就十载之丰隆。如得五官俱成，其贵终老。”相蛩之法亦然。夫三秋全胜者，务必色相俱足，如人之五官俱成，件件合格，定然一生富贵。然状元宰相，一路功名到白头能有几人哉？其次或早利而终偃蹇[4]，晚达而初困顿，虽非全美，亦一官成之相也。如蛩之有一端大过分者[5]，亦足称豪一时，但非结冬真将军耳。间或有因此一端可取，而即擅将军之誉者，是运会[6]之偶然，全在吾识拔[7]之精，知时巧合，斯为高明也。

【注释】

(1)相书：指古代用来相面的书。(2)官：官指人体器官。古代相术家将眼耳口鼻眉称为五官，其一即为一官。(3)府：相术家称人的面部的两额骨、两颧骨及两颐骨为六府，其中之一即为一府。丰隆：指家道隆盛。(4)偃蹇：困顿，人生道路不顺畅。(5)一端：指上面所说的“一官”或“一府”。大过分：格外出色之意。(6)运会：命运，机会。(7)识拔：识别选择。

翅有厚薄，随时好尚。昔以轻薄为善斗，今以厚实为耐口。当参酌从之。如轻倩之色，翅须明亮薄净；一逢蠢厚，反不耐口。浓艳之色，翅须浓厚肥泽，若一轻薄，何以能斗？此不刊之论也。苟执一泥之，固未有当；若倒行而逆施之，是亦昧于心而盲于目矣。

曩时客游虔州[1]，于谷雨日闻砌下蛩声唧唧，欣然喜之。奈虔俗不谙畜养，无处觅盆，因取而畜之瓷盎[2]中，日以颗饭滴水饲之，聊供客窗清玩[3]。阅[4]月许，复有鸣于阶下者，形貌颜色，强弱大小，约略相等。遂取而斗之。约数十口，前之所畜者，竟将后之所得咬毙。吁！是可知调养之功不可躁急也。苟[5]后之所得者，亦如前之所畜，其胜负谅未可必[6]。乌可不耐性从事哉[7]！

（清赠怡馆增订《王孙鉴》）

【注释】

(1)虔州：古地名，即今赣州，在江西省。(2)盎：一种腹大而口小的容器，以陶或瓷为之。(3)客窗：指作客所居之地。清玩：清雅之爱好。(4)阅：经过。(5)苟：如果。(6)未可必：未必一定，不一定。(7)乌可：怎能。

◎ 原 序

窃见气机之流行，芸生之蕃变[(1)]，大而鲲鹏之巨[(2)]，小而蟪蛄[(3)]之微，无不具天地化醇[(4)]之理焉。即一蟋蟀也，顺天时，知地利；识寒暑之宜，达阴阳之理；文德武功，罔不悉备。曰斯螽，曰莎鸡，夏月而异其名者，顺天时也；或在野，或在宇，随序而迁其处者，知地利也；居户入床，非识寒暑之宜乎？昼潜夜吟，非达阴阳之理乎？振羽而鸣，有操缦安弦之乐[(5)]也，非文德乎？临场赴敌，鼓翼扬威，胜者振旅而还[(6)]，负者曳兵而走，庶几纪律之师也，非武功乎？《尔雅》详其质性[(7)]，治历日之明时[(8)]；《毛诗》《周礼》藉之，纪天行而助人事[(9)]。故流火授衣，蚕妇听蛩吟而述职[(10)]；烹葵剥枣，农夫聆虫唱而观成。于是即显以通微，因小以喻大，见其乾健坤顺之质[(11)]，刚柔燥湿之宜。举而措之，调和之业，燮理之功，曷不可哉！是为序。

时咸淳九年[(12)]，岁在癸酉，半闲堂[(13)]主人贾秋壑识。

（清奎章阁《促织谱》）

【注 释】

(1)蕃变：繁衍变化。(2)鲲鹏之巨：《庄子·逍遥游》：“北冥有鱼，其名为鲲。鲲之大，不知几千里也。化而为鸟，其名为鹏。鹏之背，不知其几千里也。”(3)蟪蛄：蝉的一种，黄绿色，翅有黑白条纹。夏季鸣叫不停。(4)化醇：变化。醇，纯净。(5)操缦安弦：《礼记·学记》：“不学操缦，不能安弦。”意为不懂得调协弦音，是不能安弦成曲的。这里是比喻蟋蟀的叫声。(6)振旅：整顿好部队。还：凯旋。《书·大禹谟》：“班师振旅。”(7)质性：意即性质。(8)历日：日历，指时令。(9)天行：天时，节令。助人事：指催人做农事。(10)述职：干自己分内的事。此句暗寓“促织鸣，懒妇惊”之意。(11)乾健坤顺：天地顺谐，风调雨顺。(12)咸淳：南宋度宗的年号。咸淳九年即公元1273年。(13)半闲堂：贾似道在杭州西湖所建的公馆。

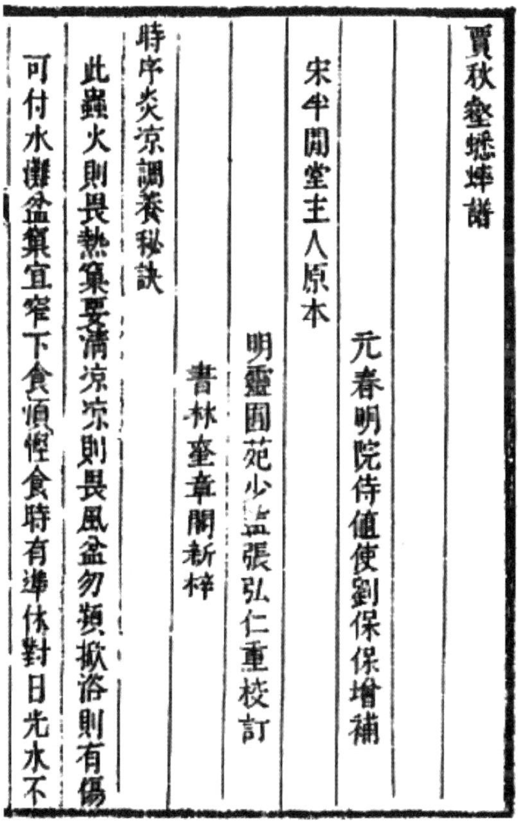
賈秋壑蟋蟀譜
元春明院侍值使劉保保增補
宋半閒堂主人原本
明靈囿苑少監張弘仁重校訂
書林奎章閣新梓
時序炎涼調養秘訣
此蟲火則畏熱暴要清涼涼則畏風盆勿頻掀洛則有傷
可付水𣿬盆氣宜窄下食須慳食時有準休對日先水不

奎章阁本《蟋蟀谱》“时序炎凉调养秘诀”

◎ 促织总论

夫阴阳二气，运行宇宙，则四时迭兴[(1)]，而万物化生。故《易》曰：“天地氤氲，万物化成。”信斯言也。

何物有出于化生外者？然万物之生，各因其时；而生之道，必应乎节。节者，生物之时也[2]。初春时则蛰虫始振，及其夏则蝼蝈方鸣，初秋则蟋蟀居壁，既冬则蛰虫咸俯。此各因[3]其节也。四生[4]之中，各胎卵化居其一，而又有兼胎化湿卵者。兼是三者，其为促织也邪！

【注释】

(1)迭兴：一个接一个地兴起。兴，在这里要作到来讲。(2)生物之时：万物生长或活动的时候。(3)因：顺应，相符。(4)四生：四种生育方式。佛教认为，世上万物的生育方式可分为卵生、胎生、湿生、化生。

斯虫也，一名蟋蟀，一名寒蛩，不一其名。促织或生草土之中，是湿生也；或子土中，时至而出，是卵生也；或系诸虫变化，乃化生也；亦有大化小者，行色既不相同，长阔亦非一类。其生也，原禀天地之秀气；所化者，有感雨露之精英。背阴者其色娇而且黑，向阳者其色苍而且黄。生在初秋，秉纯之气，其性好斗，则是阴极生阳，此论阴阳生化[1]之理。而调养之法，有不可不详且慎者。何也？调养此虫，原为善斗。历代好尚不同，有斗鸡斗鹌鹑之戏，唯皆取一时之娱乐，然莫如促织之以戏为乘时也。斗鸡在冬，天气严寒，风威凛冽。至于鹌鹑，飞腾跳踊，殊不雅观。唯促织，当三秋之佳景，值万宝[2]以告成。风清月白，水碧山明。霜飞叶红，露浥花娇。斯时也，微雨初过，薄雾轻烟。凉亭之内，樽浮绿蚁，盘注橙柑。招朋呼友，各携梅盆[3]。铺氍毹于桌上，放促织于盆中。牛行一会，大叫鸣盆。四钳接斗，胜负攸分。输者面多愠色[4]，赢者心遂欢欣。洗盏更酌，谱按新声。其乐也不亦蟜蟜乎[5]，有如斯乐者。

【注释】

(1)生化：滋生变化。(2)万宝：指一年的各种收获物。(3)梅盆：指上面画着梅花图案的蟋蟀盆。(4)愠色：恼怒之色。(5)蟜蟜：高兴的样子。蟜，本来是指一种虫，通“矫”。

上等之虫而反输败者，非虫之过，是己之过。或养不得法，或斗失其时[1]。调理失度，胜负所关。信乎养视之法，有不可不详且慎者。于是养有五禁，干系[2]最重者，莫过于水，一时欠缺，必至亡躯，水之当禁一也。生死攸关者，唯在于斗，一时斗慌[3]，必至于败，慌之当禁者二也。酗酒之后，灯光之前，切忌乎看，恐其有伤，看之当禁者三也。槿桔香茶，气味当辟[4]，收藏之所，油卤秽污必禁者四也。花菜之叶，不可入盆；若误食之，牙软钳僵，盆之当洁净者五也。以上五禁，慎勿一犯。然又罐须土垫[5]，盆须净抹。用蚯蚓粪将马蹄碾压结实。此粪名阴阳六一之土[6]，有壮筋健骨之功故耳。此皆调养要诀，故详论之。

【注释】

(1)斗失其时：指合斗的时间不对，或者太早，或者太晚。(2)干系：关系。(3)斗慌：合对前考虑不周，过于匆忙，以致有所失误。(4)辟：同“避”，避开。(5)罐须土垫：指蟋蟀罐里要砸泥底。(6)六一之土：一种为砸泥底而特制的土，详见本书有关畜养的内容。

况此虫有四病：一卷须，二撼腿，三项强，四尾垂，此老朽之虫也，旦夕则亡，养之何益？至热则倦怠，冷则凄惶，少不欢喜，切须缓斗。如此养视，一一禁忌，则万无一失。欲异虫之形色，必及时之收藏。明著于后，养者诚潜心玩味，如法养视，携之入场，百战百胜矣。是为论。

（清奎章阁《促织谱》）

◎ 石莲麟光序

余自童年，性耽[1]蟋蟀。尝于秋月，笼养[2]数盆，每读书之余，或觅邻童，或偕窗友，相与角胜，以为一时之嬉戏，颇觉快心畅意，兴趣淋漓。后随比岁频仍，未能或辍[3]，竟成偏好之一癖矣。

【注释】

(1)耽：沉溺于。(2)笼养：即畜养。古代养蟋蟀最早用笼，所以后人也时用"笼养"的说法，但实际上并不是用笼养。(3)辍：放弃。

然念夫寒蛩之为物，秉金精[1]以为质，感秋而成形。钟[2]天地之化育，荷日月之陶熔[3]。傍山川而结穴[4]，依草木而争荣。食黄壤之厚泽，饮白露之洁清。名显昆族[5]，久备陈于《月令》；品高虫谱[6]，早见咏于《豳风》。此固亭毒中特毓[7]，品题之所贵者也。若乃一声唤入，乍惊懒妇之闻；三径鸣来，忽惹王孙之怨。唧唧长吟，语梧桐之月下；凄凄哀诉，度芦苇之风前。花阴露砌玉阶，助骚客之愁怀；翠壁朱楼金闺，断离人之幽梦。至于太液[8]风寒，唐主赐金笼之宠[9]；昭阳日暖[10]，玉妃开小赌之筵[11]。此更千秋佳话，际遇之独隆者也[12]。况夫豪气森森，岂特清幽之堪赏；英气凛凛，且兼勇武之能施。睹面交锋，若两雄之不并立；出牙相错，似攻战之必奋击。怒臂轩耆，张牙竖尾。其性傲敌，至以歼而不休；其志刚强，至身伤而不怯。真能鼓英雄之气节，壮义士之胸襟。岂他蛛丝蝶粉，螳臂蜂芒[13]，所可并比者哉！

【注释】

(1)金精：指金秋之气的精华。(2)钟：凝聚。(3)荷：承受。陶熔：本义陶冶熔炼，这里是化育的意思。(4)结穴：指蟋蟀挖洞作为自己的居处。(5)昆族：昆虫界。(6)品高：品质高尚。指蟋蟀在历代诗人的吟咏诗词里受到的赞扬。(7)亭毒：滋育，孕育。特毓：尤其出色的。(8)太液：指太液池，汉、唐、清均有。这里是指唐太液池，在长安大明宫内。(9)金笼之宠：这里是由《开元天宝遗事》"金笼蟋蟀"条化出。(10)昭阳：指昭阳宫，汉代所建，成帝时赵飞燕曾居之。后来代指皇后居处。(11)此句仍指《开元天宝遗事》中有关宫女玩蟋蟀的记载。不过记载是说宫女养蟋蟀为了"夜听其声"，并没有说她们斗蟋蟀。这里的"小赌"云云，纯属作者臆想。(12)际遇：经历，命运。隆：隆盛。这几句是说宫中畜养的蟋蟀有非同一般的经历。(13)蜂芒：指蜜蜂尾部的尖刺。

至于论声辨色，取象察形之一端，则远古未之前有，乃自宋贾秋壑立半闲堂以来，始定促织之经，剖论[1]其优劣焉。数百年来，蛮触之戏[2]日盛，而形色之论日多，记述纷纷，各有不同。于是有精心之士，考古穷微[3]，今乃成《蟋蟀秘要》一集，义旨渊原[4]，精微毕阐，实令读者悦目开心，不待别为之点窜矣[5]。余每披览，不胜叹服其妙论，因为之序，并题《斗蟋蟀》四律、《咏蛩》二律，以志余之同癖云。

（清麟光《蟋蟀秘要》）

【注释】

(1)剖论：剖析论述。(2)蛮触之戏：典出《庄子》触蛮相争的寓言，这里借指蟋蟀的游戏。(3)穷微：探究微妙的含义。(4)义旨：要旨。渊原：同“渊源”，指事物的本源。(5)点窜：修改字句。

◎ 前人蟋蟀全解

夫蟋蟀者，秋虫也。五月名螽斯，六月名莎鸡，七月则名蟋蟀。一名蜻蛚，俗名巨虚，一曰虹孙，一曰促织：此蟋蟀之异名也。昔有《秋虫谱》，始道其化生之本末，中道其颜色之美恶，终道其形象之异同，可谓深切而著名矣。今再原之：蟋蟀者，莎草虫所变也。八九月间，生子在土中。至来岁三四月间化出，渐渐长成。白露则旺，寒露则衰，春风起而必亡，时序之使然也。但其长成在深沙厚土者，其性刚，其色黄赤；生长在浅沙薄土者，其性柔，其色黑白。青黄受阳阳必优，黑白受阴阴必劣。黄赤小而黑白大，不妨对敌；黑白小而青黄大，何可相争。若青黄紫色，更生得头魁脚长，项宽体厚，牙阔尾枪，俱为上将。如黑白红铃白肋，又生得头尖脚短，项紧体荡，牙矫尾颓，俱败像也。故爱其材也，必当视其色；而色之美者，形似蜈蚣、杨甲、螳螂、蝼蛄、蜘蛛者，尤将中之枭将也。或色美而形非恶虫之化，不失为中材。若夫色之不美，而形似灶鸡等类柔弱者，何足道哉。

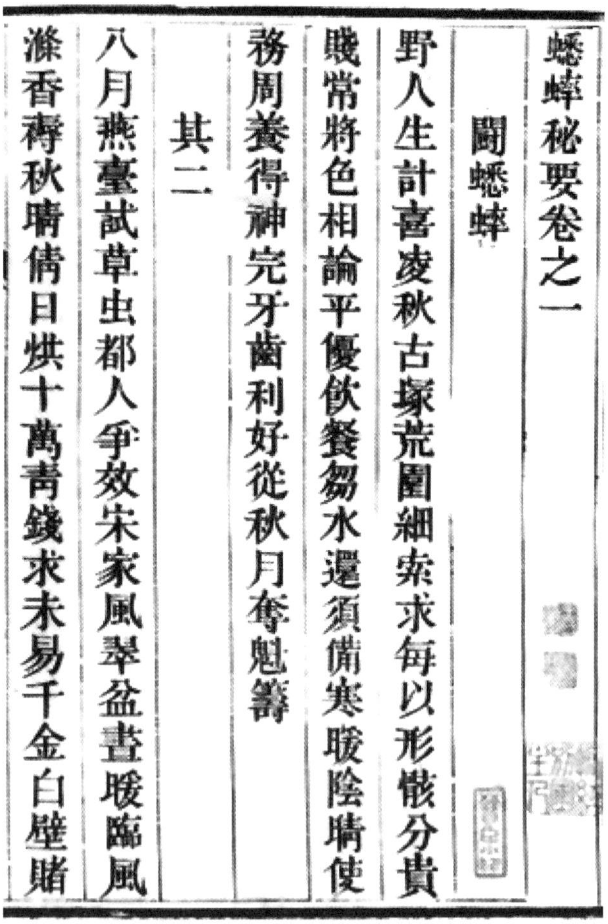
蟋蟀秘要卷之一
鬭蟋蟀
野人生計喜凌秋古塚荒園細索求每以形骸分貴賤常將色相論平優飲餐匆水還須備寒暖陰晴使務周養得神完牙齒利好從秋月奪魁籌
其二
八月燕臺試草虫都人爭效宋家風翠盆晝暖臨風滌香壽秋晴倩日烘十萬青錢求未易千金白璧賭

清麟光《蟋蟀秘要》“斗蟋蟀”书影

（清麟光《蟋蟀秘要》）

◎ 无闷道人说

古之赏功者，云台绘像[1]，青史标名，使后之人仰望其英姿，千百载流传为盛典，斯所以报之者[2]至矣。其事至大，可以喻小。秋虫食米半粒，寄迹[3]一盆，养之使斗，无不竭力，奋勇向前。号曰将军，良有以也。偶僧自幼乐此不疲，数十年来结栅之虫，殆以百计。今择其优者，就其色相斗品，逐一表明，列为一册，曰《功虫录》。俾同好者览之，眉飞色舞，如见其气概精神，是亦绘像标名之遗意也。

光绪十年岁次甲申嘉平月无闷道人秦偶僧识。

（清秦子惠《功虫录》）

【注 释】

(1)云台：汉代宫中的高台名。据《后汉书》注："洛阳南宫有云台广德殿。"明帝将中兴功臣三十二人的绘画置于此。(2)报之者：指对这些功臣的报偿。(3)寄迹：置身。

◎《王孙经补遗》叙

夫蟋蟀微物也，《豳风》咏之，《月令》载之。其散见于诸家之说者名不一：曰王孙，曰促织，而指为螽斯、莎鸡者非是。性善斗。宋贾似道半闲堂斗蟋蟀，议者谓此岂平章军国大事，至今传为话柄，夫亦何足乐哉！予友无闷辟道人雅好之，作《王孙鉴补遗》数十条，意深旨远，字字体贴出之，非泛然记述者所可仿佛[1]。其间寓养兵选将之方，因时置宜之略，出奇制胜之智，冲锋陷阵之威。予读而异之曰："此说也，殆通于用兵之道也。设以子建牙旗[2]，拥大纛[3]，必能指挥如意，克敌致胜，以奏肤功[4]。使贾秋壑能知此义，当必知自振作，命将出师，以图战守，何至国破家亡，身败名裂哉？"昔卫懿公好鹤，至于亡国。嗜好累人[5]，古今一辙。然而不足为道人虑也。道人具旷达之识，远名利，事嬉游，与人无求，怡然自得。蟋蟀之产于浙地者名杭虫，不远千里物色之，如九方皋相马，百无一失。盖求之必得其才，养之必竟其用。当夫篱菊黄时，辄与文人墨士、野叟村童，旗鼓相当，较其优劣。游戏也而经济寓焉。推此意也，以之选将则得人，以之治兵则无敌，又安得以寻常嗜好目之哉？览是编者，益可以知道人矣。

光绪壬辰双六月，心禅居士识于二泉之听秋室。

（清秦子惠《王孙经补遗》）

【注 释】

(1)仿佛：这里是不相上下的意思。(2)牙旗：以象牙为饰的大旗。古代天子或军中大将所用。(3)大纛：军中或仪仗队用的大旗。(4)肤功：大功。(5)累人：连累人。这句实际是玩物丧志之意。

敘

夫蟋蟀微物也豳風詠之月令載之其散見於諸家之說者名不一曰王孫曰促織而指爲螽斯莎雞者非是性善鬬宋賈似道闢半閒堂鬬蟋蟀議者謂此豈平章軍國大事至今傳爲話柄夫亦何足槩哉予友无悶道人雅好之作王孫鑑補遺數十條意深旨遠字字體貼出之非泛然記述者所可彷彿其間寓養兵選將之方因時置宜之畧出奇制勝之智衝鋒陷陣之威予讀而異之曰此說也殆通於用兵之道也設以予建牙旂擁大纛必能指揮如意克敵致勝以奏膚功使賈秋壑能知此義當必知自振作命將出師以圖戰守何至國破家亡身敗名裂哉昔衞懿公好鶴至於亡國嗜好果人古今一轍然而不足爲道人慮也道人具曠達之識遠名利事嬉游與人無求怡然自得蟋蟀之產於浙地者名杭蟲不遠千里物色之如九方皋相馬百無一失蓋求之必得其才養之必竟其用當夫籬菊黃時輒與文人墨士野叟村童旗

清秦偶僧《王孙经补遗》叙

◎《虫鱼雅集》序

余髫龄[1]时，即性喜秋虫文鱼[2]。尝携至塾中，师见而责，不准好此。弗听。一日，又潜携入塾。师怒诃[3]之曰："童子不务正业，将嗜此了却终身耶？"余竟对之曰："爱虫斗有英雄概，观鱼游生活泼机。二物不为俗，豪士文人皆可好；况功课未误，师何责我不务正业？"幼而无知，其蠢顽如此[4]。师闻而笑曰："是故恶夫佞者[5]，读书人究竟分心。嗣后须急改，不然夏楚矣[6]。"于是始不敢蓄此二物。稍长至成立[7]，课举子业，终日攻苦，昕夕不遑[8]。读书未成，迫入仕途，已将而立之年。风尘劳碌，宦游卅余载，何暇及此。然每见此二物，必留连玩赏，亦性之所好耳。岁庚子，因疾苦告退，闲居无可消遣，遂凿池园里，引水石间。各处构求物色，得文鱼若干种，于盆池蓄养。日日早起，为渠供驱使[9]，年来滋生甚夥，凤尾龙睛，五色灿烂。观其唼花[10]游泳，映水澄鲜，不唯清目，兼可清心。倏值金风飒爽，蟋蟀清吟；助三径之诗情，添九秋之逸兴。当疏篱雨过，开满豆花，小院月明，照彻桐叶。闻唧唧之声，得悠然之趣。故日以虫鱼为闲中一乐也。读苏子《赤壁赋》，有"侣鱼虾而友麋鹿"句[11]，因自起别号曰"侣鱼虫叟"。忆曩年师训"将嗜此了却终身"之语，三复低徊，不禁有所感叹。嗟夫！经霜野竹，犹抱虚心；带雪寒松，独留晚节。知我者其在斯乎，其在斯乎！

时在光绪甲辰秋九月，拙园老人志于赏心乐事亭。

（清拙园老人《虫鱼雅集》）

【注释】

(1)髫龄：童年时。髫，幼童下垂的头发。(2)文鱼：即鲤鱼。也有人说是鳢鱼，或云是一种会飞的鱼。(3)怒诃：怒斥。(4)蠢顽：蠢笨而顽皮。(5)是故恶夫佞者：此语出自《论语·先进》，原意是花言巧语。(6)夏楚：夏、楚均为木名，以前用作体罚学生的工具。(7)成立：成家立业。(8)昕夕：白天黑夜。不遑：来不及。(9)渠：它。指文中所说的文鱼。这句是说为养鱼而到处奔忙。(10)唼花：指鱼吐水花。(11)此句是说与鱼虾作伴，以麝鹿为友。喻远离尘世而融身于大自然之中。

◎ 秋虫源流

秋虫即蟋蟀。《毛诗》云："五月斯螽动股，六月莎鸡振羽，七月在野，八月在宇，九月在户，十月入床下。"皆是物也。南方呼之曰促织，北地俗名曰蛐蛐，又呼为百日虫。又名反背虫，盖因雌上雄背，即谱上云"促织三拗：过蛋有力，赢叫输不叫，雌上雄背"之谓也。好此者每为讲究，盆设多桌，虫分诸色，一切器具精工，无不佳妙。至排斗时，各炫其美，各夸其良，所以又名好胜虫及富贵虫。是物喜洁恶秽，最宜清静。花前月下，闻其声可以涤虑澄怀；日朗秋高，观其斗足能赏心悦目。闲暇无事，以此为消遣，与身心未尝无裨益。故昔人有半闲堂之雅称，豪士文人皆可好。若以此赌输赢，争胜负，较量长短，唯利是图，则不敢谈矣。

（清拙园老人《虫鱼雅集》）

◎ 《蟋蟀试验录》序

蟋蟀之名，见于《国风》，详于《月令》。唐开元宫人，以金笼著蟋蟀，从事于三秋游戏。于是外间王孙公子，以至士庶，皆慕而效之。世异风同，遂经今而罔替。先君[(1)]贡西公，生平爱是物而几至成癖。燕居[(2)]闲暇，辄乐述其试验之本末，一一表彰之。今先君见背[(3)]，垂廿余年矣。回思昔日趋庭[(4)]，言犹在耳。兹就其试验之法，兼附己意，演绎成编，因核实而名之曰《蟋蟀试验录》，以公同好。虽弗敢窃比于格物之君子，聊以补前贤秋虫谱之所未及云耳。

民国五年五月中浣，古歙召棠胡耀祖谨撰。

（胡耀祖《蟋蟀试验录》）

【注释】

(1)先君：已经过世的父亲。(2)燕居：退职在家闲居。(3)见背：去世的委婉说法。(4)趋庭：典出《论语》："（孔子）尝独立，鲤趋而过庭。曰：'学诗乎？'"鲤是孔子的儿子。后来把子承父教称作趋庭。

◎《蟋蟀谱》自序

余少好弄[(1)]，有秋壑之癖[(2)]。每于初秋日落后，偕小仆数人，篝火提壶[(3)]，持锹罩之具，远适郊野十余里，捕取蟋蟀。虽瓦砾踬人[(4)]，荆棘伤趾，不之恤也；古木萧森，丛冢幽寂，不之慑也。闻虫声辄色然而喜[(5)]，据地蛇行[(6)]，屏息静听，迹其声之所在而赴之。搜剔岩穴，披除草莽，务期获之而后已[(7)]。每夕必得数十头，择尤选胜[(8)]，票定名目而畜之。物聚所好，颇多异品。每归时，辄鸡唱星沉[(9)]，冷露沾衣。人尽以为苦，而余乃顾而乐之。甚矣，恶癖之蔽人也[(10)]！近十年来，家贫干禄[(11)]，案牍劳形[(12)]，未暇为此矣；然结习固未忘也。家藏有蟋蟀谱秘钞本，于虫饲养之法、种类之别，记述详备，真奇书也。顾作七言歌体，词多枝芜，义尤晦涩，骤难晓解。余以畜虫阅历经验所得，相为印证，寻绎词旨[(13)]，为浅近之文言而述之。然亦有仍作歌体者，则以韵语易于记取耳。删其枝芜，存其精粹，间参以己意[(14)]，补所未及，采录昔人之论说以附益之，付印以公海内同好。虽小道亦有可观[(15)]，固犹贤乎博弈也，或亦博物者之一助乎。

十九年十二月十五日，义州李大冲石孙甫序于析津之双琥簃。

（石孙外子《蟋蟀谱》）

【注释】

(1)好弄：喜欢玩乐。语出《左传》：“夷吾弱不好弄。”(2)秋壑之癖：指养斗蟋蟀的爱好。秋壑是贾似道的字。(3)篝火：打着火把或提着灯笼。(4)瓦砾踬人：被破砖烂瓦绊倒。(5)色然：脸上露出高兴的神色。(6)据地：蹲在地上。蛇行：曲折前行。(7)务期：一定。(8)择尤：选出特异优良者。(9)鸡唱星沉：雄鸡报晓，星星隐没。指到了拂晓时分。(10)恶癖：不好的习惯。蔽人：蒙蔽人。(11)干禄：为官，靠奉禄生活。(12)案牍劳形：意为公务而辛勤工作。案牍，官府的文书。(13)寻绎词旨：指对语词的含义加以解释。(14)这句是说偶尔加上自己的看法。(15)此句出《论语》，本为子夏语，原文是：“虽小道必有可观者焉；致远恐泥，是以君子弗为也。”郑玄注云：“小道，如今诸子书也。”何晏《集解》云：“小道谓异端。”意指诸子之书虽是小道，道理浅显，但仍有可取之处。此处用来比喻斗蟋蟀虽为雕虫小技，却有可取之处。

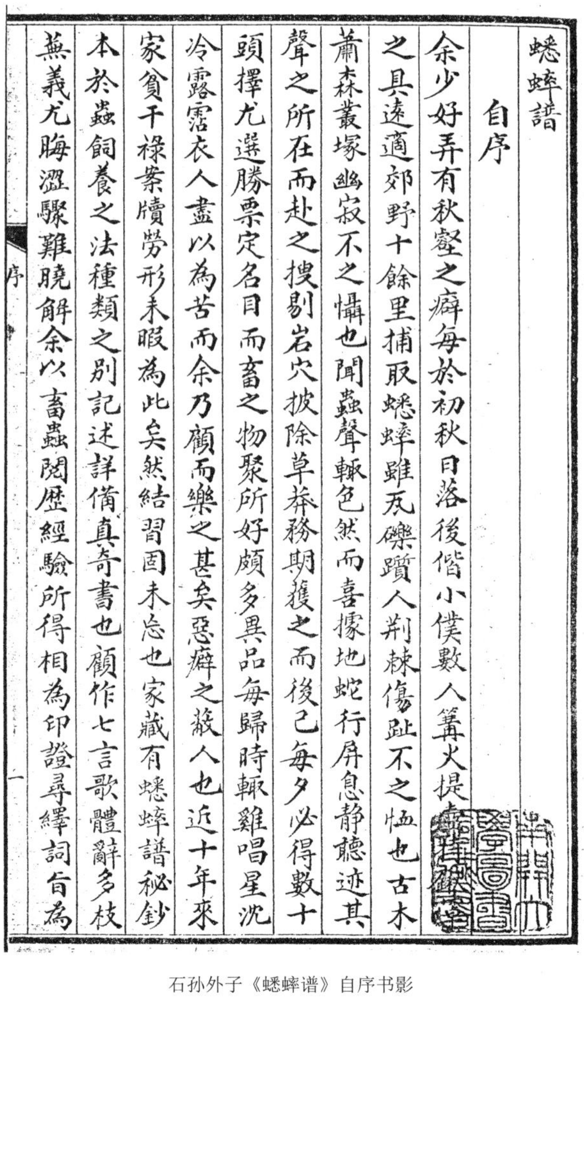
蟋蟀譜

自序

余少好弄有秋壑之癖每於初秋日落後偕小僕數人篝火提

之具遠適郊野十餘里捕取蟋蟀雖瓦礫躓人荆棘傷趾不之恤也古木

蕭森叢塚幽寂不之懾也聞蟲聲輒色然而喜據地蛇行屏息靜聽迹其

聲之所在而赴之搜剔岩穴披除草莽務期獲之而後已每夕必得數十

頭擇尤選勝票定名目而畜之物聚所好頗多異品每歸時輒雞唱星沈

冷露霑衣人盡以為苦而余乃顧而樂之甚矣惡癖之蔽人也近十年來

家貧干祿案牘勞形未暇為此矣然結習固未忘也家藏有蟋蟀譜秘鈔

本於蟲飼養之法種類之別記述詳備真奇書也顧作七言歌體詞多枝

蕪義尤晦澀驟難曉解余以畜蟲閱歷經驗所得相為印證尋繹詞旨為

序 一

石孙外子《蟋蟀谱》自序书影

◎ 将军败论

世有五色真虫，常败于花色者，人多疑其非真也。予解之曰：“真也，不强也。”或问之曰：“凡将军无不强者，独曰不强，何谓哉？”予应之曰：“子独不见长大人乎？长大之人，多有柔弱而不能举十斤走百里者。何以故？秉气不强所致也。知人则可以推及其物矣。促织遗种，百虫食之。硬虫化强，烂虫化弱。强者色虽花，齿体则刚；弱者色虽真，气力则薄，犹夫无勇人焉。此其所以败也，何疑之有？”或人问曰：“强弱之辨，敬闻命矣。然则真色之虫，强弱又孰为多耶？”予又应之曰：“噫！身大而无用者，曹交之外罔闻焉。由此推之，天地既赋其正色，必多将军。间有败北者，必十中之一二也。”或人称是而去。

（明本《重刊订正秋虫谱》）

《三希堂画谱》宰相风流图

三、诗　赋

◎ 蛩（宋·朱继芳）

一蛩何唧唧，吟落儿童心。

只在竹篱外，篝灯无处寻。

◎ 满庭芳·促织儿（宋·张滋）

月洗高梧[1]，露漙幽草[2]，宝钗楼外秋深。土花沿翠[3]，萤火坠墙阴[4]。静听寒声断续，微韵转、凄咽悲沉。争求侣，殷勤劝织，促破晓机心。儿时，曾记得，呼灯灌穴[5]，敛步随音[6]。任满身花影，犹自追寻。携向华堂戏斗[7]，亭台小、笼巧妆金[8]。今休说，从渠床下[9]，凉夜伴孤吟。

【注释】

(1)洗：照。这里是说月光如水，皎洁明亮。(2)漙：露多貌。幽草：深深的草丛。(3)土花：苔藓。(4)坠：落下。在这里是消失的意思。(5)呼灯：挑灯。灌穴：一种捕捉蟋蟀的方法，为使蟋蟀从洞里跳出来，向洞内灌水。(6)敛步：放慢脚步。随音：顺着声音传来的方向追寻。(7)华堂：装饰华丽的厅堂。(8)此云蟋蟀笼小巧玲珑，并以金缀饰。(9)渠：他。

◎ 齐天乐·黄钟宫（宋·姜夔）

丙辰岁，与张功父会饮张达可之堂，闻屋壁间蟋蟀有声。功父约予同赋，以授歌者。功父先成，辞甚美。予裴回末利花间[1]，仰见秋月，顿起秋思，寻亦得此。蟋蟀，中都呼为促织，善斗。好事者或以二三十万钱致一枚，镂象齿为楼观以贮之。

庾郎先自吟愁赋[2]。凄凄更闻私语。露湿铜铺[3]，苔侵石井，都是曾听伊处[4]。哀音似诉。正思妇无眠，起对机杼。曲曲屏山[5]，夜凉独自甚情绪[6]。西窗又吹暗雨。这谁频断续，相和砧杵。候馆迎秋[7]，离宫吊月[8]，别有伤心无数。豳诗漫与。笑篱落呼灯[9]，世间儿女。写入琴丝，一声声更苦。

（宣政间有士大夫制《蟋蟀吟》）

【注释】

(1)裴回：即徘徊。末利花：即茉莉花。(2)庾郎：南齐庾杲为尚书驾部郎，家清贫，常以杂菜为食。“愁赋”即指此而言。(3)铜铺：铜质的铺首。以铜为兽面，御环著于门上。(4)伊：它，指蟋蟀。(5)屏山：房间里的屏风。(6)甚情绪：没有什么情绪，心情不好。(7)候馆：古代的旅馆。(8)离宫：古代帝王专为游处而建的别宫，与正式宫室相对而言。(9)篱落：即篱笆。

◎ 拜新月慢（无名氏）

【说 明】

这是一首词。作者不详。“拜新月慢”是词牌名，亦名“拜星月慢”。据《词谱》云，本为唐代教坊曲名。正体为双调，一百零四字，前段十句，后段八句。又有别体多种，每句字数稍有增减。宋代周邦彦有《拜星月慢》一首，咏秋景。考此词与周词某些字句相合，应为仿周词而作。周邦彦原词是：夜色催更，清晨收露，小曲幽坊月暗。竹槛灯窗，识秋娘庭院。笑相寻，似觉琼枝玉树相倚，暖日明月霞光灿。木盼兰情，总平生稀见。画图中、旧识春风面。谁知道、自到瑶台畔。眷恋雨润云温，苦惊风吹散。念荒寒、寄宿无人馆。重门闭、败壁秋虫叹。争奈向、一缕相思，隔溪山不断。

海燕东归[1]，金风西起，湛湛浓露于澌[2]。蟋蟀俟秋，吟败壁荒苑，笑相寻[3]，须将，玉罐金笼拚，漫听清音哢[4]。赤黄蟹壳[5]，总平生希见。画堂中[6]，曲养情何厌[7]。性怡爽[8]，好把清波泛[9]。辗转轻盈遒健[10]。奋膺扬[11]，对敌无双战。经百场，谁闻败北叹。怎奈他，三秋气老，英雄事方断[12]。

（明本《重刊订正秋虫谱》）

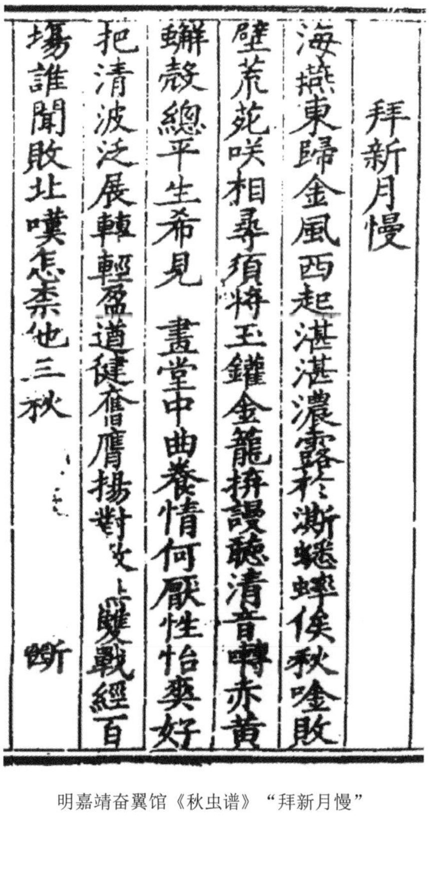
拜新月慢
海燕東歸金風西起湛湛濃露於澌蟋蟀俟秋唫敗
壁荒苑咲相尋須將玉鑵金籠拚謾聽清音哢赤黄
蠏殼總平生希見 畫堂中曲養情何厭性怡爽好
把清波泛展轉輕盈遒健奮膺揚對敵無雙戰經百
場誰聞敗北嘆怎柰他三秋 斷

明嘉靖奋翼馆《秋虫谱》“拜新月慢”

【注 释】

(1)海燕：燕子别称。古人认为燕子渡海而来，故称海燕。东归：回到东方。海在东方，燕子归去向东。此句意为秋天来临。(2)此句仿《诗经》成句，但语意有不通之处。《诗经》有“湛湛露斯”之句，其中“斯”为语气词，无义。然改为“于澌”则难解，另与下文韵律亦不合。(3)笑相寻：含笑寻找。指寻觅捕捉蟋蟀。(4)漫听：随意而不受约束地听。哢：本指鸟鸣，这里是指蟋蟀的叫声。(5)赤黄蟹壳：指蟋蟀的品种。(6)画堂：有雕饰的厅堂。(7)曲养：细心地饲养。情何厌：兴趣浓厚。情，养蟋蟀的兴趣。厌，饱满。这两句说的是把蟋蟀养在画堂中，曲尽其情，尽心尽力，乐此不疲。(8)性怡爽：斗性爽快。(9)清波泛：指给蟋蟀洗浴。连上句是说为了使蟋蟀斗性爽快，用清水为它洗浴。(10)轻盈：轻快敏捷。遒健：强健有力。(11)奋膺扬：如鹰之展翅飞扬，喻威武雄壮或大展雄才。此处是喻指蟋蟀在斗场的英猛之态。膺，应作“鹰”。《诗经》：“维师尚父，时维鹰扬。”(12)英雄事：指蟋蟀连战皆捷的功绩。

◎ 济公和尚瘗促织鹧鸪天

【说明】

济颠和尚即民间众所周知的济公。据明田汝成《西湖游览志余》：“济颠者，本名道济，风狂不饬细行，饮酒食肉，与市井浮沉，人以为颠也，故称济颠。”亦有人考历史上并无其人，乃传说中的人物。自南宋以来，济颠故事广泛流传，并有关于他的平话小说出现。明代有《济颠语录》《济颠大师醉菩提全传》，前者疑为由宋入明的说书人底本；清代又有《济公全传》。这几部小说中都有济公斗蟋蟀的情节。考此首《鹧鸪天》及下面的《把火文》，皆出自古代小说《济颠语录》中。《济颠语录》全名《钱塘渔隐济颠师语录》。日本有明隆庆己巳四年高斋平石监刻本，题“仁和沈孟柈述”。国内有崇祯刊本，不题作者。据学者考证，根据书中内容及文字风格，此书应是宋元时说书人所用的底本。书中叙济颠故事，有斗蟋蟀的情节，云有一王二，喜养虫蚁。一天王二捉到一只上好的蟋蟀，卖于张太尉，得三千贯钱和一副寿板。张太尉用此虫与人比斗，连斗三千余场，无有不胜，因此得名“王彦章”。养至秋深，蟋蟀衰老而死，张太尉打了个银棺材盛了，供养三七日出殡。济公为之指路，并口诵这首《鹧鸪天》和《把火文》。

促织儿，王彦章[(1)]，一根须短一根长。只因全胜三十六[(2)]，人总呼为王铁枪。

休烦恼，莫悲伤，世间万物有无常[(3)]。昨宵忽值严霜降，好似南柯梦一场[(4)]。

（明本《鼎新图像虫经》）

【注释】

(1)王彦章：见前注。(2)三十六：三十六场。据《济颠语录》所述，此虫“一连斗了三千余场，无有不胜”。故“三十六”应为“三千六”之误。(3)无常：没有常规。古人常以无常喻世事变幻莫测，不可捉摸。(4)南柯梦：唐李公佐有《南柯记》传奇，谓淳于棼至槐安国为高官，娶妻生子，荣华富贵。后受命领兵出征，战败被贬。梦醒后方知槐安国乃大槐树下之蚁穴也。代指梦境，喻得失无常。

◎ 又 把火文

【说明】

这段韵文在《济颠语录》中原无题目。故事写到济颠引路，众人为蟋蟀送葬，“棺至方家峪，张太尉请济公下火。济公手执火把，乃念云”，下面就是这段韵文。所谓“把火文”原意是指济公手持火把时所念之文，古代蟋蟀谱的编者便以此作为题目。此段在小说中是通过济颠之口说出来的，应该是济颠为死去的蟋蟀作的一篇“祭文”。为死人作祭文一般来说主要是回顾死者的一生，对其功绩道德表示赞扬。而济颠的“祭文”则完全不同，全文充满了调侃的口吻，对这只功勋卓著的蟋蟀的一生表示了非议。他首先问道：你干吗一生鸣叫，扰人清梦，催人纺织，白费力气？你干吗并无私欲而要死命拼敌？你又干吗为主人赢得财物而自己一无所取？你匆匆忙忙度过一生究竟有什么意思？他表面上是在对蟋蟀发问，实际上也是在责问世上众生，这样就使这篇为蟋蟀的“祭文”增添了颇具宗教意味的哲理。

这妖魔本是微物(1)，只窝在石岩泥穴(2)。时当夜静更深，叫彻风清月白(3)。直聒得天涯游子伤心，寡妇房中泪血(4)。不住地只顾催人织，空费尽许多闲气力(5)。又非是争夺田园，何故乃尽心抵敌(6)？相见便怒尾张牙(7)，扬须鼓翼。斗过数交(8)，赶得紧急。赢者扇翅高声(9)，输者走之不及(10)。财物被人将去(11)，只落得些食吃。纵有金玉雕笼，都是世情虚色(12)。倏忽天降严霜(13)，彦章也熬不得(14)。今朝归化时临(15)，毕竟有何奇特。仗此无名烈火，要判本来面色(16)。

咦！托生在功德池边(17)，却相伴阿弥陀佛(18)。

（明本《鼎新图像虫经》）

【注释】

(1)妖魔：指已死的蟋蟀。(2)窝：指蟋蟀的洞穴。(3)风清月白：喻晴朗的夜色。(4)泪血：眼中流泪而变成流血，喻伤心至极。(5)闲气力：闲而无用之力。(6)这两句的意思是以向蟋蟀发问的口吻说，你又不是像人那样为自己争田夺地，为什么还要死命地与敌人战斗呢？(7)怒尾张牙：因发怒而翘起尾须，张开双牙。(8)数交：几次，几场。(9)扇翅：扬起双翅。(10)斗败急忙逃走，唯恐走之不及。(11)此句是说因斗败而输掉了家财。(12)世情虚色：世间的虚情假意。此句针对上句“金玉雕笼”而言，意为蟋蟀虽然住得富丽堂皇，不久却要死去，这些东西对它来说，又有什么用处呢？作者实际上是以蟋蟀抒发自己的人世无常的空无思想。(13)倏忽：突然。(14)熬不得：指禁不住严寒的袭击，就要死去。(15)归化：死去。(16)判：识别，看清。(17)托生：旧时认为人或动物死后能够转生，谓之托生。功德池：佛教语，即八德水之池。(18)阿弥陀佛：佛教认为阿弥陀是西方极乐世界的教主，常念其名，临终时佛即出现，带领其到极乐国去。

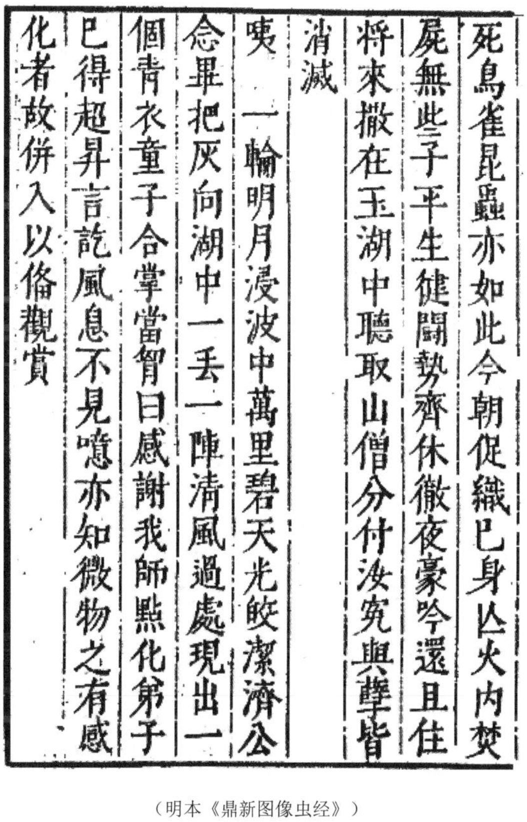
死鳥雀昆蟲亦如此今朝促織已身亾火内焚
屍無些子平生健鬬勢齊休徹夜豪吟還且住
将來撒在玉湖中聽取山僧分付汝究與孽皆
消滅
咦　一輪明月浸波中萬里碧天光皎潔濟公
念畢把灰向湖中一丢一陣清風過處現出一
個青衣童子合掌當胷曰感謝我師點化弟子
已得超昇言訖風息不見噫亦知微物之有感
化者故併入以備觀賞

（明本《鼎新图像虫经》）

◎ 又 撒骨文

【说 明】

这篇“撒骨文”原来也在小说《济颠语录》中。书中写济公念完上篇“把火文”之后，接着叙述道：“张太尉曰：‘一发烦撒骨。’济公曰：‘这样物事，也要我费心。’胡乱撮了好些灰包了。济公立在船头，手拿促织灰道：‘大众听着。’”下面就是这段“撒骨文”。“撒骨文”本来也非题目，因是在济公撒骨灰时所念的，古代蟋蟀谱的编者在抄引时便附会作了题目。从“济公念毕”至“风息不见”一段，在《济颠语录》中并不属于“撒骨文”的内容，而是小说的叙述语言，叙济公撒完促织骨灰之后的情节；从文体上看，是散文而非韵文。但蟋蟀谱的编者不察，误将这一部分也抄移过来，实际上是个误会。

一夜青娥降晓霜(1)，东篱菊蕊似金妆(2)。昨宵稳贴庄周梦(3)，不听虫吟到耳旁。大众万物有生皆有死，鸟雀昆虫亦如此。今朝促织已身亡，火内焚尸无些子(4)。平生健斗势齐休(5)，彻夜豪吟还且住(6)。将来撒在玉湖中(7)，听取山僧分付汝(8)，冤与孽，皆消灭(9)。

咦，一轮明月浸波中(10)，万里碧天光皎洁。

济公念毕，把灰向湖中一丢，一阵清风过处，现出一个青衣童子，合掌当胸曰：“感谢我师点化，弟子已得超生。”言讫，风息不见。

噫！亦知微物之有感化者，故并入以备观览。

（明本《鼎新图像虫经》）

【注 释】

(1)青娥：又叫青女，传说中的霜雪之神，九月乃出，以降霜雪。唐杜审言《重九日宴江阴》：“降霜青女月，送酒白衣人。”晓霜：晨霜。(2)东篱：晋陶渊明诗：“采菊东篱下，悠然见南山。”后提到菊，往往与东篱相联系。(3)稳贴：安稳妥帖。这里是说，蟋蟀死了，夜里再也没有虫鸣聒耳，故尔昨晚睡了个安稳觉。(4)无些子：微少，没有多少东西。这句是说蟋蟀经过焚烧，更没有多少东西了。(5)势：指蟋蟀生前勇于战斗的雄姿。齐休：全完了。(6)豪吟：雄壮的吟唱声。(7)玉湖：对湖的美称。(8)山僧：山野之僧。因寺院多在山林，故称。这里是济公自称。(9)消灭：消除净尽。(10)浸：这里是指月亮倒映在水中。

◎ 嘲两来嘴（无名氏）

有等好事君子(1)，凡遇秋虫发动(2)，则东闯西奔，寻豪探富，说合两家，携虫赌赛；则从旁而赞之，假心虚意，挑拨成场。东家撒漫，便帮西家以局东家(3)；西家软怯，则就东家以取西家。设或两家各自张主[4]，则又从中冷语，某虫甚大，某虫色花，扇两家之心，败已成之事。及至东家败北，则便向西家云："我道东虫不狠，今果然欤？"倾之东家复胜，便转面谓东家云："我道未见得你虫便输，将军有复口[5]，非此谓欤？"或放钱，或抽头，或倒卸，百般用意，总是为己，而不为人。一遇此辈，切须斟酌，毋令堕术中可也[6]。

（明本《重刊订正秋虫谱》）

【注释】

(1)有等：犹云有一种。好事君子：好事之徒。君子，在这里说的是反话。(2)秋虫发动：指秋季斗蟋蟀活动开始。(3)局：为难，刁难。(4)张主：这里是指拿主意。(5)复口：指蟋蟀反败为胜。(6)术：这里指阴谋诡计。

◎ 题促织词（无名氏）

【说明】

此词摘自明代曲集《雍熙乐府》，原题为"题促织"，字句多有不同。如"钟离粉蝴蝶"原作"北中吕粉蝶儿"，"临春风"原作"醉春风"，"通仙客"原作"迎仙客"等。参考谢伯阳编《全明散曲》，影响理解的原文错讹处径改，不影响理解的异文不改。"二煞""一煞""尾声"据原文增补。

〈钟离粉蝴蝶〉[1]他生的巧妙身体，住中央清凉之地，节阴阳改变容仪[2]。夏初生，至待白露降，恰成配匹[3]，堪爱堪题。长在那土坡之中，快活胜尘世。

范曾 促织

〈临春风〉书语中唤做寒蛩[4]，世俗人唤为促织。似金蝉脱壳感人情，声儿叫的好美听。虽居在天地之间，荒郊野外，姻缘相配。

〈通仙客〉　邀朋友即便行，今日出城西。将着紫竹过笼儿[5]，向瓶中提着净水。到荒郊，叫一声儿走似飞，低着头在墙儿里胡吹[6]，寻不见，恼乱了柔肠碎。

〈红绣鞋〉在窝中争雄相觑，寻我的蹑足轻踪，走到根底。他将那吹桶牵杖急忙催[7]，赶的我怎躲避。款款出墙围，他见我这形容，心儿上喜。

〈么〉这促织，端然无对[8]。双须全，尾似尖锥。不曾见，生的忒为魁。三段锦天生就，端的是世间稀，谁相我拿住你？

〈满庭芳〉定睛端详了半日，他说我身长一寸，匾阔紫皮，轻轻放在过笼里。有这个在，不要别的。到家中，除帻卸衣[9]，他可便用心在意儿收拾，没乱心如醉[10]。将盆抹净，按排下美味细香食。

【注释】

(1)〈钟离粉蝴蝶〉：又作〈北中吕粉蝶儿〉，与下面的〈临春风〉〈通仙客〉等均为曲牌名。(2)节阴阳：即按照四时的变化。容仪：指蟋蟀的形色。(3)配匹：指蟋蟀雌雄成对。(4)书语：指书面语言，相对俗语、口语而言。(5)紫竹过笼儿：根据此处所写，可知过笼曾一度作为捕捉蟋蟀的工具，用来盛捉到的蟋蟀。这种过笼其实就是现在所说的竹筒，与盆内的陶质过笼是不同的。(6)胡吹：指对着蟋蟀洞吹气，以使蟋蟀受惊，跳出洞外。(7)吹桶：即上句所说的“胡吹”的用具，应为一截中通的竹筒，一头对着洞口，从另一头吹气。(8)端然：确实，果真。(9)帻：头巾，或帽子。(10)没乱：本指精神恍惚、若有所失那样一种状态。这里是指心情过分激动。此词在元曲中经常出现，又作“没留摸乱”。

〈上小楼〉清晨早起将水食隔[1]，一会巴到辰以后[2]，巳时才交[3]。我和那子弟相随[4]，将盆罐款款提。慢慢的直到那相识家里，放在斗盆中，便争头寻对[5]。

〈么篇〉我鸣盆时叫几声，似牛行走一会。我则见一个好斗相争，能咬拿班[6]，撞到根底[7]。我和他赶一会，咬一会，斗到三百余嘴，咬的那个蜘蛛团没有些威势。

〈十二个月〉他们都齐声喊起，今日个比并高低，让两个盆中比试。他到我世上无敌[8]。俺两个一来一往，不曾得住的[9]。我可便转过身躯。

〈尧民乐〉我可便只则一班，咬的那厮五魂飞，咬的他乱窜盆中似昏迷。他将我轻轻的打在过笼里，满面欢容喜笑归。用意收拾，心中常挂意，他道是不往了把功夫费[10]。

〈耍孩儿〉到家中不住的把盆洗，不曾见这个促织儿，天生的秀气。紫头青项黑焦牙，销金翅，脚似银灰。他道是须全头尾相宜称，口似钢锋耐斗敌。养在英石盆儿内，阴阳瓦玲珑剔透，喂水盂池是紫玉金石。

〈四煞〉将梅花盆抹的干，将马蹄儿碾压实，他将那蚯蚓土来忙寻觅[11]。凉网是铜丝结就将盆盖，牵草是五彩绒丝缠就的。头一号是咱名讳，比在野田内纵横自在，有时新爽口食。

〈三煞〉输了呵，他将我盐茶中转几遭，水盆内淹一会，淹的我脱身舒项直了腿。又怕我身归泉世难寻觅，捞出来定醒还魂[12]，掐上把灰。歇三日，战场上再与你相会识。赢了呵，水食上增添美味；输了呵，使性子喂了窝鸡。

〈二煞〉莲蓬水过我几遭，将自然铜放在水儿里。他着那拌豆腐拦喂到三四次，撑的我跐着钳齿全了抱爪。他将我打露迎霜到第二日，他将我与别的对，赢了呵遂心称意，输了呵丢我在桶子缸里。

〈一煞〉龌龊丢下一堆，破缸片盛着臭水。都是些碎砖碎瓦虚阁起。那里头东西乱撺，我和他胡厮咬，则我这不伏气的声音儿不住的。他说我是个败桶子闲喻气。他因寻我翻砖揭瓦，打烂了我的身体。

〈尾声〉不觉的一命亡。我是个时虫儿，吃了那千万亏。奉劝您贤良君子参详意，这是的我好斗便争落得的。

（清奎章阁《促织谱》）

【注释】

(1)关于“斗去水食”的内容详见本书“斗法”内容。(2)巴：巴望，盼望。辰：上午七时至九时。(3)巳时：上午九时至十一时。(4)和：原为“何”，误。(5)争头：分头。寻对：指比较大小，寻找对手。(6)拿班：俗云摆架子，拿一把。(7)根底：跟前。(8)到：“道”之误。(9)不曾得住：没有停歇。(10)不往了：往应是“枉”之误。不枉了，云没有白费工夫。(11)此处说的是蟋蟀盆砸底的方法，详见本书有关盆具的内容。(12)定醒：苏醒。

◎ 蟋蟀赋（明•高承埏）

夜正清兮蟋蟀鸣，蟋蟀鸣兮无断声。汝助予之愁叹，余为汝而伤情。匪相期而识起，实因感而言生。彼夫大化匠形[1]，元工鼓气[2]；灵蠢同符，洪纤一类。[3]咸莫为而自然[4]，各含生而具智[5]。是故因时而动，应候而鸣。其为物也，苍黄其色，局蹴其形[6]，须尾兼具，足翼俱成，貌同跳蝗[7]，状类飞蟥[8]，蛄蚁是伍，蛩螀为朋。穿庭阶之曲，居庑砌之横[9]。构隙土以为窟，萦落叶以为城。饮草头之坠露，照壁孔之余明。可谓于世无求，于物无争者矣。然而乘风度吟，待月送响；雄声据张[10]，清音嘹亮；若绝若续，如欢如怆。伴夜读于窗前，乱宵杼于机上。入离人之愁耳，侵幽客之梦况[11]。于有王孙公子，嬉儿狡童，缘声访迹，卜响寻踪[12]，周游不已[13]，

清代妇人斗蟋蟀

秉烛以从。截筒以为物色[14]，折箸以为先容[15]。张袖以为罗网[16]，结草以为环攻。投闲抵窦[17]，发幽搜空[18]。类晋人之觅介子[19]，似汉使之求严公[20]。拔乎其尤[21]，简乎其异[22]。铁首蜂形，金腰虎背。品质既殊，声价遂位。居之瑶盆[23]，登之琼宇。饲之丰粒[24]，饮之洁水。凡切所需[25]，莫不精备。朝伺夕窥，一日数启[26]。然犹未然，招朋偕侣，消暇乘闲[27]；依稀乎命帅出境[28]，仿佛乎拜将登坛。赌以玉麈[29]，注以金钱；东西对列，左右旁观。策之以草杆[30]，鼓之以笑喧。其形昂若[31]，其音喑然[32]。见形而斗志遂起，闻声而雄心各前。张牙耀刃[33]，竖须矗竿[34]；挺翼直接[35]，拔足争先；一进一退，载合载旋。形势既陈[36]，步伐不愆。或佯输而乍走，或凝立而持坚。颉颃已久，雌雄乃殊。负者敛形却窜[37]，捷者凌势长驱。余声不绝，胆气犹粗。逞雄骄于顷刻[38]，变胜败于须臾。盖不离方寸之余地，而若开八阵之壮图[39]。莫不扬声赞采，抵掌谐呼。又或寄生水滨之遐，托响深山之杳；足音无闻，履綦不到[40]。抱异质而莫显[41]，发闲吟以自吊。与霜草而同枯，等荒壤而并槁。若是者，又不知其多少。然则其生也将何所为？其鸣也将何所思？其隐而藏也何所托而逃？其出而显也何所求而期？其具斗之性也，果有何不平而含忿[42]？其见斗之形也，果为谁效力而扬威？其斗而勇也，果何慕于受赏？其斗而怯也，果何乞于垂悲？呜呼噫嘻[43]！万物一府[44]，古来共尽，动息由时，行藏皆运。虽遭际之或异，实化归之俱顺。彼寓形宇内固已渺乎，尔托鸣长夜复能几何！慨寒风兮将至，伤留连兮无多[45]。喁吁啾唧[46]，凄清宛转。一唱三叹重，于是乎有感。

（《古今图书集成》）

【注释】

(1)大化：四时季节之变化。匠形：培育成形。(2)元工：犹天工。鼓气：指予生命力。(3)这两句是说世间万物无论大小灵蠢，都是大自然养育而成的。(4)咸：都，全部。莫为：无所为，非有意为之。(5)含生、具智：具备了生命力。(6)局蹴：拘束，不舒展。(7)跳蝗：蝗虫之一种。(8)飞蝧：蜂之一种。(9)庑砌：与“庭阶”意同，门前台阶也。(10)据张：宏大响亮。(11)幽客：隐居之人。梦况：梦境。(12)卜响：揣摩声音传来的方向。寻踪：指寻找蟋蟀的洞口。(13)周游：转来转去。(14)截筒：把竹竿截成装蟋蟀用的竹筒。这句是说拿着竹筒到处寻找蟋蟀。(15)折箸：这里应是指用竹子做成竹笼。箸，本义是筷子。(16)罗网：指捕捉蟋蟀用的网罩。(17)投闲、抵窦意同，均指在墙缝里或洞穴里寻找。(18)幽、空意同，均指蟋蟀洞。(19)介子：春秋晋人。传说晋文公归国后赏赐从属，以谢流亡时的辅助之情。介子推没有得到提名，便与母亲到绵山隐居。文公为逼其出来，放火烧山，介子推仍不出，竟烧死在山里。(20)严公：指东汉严光。其曾与汉光武帝刘秀同游学，有高名。刘秀称帝，严光隐名而居。秀遣使寻访，授谏议大夫，竟不受，退隐于富春山。(21)此句云选拔出最优异者。(22)去掉不正常者。(23)瑶盆：玉盆，对蟋蟀盆的美称。(24)丰粒：指喂给蟋蟀的精美食料。(25)凡切：一切。(26)这两句说侍候周到，一天要看好几次。(27)乘空闲之机。(28)依稀：好像。命帅：领命的将帅。(29)玉麈：玉柄的麈尾。麈尾，古代挥尘之具，以兽尾为之。此句云以玉麈作为斗蟋蟀的赌注。(30)此云用芡草撩逗蟋蟀。(31)昂若：昂昂然，趾高气扬。(32)喑然：声音低哑。(33)刃：也是指牙齿。耀，喻明亮、锐利。(34)竿：也是指头须。(35)挺翼：扬起双翅。(36)陈：排列开来。(37)敛形：收起了嚣张气焰。却窜：逃跑。(38)雄骄：骄矜，骄傲。(39)八阵之壮图：古代战斗时的一种战斗队形及兵力部署方法。《三国志》载为诸葛亮所创。(40)履綦：即履迹，脚印。履迹不到即人烟稀少之处。(41)异质：卓越的品质。(42)含忿：即“含愤”，心中愤愤不平。(43)呜呼噫嘻：古代赋体中常用的感叹语，意犹“啊”“啊呀呀”之类。(44)一府：指同一自然界中。(45)留连：停留。(46)喁吁啾唧：喻蟋蟀的鸣叫声。

◎ 蟋 蟀（明•冯梦龙）

姐儿生得紫堂色，好双黑眼睛，有人绰号白牙青。郎道：“姐呀！你只怕牵着子大头长脚真三色，斗得你牙钳放解[(1)]，直姜姜躺在尺中心。”[(2)]

（《山歌》）

【注释】

(1)放解：松散。此处是指双牙受伤松动。(2)直姜姜：直挺挺。尺：即“册”，指蟋蟀斗栅或斗盆。

◎ 斗蟋蟀（明•黄英希）

促织声切切，荒阶草稠稠。穴居墙有塈[(1)]，仰食露先秋。苦斗将谁为，微躯不自谋[(2)]。残煤孤杼夜[(3)]，为尔忆关楼[(4)]。

（《帝京景物略》）

【注释】

(1)塈：缝隙。(2)不自谋：不为自己着想。指蟋蟀奋不顾身为主人拼斗，全不考虑自己的性命。(3)孤杼：孤女穿梭织布。(4)关楼：边关的谯楼。代指远方戍边之地。最后两句描绘了一幅清冷的画面，灯光如豆的深夜里，仍在织机上操劳的孤女，听着蟋蟀的鸣叫，不禁又想到了边关从军的丈夫。

◎ 观斗蟋蟀歌（明·闵景贤）

燕市斗场挨户户[1]，正酒色天好决赌[2]。各提斗盆绣花缕，摩挲入手澄泥古[3]。高下参差列两庑[4]，似为秋虫判疆土。昨夜寻声向秋圃，金翅麻头合虫谱。蹲踞盆中势虓虎[5]，未许他虫跳梁侮[6]。作势登场势逾怒，双须立似旌旗竖。积怒不动目相拒[7]，一阵一阵骤风雨。战胜长鸣鸣以股[8]，主人夺采盆安堵[9]。保抱小虫歌大武[10]，指盆笑谓将军府。嘤嘤趯趯何比数[11]，饮之食之气则鼓[12]。有雄杰然起行武，心有主人目无虏；斗场四塞主寰宇[13]。

（《帝京景物略》）

【注释】

(1)燕市：指北京城。北京古代属燕地。(2)这一句后面原有注云：“燕俗，谓阴雨为酒色天。”(3)澄泥古：指古旧的澄泥蟋蟀盆。(4)两庑：正房两侧的厢房或走廊。(5)虓虎：咆哮之虎。这里是喻指振翅鸣叫的蟋蟀。(6)跳梁侮：指敌虫强横而有辱自己。(7)目相拒：以目怒视对方。(8)鸣以股：这里说蟋蟀以股鸣叫是不对的。股，大腿也。(9)夺采：夺得彩金，指赌斗蟋蟀而取胜。安堵：安顿，安置。(10)保抱：抱持，抚养。这里是饲养、调理之意。大武：周代的乐曲之一。《礼·祭统》：“朱干玉戚，以舞大武。”(11)何比数：没有谁能与之相比。(12)气则鼓：鼓起斗志。(13)主寰宇：在斗场世界里称霸。

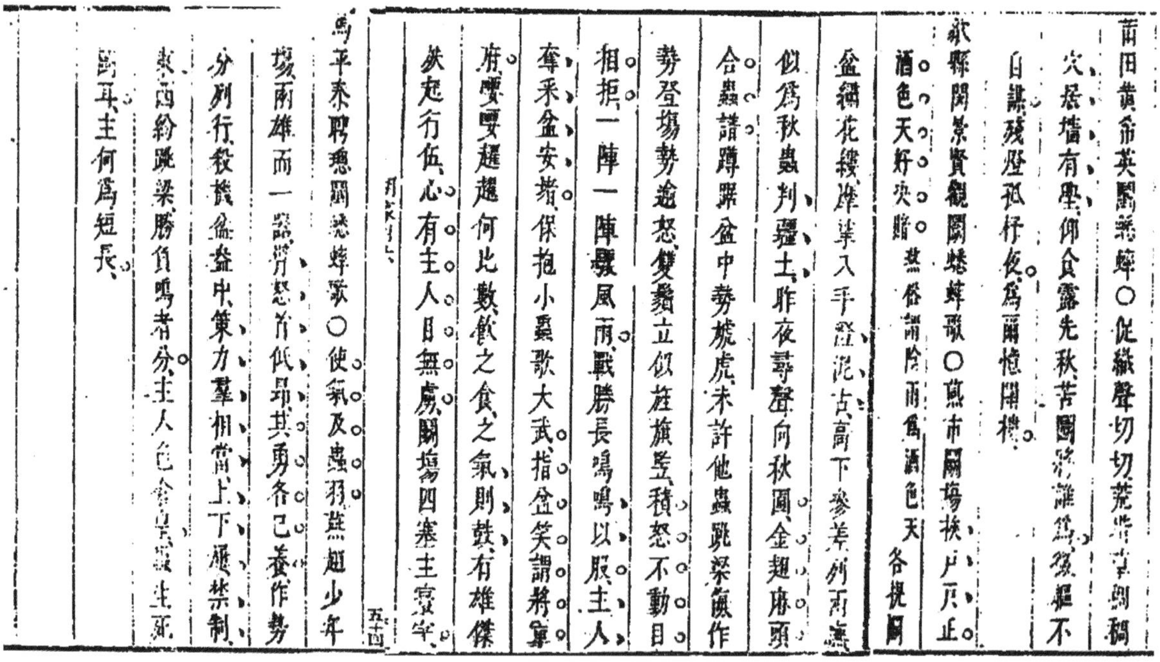
酒色天好决賭 燕俗謂陰雨爲酒色天 各提鬬
盆綉花縷摩挲入手澄泥古高下參差列兩廡
似爲秋蟲判疆土昨夜尋聲向秋圃金翅麻頭
合蟲譜蹲踞盆中勢虓虎未許他蟲跳梁侮作
勢登場勢逾怒雙鬚立似旌旗竪積怒不動目
相拒一陣一陣驟風雨戰勝長鳴鳴以股主人
奪采盆安堵保抱小蟲歌大武指盆笑謂將軍
府嚶嚶趯趯何比數飲之食之氣則鼓有雄傑
然起行伍心有主人目無虜鬬場四塞主寰宇
五十四

《帝京景物略》中的“观斗蟋蟀歌”

◎ 斗蟋蟀歌（明•秦聘璁）

使气及虫羽[(1)]，燕赵少年场[(2)]。两雄而一器[(3)]，臂怒首低昂。其勇各已养，作势分列行[(4)]。杀机盆盎中，策力群相当。上下屡禁制[(5)]，东西纷跳梁。 胜负鸣者分，主人色仓皇[(6)]。虫生死斗耳，主何为短长。

（《帝京景物略》）

【注 释】

(1)使气：争气赌胜之心。虫羽：指昆虫及禽鸟。首句是说，连虫鸟都懂得争强好胜。(2)古云燕赵多侠义之士，此句喻争斗场所，指蟋蟀斗场。(3)此句云两只蟋蟀共处于一个斗盆中。(4)作势：做出即将争斗之势。分列行：指二虫分列于斗盆的两边。(5)屡禁制：一次又一次地遏制对方。(6)仓皇：惊慌失措的样子。

◎ 观斗蟋蟀（明•顿锐）

蟋蟀著《豳风》[(1)]，泉壤恒食息[(2)]。 迎阴已振羽[(3)]，欲鸣先鼓翼。候气感化机[(4)]，吟秋率其职。 于世无所争，岂有刚膂力。都缘助人意[(5)]，自负万夫特[(6)]。见敌竖两股，怒须如卓棘。昂藏仇塞胸[(7)]，彭亨气填臆。 将搏必踞蹲，思奋肆陵逼[(8)]。既却还直前，已困未甘踣[(9)]。 雄心期决胜，壮志冀必克。依稀触与蛮[(10)]，蜗角长开国。 人生亦类斯，隙驹争得失[(11)]。争雄守其雌[(12)]，老氏有渊议。

（《帝京景物略》）

【注 释】

(1)著：记载。《豳风》：指《诗经》的《豳风•七月》篇，中有“十月蟋蟀入我床下”之句。(2)此句云蟋蟀生息于泉壤之间。(3)迎阴：指遇到秋风、寒气。此句是说蟋蟀“得寒乃鸣”之意。(4)候气：等候秋气。化机：变化之机。(5)助人意：指蟋蟀鸣叫助人叹息。(6)万夫特：卓异超出万人之上。《诗经》：“维此奄息，百夫之特。”(7)昂藏：与下文的“彭亨”意同，均为愤怒的样子。(8)肆陵逼：肆意攻敌。(9)未甘踣：不甘心失败。(10)触与蛮：《庄子》：“有国于蜗之左角者，曰触氏；有国于蜗之右角者，曰蛮氏。时相与争地而战，伏尸数万，逐北旬有五日而后反。”后以触蛮之争代指因细小事而相争斗。(11)隙驹：即白驹过隙之意，喻人生的短暂。(12)争雄守其雌：争雄，原作“知雄”。语出《老子·二十八章》：“知其雄，守其雌，为天下溪。”意为弃刚守柔，与人无争。后一句的“老氏”即指老子。渊议：深刻之论。

◎ 促 织（明·王醇）

风露渐凄紧[(1)]，家家促织声。墙根童夜伏，草际火低明。入手驯难得，当场怒不平。秋高[(2)]见余勇，一忆度辽兵。

（《帝京景物略》）

【注 释】

(1)此云秋水渐深，寒风猛烈。(2)秋高：秋深。

◎ 斗蟋蟀（清·麟光）

野人生计喜凌秋[(1)]，古冢荒园细索求[(2)]。每以形骸分贵贱[(3)]，常将色相论平优[(4)]。饮餐刍水还须备，寒暖阴晴使务周[(5)]。养得神完[(6)]牙齿利，好从秋月夺魁筹[(7)]。

【注 释】

(1)野人：山野之人。生计：生性。凌秋：指斗蟋蟀之戏。(2)索求：搜寻捕捉。(3)形骸：指蟋蟀的体形。分：区分。(4)平优：平庸的与优良的。(5)务周：一定要周到细致。(6)神完：指精神充足。(7)夺魁筹：夺冠。

◎ 其 二

八月燕台[(1)]试草虫，都人争效宋家风[(2)]。翠盆昼暖临风涤[(3)]，香褥秋晴倩日烘[(4)]。十万青钱求未易，千金白璧赌何穷[(5)]。金笼漫羡唐宫美，今古奢华大抵同。

【注 释】

(1)燕台：又称黄金台，在今河北易县。燕昭王所筑，用以招纳贤士，所以又名贤士台。(2)宋家风：指南宋贾似道斗蟋蟀的遗风。(3)这一句是说天暖的时候洗涮蟋蟀罐。(4)倩日烘：在太阳底下晒一晒。(5)这一句说的是下赌注极大，累千成万并不在乎。

◎ 其 三

清奇百选费精裁[(1)]，个里皮毛可按推[(2)]。腰束鲜卑[(3)]生自怯，头颅圆阔定为魁。怒鸣两翼风云变，奋舞双须阵势开。敌者胆寒惊窜去，功成宁待鼓三催[(4)]。

【注释】

(1)精裁：精确的判断。裁，裁决。(2)个里：此中，这里面。按推：据此而推断。(3)鲜皁：指蟋蟀腰间的红铃。(4)宁待：不需等待。鼓三催：指敲鼓三次。

◎ 其四

华堂几案列争场[(1)]，角胜相持费较量。主客相衡缘赌利[(2)]，将军抵死为封王。花磁赐沐隆酬绩[(3)]，金椁荣终痛悼亡[(4)]。回首瓮城原一梦[(5)]，可怜肝胆向谁强。

（清麟光《蟋蟀秘要》）

【注释】

(1)华堂：华丽的厅堂。古代斗蟋蟀一般要在奢华的场所进行。(2)相衡：指蟋蟀相斗。(3)隆酬绩：意为以隆重的方式酬劳蟋蟀的战绩。(4)金椁：金制的棺材。(5)瓮城：指蟋蟀盆。

◎ 漫题（清•马寅清）

百炼秋心裕战功，击盆气概策群雄。鲰生独当兵书读，自愧昂藏异了虫。久负雄心上战场，棘闱辛苦又须尝。披图悉具飞鸣意，艳羡秋风六翼张。

◎ 金缕曲

赫赫浑如在[(1)]，把当时须眉剑戟[(2)]，一齐都绘。想象凌烟高阁里，百战勋名无盖[(3)]，诚不异风云际会[(4)]。燕颔虎头瞻色相，问品题可许骊黄外[(5)]。年年画，鸿沟界[(6)]。旌旗变色登坛拜，逞英雄威棱远属[(7)]，敌人噤龂[(8)]。挂印封侯秋亦梦，食禄肯忘忠爱[(9)]。具敌国，长城气概，我愿差强君领取[(10)]，保山如砺，更河如带[(11)]，披数叶，一樽酹[(12)]。

（清秦子惠《功虫录》）

【注释】

(1)赫赫：鲜明的样子。浑如在：就好像还在眼前一样。(2)须眉剑戟：指蟋蟀的形色与英雄气概。(3)无盖：没有谁能超过。(4)风云际会：指遇到好的时机。(5)品题：品位，等级。许：称许，赞许。(6)这两句是指年年都要进行蟋蟀的比斗。(7)威棱远属：名声威势传播很远。(8)噤龂：切齿，仇恨。(9)食禄：指拿国家的奉禄。忠爱：忠君爱国之心。(10)差强：比较地。领取：受取，接受。(11)这两句是由成语“砺山带河”变化而来的，意指江山永固。(12)一樽酹：以酒洒地祭祀。

◎ 斗蟋蟀赋（清·吴绮）

露老[1]梧桐之月，云深酒色之天[2]。五雉翻盆，卢看掷帽[3]。双犀出堑[4]，马笑投钱[5]。刘寄奴之豪情未已[6]，贾秋壑之逸兴重骞[7]。爰征威于羽国[8]，遂选勇于虫兵[9]。黄金铸秤，紫玉雕罂[10]。既曹分其种色[11]，次部伍其重轻[12]。弱足之与强头[13]，谱前论系[14]；一青之及五白[15]，删外存经[16]。于是此号蜘蛛，彼夸蝴蝶。翅翅梅花，腰腰薤叶[17]。气一鼓而不衰，勇三登而未竭[18]。其未合也，如木鸡之不见[19]；其既斗也，俨铁骑之相接[20]。尔乃金字琵琶，香称狮子。戴我头来，饱卿拳矣[21]。或始伏而终搏，或初生而后死。淮阴之渡齐水[22]，轻骑潜行；钜鹿之斗秦军[23]，呼声乱起。义戟银须，怒铦铁齿[24]。必甘心于乱人，将报声于知己[25]。若夫巧在伐谋[26]，斗非专力；见垒满而气生[27]，听毂鸣而义激[28]。笑薄技于螳川[29]，羞覆师于蚁国[30]。宜乎博纵千金[31]，采陈双璧[32]。出垒升场[33]，寒敌军之心胆；收缶论功[34]，飨主人之梨栗也[35]。

【注释】

(1)露老：指露水很浓。(2)酒色之天：阴天。(3)此二句说的是古代的一种博戏。其法：五枚骰子，上黑下白，黑者刻二为犊，白者刻二为雉，掷之全黑为卢，二雉三黑为雉，最为贵采。掷帽：形容赌博时忘乎所以。典出《世说新语》，谓东晋袁耽字彦道，有异才，曾变服怀布帽，随桓温戏赌。赌者不识，袁取怀中帽掷对人曰：“汝竟识袁彦道不?”(4)此句以双犀喻指相斗的蟋蟀。出堑，出阵迎敌。(5)马笑：应为“马筊”，古代的一种博戏用具。(6)刘寄奴：南朝宋高祖刘裕的小名。(7)逸兴：雅兴。重骞：重现。(8)征威：扬威。羽国：指有翅的昆虫。(9)选勇：选拔

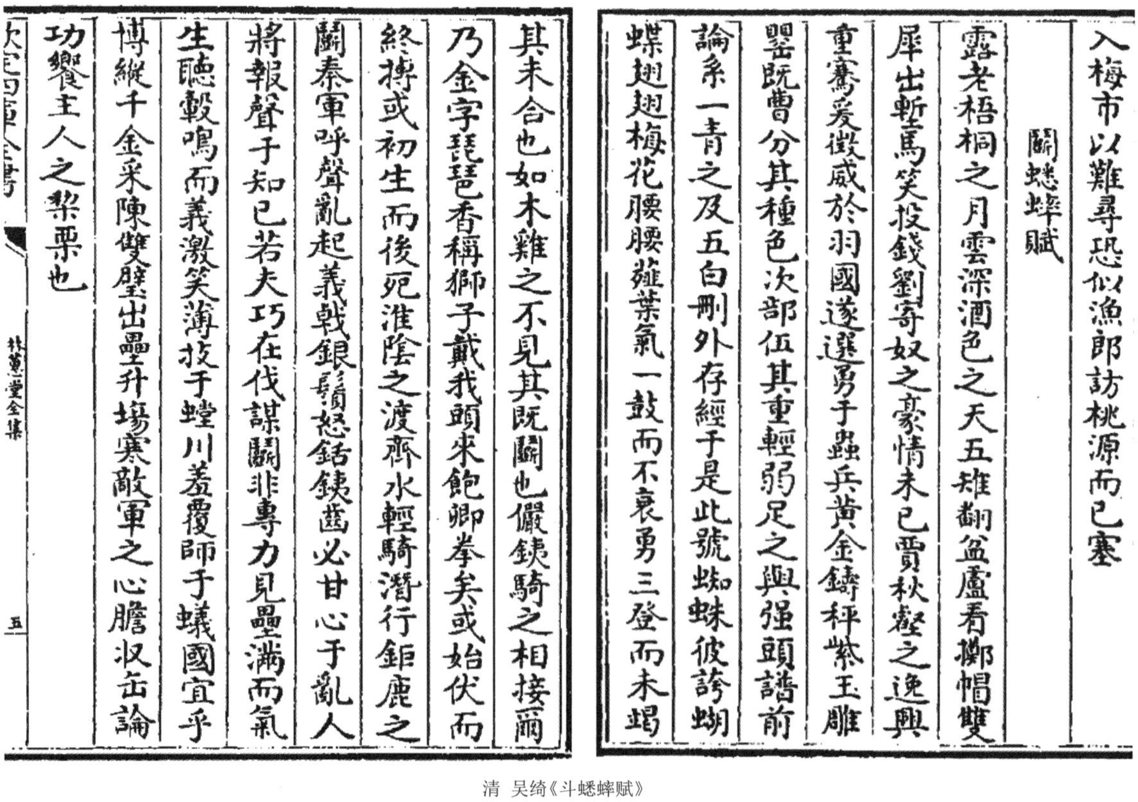
入梅市以難尋恐似漁郎訪桃源而已塞
鬬蟋蟀賦
露老梧桐之月雲深酒色之天五雉翻盆盧看擲帽雙犀出塹馬笑投錢劉寄奴之豪情未已賈秋壑之逸興重騫爰徵威於羽國遂選勇于蟲兵黃金鑄秤紫玉雕罌既曹分其種色次部伍其重輕弱足之與强頭譜前論系一青之及五白刪外存經于是此號蜘蛛彼誇蝴蝶翅翅梅花腰腰薤葉氣一鼓而不衰勇三登而未竭其未合也如木雞之不見其既鬬也儼鐵騎之相接爾乃金字琵琶香稱獅子戴我頭來飽卿拳矣或始伏而終搏或初生而後死淮陰之渡齊水輕騎潛行鉅鹿之鬬秦軍呼聲亂起義戟銀鬚怒銛鐵齒必甘心于亂人將報聲于知己若夫巧在伐謀鬬非專力見壘滿而氣生聽轂鳴而義激笑薄技于螳川羞覆師于蟻國宜乎博縱千金采陳雙璧出壘升場寒敵軍之心膽收缶論功饗主人之梨栗也
林蕙堂全集 五

清 吴绮《斗蟋蟀赋》

将勇。(10)罂：本指一种大肚小口的陶质容器。这里是指蟋蟀罐。(11)曹分：分类。种色：品种。(12)部伍：部署。重轻：此处是指蟋蟀战斗力的强弱。(13)弱足、强头：指弱虫与强虫。(14)这一句是说蟋蟀谱上都有记载的论述。(15)一青、五白：泛指青虫和白虫。(16)删：应为“栅”之误。栅，斗栅。详见前注。(17)这几句说的都是蟋蟀的各个品种。详见有关内容。(18)勇：指勇气、斗志。三登：三进斗场。(19)木鸡：木刻之鸡。不见：没看见对手。此云呆若木鸡。(20)铁骑：本指披甲之马或骑兵，这里是喻指蟋蟀。相接：相斗。(21)此处是描写两虫相斗的激烈情景，犹俗云你一拳我一脚，你打我的头，我让你吃拳头之意。(22)淮阴：指汉代淮阴侯韩信。齐水：齐国的河。韩信曾带军进攻齐国。(23)钜鹿 地名，在河北省。项羽曾引军在此大破秦军。(24)怒铦 铦，古代的一种锐器。(25)报声：指蟋蟀斗胜后鸣叫，似向主人报捷。(26)伐谋：破坏敌人的计划。(27)垒满：垒指敌方的堡垒。满，多也。气生：产生勇气。(28)毂鸣：指兵车的轮子转动声。义激：激起义愤。(29)薄技：劣技。此句的意思是说螳螂之技与蟋蟀比起来相形见绌。(30)覆师：失败。(31)此云斗蟋蟀时以千金为注。(32)采：斗彩。双璧：喻指彩金之贵重。(33)升场：指上斗场。(34)收缶：收拾起蟋蟀罐来。指斗局结束。(35)梨栗：指蟋蟀的饲料。

◎ 陈鉴斗蟋蟀赋

闭隐先生曰：吾亦从吾所好也[1]。吾好伊何[2]？小物孔多[3]。世之所弃，吾之所摩[4]。则蟋蟀之斗，亦其一矣，其获而陈之也[5]。

形状错殊[6]，色理分煜[7]。有山其头[8]，有火其目；有龟其背，有蟹其足。或绣其肩，或蟠其腹[9]；或戟其须，或突其角；或虎其项，或鳌其躅[10]。或钳如戈铤[11]，或齿如箭镞[12]。或翅如银丝，或点如金粟。或喷留如丁[13]，或摘划如槊[14]。或虿尾如刺[15]，或猬毛如缩。或豺豻其吞[16]，或豸豹其蹴[17]。或长吟如歌，或唧咻如哭。甲甲累累[18]，未能更仆其爱而登之也[19]。

饰而供具，选而胎胚[20]。拟琉璃以为盆，象湘筠以为笥[21]。窍暖玉以为窝[22]，雕白石以为池。投以茭芦之菹[23]，侑以蟹鳜之脔[24]。啖以苍蝇之血[25]，饵以参苓之滋[26]。饲之孔勤，调之无倦。髀膂偾盈[27]，筋骸强健。踊跃攫拿[28]，虓虎堪战[29]。若操戈矛而欲试，听鼓鼙而两军垒以相见也[30]。

（清赠怡馆增订《王孙鉴》）

【注释】

(1)从：顺从，顺其自然。好：爱好。(2)伊何：是什么呢？(3)孔多：很多。孔，很。(4)摩：摩挲，玩赏。(5)陈：陈述。(6)错殊：不同。(7)色理：指颜色和纹理。分煜：区别。(8)山其头：头长得像山，即高耸凸起。下面的“火其目”“龟其背”都是这种句式，意即“像……一样”。(9)蟠：指蟠虬。(10)躅：指蟋蟀的腿。(11)戈铤：矛之类武器。(12)箭镞：箭头。(13)喷留：指斗口技巧。留，同镏，杀也。(14)摘划：指腿部技巧。(15)虿尾：犹云毒尾。尾指尾须。(16)此句意为吃起食来狼吞虎咽。(17)蹴：本指足迹，这里应是行走之意。(18)甲甲累累：劳累昏沉貌。(19)更仆其爱：改变我的爱好。仆，谦称，我。(20)这两句意为初选出可养的蟋蟀，悉心培养。

(21)湘筠：湘竹。笥：指养斗蟋蟀用的竹筒、斗栅等竹质虫具。(22)窍：挖，雕琢。(23)这一句说的是供给蟋蟀茭白等饲料。(24)侑：劝。胔：本指腐肉，此处即指肉。(25)啖：吃。这里意为喂给。(26)饵：喂给。滋：营养。(27)髀膂：指蟋蟀的腿足。偾盈：健壮。(28)攫拿：争夺，争斗。(29)虓虎：咆哮的虎。虓：怒吼。堪战：指此虫可以参加比斗。(30)鼓鼙：军鼓。古代打仗时用鼓声指挥进退。

石莲先生印光，长白人，忠正端介，光明磊落。好读书史，喜谈古今。少困文闱，乃由国子监教习，历任工部员外郎。任张城、沈阳时，俱有政绩。后升都察院御史一等记名，放甘肃平凉府守护，理平庆泾道篆。通晓清文，长于诗律，有著《书春堂诗集》。平生善相蟋蟀，深得其精微秘旨，为同人中所共慕焉。

◎ 斗蟋蟀赋（清•杨蕴山）

秋清削玉[1]，漏永滴铜[2]。遥遥者夜，唧唧者虫。循阶咽露[3]，附草号风[4]。金天铸股[5]，白帝点瞳[6]。得时作气[7]，应候奋雄[8]。聿警良士[9]，乃罹狡童[10]。少年三五，伴侣十百[11]。僻径潜形[12]，颓垣拨砾[13]。鞠躬蛇行，屏气龟息。寻声盲赴[14]，应响蕲得[15]。穴灌珠喷，灯篝星摘。螯啮流丹，爬挲渍墨[16]。掩捕智穷[17]，叫呶欢极[18]。无任跷跳，无伤胫翼[19]。相协厥经[20]，斗维入格。乃龛伊居[21]，陶器必良。时其饮食，峙乃粮粱[22]。木鸡宁静[23]，霜隼翱翔[24]。

近代文人斗蟋蟀

【注释】

(1)秋清：指秋天天高气清。削玉：碎玉。此以玉色喻秋气。(2)漏：即滴漏，古代计时器。滴铜：指漏中的水滴到下面的铜盆里。(3)循阶：围着台阶。咽露：在寒露中呜咽。(4)附草：趴在草上。号风：在寒风中呼号。(5)金天：秋天。(6)白帝：五天帝之一，即少昊。又蛇神亦称白帝。(7)作气：振奋勇气。(8)奋雄：与“作气”意同。(9)聿警：即警醒。良士：贤良之士。(10)罹：遭难。狡童：这里是指捕捉蟋蟀的小儿。(11)这两句是写小儿们三五成群，结伴捉虫。(12)僻径：偏僻的小路。潜形：藏起自己的身影。(13)拨砾：拨动碎瓦片（寻找蟋蟀）。(14)盲赴：意思是估摸着大体方向而奔去。(15)蕲得：指找到了蟋蟀洞。蕲，求也。(16)渍墨：指在地上爬来爬去，弄得满身脏污。(17)掩捕：即捕捉。智穷：用尽各种办法。(18)这句是说捕到后高兴地叫起来。(19)这两句说的是不要让虫跳跃，以免伤了它的腿足和翅膀。(20)相：观察。协：指与蟋蟀谱上的描述相符合。厥经：指蟋蟀谱。(21)龛：本义容纳，这里指把虫放进盆中。伊居：它的居处，指蟋蟀盆。(22)峙：储备。粮粱：指蟋蟀的饲料。(23)这一句意为经过调理的蟋蟀十分镇定，这是驯养成熟的表现。(24)此句云斗性强烈。

曲跃三百[1]，分曹两行。左右殊袒[2]，东西列场。双旌标竖[3]，一秤评量。铢黍维称[4]，矫健悉当。天鹅叫音[5]，朱雀开桁[6]。料敌遣将，决机捕亡。逡巡设饵[7]，邂逅试尝。锐锋交虾，巨斧劈螳。老拳既饱，毒手斯强。一掣三鍪[8]，三夺槊枪[9]。乃挥羽扇，暂据胡床[10]。逾时苏喘[11]，少选复斗。再杀一围，三惊一走。气盛投戈，兴酣免胄[12]。毋失交臂，谁甘授首[13]。半死半生，狂嘶哀吼。响落伤禽[14]，追穷困兽。进怯登场，避维由窦[15]。始夸劲敌，终北死寇[16]。宁非战罪，殆不可复。捷旌摇摇，胜鼓咚咚。

【注 释】

(1)曲跃：跳跃，表示勇厉的气概。语出《左传》："曲跃三百，曲踊三百。"(2)殊袒：超群，突出。(3)意即双方竖起战旗，战斗就要开始。(4)铢黍：指重量甚微小。这句是说即使大小相差很少，也要说清楚。(5)叫音：鸣叫。喻蟋蟀见到敌虫开始鸣叫。(6)朱雀：二十八宿中的南方七宿连起来像鸟形，称为朱雀。另古代战斗中布阵的军旗，前方的画朱雀。开桁：桁本指古代刑具，这里以开桁喻蟋蟀张开双翅。(7)设饵：诱敌上当。(8)掣：牵制。鍪：头盔。(9)槊枪：矛一类武器。(10)据：坐。胡床：一种可以折叠的轻便坐具，亦称交椅。(11)逾时：过一会儿。苏喘：经过休息而恢复体力。(12)这两句是以拟人的手法，谓双方杀得兴起，干脆扔掉了武器和盔甲，赤手空拳干了起来。(13)授首：投降或失败。(14)响落：响指古代用来捕鸟的鸣镝。这句是说随着响声一落，飞鸟被打中了。(15)此云恨不得要到地洞里躲起来。窦：地穴。(16)北：败北。死寇：以死相拼之敌。

猥以千金[1]，决之二虫。胜固可喜，败亦无讧[2]。败实有失，胜则何功。业荒于嬉，事败乃公。选唯三品[3]，储必千笼。产因地异[4]，秋至风同。博弈犹贤[5]，游惰实丛[6]。不峻秦法[7]，其如吴侬[8]。粤若稽古[9]，实始天宝[10]。妖姬秘乐[11]，静女呈巧[12]。金笼贮密，玉粒饥疗[13]。右相持筹[14]，诸王角道[15]。宫庭亵武[16]，渔阳是兆[17]。谁其嗣者[18]，曰贾平章。秋壑无事，半闲有堂。宠娥据地，狎客戏旁。黄龙战歇[19]，紫蝍武扬。维君维相，流风孔长[21]；流风孔长，殷鉴孔光[21]。作之箴铭，好乐无荒[22]。

（清秦子惠《功虫录》）

【注 释】

(1)猥：堆积。这句是说把很多钱堆积起来，作为赌注。(2)这句意为斗败以后也没有引起不快。(3)三品：本指高官，此处喻指上等蟋蟀。(4)此谓不同的产地能出不同的品种。(5)博弈：赌博下棋。犹贤：尚有值得称道的。(6)游惰：指游手懒惰的习气。丛：滋生。(7)峻：严酷。秦法：泛指法律。(8)其如：对……有什么办法呢？吴侬：吴地人。连上句是说，既然没有禁止赌斗的规定，对吴人的赌斗蟋蟀又能怎样呢？(9)稽古：查考历史。(10)天宝：指唐天宝年间。(11)妖姬：这里是指唐宫中的宫女。秘乐：闺中之乐。(12)静女：闲静雅致之女。仍指宫女。(13)这两句是说把蟋蟀用金笼养起来，并喂给它精美的食物。(14)右相：官名。持筹：手执赌斗的筹码。(15)角道：即相斗。(16)亵武：指只知道斗蟋蟀，而荒疏了真正的军政大事。(17)渔阳：指唐代安禄山造反。历史上有人认为此事件的发生，是宫中玩乐造成的。兆：先兆。

(18)嗣者：继承者。(19)黄龙：及下句中的“紫蝍”都是指蟋蟀。另“黄龙”在此可能还有双关意。南宋大将岳飞率军抵御外族入侵，曾有“直抵黄龙府，与诸君痛饮尔”的豪言。此处以“黄龙战歇”谓贾似道不事抗敌。(20)此云斗蟋蟀之风流传日久。(21)殷鉴：指历史的教训。后人常以殷商的灭亡为教训，故称殷鉴。(22)好乐无荒：喜好玩乐，但不要过分。

蕴山先生名搢，字永叔。金匮人。笠湖先生第三子。有文名，兼精六法。十赴省试不遇，乃捐金为千夫长。生平历闽督公嗣曾、江西抚先福公、鄂抚汪勤僖新、楚督毕公秋帆、粤督百文敏龄幕府，司章奏，名重当时。所著有《双梧桐馆集》，计诗十卷，词五卷，《六义管窥》四卷，《斋居问答》二卷，《班史广义》二卷，杂体文三卷，共二十六卷。从外孙余一鳌藏有印本待梓，此赋杂体文中一篇也。时适印《功虫录》，江阴金丈桂生，以《双梧桐馆全集》自毗陵寄赠，阅《蟋蟀赋》，列之卷首以代序。末节好乐无荒，不忘箴戒。盖此原非君相所应从事者也。无闷道人、心禅居士皆公从外孙，并识。

古之赏功者，云台绘像，青史标名，使后之人，仰望其英姿，千百载流传为盛典，斯所以报之者至矣。其事至大，可以喻小。秋虫食米半粒，寄迹一盆，养之使斗，无不竭力奋勇向前，号虫将军，良有以也。偶僧自幼乐此不疲，数十年来结栅之虫，殆以百计。今择其优者，就其色相斗品，逐一表明，列为一册，曰《功虫录》，俾同好览之，眉飞色舞，如见其气概精神，是亦绘像标名之遗意也。

光绪十年岁次甲申嘉平月，无闷道人秦偶僧识。

第二卷 捕法

捕　　法

一、概　述

养蟋蟀，斗蟋蟀，首先要捉蟋蟀。虽然早在宋代的杭州城里就有四郊农民卖蟋蟀，但真正的蟋蟀玩家还是亲自去捉，而不是靠买。我们不知道唐代的宫女们用小金笼养的蟋蟀是捕来的还是买来的，但据推测，更可能是在宫内的草丛或墙缝里捉来的。因为宫女们闲中无事，捉蟋蟀本身也是一种休息和娱乐；何况并没有史料记载早在唐代就有人在长安城里卖蟋蟀。更主要的是，斗蟋蟀作为一种诱人的游戏，最后的输赢并不就是一切，捉蟋蟀给人的那份期盼、兴奋和冲动，是难以抵挡的。常听玩家们说，每当秋天来临，虫声唧唧，他们总是按捺不住激动的心情，就是有天大的事，也挡不住他们要去捉蟋蟀的决心。是的，这种心情在前人蟋蟀谱的字里行间，同样流露了出来，而且依然是那样鲜明和生动。像袁宏道所描写的每到七八月间，北京城里的男女老幼便齐到草丛破瓦之间，“侧耳往来，面貌兀兀，若有所失者”，就是一幅相当鲜明的画面。古代的各种蟋蟀谱里，也总是把捕捉蟋蟀作为玩斗蟋蟀的“入门”，介绍了不少捉蟋蟀的方法，可见捕捉蟋蟀对于玩斗蟋蟀很重要，也是一项“基本功”，要学好，练好，否则，一切便难以谈起。

前人已经为我们留下了许多宝贵的经验，而后人也在实践中不断积累，使捕捉蟋蟀的方法越来越多，也越来越巧妙。现在我们根据古谱的记载和今人的经验，将蟋蟀的捕捉方法作一总结，供玩家参考。

（一）工 具

有一套得心应手的捕捉工具，才能保证捕捉的速度和质量。蟋蟀的生长环境很复杂，树根草丛中，院角墙缝里，石堆瓦片下，山崖峭壁间，都可能成为蟋蟀的栖息之地，因此捕捉工具和捕捉方法都应该是多种多样的，以应付不同的环境。最常见的工具有以下几种。

1. 网罩

不论在何种情况下，要想把蟋蟀捉住，必须使它跳出洞外才行。蟋蟀出洞之后，便急速跳跃，欲图逃脱。蟋蟀跳得很快，要想徒手抓住它几乎是不可能的；即使偶然抓住，也会弄得面目全非，不是伤须，即是断腿，很难做到全须全尾。这时最适宜的工具就是网罩了。最常见的网罩是用粗一些的铁丝弯成一个带把的圆环，再用细铜丝在圆环上编织成下圆上尖的罩子。

这种铜罩的历史很长，早在明代的记载中就已经出现了。铜丝罩用长了明亮美观，也不会生锈，使用寿命很长。现在也有人用铁丝编成，这就大为逊色了。不过近几年出现的尼龙丝网罩倒可以算是“后起之秀”。它是用白色尼龙丝编成，架子上缠着红红绿绿的彩色塑料纸，不但看起来美观，而且结实轻便，具有很强的弹性，既便于携带，用起来也不易伤虫，所以极受玩虫者的欢迎。

《鼎新图像虫经》中的罩与筒

2．竹筒

竹筒是用来装蟋蟀的。为了增加竹筒的透气性能，古代还有人将竹筒的侧面镂空，只留下一条一条的棱，这样实际上就把筒变成了笼，所以古代称之为竹笼或过笼。古谱中常说捉蟋蟀的提着“竹筒、过笼”，这里所说的“过笼”实际上指的是这种镂空的竹筒，而不是放在罐里的陶质过笼。而这里所说的“竹筒”，又是指用来盛水的竹筒，并不是装蟋蟀的竹筒。这种古今区别我们要搞清。现在捕虫者所用的竹筒是竹竿截成的，长十厘米左右，粗细约两厘米，一头为竹节，另一头用纱布蒙住，透气性能很好。每筒里只装一只蟋蟀，也不会对虫造成伤损。

3．席篓

席篓

竹筒只能装一只蟋蟀，另外往里装的时候也颇麻烦。有人喜用一省事的办法，就是用一只芦苇篾子编的篓子作为盛蟋蟀的工具。以前也有人用一种柳条编的罐斗，不过此物现在已不多见了。这两种东西大小差不多，粗三四十厘米，高约五十厘米。篓或斗的口上还要缝一段布口袋，以便扎口。有的在布袋的口上再加一个铁皮围成的铁圈，这样往里装蟋蟀的时候就更方便了。捉蟋蟀的时候，手里提着篓子，并不太重，蟋蟀入罩后，只要拿起来往篓里一磕就行了；而往竹筒里装显然就要费事一些。

4．铁扦子

古代称这一工具叫“杏叶锹”，因为它的形状椭圆而带尖头，像杏叶一样，故有此名。

现在也有人称之为剜枪。扦子头是铁打制的，也有的打得较尖锐，后边安着一个一尺多长的木把。旧时省事的办法是利用红缨枪的铁头，这种枪头是用钢打成的，坚固锋利，安上把就能用。现在也有人用竹片削制，因陋就简，倒也不失为一种方法。铁扦子是用来挖洞的，因为有的蟋蟀躲在洞里不出来，要用铁扦子在洞旁扎下去，使劲摇动，洞里的蟋蟀感到身旁发生了“地震”，自然会跳出来，这时就可下罩捕捉了。

（二）时 间

1．节令

所谓时间有两层含义：一是指每年的时令；二是指具体的时间，是白天还是晚上。捕捉的时令，古谱上有云：“一交处暑便提笼，捉到深秋霜降终。”说得十分明白，就是从处暑开始，至霜降结束。也有的谱上说得较模糊，说是“秋七八月间”，这里说的当然是农历。总的来看，古今相差不大。但具体来说，南方与北方，这一年与那一年，也还是有差别的。因为捕捉时间说到底是由蟋蟀的生长发育情况决定的，我国幅员辽阔，南北气温有较大的差异自不必说；就是每年的气候，也因为气温的高低、天旱天涝的不同，导致蟋蟀的发育有早晚和强弱的差别。按照一般的规律，每年立秋时，蟋蟀的羽化已大部分完成，再留一段时间让它在自然界里生长，充分感受自然之气，弥补先天的某些不足。有人性急，刚到立秋，蟋蟀刚蜕最后一次皮，便急不可待动手捕捉，结果发现这种虫格斗时的相持能力差，而且很少能斗到结秋。原因不外乎发育不足，体质较弱。对此，从下面的论述中可以看出，前人还是有过经验教训的。到了处暑，蟋蟀的体质渐趋强健，心急如焚的蟋蟀玩家每年一次的“功课”也就正式开始了。持续到半月以后的白露，捕捉达到高潮。自古就有“白露前后出将军”的说法，既说明此时蟋蟀的羽化已基本完成，选择余地大，也说明这个时期蟋蟀的发育情况最好，能培养出很强的斗性来。古今的经验说明，从处暑至白露这一段，是捕捉蟋蟀的最佳时机。白露之后，气温逐渐下降，新蜕出的蟋蟀越来越少，体质也受到气候的影响，明显不如先出者。另外，蟋蟀为了躲进深洞里避寒，开始打洞，双牙用来掘土，不可避免地要受到损伤，再以之做战斗武器，显然会影响战绩，这也是不言而喻的。捕捉可以延续到白露后一周，再之后捕到的蟋蟀，一般来说就没有多少战斗力了。

2．时机

蟋蟀的捕捉白天和晚上都可以进行，以晚上捕者为多。白天气温较高时蟋蟀不叫，难以发现它的身影；气温不太高时，从中午到下午两三点的一段时间里，蟋蟀雄雌结铃，会发出叫声；阴天和下毛毛细雨的天气，蟋蟀全天都会鸣叫。蟋蟀鸣叫时自然可以循声而至，不叫时就只能根据大概的估计，用扦子到处翻找，等蟋蟀受惊跳出来，再行捕捉。相对来说，晚上捕捉较容易。晚上蟋蟀都在大声鸣叫，从夜色刚上到第二天的清晨，一直在叫个不停，所以这是捕蟋蟀的最好时机。蟋蟀在夜间不但鸣声响亮，而且每次鸣叫延续的时间很长，人们很容易搞清它的位置。

（三）地 点

蟋蟀斗性的强弱，除了品种遗传及饲养调养等因素外，与蟋蟀的栖息环境极有关系。因此古今玩家都很注意捕捉地点的选择，每到捕捉季节，甚至远赴数千里之外，风尘仆仆，不辞辛劳。从大的范围说，蟋蟀的产地自古就有南北之别，南方以苏杭一带为中心，北方以京津鲁为中心。这一点可以从下面的有关记载里看到。比如杭州的将台、白庙，常熟的顶山、周巷、过巷，北京的苏家坨，河北的易州、涞水，山东的宁津、济南、肥城等地，都是盛产将军的地方。但对于大多数玩家来说，不可能都远赴外地去捉虫，而只能在本地的有限范围内选择较好的地点。所以相对来说，这些地点的选择对大多数人来说更重要，更实用。

《三希堂画谱》蟋蟀图

按照前人的说法，捕捉蟋蟀要到“绿野草莱处”、“园圃垣墙中”及“丛草处，缺墙颓屋处，砖甓土石堆垒处”，也就是草丛里、瓜果菜蔬地里、断墙破壁中及土堆石堆里。这只是泛泛之谈，并不意味着这些地方就能出好虫。因为根据古人的经验，生于“草土中则软”，“浅草薄泥，其色黑白”，这样的蟋蟀显然算不上什么好品种。不过瓜果地里及墙缝中，古今玩家都认为能够出好虫。瓜果地里菜蔬丰富，具备昆虫生长发育的各种营养，肯定有利于培养健壮的体质。现代的捕虫者当然早已不局限于瓜果地里，他们的足迹已遍布各种庄稼的地里。有经验者认为毛豆地易出佳品，而山芋地、菜地里则好虫极少。也有人认为施用农药化肥的地里及经常翻耕的地里也不易出好虫。道理很明显，农药和化肥对蟋蟀的生长发育不但会造成损害，甚至能致其死亡。翻耕过勤的田地除了对卵造成一定损失，也使成虫蟋蟀不能保持一个安定的生长环境。

古今玩家公认的最佳捕捉地点是墙根、石缝里、石板下、河岸水沟旁，以及野冢废庙里，这些地方最容易出将军。原因何在呢？前人并没有进行过认真探讨，今人也是说法各异。其实这些说法并没有必然性，只不过相对而言。一个明显的原因是这些地方人迹罕至，偶尔找到这种地方，总会感觉比那些捕虫者都去的地方更容易捕到好虫。实际上这不过是一种“感觉”，也许只不过是一种错觉。另外一个原因，据笔者揣测，可能这些地方生活环境相对来说要恶劣一些，而恶劣环境常能培养动物为生存而斗争的能力，性格往往非常凶猛。这就好比深山野林中的老虎，要比动物园里的老虎凶猛得多。

（四）方 法

1．辨声

这是捕捉蟋蟀的基本功，也是第一步。蟋蟀鸣声的辨别有两个作用：一是能分辨出蟋蟀的优劣，二是能找到蟋蟀的洞口。蟋蟀的好坏与双翅大有关系，对此前人有很多精辟的论述，我们可以在本书的相关章节里看到。如有的谱说“鸣声欲厚欲老欲急欲尖，早秋得此，均堪宝贵”，“尖圆之鸣，有沙声、绵声、绵夹沙声，皆为上品”等，直接从蟋蟀的鸣叫声中判断优劣。甚至还有人能从鸣声中判别蟋蟀的体色，如说青色虫鸣声较洪亮，黄色虫鸣声带金属之音，紫色虫鸣声嘶哑等。当然，这些古谱的记载或个人的经验很难说都是十分准确的，但对玩家肯定会有参考价值。比如早秋时鸣声低沉洪亮者一般体形较大，鸣声苍劲刚烈者斗性强，鸣声尖细低微者多是弱虫，晚秋时鸣声沙哑者多是老虫等，经世代玩家实践，可以说是应验不爽的。由鸣声再决定是否有捕捉的价值，这就省却了许多功夫。

辨声另外一个意思是由蟋蟀的鸣声确定它所在的准确位置。初学者捕蟋蟀，面对茫茫夜色中传来的阵阵虫鸣，可能茫然四顾而不知该从何处下手；就是说，他们不知道该捉哪一只，因为鸣声来自四面八方，很难分辨。但对内行人来说，这就根本不成其为问题。他们可以从万千的鸣声中确定自己的捕捉对象，并很快确定它所在的位置。你必须学会分辨声音的大小、高低、粗细、强弱，学会从这各种声部的“大合唱”中找出你想要的东西，并且紧紧地“盯”住它而不放。这是一种只有在实践中才能练出来的真功夫。

2．寻踪

当你辨清了鸣声，就要顺着声音传来的方向寻找洞口。如果蟋蟀在洞外鸣叫，一般来说确定它的位置比较容易。但若鸣声是从洞里发出来的，就比较麻烦。因为鸣声不是直接从所在的方向传出，而是经过洞口“收缩”了一下再扩散开来，没有经验者往往较难确定其远近，甚至弄不清鸣声究竟来自何方。这时就要耐下心来，仔细辨察。也许在你快接近洞口的时候，蟋蟀似乎突然间听到了什么，再也不叫了。这时你只能更加耐心，不顾蚊虫的叮咬，而别无他法。对于那些听觉尤其灵敏的“狡猾者”来说，你只能用这种“步步为营”的方法接近洞口。要注意举步轻捷，脚步太重会使蟋蟀受惊而停止鸣叫。古谱说：“侧耳徐行，一闻其声，轻身疾趋，声之所至，斯穴得矣。”所谓“轻身疾趋”就是要求脚步要轻，速度要快，以碎步前进。袁宏道曾形象地描绘捕虫者“一闻其声，踊跳疾趋，如馋猫见鼠”，可谓生动至极。据说高手捕捉蟋蟀，在十米开外听到鸣声，便可迅速确定洞之所在，大小不出碗口大的范围。

3．下罩

找到洞口之后，不要急于捉虫，应先审视洞口周围的地形，拦截其退路。因为蟋蟀筑穴，往往留有退路，就是说它的洞有两个出口。当它发现洞前出现敌情后，会从另一个洞口溜之大吉。另外蟋蟀还懂得用挖出来的细土堆在洞口，作为伪装。截住退路后，把罩子罩在前面的洞口上，在后面的洞口弄出动静来，它就会蹿出洞外，进入罩内。夜里捕捉的话，用手电对着洞口，利用蟋蟀的趋光习性，也可以把它引出来。若蟋蟀见光并不出洞，可用随身携带的芡草或掐一根细草棍伸入洞内，轻轻拨动，蟋蟀受惊，自会出洞。对那些拒不出洞的狡虫，可施用灌水法，或者用前面已提到的用铁扦子在洞旁制造“地震”，它无计可施，必然要出洞躲避，就会“自投罗网”。注意用罩时要稳、准、轻。就是不要毛手毛脚，要看准目标再下罩，并且要轻拿轻放，不可过于用力，以免损伤虫体甚至将其压死。

4．几种特殊捕法

古谱上还介绍过几种特殊情况下的捕捉法。一种情况是蟋蟀躲在墙壁的砖缝里不出来，用上述的几种方法都不能解决问题，又不能拆墙，这时可把炒熟的蚕豆嚼啐，放在蟋蟀盆里，夜里连盆放在洞口。夜间蟋蟀出来觅食，闻到蚕豆香味，就会主动进入盆内；当它见盆内很舒服，甚至不舍得离开，第二天就会唾手而得。其实不只用蚕豆，用有香味的水果也有很好的效果。我曾做过试验，确实很灵验。

另一种情况是悬崖峭壁上或深洞中的蟋蟀，人们难以靠近它的洞口，可用一只挖空的生梨，用线系住坠入深洞，或以长竿插住举至崖边，紧靠蟋蟀洞的洞口放好，蟋蟀闻到梨香，会自动进入空梨中，这时也就容易捉到了。

古代蟋蟀笼

二、捕 法 论

◎ 捕捉歌

一交处暑便提笼，捉到深秋霜降终。

白露以前捕三尾，到头瘪肚不伤雄。

◎ 捉促织法

凡捉促织，必将着竹筒、过笼[(1)]，初秋时于绿野草莱处求之[(2)]。中秋时须在园圃垣墙之中[(3)]，侧耳听其声音[(4)]，然后觅其门户[(5)]。果是促织所在，用手启其门户[(6)]，以尖草掭求其出[(7)]。若不肯出窝者，或将水灌于窝中[(8)]，跃出，然后纵目辨其雌雄好歹[(9)]。如果具足二尾[(10)]，上色体阔身全者[(11)]，急忙捕捉，收拾过笼之中。其余三尾残疾，不入色样者不取[(12)]。

（明本《鼎新图像虫经》）

【注 释】

(1)将着：提着，拿着。竹筒：有两种，一种是用来装蟋蟀用的竹管，大小不一，长者可达三十厘米，中间有闸门，可装数只蟋蟀；小者十厘米左右，一头开口，只装一只蟋蟀。有的还要在竹管上雕镂出花纹，既可通风透气，又可观察蟋蟀的大小。另一种竹筒要大得多，是用来提水的，下面说的用水灌在蟋蟀的洞里，就是用竹筒提来的水。过笼：本来是养蟋蟀的工具，不过这里的过笼似乎与现在的不同，是用来捉蟋蟀的。这种过笼不是两头开口，而是一头开口，一头堵死。20世纪60年代在镇江出土的三只宋代陶质过笼，其中有一只为长方形，一头开口，想来就是捉蟋蟀用的。(2)绿野：绿色的原野。初秋时捉蟋蟀，正值草木茂盛时，故曰绿野。草莱：杂草，引申为杂草丛生的荒芜之地。(3)园圃：种植瓜果菜蔬的菜园、果园、瓜地等。中秋时瓜果正熟，蟋蟀得到充足的食物和充分的营养，易出佳虫。垣墙：即墙院。

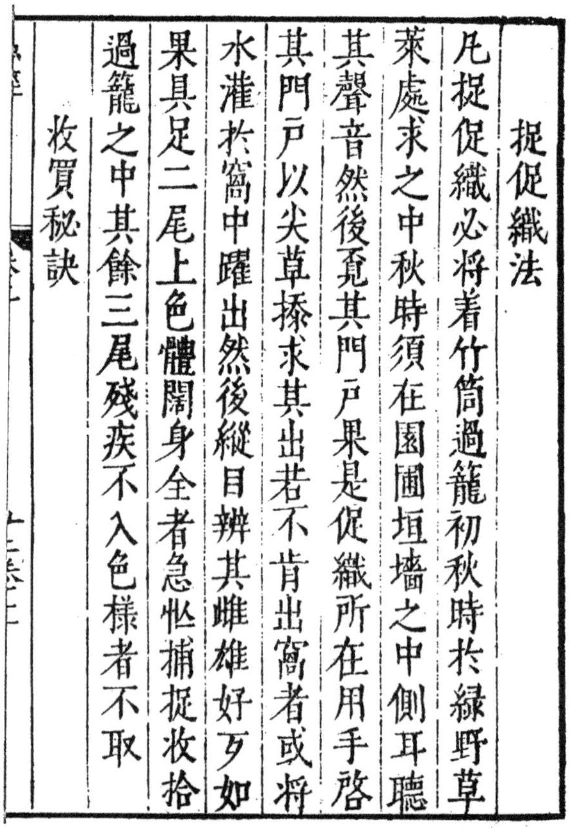
捉促織法
凡捉促織必将着竹筒過籠初秋時扵緑野草
萊處求之中秋時須在園圃垣墻之中側耳聽
其聲音然後覔其門戶果是促織所在用手啓
其門戶以尖草掭求其出若不肯出窩者或将
水灌扵窩中躍出然後縱目辨其雌雄好歹如
果具足二尾上色體闊身全者急忙捕捉收拾
過籠之中其餘三尾殘疾不入色樣者不取
收買秘訣

古谱中的捉促织法

《诗经》云“七月在野，八月在户”，中秋蟋蟀进入家庭院落，居于壁间，故宜在院墙的缝中寻找。(4)侧耳：倾听貌。这里是说捕捉蟋蟀先要仔细听其鸣叫，根据鸣声传来的方向确定蟋蟀所在的大体位置。(5)门户：指蟋蟀的洞口，顺着鸣声找到洞口。(6)启：开启，扒开。蟋蟀在地上挖洞，挖出的松土就堆在洞口，作为掩护。蟋蟀在砖石中作穴，亦往往在洞口有隐蔽物，故此处说要拨开这些隐蔽物，使洞口暴露，易于操作。(7)尖草：细草。蟋蟀居洞中，知洞口有人，便不再鸣叫，更不会自动跑出来，所以要用细草秆或草叶探入洞内，轻轻点拨。蟋蟀受到惊吓，就会一跃而出。(8)有的蟋蟀用草尖碰之仍然不出，甚至会钻进洞的深处，这时就要用灌水法。水入洞中，“水漫金山”，蟋蟀无处躲藏，只得跳出。然灌水不宜过多，以防将蟋蟀淹死。(9)纵目：放眼四望。辨其雌雄：蟋蟀居洞，往往雌雄成对。所以蟋蟀出洞后，首先要分清雌雄，捉雄虫，弃雌虫。好歹：好坏，蟋蟀的优劣。行家看虫，上眼望去，即可根据大小、体色，对其做出大体判断。稍有可取者再细察，不可取者则任其逃掉。(10)具足：指蟋蟀先天生长充足。二尾：指雄虫。(11)上色：体色上等者。身全：身体六肢健全而无残缺。(12)不入色样：指蟋蟀的体形体色不符合标准。

◎ 论畜

京师人至七八月[(1)]，家家皆养促织。余每至郊野[(2)]，见健夫小儿[(3)]，群聚草间，侧耳往来，面貌兀兀[(4)]，若有所失者[(5)]。至于溷厕污垣之中[(6)]，一闻其声，踊身疾趋，如馋猫见鼠。瓦盆泥罐，遍市井皆是[(7)]。不论老幼男女，皆引斗以为乐。

（明袁宏道《促织志》）

【注释】

(1)京师：指明代的北京。(2)郊野：郊外的田野。(3)健夫：壮健的成年人。(4)兀兀：专心致志的样子。(5)若有所失：好像丢失了什么东西。(6)溷厕污垣：厕所里及破墙乱瓦中。(7)市井：街道。

◎ 捕

秋七八月，游闲人提竹筒、过笼、铜丝罩[(1)]，诣丛草处，缺墙颓屋处，砖甓土石堆磊处[(2)]，侧听徐行，若有遗亡[(3)]。迹声所缕[(4)]，发而穴斯得[(5)]。乃掭以尖草，不出，灌以筒水，跃出矣。视其跃状而佳[(6)]，逐且捕之[(7)]。

（明刘侗《促织志》）

古谱中的小儿捕蟋蟀图

【注释】

(1)游闲人：游手好闲、不务正业的人。历来认为斗蟋蟀是玩物丧志的行为，只有富贵闲人才干。所以这里说捉蟋蟀的人是游闲人。铜丝罩：一种捕捉蟋蟀的工具，详见本书有关虫具的内容。(2)砖甓：砖瓦。甓，即瓦。(3)遗亡：丢失东西。这句是说就好像丢失了东西一样。(4)迹：顺着。绥：这里是传来之意。全句意为顺着蟋蟀的叫声所传来的方向。(5)发：即上面的拨开之意，指拨开洞口的隐蔽物。得：得到，找到。(6)跃状：跳跃的样子。这句是说在蟋蟀从洞里跳出来的一刹那，就要看出体色体形是否符合要求。(7)逐：追赶。这里指追赶蟋蟀。

凡砖石墙垣之下，不能拆动捉取者，用炒熟蚕豆[1]嚼碎，放于瓦窝[2]中，视其出入路径[3]安好。蛩于清夜必出窝觅食，闻香就食，见窝亦安逸，即自藏宿[4]。清晨取之，多捉着者。

凡老树根内同此法。如可移动不得出者，竟用水浸之，立出。

凡高阜岩穴之中[5]，上既不能下取，下又不能上求，须用生梨挖空[6]中间，或用索下坠[7]，或用脚支高[8]，合于蛩窝之际[9]。蛩于清夜出窝饮露觅食，得意长鸣。须候其鸣时已在所挖生梨内，急傍牢，或移高或移低，即可捉着。

（清赠怡馆增订《王孙鉴》）

民国年间北京街头的卖蟋蟀摊

【注释】

(1)熟蚕豆：蚕豆炒熟之后有香味，故用来引诱蟋蟀效果极好。(2)瓦窝：即陶质蟋蟀盆。(3)出入路径：蟋蟀进出洞时经过的路线。(4)藏宿：躲进瓦窝里住起来。(5)高阜：高不可及之处，如悬崖峭壁间。岩穴：山洞。(6)用生梨挖空：即把生梨中间挖空，使梨成为罐状物，以利蟋蟀钻到里面去。(7)索：细绳。此法是用细绳拴住空梨从悬崖的上方或山洞的洞口坠下去。(8)用脚支高：即用长竿绑成支架，把空梨插在支架的顶端。此法适用于从低处捕捉高处的蟋蟀。(9)合于：指把空梨对准蟋蟀洞的洞口。

蟋蟀以先后天俱足为最佳[(1)]。予历年从立秋至处暑后一礼拜，多方捕捉，提选品优者使斗[(2)]。上一册而赢[(3)]，上二册而亦赢，待至结秋（每年赛斗，以秋末为结局之期，故称结秋）则赢者皆输，何也？推原其故，蟋蟀自化生之后，历日无多，秋气未能受足，或谓出土较早，穴处未久[(4)]，难以耐劳，以致结秋不能临斗。此蟋蟀之后天未足，故有此患也。今之捕捉者，必从处暑后一礼拜举手，至白露后一礼拜遇雨截止。唯此两礼拜期内，蟋蟀之后天已足，捕之最为及时。如后天足矣，或仍有品优[(5)]，不能斗至结秋，此其故又何也？盖蟋蟀由他虫变化而成，如其虫非数年坚结之虫，则前身嫩，故变蟋蟀也亦嫩[(6)]。此系先天不足，虽得之亦复不能结打（赛斗之蛩，斗至秋末结局，仍能猛斗如前，故称结打）。此理非屡经试验，实不易辨。

（胡耀祖《蟋蟀试验录》）

【注释】

(1)先后天俱足：指蟋蟀的先天发育充足，后天饲养适当。(2)提选：即挑选，择取。(3)一册：册即“栅”，指以前作为斗盆使用的斗栅。一栅，一场。(4)穴处：在洞里居住。这一句是说蟋蟀在洞里待的时间太短。(5)品优：指蟋蟀的体形体色均为上等。(6)这几句是以唯心的“变虫”说来解释蟋蟀的先天，其实是不对的。先天是指蟋蟀出生前发育期的生长，而不是指它“前世”如何。

◎ 又

凡捉促织，待处暑后，将竹筒、手罩、杏叶锹等用具备齐，于绿野草莱中求之。中秋时在园圃墙垣之中，听其音声，寻得穴户所在，以尖草掭之。如掭不出，将水灌穴内，必跃出也。凡老树根中，亦有上下门户，察其径，探其穴路，取之可也。如砖石墙垣，既不能拆动，亦不能灌水，须用蚕豆嚼烂，放于瓦窝内，察其出入路径，夜中必出穴觅食，见窝亦逸，即自藏宿其间，晨取之必可得，毫不伤虫也。如在高阜岩穴之中，须用生梨挖空，用线系之坠下，支于穴口。虫于夜间出穴饮露，得意而鸣。听其鸣声在空梨中，捕之未有不得，其妙无比。

（石孙外子《蟋蟀谱》）

◎ 拣选法

拣选之法，以盆罐宽绰[1]为先。见有大码中码者[2]，辄提取而养于盆内，不论正色、杂色、顺色，且不论头项大小，后段圆尖，短腿花牙，均堪入选[3]。唯牙小者，最不相当。前贤《秋虫谱》，往往论色相而拣选之，此拘泥之见也[4]。一经试验，迄无实效。穷其究竟，蛩有真色相，人无真目力耳。然则拣选之法，必须在对敌之时[5]，取其重口[6]者为佳。盖重口云者，其口法有快利如刀之妙。精于拣选者，必不外乎是。

（胡耀祖《蟋蟀试验录》）

【注释】

(1)宽绰：这里不是宽敞之意，而是数量多的意思，即准备的蟋蟀盆越多越好。(2)大码中码：即俗云大号中号。指蟋蟀的体形大小。(3)以上几句说的意思与历来对蟋蟀的严格要求颇有不同，这里是说只要长得不是太小，不分体形体色，都可以先养起来，然后再慢慢细选。(4)这几句更是公开否认“前贤”的种种说法，认为那都是空洞的理论，实际上并不灵验。看来作者并不迷信前人的经验。(5)对敌之时：即在蟋蟀的格斗中。作者认为只有经过实际的格斗，才能真正分出优劣。(6)重口：即蟋蟀格斗时出口猛烈有力。

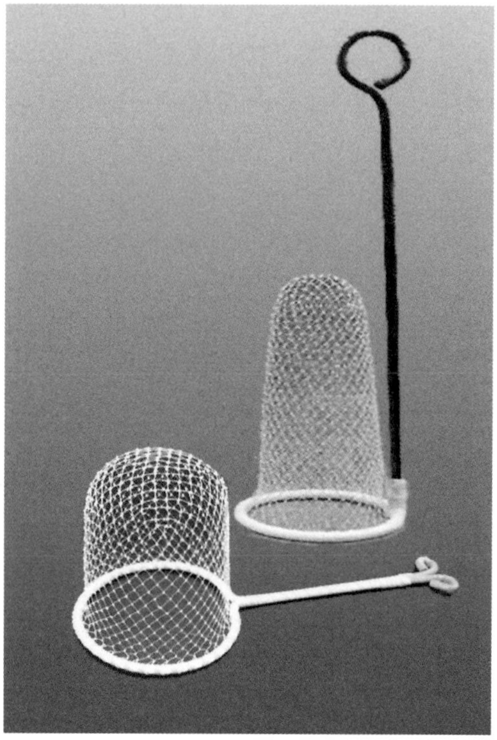

现代尼龙罩

三、产　地

◎ 产

永定门[1]外五里，禾黍薿薿然被野者[2]，胡家村。禾黍中荒寺数出[3]，坟兆万接[4]。所产促织，矜鸣善斗[5]，殊胜他产[6]。

（明刘侗《促织志》）

【注 释】

(1)永定门：地名，在北京。(2)禾黍：庄稼禾苗。薿薿然：生长茂盛的样子。被野：遍布田野。(3)荒寺：破败的庙宇。数出：犹云出现了好几个。(4)坟兆：指墓地。兆，本义是界线、界域，也指墓地。万接：一个接着一个，喻很多。(5)矜鸣：善鸣。矜，崇尚，好。(6)殊胜：远胜，远远超过。他产：指其他地方所产的蟋蟀。

◎ 地 道

尝谓东南之人性柔弱，西北之人性刚强。岂之人生厚于西北而薄于东南乎？非然也，地气使之然也。人固如是，物亦有之。是故居高者苦燥，居卑者苦湿。促织随时变化，其生也，或生于山麓[1]，或于水堤，或于颓墙墩壁之内，或于蓁莽荒秽之中[2]。败窑具纯阳之气[3]，古冢凝至阴之精[4]。高坡向日，其土长温；石涧流泉，其穴每冷。故身体之厚薄不同[5]，颜色之纯杂各异。性燥性缓，宜晒宜藏；顺其性以养之[6]，待其时以斗之：此兵法之所谓“养其性，蓄其勇”也。以之战斗，无有不胜者哉。附地所产[7]，头尖腿短，形色不称，秋前即生，好者百无一二。北山产者，多紫黑色，然性燥不能耐深秋。唯南山所产，头大腿长，色兼青紫，立秋后方生，深秋耐战，无论斯者。然往往有得于形色之外，如九方皋之相马者，其法存乎其人耳。

（清大绘阁《蟋蟀谱》）

【注 释】

(1)山麓：山坡，山脚下。(2)蓁莽：长满树丛荒草之地。荒秽：荒芜肮脏的地方。(3)败窑：指废弃的砖瓦窑。此处因经长年火烧，故十分干燥，所以说“具纯阳之气”。(4)古冢：古墓。习惯上认为坟墓里不见日光，阴森可怕，所以说“凝至阴之精”。(5)厚薄：指蟋蟀的体质有的柔弱，有的强健。(6)顺其性：按照蟋蟀本来的生活习性。(7)附地：同前文中的“伏地”，即本地也。

◎ 地域杂说

秋兴始于江浙，今则直隶[1]等处皆有之。地土之强弱，出处之优劣，不可不辨也。杭虫以将台、白石庙为沙虫[2]，所产多细种[3]，尾轻肉白，善斗能盘[4]。余如临平、长安所出[5]，亦称杭虫，殆不如远甚。苏省则以常熟虫为最盛[6]。常熟总名山虫，以顶山、周巷、过巷数里之内为最[7]。其次则大河、王庄，虽离山较远，其地土实强于他处。再次则大市桥、杨巷、小市桥一带。至如田庄及北路等处，则近潮地，不足取矣。

（清秦子惠《王孙经补遗》）

【注 释】

(1)直隶：本指河北省，这里主要是指北京。(2)杭虫：杭州所产的蟋蟀。沙虫：沙地里所产的蟋蟀。(3)细种：主要是指蟋蟀的肉质细嫩。(4)能盘：格斗能与敌虫周旋，坚持的时间长。(5)临平、长安：和前面的将台、白石庙都是杭州周围的地名。(6)苏省：即江苏省。常熟虫：常州所产的蟋蟀。(7)顶山、周巷等：和下面的大河、王庄、大市桥等都是常州附近的地名。

◎ 秋虫总论

虫生于山石土间者，性刚而力强；生于水边草际者，性柔而力弱：盖缘得气有阴阳之分也。北地土产者曰伏地虫，以西北路苏家坨[1]一带为最，土脉良佳，所产之虫皆色鲜皮艳肉细身强，每出斗虫。东路一带，俗呼之为垛货[2]，大半色黯皮糙，肉粗身笨，不出好口[3]。

是物在野地，七日搭一壳[4]，须四十九日，连搭七壳，始成全形，方能鼓翼而鸣。搭下之壳，随脱随吃，吃尽虫方有力，身亦雄壮。有谋利辈，俗名签子手[5]，未交秋之先，即下地搜罗大秧子。方搭过五壳六壳者，即捕来自养，加之混喂腥食[6]，脱出色更鲜艳。此为秧脱，又叫手里脱，皮色虽佳，软弱无力，须必细而冗，腿曲有血丝，容易辨也。

北地山虫，以易州、涞水地道为最[7]，颜色既润，皮肉亦细。山东虫推济南、肥城等处地产者佳，颇有大分量者，雄壮有余[8]；较比北地山虫，干练不足[9]。总言之，无论伏地、山虫，要拣精神光彩，身有骨力，头有麻路，皮整翅绉，头圆牙大，腿胯长健，颜色不杂不黯者购之，则无差谬也。

（清拙园老人《虫鱼雅集》）

【注 释】

(1)苏家坨：地名，在北京市西北数十里。清代至民国初年，是出名蟋蟀的地方。(2)垛货：犹云“大路货”。指虫不精。(3)好口：本指蟋蟀牙口好，泛指斗性强。(4)搭一壳：指蜕一次皮。(5)签子手：捕捉出售蟋蟀为生的人。(6)腥食：指动物性饲料。蟋蟀幼虫期所用荤食一般是羊肝。(7)易州、涞水：皆为河北省地名，现为易县、涞水县。如今的易县仍以出产秋虫闻名。(8)这两句主要是说山东所产的蟋蟀在体形和体力上占优势。(9)这两句是强调，与山东虫比较起来，北方虫长得更结实，动作更迅捷。

◎ 各郡产蛩志

各郡所产将军名色，不可不知。今略举其一二于后：

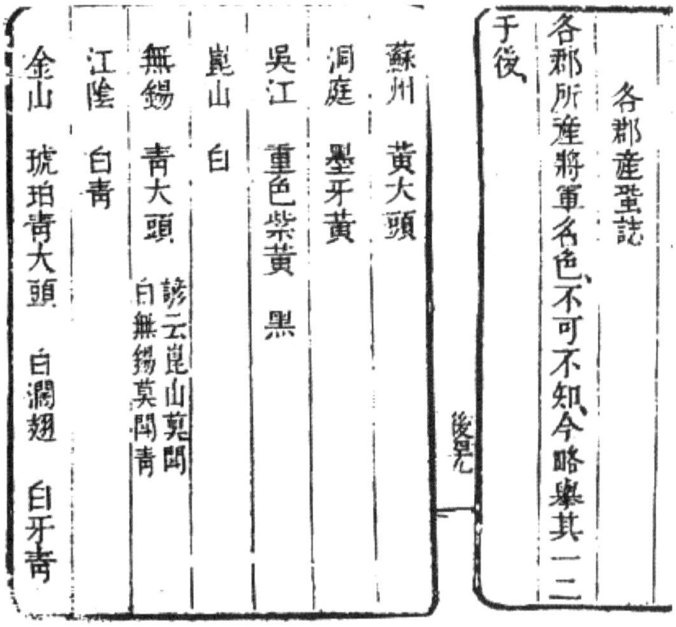
各郡產蛩誌

各郡所產將軍名色不可不知今略舉其一二于後

蘇州 黃大頭

洞庭 墨牙黃

吳江 重色紫黃 黑

崑山 白

無錫 青大頭 諺云崑山莫鬥白無錫莫鬥青

江陰 白青

金山 琥珀青大頭 白濶翅 白牙青

《功虫录》所载“各郡产蛩志”

杭州：砂黄墨牙、白砂青、铁色红钳、红钳蜜背、真乌青[1]

嘉兴[2]：白牙青

湖州：虾青、白虾青最良

海宁：哑紫、黑青

嘉善：黑黄、血牙青

平湖：白青

绍兴：黄麻头、白青

余杭：金青

昌化：墨牙青麻头、紫尖头

富阳：真红（即赤牙红）

德州[3]：墨牙黄

德清：墨牙黄、大青

宁阳：大青、黑牙青麻头、琥珀青、铁头青背、淡墨青、黑头金翅

苏州：黄大头、墨牙青、粉青玉牙、紫头金翅、淡青

洞庭[4]：墨牙黄

吴江：重色紫黄、黑

桐庐[5]：白尖翅、铜头铁背、蟹青

昆山：白

无锡：青大头（谚云：“昆山莫斗白，无锡莫斗青。”）

江阴：白青

金山[6]：琥珀青大头、白阔翅、白牙青

毗陵[7]：黑紫、黑青

宜兴：砂青

吴淞：黄砂紫、淡墨青

扬州：白头青背、油黄、淡青、麦牙青、紫金翅

保定：竹节须青头星头、真赤爪花三叉、大紫牙青、铁头青背、淡墨青

安徽：淡白墨牙、白黄墨牙、点子、真黄（产新安）、铜头点子（产新安，即月额，色黄者真。月额是将中之枭将。白色次之，又名星头。）

南京：墨黄、黄大头、麻头紫

西新[8]：红斑青（即红孩儿）[9]

西新塍镇，凡蛩身不拘何处，有朱砂红点者，即系真将军，如红孩儿是所产也。亦如南京楚黄山所出黄大头[10]，必是真将军耳。

康熙乙未年，西府红孩儿，系有红点在左翅上，大如麻，赤如朱，斗胜招庆寺僧白砂[11]，江浙疏服。

（清赠怡馆增订《王孙鉴》、石孙外子《蟋蟀谱》）

【注释】

(1)此处及以下的各种蟋蟀名目，详见本书有关蟋蟀品种的内容。(2)嘉兴：和下面的湖州、海宁……富阳，皆为浙江地名。(3)德州：和德清、宁阳为山东地名。(4)洞庭：即太湖，在江苏。下面的昆山、吴江、无锡、江阴、宜兴也都在江苏。(5)桐庐：地名，在浙江。(6)金山：和下面的吴淞都是上海地名。(7)毗陵：即武进，在江苏。(8)西新：地名，在江苏省昆山县。(9)红孩儿：应是一只红色蟋蟀的外号。(10)楚黄山：位于江汉平原与洞庭湖平原的交界处，袁宏道诗“江湖数片白，黄山一点青”指此。非安徽黄山。(11)招庆寺：寺名。

古代捕蟋蟀剜洞用的铁扦子

第三卷 养法

养　　法

一、概　述

蟋蟀最终取胜，靠的是什么？因素固然很多，但最重要的有两条，就是它本身的体质和饲养的情况如何。第一点的重要性我们可以在下文有关辨别和品种的内容中了解到，而蟋蟀的饲养方法在古谱的论述中也占着相当大的比例。玩家们有一句行话，叫“三分在种，七分在养”，基本上表现了蟋蟀的先天素质与后天饲养的关系。先天不足，即使后天饲养得再好，都不会使原有的斗性彻底改观；若先天条件很好，而后天饲养跟不上，就会造成不该有的损失。前人对蟋蟀的饲养十分重视，古代《促织歌》的第一句话就说“新虫调理要相当”。所谓“调理”包括饲养的各个方面，内容非常广泛，像喂食、饮水、沐浴、用盆、疗病、配雌等，凡是人们能想到的，几乎都概括了。看到这些，我们对古人照顾蟋蟀之周到，不能不表示惊讶！

前人对饲养蟋蟀不但全面细致，而且还十分讲究季节性，不同的节令有不同的饲养方法，对上述的各个方面都有不同的要求。各种古谱都毫无例外地把养法分为“早秋养法”“中秋养法”“晚秋养法”，现在看来这种分法并非多此一举，而是确实具有很强的科学性。决定这几种不同养法的内在原因，在于季节的变化及蟋蟀身体发育的阶段性。早秋蟋蟀刚刚由幼虫蜕化为成虫，身体的各部器官尚柔嫩，另外它刚从野地里入罐饲养，还需要一个适应的过程。再加上此时天气炎热，自然在饲养上要格外谨慎。而中秋蟋蟀已发育得相当成熟，并且早已适应了罐内的环境，情况就要好一些。晚秋蟋蟀快进入老年期，在食水温度方面出现的问题又要多一些。

对前人的经验加以总结，可以概括出如下几大方面的问题。

（一）喂　食

1．饲料

蟋蟀在昆虫学上属于杂性昆虫，既食植物性饲料，也食动物性饲料。但在野生环境里，食用植物性饲料的机会更多。在农业昆虫学中，蟋蟀是属于害虫的，它以植物尤其是以农作物的根、茎、叶、果实作为食物。它是否有能力捕食其他小昆虫呢？不得而知。但在人工饲养过程中，我们发现它也食用动物性饲料。在古谱中，这两类饲料都有记载。

植物性饲料计有：黄米饭、白米饭、栗子、菱角、羊眼豆、芝麻、茭白、生冬瓜瓤、瓜仁、椒叶、黄桑叶、纯粳米、蜂蜜、方蒂柿子、茯苓。

动物性饲料计有：蟹肉、鳗鱼肉、鳜鱼肉、芦根虫、麻根虫、胡刺母虫、断节虫、跳虾虫、蚊虫、扁担虫、草内蜘蛛、鸡鹅肉、蛴螬。这些尚不包括同时兼治各种病症的药物性饲料。

一般来说，大部分人认为早秋阶段以喂植物性饲料为主，过早喂动物性饲料会使蟋蟀衰老过速；动物性饲料只在晚秋时适当喂一些，因此时虫近衰老，体力下降，喂动物性饲料能增加蟋蟀体内的热量，延缓其寿命。也有人认为，黄米饭作为蟋蟀的常用饲料效果最好，不必喂其他东西，尤其忌喂那些油性太大的肉类。而按照现代玩家的经验，则以白米饭为最理想的饲料。

如果从科学的昆虫营养学的角度看，以上的几种看法可能都有偏颇。俗话说："麻雀虽小，五脏俱全。"蟋蟀虽为微物，它的身体发育所需要的营养却是多方面的，实际上与人类所需要的营养没有多少区别，只是要求不是那么严格罢了。像人类必需的碳水化合物、蛋白质、脂肪、维生素、无机盐和水，蟋蟀也是不可缺少的。如果缺少了某一部分营养，对虫体肯定不利。像传统上认为只喂黄米饭的饲养方法，对蟋蟀的体质就会产生不良影响。因为黄米饭虽然有充足的碳水化合物，但维生素含量不如各种水果和蔬菜，脂肪的含量不如肉类。所以古谱上说深秋蟋蟀应该多喂鱼蟹等动物性饲料，以增加虫体的热量，抵抗严寒，延缓寿命，是有道理的。当然，任何事情都不可走极端。本来是以植物性饲料为主的蟋蟀，如果反过来采用以动物性饲料为主的方法饲养，完全改变了它的生活习性，也会产生另外的副作用。将古代经验和现代科学结合起来看，蟋蟀的饲养应以植物性饲料为主，动物性饲料为辅；早秋多喂植物性饲料，少喂或不喂动物性饲料，晚秋则可多喂动物性饲料。同一类饲料也不可单一，应该经常调换，使蟋蟀对食物经常保持新鲜感，这样对它的身体发育是有好处的。

《诗经图谱》中的"唐风·蟋蟀"

2．准时

这也是喂养蟋蟀的一条重要原则。古谱上说"喂食有准""食不可忘"就是指的喂食要及时，也不可早晚错杂，饥饱不定。为何喂食要准时呢？其实道理很简单，这就与人每日三餐不可或缺一样，只有准时进食才可保证身体所需的营养得到及时补充，才能保持它的充沛体力和高昂的斗志。按照古谱上的说法，喂食的最佳时间是申时，即下午三点到五点之间。为什么一定是这个时间呢？换个其他固定的时间行不行？我想问题不会太大。有的古谱上所记的喂食时间是酉时，即晚上的五点至七点之间，可见还是可以有所变化的。当然，下午喂食自有其道理在。因为蟋蟀的格斗一般是在上午进行，格斗前要隔食，可在头天下午或晚上开始。时间太早对虫的体力有影响，太晚起不到减轻体重的效果。上午斗完后稍作休息，下午进食补其体力也比较及时。

3．食量

古谱上对蟋蟀进食的多少也有详细规定。早秋、中秋、晚秋，不但饲料有所不同，食量也有变化。刚从野地里捕来的蟋蟀，行家们喜欢先给它们进行一次“清肠”，就是用青叶菜、绿豆芽，或毛豆一类食物喂两三天，使其肚内的泥土排净，然后再以正常的饲料喂之。古谱上所记用以“清肠”的东西叫“白花草”，又称“旱莲草”。早秋应该喂多少呢？有的谱认为应以一粒半至两粒大米饭为宜，也有人认为可让其尽量多吃，以食饱为原则。因为虫在野外的食物毕竟不如主人为它准备的精美，此时多喂可使它尽快增强体质；而且此时离格斗尚早，并不担心它拖肚。但到了中秋，食量就要有所控制，每天只以一粒米饭喂之即可。此时蟋蟀的身体器官已经发育成熟，体质强壮，只需以一粒饭使其保持体力，不可徒增其体重。此时已进入格斗阶段，增加体重对比赛十分不利。晚秋时又有不同。此时蟋蟀战斗了大半生，行将衰老，食欲减少，体质下降，这时要注意的不是食量的多少，而是饲料要变成以动物性饲料为主。有人还认为同时要喂以水果，以防积食不化。

（二）饮 水

蟋蟀的饮水尤为重要。俗云：“食养更须水养。”蟋蟀为阴虫，终生喜在阴暗潮湿之处，对水一时也离不得。古谱说“水食调匀蛩堪旺”“水不可缺”，都是强调饮水对蟋蟀身体的重要性。有的行家甚至认为，一两天不喂食，问题并不算太大，但若一两天不进水，对蟋蟀的损害就大了，早秋天热时，说不定会干渴而死。这并不是虚妄之言。

蟋蟀水槽

蟋蟀的饮水，古谱强调应该是天落水，即雨水或河水，露水当然更好。这种天然水没有污染，没有异味，对虫体有利。古代的养虫家每年立秋前都要预先用大缸接下雨水，储存起来作为蟋蟀的饮用水，或用来涮罐。不过以现代的观点看，天然水也不见得就是那么纯净，因为空气污染早已成为世界性的公害，天上甚至会下来“酸雨”“黑雨”“黑雪”，哪里能保证是清洁的呢？所以现代的养虫者对古谱所论，还应该辩证地对待，因时制宜，不可盲从。除了这几种天然水，前人还发明了几种蟋蟀的营养饮料，可作今人参考。其配方稍有不同。一种是制首乌、炒五加皮、旱莲草、鲜猴姜、川断、牛膝各一两，甘草五钱，以清洁河水五十斤浸泡。然后以荷叶露（荷叶上的露水）掺半而成。这几种配料全为中药，有清热解毒、强筋壮骨之妙。

蟋蟀的饮水不是一天一次，而是要持续供给，并且要经常保持新鲜。古谱云“仍将宿水换新浆”，就是指每天都要及时为虫换水。早秋天热，水容易变质，每天要换三次新水，中秋一天换两次，晚秋一天一次即可。

（三）洗 浴

要培养蟋蟀的强壮体质和强烈斗性，除了在水食上十分讲究，还要做好它的清洁卫生工作。尤其是早秋时天气炎热，经常洗浴不但使虫体清洁，也是一种降温措施。新捕来的蟋蟀，入盆前都要逐个为它洗澡，去其体表的泥垢。另外据古谱介绍，新虫洗浴后有利于安定其性。以后每隔两三天就要进行一次，天气太热时甚至需每天都要洗一次。方法是，将净水储于稍大些的容器中，用手将水搅得旋转起来，将虫抛入水中，任其在水中挣扎跳跃，旋即捞起，将其身上的水晾干，再入盆中。也有人将虫放进网罩内，连网加虫一起浸入水中，随即提出，让虫在干毛巾上自爬。用水可以是河水或雨水，也有人用甘草泡制，待水泡至微黄，即可使用。注意不可让虫在水中待得过久，以免有所疏失。中秋蟋蟀洗浴后隔的时间可以长一些，而晚秋天气渐寒，为防蟋蟀受致病，可以不再洗浴，所谓“不宜频浴恐防伤”也。

（四）配 雌

各种古谱都把配雌作为饲养的一个重要环节。古人很早就发现了蟋蟀的“三拗”，即三种在他们看来是反常的行为，其中之一是“过蛋有力”，即交配后雄性蟋蟀斗起来会更厉害，不交配者反而不行。既然配雌与格斗能否取胜有如此之关系，玩家很自然地也就把配雌作为一个重要的饲养环节来对待。实践证明，即使其他环节都很好，配雌没做好，在格斗中也会功亏一篑。

前人不但注意到配雌的重要性，而且也积累起丰富的经验。比如配雌的时间、次数，对雌虫的要求及选择方法，对不贴雌的处理措施，等等。

（五）用 盆

蟋蟀用盆，三秋各有不同，这也是古谱反复强调的一个问题。蟋蟀的用盆与其对温度的要求是紧密联系在一起的，也可以简单地说用盆问题就是一个温度问题。蟋蟀饲养的温度要求总地来说是要适宜，包括两个方面，即早秋的降温和晚秋的保温。早秋天热时，谱云“盆宜古大”“盆窝要凉”。历代玩家都明白一个道理，即早秋用盆，盆越古越好，越宽大深厚越好。古盆或高大深厚之盆，能隔住外界热气，使盆内保持一个潮湿阴凉的小气候。像明清古盆，就是在炎夏也有一股阴森清凉之气，蟋蟀置身其中，恍若世外桃源，自与新罐不同。为什么诸谱皆强调早秋不可使用新罐呢？因新罐刚出窑不久，本身燥热之气未除，隔热效果自然就差，而且有些新罐还带着浓烈的异味，难以使虫安神养性。蟋蟀在野外住在阴凉舒适的土穴中或墙缝里，吸吮着清新的大自然的气息，过着自由自在的日子。当它被人们捕来并禁锢起来后，只有创造与自然环境相近或更好的环境，才能使它顺利地发育生长，并培育出坚强的战斗力。可以说古旧大盆就能达到这个目的，而新盆则不行；不仅不行，甚至有可能对虫造成戕害。

除此，还有其他辅助措施。比如，早秋时要把罐置于阴凉潮湿和通风处，使罐保持在湿润的状态。若把盆放在干热之处，即使是古旧大盆，也还是很难使罐内保持阴凉。另外每天涮罐除了卫生，也改善了罐内湿度，并有利于降温。天热时可以涮罐两次，中秋和晚秋每天一次。

在没有陈旧盆的情况下，也可以对新盆加以处理再用来养虫。处理的方法有多种。一是将盆用开水煮过，再放在井底的泥中浸泡一两个月，捞出洗净，放在烈日下暴晒。也有的用绿茶煮。还有的直接把新盆埋入地下，等明年再用。这样做的目的都是为了消除新盆的碱性和干燥之气，增加它的湿度。

到了晚秋，情况正好相反，再用旧盆就显得温度太低了。古谱云“旧盆不用换新盆”，就是说要及时换新，新盆的保温效果好，这一点与旧盆是截然相反的。另外还有衬纸法，就是在盆内以纸衬贴，使虫不接触泥盆。天更冷的时候，古人发明了“吃汤法”，也就是利用热水为虫保温。其方法很巧妙，我们可以在以下的有关记述中看到。

古燕赵子玉盆（房胜利藏）

二、养法总论

◎ 促织歌

新虫调理要相当[(1)]，残暑盆窝须近凉[(2)]。渐到秋深畏风冷[(3)]，不宜频浴恐防伤[(4)]。养时盆罐须宽阔[(5)]，下食依时要审详[(6)]。水食调匀蛩必旺[(7)]，看时切莫对阳光[(8)]。水食并尽方堪斗[(9)]，不可伤饥患饱忙[(10)]。盆内土须蚯蚓粪[(11)]，相宜盖为按阴阳[(12)]。如此宿虫无垢色[(13)]，仍将宿水换新浆[(14)]。假若草叶供虫啮[(15)]，齿软仍知牙更僵[(16)]。过笼窝罐安排固[(17)]，行动提携总不妨[(18)]。酒后切忌将来看[(19)]，壮气冲伤走跳狂[(20)]。误放桔橙克食物[(21)]，食之虫腹反为殃[(22)]。安顿必须清净处[(23)]，油烟熏损不刚强[(24)]。过期未斗频频看[(25)]，仍复收拾用意藏[(26)]。倘或打食口齿慢[(27)]，必须医损按前方[(28)]。不察强弱当场斗[(29)]，必是遭输笑不良[(30)]。盖盆谨慎休留隙[(31)]，免使奔逃意下慌[(32)]。看取调养依斯谱[(33)]，虫体无伤齿更刚[(34)]。堪怜一种清幽物[(35)]，岁岁三秋声韵长[(36)]。

（明周履靖续增《促织经》）

【注 释】

(1)新虫：新从野外捕来的蟋蟀。新虫由野生突然变为人工畜养，环境大变，要使其顺利生长发育，尤要格外注意。调理：调养料理，包括蟋蟀的食、水、住、驯、医等各个方面。正文谈的就是这些内容。相当：相宜，适当。首句云新捕来的蟋蟀调养方法一定要正确。(2)残暑：将尽的暑气，指夏末秋初。唐白居易《曲江早秋》诗："早凉晴后至，残暑暝来散。"捕捉蟋蟀最早从处暑前后就已开始，此时天气尚热，暑气仍浓，因此需要首先注意为新虫降温。盆窝：指蟋蟀盆。蟋蟀野生时挖穴为窝，被捕来后以盆为窝，故谓之盆窝。近凉：靠近阴凉之处。指要把蟋蟀盆放在潮湿凉爽的地方。自然界的蟋蟀在地下挖洞居住，且较深，能避开地面上的暑气；而人工畜养则应将盆放在阴凉之处，这就相当

促織歌
新蟲調理要相當殘暑盆窩須近凉漸到秋深
畏風冷不宜頻浴恐防傷養時盆礶須寬闊下
食依時要審詳水食調勻蛩必旺看時切莫對
陽光水時併盡方堪鬪不可傷飢患飽怅盆内
土須蚯蚓糞相宜盖為按陰陽如此宿蟲無垢
色仍將宿水換新漿假如草葉供蟲嚙齒軟仍
知牙更僵過籠窩礶安排固行動提携總不妨
酒後切忌将來看壯氣冲傷走跳狂誤放橘橙
克食物食之蟲腹反為殃安頓必須清淨處油
烟熏損不剛强過期未鬪頻頻看仍復收拾用
意藏倘或打食口齒謾必須醫損按前方不察
强弱當場鬪必是遭輸笑不良盖盆謹慎休留
隙免使奔逃意下慌看取調養依斯譜蟲体無

周履靖续增《促织经》中的"促织歌"

于人工降温。(3)秋深：深秋，晚秋。此时天气渐凉，气温下降。蟋蟀害怕冷风吹之，故曰“畏风冷”。此时应注意采取保温措施。(4)频浴：频繁地为蟋蟀洗浴。防伤：防备为冷风所伤。早秋蟋蟀燥热易污，三五天一浴，一为卫生，二为降温。晚秋时水凉，频频洗浴，容易受凉致病。(5)宽阔：指蟋蟀盆宽大深厚。盆大有利于蟋蟀在其中活动，对生长亦有益；盆深厚则易保持相对恒定的温度，早秋防晒，晚秋保暖。(6)下食：给蟋蟀喂食。下，将食料放入罐中。依时：按时。蟋蟀饮食均要按时按顿，有规律，不可饥一顿饱一顿。审详：周密思考，慎重。此句强调喂食及时的重要性。(7)水食：蟋蟀的饮水及食料。调匀：调剂搭配适当。此云水食的多少均要适当，不是指将水、食混在一起饲喂。旺：指蟋蟀身体健壮，斗志旺盛。(8)看时：观察蟋蟀的时候。虫主饲养蟋蟀，要经常掀开盆盖看它的生长、活动情况，以随时掌握其体质及斗性状况。切莫：千万不要。对阳光：受到阳光的直接照射。此句强调掀盖看虫时，要在阴暗之所，不可放在阳光下，以免虫突然见光而受惊。(9)并尽：全都吃完。此句意为要将蟋蟀喂饱饮足。方堪斗：才能用来格斗。(10)伤饥：指蟋蟀吃不饱，气力不足。患饱：吃得太饱亦不利战斗，故曰“患”。此云蟋蟀太饥太饱，都对身体不利，更不宜匆忙让其上阵搏斗。(11)盆内土：即盆内泥底。蚯蚓粪：详见有关虫具的内容。(12)相宜盖：合适的盖。盖，蟋蟀罐的上盖。按阴阳：按照阴阳的原则配置蟋蟀罐盖。指要根据冷暖的季节变化配置厚薄不同的盖子。(13)宿虫：让虫住，养虫。宿，居住。垢色：污浊之色。指蟋蟀的体色。(14)宿水：隔夜之水。新浆：新水。此句说蟋蟀饮水，不可用过夜水，要换用新水。过夜水因虫在罐中活动，受到污染，饮之容易致病。(15)啮：咬。这里是指吃。(16)僵：僵硬。连上句意为不可把草叶作为蟋蟀饲料，以免咀嚼过于费力，使牙僵硬。(17)过笼：详见有关虫具的内容。安排固：安排放置停当。这一句是说过笼放在罐中，要放置牢靠，以免倾倒伤虫。(18)行动：走动。提携：指携带蟋蟀罐。(19)切忌：严禁，严防。将来：拿来。此句说酒后万不可看蟋蟀，以免酒味刺激蟋蟀，有伤斗性。(20)壮气：蟋蟀的豪气、斗性。冲伤：被（酒气）冲伤。走跳：走动。狂：狂躁不安。此句云蟋蟀闻到酒味后急速行走，似有狂态。(21)桔橙克食物：橘子和橙子异味甚大，误放入罐中，就会破坏蟋蟀的食欲，不再进食。克，相克。(22)为殃：遭殃，倒霉。(23)安顿：安放，放置。(24)油烟：油味和烟味。蟋蟀最忌异味，上面所说的酒、橘、橙及此处的油、烟诸味，皆为蟋蟀之大忌。熏损：被异味熏染而受病。刚强：健壮勇敢。(25)新捕来的蟋蟀体力尚弱，要经过一段时间的悉心饲养调理，培养斗性，才可开斗。“期”即指这一段时间的培养期。如过了此时尚未开斗，仍要继续细心调理。(26)仍复：仍然，重新。收拾：收起。用意：用心。藏：隐藏。这里是指细心照顾，不给外人观看。(27)倘或：如果，假若。打食：禽兽觅食曰打食。这里是指蟋蟀吃食。口齿慢：咀嚼进食缓慢。蟋蟀食欲不振，进食缓慢，是有病的表现。“慢”原作“谩”。(28)医损：治病疗伤。前方：指上面的药方。(29)不察：不看，看不出。强弱：蟋蟀战斗力的大小。此云蟋蟀相斗要知己知彼，大小相类者方可竞斗；若不分青红皂白，则难免斗败。(30)笑不良：被人耻笑自己的蟋蟀不怎么样。(31)此句告诫蟋蟀罐的盖子一定要盖严，不能透风透光。隙：缝隙。(32)奔逃：蟋蟀突然见光会乱窜乱跳，欲从亮光处逃出。(33)看取：照料。依斯谱：按照这本谱。(34)此句是说蟋蟀的战斗力会更强。(35)堪怜：值得爱。清幽物：高洁幽雅之物。指蟋蟀。(36)声韵长：鸣声响亮悠长。蟋蟀鸣声响亮是其斗性足的表现，故此句意指年年秋天都可以取胜。

◎ 养法十二条

盆须用古不须新(1)，盆热天炎色要昏(2)。养过重阳九月九，旧盆不用换新盆(3)。养到天寒霜降时，附子煎汤冷浴伊(4)。常把盆中围得密(5)，此时方用水窝儿(6)。下食须当过日中(7)，若还不准是场空(8)。水清无要如冰冷(9)，须要安些蜀地铜(10)。喂食还须只一件(11)，莫信旁人教你换。鸡豆菱肉尽非宜(12)，不及朝朝黄米饭(13)。

【注释】

(1)这是指早秋和中秋的用盆方法，盆越陈旧越好。(2)色要昏：体色变得昏暗无光。(3)这是晚秋的用盆方法。旧盆过于阴凉，晚秋再用已不适宜。在同样的外界环境下，新盆内的温度高于旧盆，故要换用新盆。(4)附子：中药名，其根形似乌头，附乌头而生者为附子，入药性热，有毒。煎汤：加水熬成汤。冷浴：待凉后为蟋蟀洗浴。伊：它。指蟋蟀。(5)围得密：用布将蟋蟀罐围严实，以防冷气侵入。(6)水窝儿：古代冬季养虫的一种保温方法。壶中灌以热水，以棉布覆之，置于箱中，再将蟋蟀罐放在壶的周围。壶中热水定时更换，热气散发，箱中温暖如春，可保罐中蟋蟀安全过冬。(7)过日中：午后，下午。这句是说下食的时间。(8)是场空：指前功尽弃。此句强调喂食准时的重要性。(9)此谓饮虫之水一要洁净，二不能太凉。(10)蜀地铜：蜀地所产之铜，可入药。(11)一件：尤需注意的一件事。(12)鸡豆：一种水生植物，又名芡，或名鸡头。其果实曰鸡豆，或曰芡实，可供食用或入药。民间养蟋蟀有用鸡豆为食料者。菱肉：菱角的肉质。菱，一种水生植物，其实有尖，弯如牛角，故俗称菱角。此名是说喂蟋蟀用鸡豆的菱肉都是不合适的。(13)不及：不如。朝朝：天天。黄米饭：小米饭。此句是说黄米饭乃蟋蟀的最佳饲料，宜长期使用。

古谱中的宋代平章盆

◎ 喂养诀法

初秋惧热(1)，盆窝要凉。秋深怕冷，风冷有伤。盆宜古大(2)，上食宜瓤(3)。喂食有准(4)，休对日光。水不可缺，食不可忘。蚯蚓之粪，土细性凉(5)。隔宿去垢(6)，须换水浆(7)。莫上草菜，齿软牙伤。腻水油饭，食之不祥。窝盖稳实(8)，携动无妨。酒后休玩，冲气颠狂(9)。养手大忌(10)，橘麝诸香。安顿之处，莫近油缸。比匣厨柜(11)，水香要防(12)。未斗之日，且须闭藏(13)。谨慎安置，免致逃亡(14)。秘密之论(15)，用意参详(16)。

（明本《鼎新图像虫经》）

【注释】

(1)惧热：初秋时蟋蟀怕热。(2)古大：指蟋蟀盆要陈旧且宽大。(3)上食：喂食。宜瓤：瓤应指瓜瓤之类，泛指较软的食物。(4)有准：指喂食要准时。(5)蟋蟀罐内砸底，确实有冬暖夏凉的作用。(6)隔宿：第二天。去垢：清除罐内的残食、虫粪等污物。(7)水浆：指蟋蟀的饮用水。(8)窝盖：蟋蟀罐的盖子。(9)冲气颠狂：指蟋蟀被酒气刺激而乱走乱跳。(10)养手：养蟋蟀的人，虫主。(11)比匣：指成对的梳妆盒一类的盒子。橱柜：即柜子。这里说的都是带有异香味的木质品。(12)水香：一种水中植物，又名泽兰，生湖中，花红白，有香味。然此处"水香"疑为"木香"之误刻。因前句说到的比匣橱柜，皆为木质器物。古代木质箱柜多以樟木、檀香木制成，皆有异香味道，故此句承上句谓要防止这些木头香气刺激蟋蟀。(13)闭藏：养在隐蔽安静的地方。(14)逃亡：逃跑。(15)秘密之论：指上述有关蟋蟀养法的论述。(16)用意：用心。参详：参酌详审。最后一句是说对上面所述的喂养方法，应该用心领会，用之于实践。

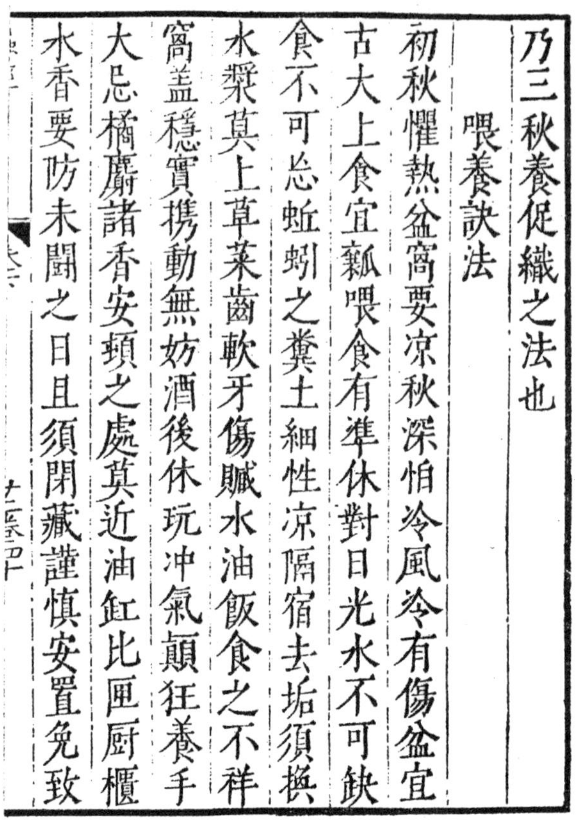
乃三秋養促織之法也

喂養訣法

初秋懼熱盆窩要凉秋深怕冷風冷有傷盆宜
古大上食宜瓤喂食有準休對日光水不可缺
食不可忽蚯蚓之糞土細性凉隔宿去垢須换
水漿莫上草菜齒軟牙傷贓水油飯食之不祥
窩盖穩實携動無妨酒後休玩冲氣顛狂養手
大忌檀麝諸香安頓之處莫近油缸比匣厨櫃
水香要防未鬪之日且須閑藏謹慎安置免致

明本《鼎新图像虫经》"喂养诀法"

◎ 蟋蟀箴

早秋怕热气[1]，盆窝要古器[2]。深秋怕冷风，浴水尤当避。卑湿不可安[3]，填盆土为利。休要露人目[4]，休要口味匮[5]。每早须细观，略以芡少试[6]。残食午必换，浑水朝必弃[7]。牙防坚硬物[8]，用纸脚花跛[9]。安顿避静所，油香橙桔忌。此箴传后人，参详须尽义[10]。

（清赠怡馆增订《王孙鉴》）

【注释】

(1)热气：即夏末秋初的灼热之气。(2)古器：还是前面说过的"古旧大盆"。(3)这句说的是不要把蟋蟀盆放在低洼潮湿的地方。(4)露人目：被别人看到。(5)口味匮：指蟋蟀的饲料要多样化，不要单一贫乏。匮，缺乏。(6)此句是说蟋蟀养过一段时间后，要用芡草略微引逗，以试其斗性如何，但不可多芡。(7)这两句强调蟋蟀罐里的残食剩水，都要及时清理出去。但时间稍有不同，中午清理残食，早晨倾倒剩水。(8)此句云要防备蟋蟀的双牙为硬物所伤，这就要在食料上注意。(9)这句的意思是若罐内以纸衬垫，会造成蟋蟀的爪花受伤。(10)须尽义：指要把上述的要义全部领会。

◎ 王孙歌

须光尾秃最堪伤，身大终须不当强[(1)]。二尾尖长如倒插[(2)]，闻名尽说两头枪。喂食还须要适中[(3)]，不依定是一场空。水清无垢食无缺[(4)]，始得三秋夺锦功[(5)]。呼雌之法君当记[(6)]，不贴雌时即换之[(7)]。一个不交重再换[(8)]，若呼长久大非宜[(9)]。五日方容斗一场[(10)]，若还频斗定牙伤。夜来不食因何事，伤损牙关食懒尝[(11)]。盆须用古不宜新[(12)]，天热盆新头便昏。养过重阳九月九，旧盆不用换新盆。天气初寒霜降时，附子煎汤冷浴之。宽大新盆绵纸裹[(13)]，又须换个木窝儿[(14)]。喂食不过只一件，莫信旁人多议论。鸡豆菱蟹与瓜仁，岂及清晨黄米饭[(15)]。把芡犹如船把舵[(16)]，舵若横时船损多[(17)]。下芡劈面扫将来[(18)]，胜似青天霹雳过。芡草要长杆要直[(19)]，蝇头染之并梨汁[(20)]。收时须在白露前[(21)]，价胜夜光珠一粒。比头比项比身材[(22)]，若欠厘毫定拆开[(23)]。尾短更兼须又秃，强将他斗莫担财[(24)]。临斗之时芡莫拖[(25)]，左盘右转虎离窝[(26)]。若然前后七八芡，频捻牙酸不可过[(27)]。虫儿奥妙莫胡猜，悲喜何人识得来[(28)]。不率旧章由己意[(29)]，斗时必定惹殃灾。遵此而行不受亏，为人识得自称魁[(30)]。果能仔细无些失[(31)]，交锋定胜带花回。

（清赠怡馆增订《王孙鉴》）

【注 释】

(1)这两句是说，如果蟋蟀的头须和尾须都光秃的话，即使体形很大，也很难在格斗中取胜。(2)二尾：指蟋蟀的两只尾须。如倒插：意为两只尾须十分坚硬，就像倒插在地上的两支枪一样。(3)适中：指蟋蟀的食量要适当，尤其不可喂得太多。(4)这一句是对蟋蟀在食、水和卫生三方面的要求，即水清，不缺食，罐内无污物。(5)夺锦功：犹如现在所说的“夺锦标”，即夺冠也。(6)呼雌之法：指与雄虫配雌的方法，这在养虫过程中是很重要的一环。(7)如果一只雌虫不与雄虫交配，则要另换一只雌虫。(8)交：交配。(9)此云雄虫呼雌太久而雌虫不贴，则使雄虫空劳其力，致损斗性。(10)指蟋蟀斗过之后，要起码过五天，方可再斗第二次；隔时太短，则虫体力不能恢复，难以取胜。(11)伤损牙关：蟋蟀在格斗中被敌虫咬伤牙齿，致难以进食。(12)此句以下是改写“养法十二条”而成。(13)此句说天冷以后要换用新盆，并且盆内要用纸衬起来，以增加保温效果。(14)木窝儿：古谱中数次出现“木窝”一词，可能系“水窝”之误，对此，将在下文有关内容里予以辨析。(15)岂及：哪里如，哪里赶得上。(16)此句强调使芡的重要性。船无舵难行，对蟋蟀使芡就如把舵一样。(17)船若横时：船在水中横行，必然倾覆。(18)这句是说迎面下芡，能使蟋蟀晕头转向，是为大忌。(19)芡草：指芡

出土的宋代过笼

杆的梢部，这部分才与蟋蟀的身体接触。杆则相当于毛笔的杆，是人手握的部分。(20)蝇头：古谱经常提到用蝇头血染芡草，可提高蟋蟀的斗性。(21)收时：指收取制作芡杆的原料（一种黄草）时。(22)此句是说蟋蟀格斗前的比对。比头的大小、项的宽窄、身材的长短。(23)若欠毫厘：指自己的虫比对方的虫小，或者重量轻。拆开：不与对方合斗。(24)莫担财：指难以靠这样的蟋蟀去取胜赢钱。(25)芡莫拖：不要对虫使芡太繁。(26)这一句是喻蟋蟀临斗前若使芡太多太重，便会失去战斗力。(27)因用芡太多，蟋蟀老是张齿相迎，所以会“牙酸”，这样它在正式进入战斗时已经无力迎敌。(28)这两句是说养斗蟋蟀要按照规律，不可主观臆想而为。(29)旧章：指前人谱中所论的经验。(30)称魁：称王，称冠。(31)无些失：没有一点失误。

◎ 千金诀

喂养蟋蟀，不比寻常。天有晴雨[(1)]，时有炎凉[(2)]。当晒则晒[(3)]，宜藏则藏。打扫净地，精洁书房。俗人勿入，鸡犬须防[(4)]。地无空隙[(5)]，可免逃亡。断绝酒气，并勿薰香。帘簿遮盖[(6)]，略透日光。日暮勤看，虫必跳梁[(7)]。误饲菜叶，致令牙僵。第一须尾，不可贼戕[(8)]。残疾之内，亦有精良。工夫有序[(9)]，不可乖张[(10)]。巳时换水[(11)]，申刻食尝[(12)]。虫有老嫩，概视为殃[(13)]。嫩虫见日，立见其伤[(14)]。热虫铃落[(15)]，身必有疮。加减三尾[(16)]，仔细提防。五色兼备，母之大王[(17)]。若放一处，断无吉祥[(18)]。金风涉涉[(19)]，白露瀼瀼[(20)]。喂养力足，色露有光[(21)]。然后排斗[(22)]，不致屈伤[(23)]。若犯十忌[(24)]，临敌彷徨[(25)]。运括击棒[(26)]，不必慌忙。跳出盆外，歇歇无妨[(27)]。天气太热，还宜风凉[(28)]。若称轻重，仔细来装[(29)]。依此方法，百无一伤。更有妙处，柔可转刚[(30)]。甚勿忽略，在于当场[(31)]。得胜之后，意气洋洋。再加细察，方保安康。千金妙诀[(32)]，慎勿传扬。

（清天绘阁《蟋蟀谱》）

【注释】

(1)晴雨：晴天和阴天。(2)炎凉：热天和冷天。上两句是说要根据天气的晴阴和冷热，在温度和湿度方面采取相对应的措施。(3)此句承上两句意为当天气过于潮湿时，要适当将罐晾晒一下，以驱潮气。(4)防止被鸡狗伤害。(5)地无空隙：指养蟋蟀的地方不要有洞或缝隙，以免蟋蟀意外逃跳时钻进洞里难以寻找。(6)帘簿：即帘子。簿，通“箔”，用芦苇等物编织的帘子。(7)跳梁：这里指跳跃。(8)贼戕：损伤。连上句是说头须和尾须十分重要，不可损伤。须尾，头须和尾须。(9)工夫：喂养调理蟋蟀的工夫，主要指程序。有序：有一定顺序。(10)乖张：违犯。(11)巳时：上午九点至十一点。(12)申刻：申时，下午三点到五点。(13)概视：没有区分地同等看待。这两句意为蟋蟀要分清老嫩，不可笼统视之。(14)立见：马上可以看到。(15)热虫：指前面已经提到的“红铃”，因其受湿热而致，故称热虫。(16)加减三尾：指蟋蟀要及时配雌或者分开。(17)这两句是说具备五色（青、黄、紫、白、黑）的雌虫，十分厉害，不可用它配雌，以免雄虫为其所伤。(18)这句的“断无吉祥”就是指雌虫伤害了雄虫。(19)涉涉：应为“瑟瑟”，指风声。(20)瀼瀼：露浓貌。(21)色露：指显出了真正的体色。行家认为蟋蟀经过一段时间的畜养，体色会起变化。有光：透出光泽。(22)排斗：这里指试斗。(23)屈伤：不该受伤而受伤。此句的意思主要是说平时调养不够，并非蟋蟀不行。(24)十忌：畜养蟋蟀的十种禁忌。详见下文有关内容。(25)彷徨：犹豫，惊慌。(26)运括击棒：指蟋蟀格斗的临场指挥。击棒，用芡杆敲击斗盆。详见有关芡法的内容。(27)这两句是说蟋蟀跳出盆外，不必惊慌失措，还要小心捉回。(28)风凉：指天热时要把蟋蟀盆放在通风的地方。(29)装：指将蟋蟀装进戥子的小桶里。(30)柔可转刚：战斗力可以由弱变强。(31)当场：指格斗时。(32)千金妙诀：喻指这里介绍的各种方法十分灵验，可作为畜养的秘方使用。

◎ 养促织诀

莫言促织无奇能[1]，养于须当要耐心[2]。缓揭自无疏失意[3]，争雄强斗不能赢[4]。交锋一日停三日，大斗须当过一旬[5]。主人若能依此诀，总逢敌手也难赢。

（清奎章阁《促织谱》）

【注释】

(1)奇能：奇特的才能。(2)养于：应为“养手”，即养虫的人。(3)缓揭：指要将蟋蟀调养充足，不要急忙出斗。(4)强斗：不该斗而斗。主要指出斗太早，或与强手对阵。(5)大斗：犹如大战，指格斗中用力太多。

◎ 调养吟

莫夸促织尽超群，调养功夫半在人。力健色全方可斗，牙强体足始能驯。交锋一日停三日，鏖战经时歇五晨[1]。胜后不劳常看觑，默藏慢斗转精神[2]。要知促织遇寒难，添换三雌水食安。天霁把盆临日照[3]，重阴需要上蒲团[4]。勤加草纸频围护[5]，勿使当风冷箭攒。君若依斯调养法，免教蛩命早摧残。

（清赠怡馆增订《王孙鉴》）

【注释】

(1)经时：指格斗的时间太长。(2)默藏：藏在安静之处。转精神：指蟋蟀的斗性恢复。(3)天霁：晴天。(4)蒲团：指草筐之类。此句云天冷时要将蟋蟀罐放在草筐里保暖。(5)此句所说即前文已提到的用草纸为蟋蟀罐衬里的方法。

◎ 收养并打总诀

早秋见头大脚长者便收，畜之空盆，放于阴凉洁净处，不宜常看，常看则色易老[(1)]。养十日后，方可仔细观之。当先下盆时，明标色样[(2)]，以昏变明亮者为上[(3)]，明亮变昏者无用。若油色光色[(4)]，又不足取。其麻路最忌曲斜，半橛而粗，其线额亦要细长端正，不喜弯曲；其尾丰尤须轻细白色[(5)]。用心调养，白露三四日并打[(6)]。若果是真青真黄入格好蛩，不宜早斗，直待深秋重阳前后，其口坚硬。勿于嫩时泛斗[(7)]，口糊牙损，诚可惜也。总要看色老嫩，色未长足，且未可斗。等待色浓，先定其大小相等，然后并打，不可多接[(8)]。故经曰："少年多夸躁，养手须知戒。若要稳稳赢，斗尽莫饶大[(9)]。"

（清赠怡馆增订《王孙鉴》）

【注 释】

(1)此句所说似乎并无科学根据。不过经常开盆，蟋蟀见光太多，会对其体色造成影响，变浓过速。这可能就是古人所说的"易老"。(2)色样：即每个蟋蟀的体色。这些都要在蟋蟀刚入盆时记录清楚，以作为以后的对照。(3)昏变明亮：刚捕来的蟋蟀体色较淡，也缺少光泽。但畜养一段时间后，就会逐渐明亮起来，这是一般规律。若由明变暗，则是逐渐衰老的表现。(4)油色光色：油腻之色。(5)尾丰：即尾须。(6)并打：合斗，相斗。(7)泛斗：乱斗。泛，这里是轻率之意。(8)接：接斗。(9)饶大：与体形比自己大的蟋蟀相斗。

古谱中的元至德盆

◎ 时序炎凉调养秘诀

此虫火则畏热，窠要清凉；凉则畏风，盆勿频掀。浴则有伤，可付水滩[(1)]。盆窠宜窄[(2)]，下食须悭[(3)]。食时有准，休对日光。水不可缺，斗不可慌。蚯蚓之粪，土按阴阳。出垢去腻，时换水浆。莫入草菜，齿软牙僵。窠儿坚固[(4)]，携动不妨。醉后休看，秽气中伤。酒香触犯，其虫必伤。养手大忌，橙桔茶香。安顿之处，宜避油烟。三回把看，万无一伤。上场敌斗，喝采连连。青蚨满袖[(5)]，喜气扬扬。

（清奎章阁《促织谱》）

【注释】

(1)水滩：水边。这两句含义似有矛盾，可能字句有误。(2)宜窄：指天冷时蟋蟀盆不宜用太大的。(3)悭：少。此句谓给蟋蟀下食，每次不要太多，以防肚腹过大。(4)窠儿：指蟋蟀盆。坚固：指蟋蟀盆的盖子及罐内的过笼、水盂等物，都要放置稳固，以免碰伤蟋蟀。(5)青蚨：本为昆虫名，后指钱。典见《搜神记》。

◎ 养虫要法

早秋须以古大凉盆养之，得之即不可斗争，恐其出世不久，元气未足故也。徐徐喂养，俟身口坚硬，颜色见出，方可合对。连斗三二个足矣，多斗则伤虫，中间致误豪杰，最可惜哉。中秋之虫，如人之中年，须用起落三尾(1)，不然则旦昼呼雌(2)，损伤元气也。深秋虫已衰老，人之暮年矣，须用熟羊眼豆、栗子肉、菱白心、茭肉捣饭喂之(3)，最后则以蟹脚肉、虾肉、鱼脊肉、跳虾虫等喂之(4)，助养气力。更须藏之无风温暖之处，以纸衬盆窝，外以绵絮之物护之(5)，极寒则以盆曝于日中(6)。若三二日不食，必将捐馆(7)，且勿劳之战场(8)，以辱宿将(9)。戒之，戒之！

（明本《重刊订正秋虫谱》）

【注释】

(1)起落三尾：起，指从罐中取出；落，指放入罐中。此句云蟋蟀到了中秋，就应该及时为其配雌，俗谓之“放三尾”。当雌雄交配完成后，又要及时把雌虫从盆内起出来，和雄虫分开。这里强调起、落都要及时，有规律性。(2)旦昼：旦、昼均为白天。实际上这里是指白天黑夜，或天天。(3)羊眼豆：扁豆。明卢子颐撰《本草乘雅半偈》第九帙有“扁豆”条，谓：“二月下种，延缠篱垣间。……白露后，实更繁衍，秋热便不易生，故一名雪眉同气，一名凉衍豆，俗讹为羊眼豆，亦形相似也。”菱白心：菱角里面的肉。茭肉：茭是一种蔬类植物，又叫菰、雕胡，叶细，似芹，可作蔬菜食用。捣饭：与饭和在一起。(4)蟹脚肉：螃蟹大钳上的肉。跳虾虫：幼小的青虾。因其喜蹦跳，故名。(5)这句是说到天冷的时候，蟋蟀罐除了里面要衬纸外，外面还要用棉套围上以保温。(6)曝：晒。此句说天极冷的时候，要趁晴天将蟋蟀罐放到太阳底下晒一晒。(7)捐馆：本义是捐弃自己所住的房子，其实是死亡的委婉说法。(8)劳之战场：指又把它派到战场上去拼杀。(9)宿将：老将。

◎ 蓄养

促织在野外栖身土穴，吸草头露(1)，昼藏夜出。旱甚则迁于洼下(2)，阴甚则迁于高阜(3)。故蓄养之法，不可不讲。初秋天气炎热，宜以润盆(4)，取其凉也。九月间天气凛冽，宜以严盖厚盆，取其不进风也。初秋虫嫩，不宜见日色，盖酷日一晒即伤。白露前搭遮蓬盖(5)，晓放晚卷。盆宜微润，使日影照之，则虫易长；有雨则遮盖之。重阳后天寒风冷，早辰不用遮盖，直晒至巳时，方可换水去食；亦不可当风揭视[6]。夜则覆以毡被，甚冷则移于洁净屋内。初秋盆湿，中秋盆宜润。临斗先一日干盆。末秋风急[7]，盆宜湿。临斗之日，入于干盆。凡斗赢即将盆润湿，入虫于内，不可着三尾一处，亦不可揭看。

【注释】

(1)草头露：指草叶上的露水。(2)洼下：即低洼潮湿的地方。(3)高阜：高坡。(4)润盆：稍微有些潮湿的蟋蟀盆。(5)这句是说用草帘搭盖在蟋蟀盆上，稍作保温。(6)揭视：指揭开蟋蟀盆看视蟋蟀。(7)末秋：秋末，晚秋。

夫促织知时之虫也，暑则在郊，寒则依人。其在野尚然，况人畜之以斗哉！使不分三秋之时令，昧[1]燥湿之机宜，宜干者偏湿，宜湿者偏干，则虫弱而无力，枯而衰老者，非人致之乎？大法盆宜三五日一洗刷，勿令内有秽气[2]。贮盆之所，勿使墙垣有孔隙，地上有裂缝，致虫走而莫获[3]。日逐打扫[4]，务宜洁净。闻熏香气则不斗，闻酒气则练牙，口气呵之则生油，日暮视之则勤跳。故饲食水有度，每日巳时起剩食[5]，换宿水，申酉时饲以食。用六味大力散[6]，和白粳时煮三滚[7]，澄去汤，用水泡凉，勿使米汤浑浊。若误饲以生豆、菱米、苍蝇等物，则粪稀而力弱。尖虫因湿而生，水不可一时缺少。第一露水，其次雨水。井水味苦咸，不宜用。打嗝子时拣好三尾[8]，掐断爪尖，抽去其筋[9]，入于一处。三尾子日久子多肚大，速取出；或不过子者，另换一个。以上所论，依此而行，永无弊病，弱者可转为强，柔者可转为刚。甚勿忽之，使勇虫有不知己之叹，斯可矣。

（清天绘阁《蟋蟀谱》）

清泰信主人盆（房胜利藏）

【注释】

(1)昧：昧于，不明白。(2)秽气：肮脏污浊之气。(3)莫获：逮不着。(4)日逐：每天。(5)起剩食：即把头天没有吃完的食打扫出来。(6)大力散：一种用于医治蟋蟀的药名，详见下文。(7)白粳：一种不黏的稻米。三滚：水开三次。(8)打嗝子：即蟋蟀呼雌起翅。(9)这两句说的是将三尾的爪花掐去，并将大腿上的筋也抽去，以防雌虫伤雄虫。

◎ 养虫浅说

养虫如屯兵，选虫如选将，多多益善。所以器具务要多储，地方更须广阔。交初秋，热子儿可以不买[(1)]，有材料者甚少[(2)]，且多秧脱[(3)]。一交处暑，大民子秋虫[(4)]，无论伏地山虫[(5)]，可为多购。用高大凉盆，每桌廿四个[(6)]，择阴凉过风处蓄养。每日食水调匀，午后汕罐[(7)]。将近白露，须下三尾。虫性最淫，每早、午、晚，要过三次铃子[(8)]。若无三尾，不独昼夜呼雌，虫体有伤，且亦不来斗性。须用三尾串透，看虫后尾壮起，则斗性发矣。俟白露节后，分量称准，便可分对排斗。入手须要狠排[(9)]，不可将就。整口者佳，碎口者劣[(10)]。若下盆乱咬乱叫者，便非佳品。排有下口硬辣者留之，水牌上记明[(11)]，接连自排。至秋分节，虫之颜色亦定，口之软硬亦见，不济者便可弃之[(12)]。又，是物识毛不识胆[(13)]，买时虽拣雄伟壮健者留，排时竟有徒具其表者，并非斗虫，故购时须多多益善，以备选择耳。

（清拙园老人《虫鱼雅集》）

【注释】

(1)热子儿：指早秋天热时所出的蟋蟀。(2)有材料者：指能成为将才的蟋蟀。(3)秧脱：没等蟋蟀羽化成虫，在其幼虫期即捉来饲养，经过一段时间才蜕壳成虫，这种虫俗称秧脱。秧，幼蟋蟀也。详见下文有关养嫩子的内容。(4)大民子秋虫：古代自宋代开始便有农民从野外捉蟋蟀到城里来卖，清代称这种农民卖的蟋蟀叫“大民子秋虫”。大民子，对卖虫农民的称呼，当然算不上尊称。(5)伏地：本地出的蟋蟀称伏地虫。山虫，山里出的蟋蟀叫山虫。另外也有人称山东出的蟋蟀为山虫。(6)每桌廿四个：这是古代北方养虫者的一种通俗说法。每罐养一只蟋蟀，二十四罐便算一桌，十二罐算半桌。富家养虫不是按只，而是按多少桌来计算的。(7)汕罐：即用水涮罐。(8)过三次铃子：即雌雄虫交配三次。因交配完成后雄虫的精囊（俗称铃）要传给雌虫，故称过铃。(9)狠排：即在试斗时要下狠心，以实战为目标，不可惜虫而敷衍了事。(10)所谓整口者是指出口不多，但每口都狠的蟋蟀；碎口者是指出口勤，但对敌虫没有威胁的蟋蟀。(11)水牌：用来记录虫的体色、重量等情况的小木牌。(12)不济者：不行的。(13)识毛不识胆：意为只能看出外表，却看不透实质（斗性）。

◎ 善养蛩者

上品之虫，一秋难觏。如其品貌出众，自头至尾，毫无破败伤残，适被我得，此中具有因缘。养至初斗，不先不后，适得其时，此中具有经济[(1)]。玩好细事[(2)]，遭遇殊难。至如爱护珍惜，必待钳牢肉足，精神抖擞，方使出斗；稍不满意，即封将军[(3)]。如支遁之爱养鹰马而不乘放[(4)]，曰爱其神骏，乃真所谓善养蛩者矣。

（清秦子惠《王孙经补遗》）

【注释】

(1)经济：指这里面很有讲究，很有窍门。(2)细事：小事。连下句是说，玩斗蟋蟀虽为小事，但要想遇见好虫，也不容易。(3)封将军：如果蟋蟀一直胜到结秋，则会被封为将军。详见本书有关格斗的内容。(4)支遁：晋代人，曾隐居余杭山，深思道行。《世说新语》上曾记他爱鹤爱马的故事。

◎ 三秋养蛩法

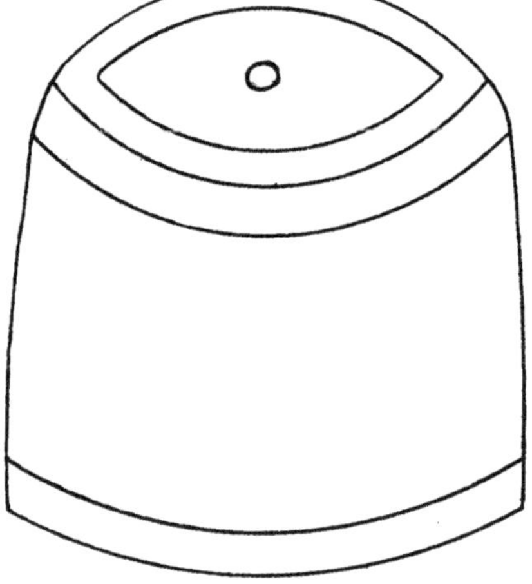
古谱中的明永乐盆

蛩初出土，勿使落盆[(1)]，最好用陈闷筒[(2)]养之。陈黄米饭浸二三日[(3)]，淘净喂之。初出草者[(4)]，可喂四五粒，数日后以次递减。筒须间日[(5)]揩拭，或更换干净之筒，勿使其中有烂饭龌龊[(6)]，致伤须爪[(7)]。旬日后蛩性驯熟，方可落盆。当年新盆不可用，须用开水煮过，再投井泥中浸一二月[(8)]，然后刮洗干净，于烈日中晒之[(9)]，用细泥填好，寒露霜降时可用。早秋用滑底瓦盆[(10)]，愈陈愈妙。秋前即用开水浸透，刮去盆底宿垢[(11)]，晒至盆色发白为度，再放阴凉处，切不可着潮。若盆有潮气，即要卸沙毛[(12)]，并沿盆不食、咬爪花等类；填泥盆尤甚。至寒露节后，天气夜凉昼暖，则用填泥陈盆。时交霜降，西风骤起，又须换一二年之新填泥盆。如此则蛩可保无病矣。

（清秦子惠《王孙经补遗》）

【注释】

(1)落盆：即下盆，新捕来的蟋蟀放进罐内畜养。(2)陈闷筒：一种用来养蟋蟀的竹筒。(3)陈黄米饭：用隔年的黄米做成的米饭。新黄米油性太大，于虫不利。(4)初出草：即刚捕来的新蟋蟀。(5)间日：隔一天。(6)烂饭龌龊：剩饭、粪便等污物。(7)此句云筒内如有脏东西，容易把虫爪或虫须碰断。(8)井泥：水井内的黑泥，极凉。(9)在井泥中泡过的蟋蟀罐放到太阳底下暴晒，有消毒作用。(10)滑底瓦盆：即没有砸底的光底盆。(11)宿垢：往年使用在盆底留下来的脏东西。(12)沙毛：蟋蟀项、身上的一层绒毛。

◎ 秋虫六要

一买。买时须认得准，看得真，方不受欺。全在平时见过虫多，加以揣摩研究，方能分出地道材料也。不在乎虫之大小，更不在乎价之低昂。遇有佳者，便放不出手，所以买时为第一要。

二养。虽有佳虫，养不得法，亦属可惜。自初秋潮柯子[(1)]养起，直至九秋到冬，一切食水冷暖，汕喂换罐，换串搭晒，功夫具要到家，细心调理，虫方精神出众，所以蓄养为第二要。

三斗。虫既佳妙，斗须精通。南方斗虫，讲起闸、下闸[(2)]，用上锋芡、下锋芡。北地另设斗盆[(3)]，盆要细腔[(4)]，为虫易于回转。底要干，不可滑，为虫登之得力。临对敌时，两家各起过陇在手[(5)]，分量是已[(6)]称准。本是文雅玩物，还要谦让先后。俟俱放入斗盆，各持棒、芡。棒儿有象牙有檀木者[(7)]，芡用细牙棍或玉草棍[(8)]，头上打眼，栽好鬣须[(9)]。先点虫之前抱爪[(10)]，再捻水牙[(11)]，虫之斗性即起；再用棒敲罐催战。两虫搭牙咬上，便不许敲。要紧者唯将分局[(12)]时，要瞧上下锋。上锋者棒要连敲，犹如催阵之鼓。下锋者缓虫气力，不可敲，须用自己棒、芡护持之[(13)]。虫性打胜不打败，下锋虫神即散矣。上锋虫鼓翼欢鸣，下锋虫亦有鸣者，是被咬重，为之疼叫儿[(14)]，须要辨也。往往自己虫已占下锋，再用棒一催，未有不败北者。自己虫已得上锋而不催阵，虫性亦难鼓舞，所以斗法为之第三要。

【注释】

(1)潮柯子：即尚嫩小的幼虫。(2)起闸、下闸：古代斗蟋蟀南方与北方的用具小有不同。南方用“斗栅”，方形，中间有闸门；北方则用斗盆。斗栅、斗盆详见虫具部分内容。(3)北地：北方，指京津一带。(4)细腔：细腰。指斗盆不要太大。腔，斗盆内的空间。(5)过陇：即过笼。(6)是已：应为“是必”，务必，一定。(7)棒儿：也是一种斗虫工具，其他古谱上均没有提到。根据此处所述，是作敲盆用的。(8)细牙棍：用象牙修成的细棍。(9)鬣须：鬣指动物脖子上的硬毛，须即动物的胡须。常用来作芡子的有鼠须和黄鼠狼的须。(10)前抱爪：蟋蟀的一对前足。行话称前足为前抱，中足称中抱。(11)水牙：即水须，也有人称饭须。(12)分局：指蟋蟀的斗局分出胜负。(13)护持：虫主用芡杆遮住自己的虫，以防敌虫追赶。(14)“蟋蟀三拗”中有“赢叫输不叫”，即胜利者才鸣叫，而失败者则不叫。但有时输虫也叫，古谱上称之为“伪鸣”，大约是因为被咬伤疼痛而叫。

少湿。少湿无甚大议论，不过养潮柯子时，罐子要潮湿。物原水虫，方能得养。串子要干洁[(1)]，不可湿，令虫有退居之所[(2)]。

中干。中秋将排斗时，罐底要稍干，生虫之斗性，健虫之腰腿，肚身后之壮起，以备交战。

老潮。虫到苍老，罐底宜潮，以养其气，以润其身，且免爪秃尾焦之弊。

以上各条，如能如法，养虫之妙诀得矣，足可遣九秋之雅兴，寄千古之豪情也。是为之记。

（清拙园老人《虫鱼雅集》）

【注释】

(1)串子：即过笼。北京人称过笼为串子。(2)退居之所：此句云罐底太湿时，蟋蟀可以到过笼中躲避。

◎ 换食

早秋饲以黄米饭，虽浸至败臭，亦无须换。若早用白米，则早退食[(1)]，且易于生油称重[(2)]，不如黄米饭之便于收束[(3)]。俟收束后，则换白米喂之，蛩能多食而腹不垂[(4)]，与夫大肉而能收拍者皆佳[(5)]。如落汤，则宜饲以粥糜，斯时蛩已衰老，硬饭多不能食，尤宜加意培养。唯荤食虫食，偶一喂之，防其称重。深汤而仍食全米不称重者，真了虫。

（清秦子惠《王孙经补遗》）

【注释】

(1)退食：指食欲减退。(2)称重：体重增加。(3)收束：指蟋蟀能够收缩体形。(4)此云不会有拖肚的毛病。(5)收拍：意同“收束”。

◎ 因时与食

早秋黄米饭，白露熟菱儿。霜降沿篱豆[(1)]，隆冬蟹肉宜。

（清赠怡馆增订《王孙鉴》）

【注释】

(1)沿篱豆：一种种在篱笆旁的豆角。

◎ 早秋调养法

酷暑须将宿食消[(1)]，窝干土燥易生焦[(2)]。盆宜常润水频换[(3)]，牝牡舒怀色自娇[(4)]。

（清赠怡馆增订《王孙鉴》）

【注释】

(1)宿食：隔夜的饲料。(2)易生焦：意为罐内过于干燥，容易使蟋蟀的须、尾、爪花变焦。(3)常润：指蟋蟀要经常用水洗涮，使盆内保持凉爽。(4)这一句说的是配雌要及时，使雌雄皆得畅其性情。

◎ 早秋看法

夫养虫者如养兵，选虫如选将。看虫者须用多畜古旧大盆，早秋之时，择取头大，腿脚圆长，身子阔厚，生像方幅[1]，票定颜色[2]，下盆徐徐养之。不可便斗，恐有出世先后，元气未足，颜色未变，身柔口弱。或有不斗者，交锋便走者，此皆元气未足之故也。须用下盆数日，身口坚硬，现出颜色[3]，重色变轻色[4]，为之并打；若轻色变重色，便可弃之。才可对并，如下口硬辣善斗者，选为上将。但以一二个试之可矣，切勿多斗，有伤于虫也。

蛩以耐口[5]为稳，须要头有脑角[6]，肿项阔腰[7]，翅色浓厚，腿长尾轻，后段有肉[8]，乃受口之相也。

（明本《鼎新图像虫经》、清赠怡馆增订《王孙鉴》）

【注释】

(1)生像：指蟋蟀和体形长相。方幅：宽大健壮。(2)票定：即标定。此云要在蟋蟀下盆时记下蟋蟀的体色，以利以后观察其变化情况。(3)现出颜色：显出真正的颜色，指经过变化的体色。(4)重色变轻色：与前文中的昏暗变明亮是一个意思。(5)耐口：能禁得住敌虫的撕咬，这是战斗力强的表现。(6)脑角：即古说所谓“大头圆结抱”是也。(7)此句云蟋蟀的腰身与脖子都要长得宽阔厚实。(8)后段：指蟋蟀的下半身。

◎ 早秋养法

早秋蟋蟀譬如人已长成，喂食不宜疏忽。加以天气炎热，所食尤易于消化。从上盆起，大码蛩每日须喂鲜粥粒半[1]；中小码蛩照减[2]。三日后大码蛩每日须喂饭一大粒，中小码蛩照减。喂食之时，最宜注意。

（胡耀祖《蟋蟀试验录》）

【注释】

(1)鲜粥：新鲜的大米稀饭。(2)照减：依次减少。按其意，该是中码蟋蟀一粒米，小码蟋蟀半粒米。

◎ 中秋调养法

盆宜用旧水宜新，宿水能令貌色昏。若到重阳九月后，旧盆不用用新盆。

（清赠怡馆增订《王孙鉴》）

◎ 中秋看法

夫中秋促织，如人中年，观虫者亦须推度。须用起落三尾，不可共盆。恐其昼夜呼雌起翅[1]，过损蛩体，更有意外疏失。度之[2]，度之！

（明本《鼎新图像虫经》）

【注 释】

(1)呼雌起翅：指雄虫为招来雌虫而频频振翅鸣叫。(2)度之：度，忖度，思考。这里是说要注意上面提到的问题。

◎ 中秋养法

中秋蟋蟀，如人年富力强，喂食自然与早秋时同。盖蟋蟀善斗，用力多则食不宜少。究之[1]蟋蟀，乃无骨之物，寒露前后，天气渐冷，所喂宜酌量递减，否则腹大便不相宜[2]。若天冷较前尤甚，须用毛毯垫盖，否则其腹被冻，亦恐有腹大之患。

（胡耀祖《蟋蟀试验录》）

古谱中的明宣德盆

【注 释】

(1)究之：推究起来。(2)这几句说的是蟋蟀的食量要根据天气的变化随时改变，天冷时要适当减少，以防喂食太多致虫腹变大，比斗时吃亏。

◎ 中秋饲养要诀

虫在中秋，如人之在中年，三尾不可久处，恐雄虫昼夜频呼，起翅有损[1]，且颜色易致昏沉，壮气消散[2]。加之以天时炎凉不和[3]，水食不匀，更有意外之疏失也。善养者，当能细心体会，此中消息，微矣，微矣！

（石孙外子《蟋蟀谱》）

【注释】

(1)这几句说中秋蟋蟀犹如人到中年，不可与雌虫长期共处，以免交配太频，有损体力。(2)壮气：雄壮的气概，实指斗性。(3)不和：不匀。此句指中秋时天气冷暖变化突然。

◎ 深秋调养法

若逢霜降乍寒时[1]，熟栗蒸菱可喂之。托纸去泥令护暖[2]，此时只见一窝儿。

（清赠怡馆增订《王孙鉴》）

【注释】

(1)乍寒：指天气刚刚变冷。(2)托纸：指前文所说的为蟋蟀罐衬纸以保温。去泥：可能指去掉罐内的泥底。护暖：保温。

◎ 晚秋看法

晚秋之时，虫将衰老，喂养尤难。须合食荤腥[1]，安于藏风温暖之处，勿使受冷。窝用纸衬，或用一木窝[2]。食用羊眼豆，煮熟去壳，与饭捣细喂之。或用栗子煮酥喂之，或用生芝麻嚼细和饭喂之，或用熟菱白心和饭喂之，或用生冬瓜穰、瓜仁和饭喂之。最后须用熟虾，并熟蟹脚中肉、熟鳗鱼脊上肉食之[3]，忌有油处[4]，养体助力。若不吃食，不可当场斗矣，此必衰老有病将亡之故也。

（明本《鼎新图像虫经》）

【注释】

(1)须合：应该。荤腥：指动物性饲料。(2)木窝：此处又出现了“木窝”一词，也可能古代有一种木质的蟋蟀罐；若有，则保温效果一定很好。(3)鳗鱼：即白鳝，似鳝而腹大，青黄色，其肉脂膏最多。(4)此句承上句而言之，谓给蟋蟀喂鳗鱼肉时，要专挑脊背上的肉，不要喂油脂太多的地方。蟋蟀食油性食物，容易厌食。

◎ 晚秋养法

晚秋蟋蟀，赛斗已屡获胜，态度珍贵[1]，非前时可比。设有食少而色未退者，可用鲜蟹钳肉和饭喂之，则其味较易入口。如食再减少，面色且退者[2]，则精力衰矣，似此可封桶（后不再斗，谓之封桶）。否则一斗必败，反觉前功尽没。故封桶之法，所以使蟋蟀有完美之结束也[3]。

（胡耀祖《蟋蟀试验录》）

【注释】

(1)态度：指虫主对蟋蟀的态度。因蟋蟀屡战屡胜，为主人争光不少，故虫主觉得蟋蟀格外珍贵。(2)面色：脸面上的颜色。(3)结束：结局。按照作者的说法，封桶的目的是“见好就收”也。

◎ 贮水

院中可贮大缸大瓮[1]，天雨时多积存贮取用。治雨水烧红木炭沁三次[2]，则不生虫。上用遮盖，昼避阳光，夜开以承露水，则水味不变。洗涮盆罐、煮食及饮，皆宜此水。露水比雨水更妙，饮虫宜称第一，但取之艰难。其法：令人于清晨持净白布于草头上沾抹，湿则挤出，积存于罐内亦可，聚少成多。或早起驾小舟，于荷叶之上取之最妙。

（清天绘阁《蟋蟀谱》）

【注释】

(1)瓮：一种口小肚大的陶瓷容器，一般用来盛水。(2)沁：同“浸”。这句的意思是说，将烧红的木炭浸在水里，以后水就不会发馊生虫。

◎ 养飞蛛法

凡养飞蛛[1]，切忌惊寒[2]。诀云：“带血活物[3]，喂养调匀。畏闻声响，一响便惊。好静恶风[4]，切避蛩声。有人合着[5]，交口便赢。”

（清赠怡馆增订《王孙鉴》）

【注释】

(1)飞蛛：又叫飞促织，即有内翅能飞的蟋蟀。蟋蟀科中有的品种内翅已经退化，像大家常见的大部分蛐蛐，不能飞，只能跳跃。但也有的还保留着内翅，像油葫芦及小部分蛐蛐，能以内翅飞翔。内翅在昆虫学上也称复翅，民间俗称白衣。其色白，折迭于前翅之下，长度超过尾端。(2)惊寒：受惊和受寒。(3)活物：指用来喂蟋蟀的活着的小昆虫。(4)恶风：怕被冷风吹着。(5)合着：指与自己的虫合对。

◎ 又

促织若飞，用羊沟之中泥内红虫喂之[1]，则不飞。

（清奎章阁《促织谱》）

【注 释】

(1)羊沟：同“阳沟”，即污水沟也。

◎ 又

养飞促织者，用带血蚊虫和饭调匀，灯下喂之[1]，见食即吃。若闻响声及见日光，便惊跃也，宜置于密室中[2]。虫畏风，则藏诸无风处，毋令之闻他虫吟声为要。

（石孙外子《蟋蟀谱》）

【注 释】

(1)之所以要在灯下喂之，是因为飞促织怕见日光；若见日光而惊跳，则飞腾空中难以捕回矣。(2)密室：即比较安静的房子。

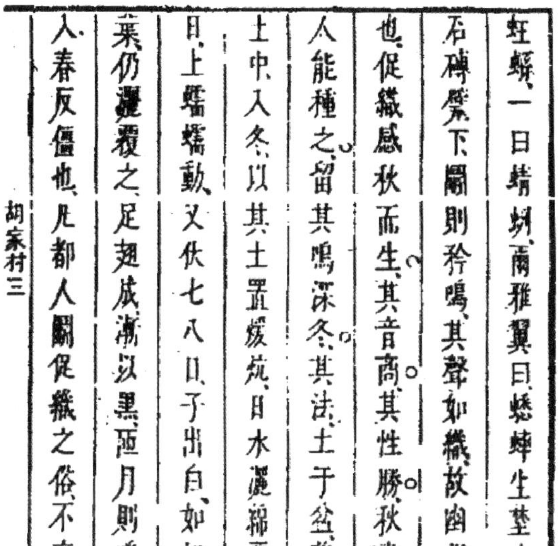
虹螇，一日蜻蛚，爾雅翼曰蟋蟀生壁中，好吟于土
石磚礫下，鬬則矜鳴，其聲如織，故幽州謂之促織
也。促織感秋而生，其音商，其性勝，秋盡則盡。今都
人能種之，留其鳴深冬。其法，土于盆，養之，蟲生子
土中，入冬，以其土置煖炕，日水灑綿覆之，伏五六
日，土蠕蠕動，又伏七八日，子出白，如蛆然，置子蔬
葉，仍灑覆之，足翅成，漸以黑，匝月則鳴，鳴細于秋
人，春反僵也。凡都人鬬促織之俗，不直閭巷小兒
胡家村三 卷三

《帝京景物略》最早记载蟋蟀人工繁殖法

◎ 去飞翅法

虫生浮翅[1]，便能飞腾。欲去时，以手提翅[2]，放虫水中，一挣即脱，虫亦无伤。过六七日，仍可斗并。用带血蚊虫和饭饲之，取其养血。

（明周履靖续增《促织经》、胡耀祖《蟋蟀试验录》）

【注 释】

(1)浮翅：即前面说的内翅。(2)提翅：以手捏住蟋蟀的内翅提起来。

◎ 留

促织感秋而生，其音商，其性胜[1]，秋尽则尽。今都人能种之[2]，留其鸣深冬。其法：土于盆养之[3]，虫生子土中。入冬，以其土置暖炕，日水洒，绵覆之[4]。伏五六日[5]，土蠕蠕动[6]。又伏七八日，子出[7]，白如蛆然。置子蔬叶[8]，仍洒覆之[9]。足翅成，渐以黑。匝月则鸣[10]，鸣细于秋[11]，入春反僵也[12]。

（明刘侗《促织志》）

【注释】

(1)胜：指争强好胜。此云蟋蟀天生争强好胜的性格。(2)都人：首都的人。指北京人。种之：留种繁殖，指蟋蟀的人工繁殖。(3)土于盆：在盆里放上土。这里的土不是用来砸泥底的那种土，而是细沙土，供雌虫产卵之用。养之：指养雌雄两种蟋蟀。下句“虫生子土中”也是指的雌虫。(4)绵覆之：用棉被将盛卵的土盆盖上。(5)伏：即“孵”，孵化。(6)蠕蠕：虫动貌。(7)子出：指蟋蟀的幼虫从卵中钻出来。(8)置：放置。蔬叶：菜叶。(9)洒覆：即前文“日洒水，绵覆之”的略语。(10)匝月：意为过了一个月。匝，周也。(11)细：细小，指蟋蟀鸣声低微。(12)僵：僵老死亡。

◎ 养嫩子

用大盆傍日影晒之[1]，到中秋下土盆为妙。瓦儿常要湿[2]，窠儿常要干[3]。盆中休宿水[4]，天热莫常观。

（明周履靖续增《促织经》）

【注释】

(1)大盆：用来养蟋蟀幼虫的盆不见得用蟋蟀盆，用大的陶盆或陶罐均可。日影：日光。(2)瓦儿：指盖在盆上的瓦片。(3)窠儿：蟋蟀置身的地方，即盆内。(4)宿水：存水。

◎ 养秧子法

野外拣取大种子[1]，贮于缸中。下垫以黄土[2]，上盖一瓦，无缺水食。用水噀湿[3]，晒于日中。脱壳起出[4]，入于盆中调养。

（清天绘阁《蟋蟀谱》）

【注释】

(1)大种子：指体大的蟋蟀幼虫。(2)黄土：不是用来砸泥底的那种，一般的松软黄土即可。(3)噀湿：喷湿。(4)脱壳：指最后一壳羽化成虫。

◎ 养嫩子法

土中嫩子，用大斗盆在日影中晒之，自然长。然出来之后，则不须晒矣。

（清奎章阁《促织谱》）

◎ 畜养之异

江浙畜养，各师各法[(1)]。然皆大同小异，兹不具论。北直隶有晒炼法[(2)]，将蛩于烈日中晒至极热几毙，徐徐移置阴处，以待其苏[(3)]；复移置烈日中，照前法晒之苏之。如此数番，然后畜养，待斗云能勇猛倍常。

又有蒸法，将蛩盖于盆中，就烈日晒之，其盆盖上即复注水以润之。如此亦经数番，谓能健斗。

维扬风俗[(4)]，于六月赤日之中[(5)]，有人于平山堂一带所谓红草地者[(6)]，将未曾生翅促织，尽数捉归，养于盆中，俟其脱变长翅，方加择取。临斗时，先期三日稍稍喂之，不得令饱，谓之缩食，恐腹大难于秤配也[(7)]。一云，用九转灵砂稍与食之[(8)]，即便成将。无从觅得灵砂，未及试验。有以赤练蛇血拌饭喂之，多致胀坏；其有胀而复苏者，勇猛无敌。此曾有验之者也。

（清赠怡馆增订《王孙鉴》）

【注释】

(1)各师各法：各人有各人的饲养方法。师，师承。(2)北直隶：指北京。直隶的原意是京都直接管理的地区。南京为南直隶。(3)苏：苏醒。指被晒昏的蟋蟀在阴凉处再慢慢苏醒过来。(4)维扬：古代扬州的别称。(5)赤日：烈日。(6)平山堂：堂名。在扬州瘦西湖北，为宋代欧阳修所建。因登堂能见众山，故称。(7)秤配：指斗前称重量比大小。(8)九转灵砂：道家谓炼烧金丹，以九转为贵。如把丹砂烧成水银，水银烧炼后又复为丹砂，如此循环变化。烧炼越久，转数越多，则此药越有效。

三、饲　料

◎　赵九公养法

鳜鱼、茭肉、芦根虫、麻根虫、胡刺母虫、断节虫、跳虾虫、蚊虫、扁担虫，俱可喂之[1]。

（明本《鼎新图像虫经》）

【注　释】

(1)鳜鱼：一种淡水鱼，又称石桂鱼。体侧扁，黄绿色，肉质细腻鲜美。以下各种小虫有的据其名可推知，有的则为地方俗称，难以确指。不过由此则可看出古代的这位赵九公是偏重于用动物性饲料喂养。

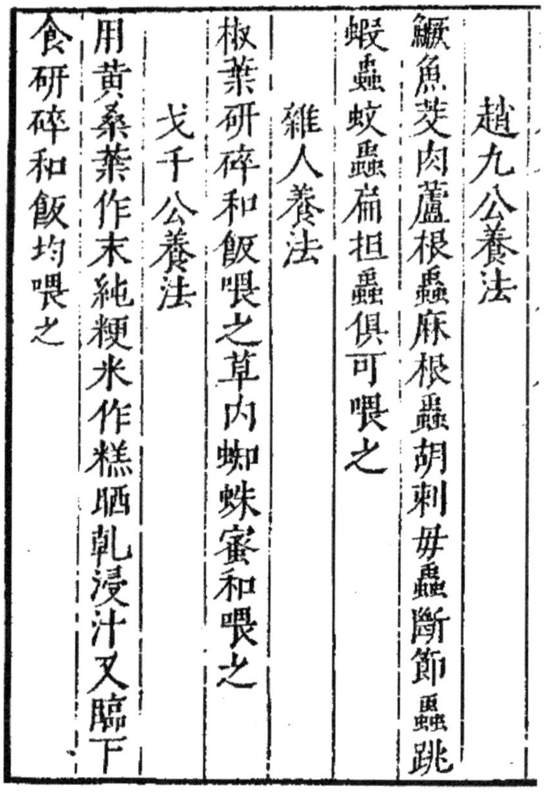

趙九公養法
鱖魚茭肉蘆根蟲麻根蟲胡刺毋蟲斷節蟲跳
蝦蟲蚊蟲扁担蟲俱可喂之
雜人養法
椒葉研碎和飯喂之草內蜘蛛蜜和喂之
戈千公養法
用黃桑葉作末純粳米作糕晒乾浸汁又臨下
食研碎和飯均喂之

古谱中的各种养蟋蟀法

◎　杂人养法

椒叶研碎[1]，和饭喂之。草内蜘蛛[2]，蜜和喂之。

（明本《鼎新图像虫经》）

【注　释】

(1)椒叶：即花椒叶，香味甚浓，可作调食佐料。(2)草内蜘蛛：一种浅褐色的小蜘蛛，在草中生活。今人多用作鸟食。

◎　戈千公养法

用黄桑叶作末[1]，纯粳米作糕，晒干浸汁。又临下食，研碎和饭均喂之。

（明本《鼎新图像虫经》）

【注　释】

(1)黄桑叶：老桑叶，桑叶老时发黄。作末：研成细末。

◎ 苏胡子养法

用篱落经上断节虫，未至霜降，每喂五日，用扁担虫并和之研碎，喂之有益于虫也。

（明本《鼎新图像虫经》）

◎ 王主簿养法

用栗子煮熟喂之。或方蒂柿子、鳗、鸡、鹅、蟹、鱼、虾煮熟，和饭喂之。

（明本《鼎新图像虫经》）

◎ 饲虫食品要记

茯苓切片(1)，饭上蒸熟，日日喂之，极补虫力。中秋后不上食者(2)，菱米、栗子煮熟喂之。柿饼肉亦妙，但不宜频与之也(3)。市上之炒栗子有糖性，不宜与食。鳗鱼去皮，以无糖之糕粉(4)，晒干拌匀为末喂之，每夜以清茶数滴饮之。

深秋虫老不上食者，以雌蟹钳肉生肉(5)，同米饭捣烂，捻成小粒喂之。

石孙按(6)：余撮录诸家饲养之法(7)，以备畜虫者之采择(8)。但虫究以米饭饲之为正。恐其胁出拖肚(9)，则补之以茯苓，调之以菱、栗。如有疾则以生虫等物疗之。至如蟹鱼等肉类，重于油性，不宜常食。毛豆使虫泄肚无力。鸡鸭鱼使虫腹大而滞气(10)，尤不相宜也。因时制宜(11)，畜虫家其细心忖度之(12)。

（石孙外子《蟋蟀谱》）

【注 释】

(1)茯苓：一种寄生于松根的菌类植物，块状，可入药。(2)不上食：指食欲不振。(3)频与之：这句的意思是说柿饼肉虽好，但不要经常用它喂蟋蟀，只能偶尔为之。(4)由上句及此句可看出，喂蟋蟀时有糖性的食物应尽量避免。(5)蟹钳：螃蟹前方的一对大钳。此句强调是雌蟹，且肉应该是生的。(6)石孙按：这一段是近代李石孙加的按语，对蟋蟀的饲料问题提出了自己的看法。(7)撮录：搜集辑录。诸家：各家。(8)采择：选择使用。(9)胁出：指蟋蟀腰间两边肥出。拖肚：蟋蟀的一种毛病，指加食后肚腹胀大，体重增加。(10)滞气：腹气不顺，俗云“胀肚子”。(11)因时制宜：意为要根据季节的不同，选用合适的饲料。(12)忖度：考虑。

◎ 取其虫身力壮法

宜用黄桑叶研面，纯粳米做糕，晒干浸软研碎，和饭拌匀，加意审详喂之。

（清麟光《蟋蟀秘要》）

◎ 取其耐冷调法

宜用篱落上断节虫，未到霜降前五七日喂之，或用扁担虫并研和食喂之。

（清麟光《蟋蟀秘要》）

四、疗　疾

◎ 积食不消化诀

积食不化甚堪嗟[1]，水畔红虫是可佳[2]。

研细任君分两处[3]，喂毕斗胜是谁家。

（明本《鼎新图像虫经》）

【注 释】

(1)积食不化：犹如人的消化不良。嗟：叹息。(2)水畔：水边。是可佳：意为是治疗积食不化的良方。(3)分两处：指将一只红虫分为两半，每次只喂一半。

◎ 水竹居治铃法

用池边青草内小白蜘蛛喂之，可解并铃之患[1]。

（石孙外子《蟋蟀谱》）

【注 释】

(1)并铃：即结铃，蟋蟀尾后拖着精囊。

◎ 治垂腹法

饱食交锋腹易垂[1]，溪边红蚓[2]可相医。觅来研细与之食，顿使沉疴[3]一旦除。虫饱食交斗，最易腹垂。觅取溪边红蚓虫研细，频频饲之即愈；瓜穰亦妙。此亦水竹居之良法也。

（清赠怡馆增订《王孙鉴》、石孙外子《蟋蟀谱》）

【注 释】

(1)此句云蟋蟀交斗前不可喂得太饱，否则容易出现腹部下垂的毛病。(2)红蚓：红蚯蚓。(3)沉疴：久治不愈的病症。

◎ 治卷须法

缺水连朝遂卷须[1]，难将赌赛定赢输。茯苓蒸熟稻头露[2]，勇力加添自是奇。缺水即卷须，盆干燥亦然。用茯苓蒸熟，饲之即愈。

（清赠怡馆增订《王孙鉴》、石孙外子《蟋蟀谱》）

【注释】

(1)连朝：连着几天。此句云蟋蟀若连着几天缺水，就会有卷须的毛病。(2)稻头露：稻叶上的露水。

◎ 治色昏法

虫因缺水而色昏者，以水润窝盖，用青绢浸湿放盆内，使往来奔走，则光彩胜旧矣。

（石孙外子《蟋蟀谱》）

◎ 使虫腹明亮法

胡刺母虫，或断节虫、麻根虫、蛴螬虫饲之；后用枣子去皮核，日日喂之，则肚皮明亮可爱矣。

（石孙外子《蟋蟀谱》）

◎ 治色不正法

虫如色嫩不正者，用阳沟内红虫饲之；次以盆侧向日影中照之，两三日后，其色自正矣。

（石孙外子《蟋蟀谱》）

◎ 治失口败法

失口之败[1]，伏而不动，用紫薛杨三四片泡汤[2]，待冷，即入浴之。在水片时捞起，放在竹筒内，用手掩紧筒口。少时再入盆，即醒如常，虫性不失。此乃良法，不可忽视之也。

（清赠怡馆增订《王孙鉴》）

【注释】

(1)失口：指蟋蟀的牙部受伤。(2)紫薛杨：不明何物，或即杨树之嫩叶。据中医药方，鲜杨叶煮沸熏洗，可治面瘫。此处或即借鉴此方，用来治疗蟋蟀的失口之症。

◎ 蛩有四病

一仰头，二练牙，三卷须，四撼腿。若尾参差高下，必然曾失水食。两尾并垂，虫已老朽，旦夕将亡。四者之中有一，于是便要调理精细；四者皆备，况可斗乎？

（明本《鼎新图像虫经》）

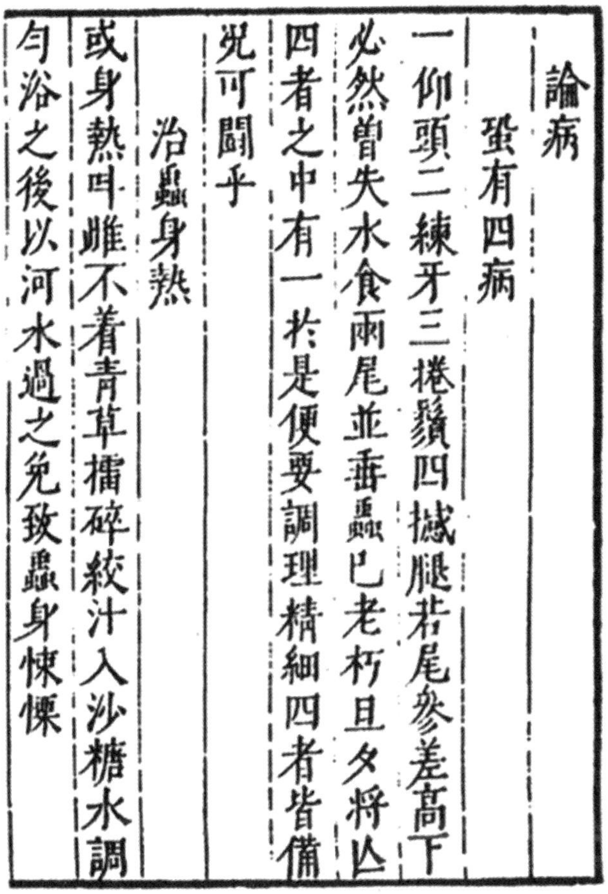
論病
蛩有四病
一仰頭二練牙三捲鬚四撼腿若尾參差高下
必然曾失水食兩尾並垂蟲已老朽且夕將亾
四者之中有一於是便要調理精細四者皆備
況可鬬乎
治蟲身熱
或身熱叫雖不着青草擂碎絞汁入沙糖水調
勻浴之後以河水過之免致蟲身悚慄

明本周履靖续增《促织经》“论病”

◎ 早秋浴生蛩法

生蛩见亮便奔驰，治法先将水浴之。
旋转渐令蛩性定，若还频浴又非宜。

（清赠怡馆增订《王孙鉴》）

◎ 浴虫诀

生虫初上盆时，见光奔驰不定[(1)]。如三数日后尚复如此，则贮水净器中，以手搅之，使水旋转，置虫水中，任其矫跳不起[(2)]。浴后入盆，停光亮处，俟体干燥，再盖盆盖。且时常用火引虫至光亮处，以习其性。如宁定[(3)]，不必再浴之矣。如翅有油滞之色[(4)]，亦用此法；但不宜频浴也。

（石孙外子《蟋蟀谱》）

【注释】

(1)奔驰不定：跑来跑去，一直不能安定下来。(2)矫跳不起：虫在水的漩涡中奋力跳起，却难以跳起来。(3)宁定：安静。(4)油滞之色：油腻昏暗之色。

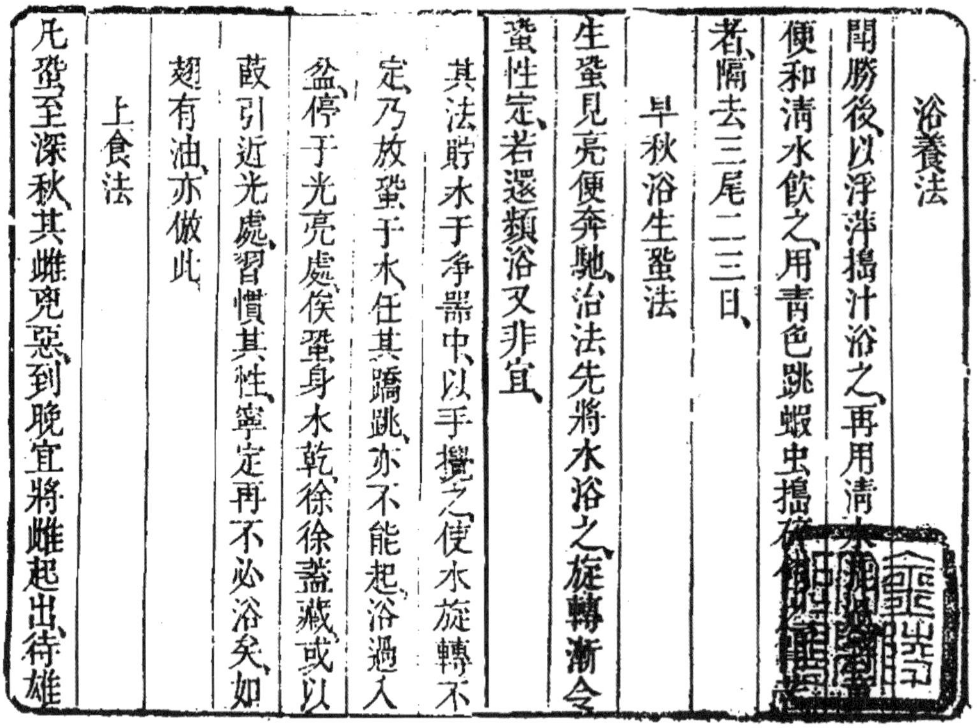
浴養法
鬪勝後以浮萍搗汁浴之再用清
便和清水飲之用青色跳蝦虫搗
者隔去三尾二三日
早秋浴生蛩法
生蛩見亮便奔馳治法先將水浴之旋轉漸令
蛩性定若還頻浴又非宜
其法貯水于浄器中以手攪之使水旋轉不
定乃放蛩于水任其蹻跳亦不能起浴過入
盆停于光亮處俟蛩身水乾徐徐蓋藏或以
菔引近光處習慣其性寧定再不必浴矣如
翅有油亦倣此
上食法
凡蛩至深秋其雌兇惡到晚宜將雌起出待雄

古谱中的浴虫法

◎ 治虫热病

或叫雌不着[1]，身热倦怠，以青草擂碎[2]搅汁，入沙糖水中调匀浴之，过以河水[3]，免致虫身悚栗（河水取其温也）[4]。

（明本《重刊订正秋虫谱》）

【注释】

(1)叫雌不着：指雄虫鸣叫招引雌虫，但雌虫却不来交配。雄虫配雌，乃是一种身心调节，如果长期不配雌，雄虫就会内火攻心，致成热病。(2)擂碎：砸碎，捣碎。(3)过以河水：再用河水冲洗一遍。(4)悚栗：颤抖，打哆嗦。

◎ 又三种

如喂可将青跳虾[1]洗净，喂以一二，不得多食。倘至深秋，即将断节虫取浆喂之，无不痊愈。受热而呼雌不贴者，用菜叶上小青虫榨汁[2]，入白沙糖少许，拌匀喂之[3]。少顷，以清凉河水浴之则解。

（清赠怡馆增订《王孙鉴》）

【注释】

(1)青跳虾：河里生长的小虾，青色，捉上岸来则蹦跳不止。(2)榨汁：即挤出小青虫肚里的绿色汁水。(3)上面一则是用草汁加糖为虫洗浴，而此方则是青虫汁加糖喂给虫饮。二者不同，养家要注意。

早秋虫偶受热，用厕中蛆虫变成蛹儿者，内有小虫名曰棒槌虫[(1)]，喂之即解。或用稻撮虫蒸熟，于热日中晒干，以黄麻根研细拌碎，随用水杨柳细须洗净[(2)]，浸水饮之，能解热毒，有益于虫。

（石孙外子《蟋蟀谱》）

【注释】

(1)棒槌虫：蛆虫形状长圆像棒槌，故有此称。

◎ 养胎

虫腹怀胎号产魔[(1)]，落胎全仗水虾婆[(2)]。

切须养办心休急，斗者之时败者多。

（明周履靖续增《促织经》）

【注释】

(1)怀胎：这里并非指雌虫怀孕，而是指雄虫尾后拖着精囊。产魔：多产之魔。(2)落胎：使雄虫尾后的精囊脱落。水虾婆：即前面已注的河中小青虾。

◎ 又

虫肠胎兮号产魔，养调全仗水虾婆。切宜仔细休轻斗，若早当场败就多。右调养之法，常胜之诀，一一名注。宜留心玩味，自无不胜之理。

（清奎章阁《促织谱》）

◎ 治病铃之患

虫病不过铃者，宜用河边青草内土色小蜘蛛研碎喂之。

（清麟光《蟋蟀秘要》）

◎ 治虫法

医治之法：嚼牙喂带血蚊虫[1]，内热用豆芽尖叶[2]，落胎粪结用虾婆[3]，头昏川芎茶浴[4]，咬伤用童便、蚯蚓粪调和点其疮口[5]。

（明袁宏道《促织志》）

【注 释】

(1)嚼牙：即前面所说的“练牙”，空嚼双牙也。(2)内热：指蟋蟀受热却因降温措施跟不上而无法排出。内热只是病因，而外部表现却有多种。(3)落胎、粪结其实也都是内热所引起的病症。(4)头昏：指蟋蟀的头色昏暗。(5)童便：儿童的小便。有人解释为儿童的大便，误矣。童便有清热养伤之效，古今皆以之入药，治外伤尤效；以之治虫咬伤或热症，各种古谱中多有记载，有的是以童便浴虫，有的是饮虫，有的是点其伤口。

◎ 养病虫法

促织之病，人致之也。或折腿损牙，或粪稀粪结，或肚破伤背，宜用心调养。用六一土蚓粪垫盆内，饲以蟹肉，常以童便润盆[1]，置虫于内，勿频频看视。伤处以铅汞敷之[2]，或用蚓粪和童便涂之，或用蟹肉捣烂取汁涂之。深秋风冽，恐伤处作痛，宜将盆放于温暖之处。

（清天绘阁《蟋蟀谱》）

【注 释】

(1)此处云以童便润盆，倒是其他谱上所无之法，不知灵验否？(2)铅汞：“汞”原为“行”，“铅行”不辞。“行”应为“汞”之形误。铅汞，为古代中医的药物，既可内服，亦可外敷。有铅汞膏，可治风癞、血枯、手足僵挛、身肉干憔、骨瘦如柴者。

“三秋胜会”过笼

◎ 药 方

大力散

蒺莉一两[1]，粳米二两，芡实二两[2]，苡仁米二两[3]，炒豆二两，白面二两五钱，共为细末，瓷罐收贮。每日和甜水作薄饼，入滚水内略煮一沸，取出，用竹刀切成小块[4]，每盆中放一块。常常喂之，自生力气，百倍他虫。

蟹肉散（凡虫有伤，可将此食喂之）

蟹肉二两晒干为末，粳米二两炒，牛膝五钱[5]，苏木五钱[6]，共为细末收贮。用开水调和，作饼食喂之，五七日虫伤即好，再斗无妨。

灭瘢散（凡虫有伤，用此敷于伤处）

宫粉、滑石粉各等分[7]，共为细末，收贮听用。

又方：六一土（韭菜地内蚓粪）研为细末，和以童便，敷于伤处，自然痊愈。

牙疼方：活虾肉，凡虫牙伤不能张合，着地即流水[8]，宜喂此食盆内，能令牙疼即止。

苏木汤，凡虫有伤，宜饮此方，甚验。苏木，不拘分两，煎汤饮之自愈。

（清麟光《蟋蟀秘要》）

【注 释】

(1)蒺藜：草名，又名茨，一名旁通。生于沙地，布地蔓生，果实的表面长满小刺。可以入药。(2)芡实：芡是一种水生植物，即鸡头，其果实又曰鸡豆，即芡实也。(3)苡仁米：又曰薏米，薏苡的果实。薏苡，一种禾本科植物，花生于叶腋下，果实椭圆，白色，可作粥、磨面，亦可入药。(4)竹刀：用竹片削成的刀。(5)牛膝：植物名，可入药。因其节状如牛膝而得名。(6)苏木：又称苏方木。其色红，可作染料。(7)宫粉、滑石均滑腻干燥，可入药。(8)着地：指碰着地。

◎ 调养杂法

斗胜后，用扁担虫去尾，绞汁于菜叶上喂之，后以井虾汁二三点饲之则无病[1]。凡取井虾，以布裹蜡糟坠于井底[2]，半日后提起，虾悬布上。

斗损者用姜汁浓茶，或自然铜浸童便点之，或以带血蚊虫喂之；地鳖虫最妙。

斗胜后用生粉青虾二三个喂之，使蛩无病；忌虾之红黄色者。

用胡刺母虫，或断节虫、麻根虫、蛴螬虫，皆可喂之。后用枣子去皮核，日日喂之，能使肚腹明亮可爱。

蛩牙有损，用菜园中泥块内红虫喂之。此虫名土乌贼，又名粪精，又名赤土乖，雨过取土劈开，俨然在内。

遇强敌努力斗胜，且不可下食。可取旱莲草嫩花喂饲[3]，再取苍蝇头四五枚喂之，则无恙矣。及至临斗之日，亦要看其贴雌骁健[4]，乃可出斗；倘或情懒，再须调养，不可强斗。

以上诸法，备极调养之宜[5]。但喂蛩究竟以米饭为正，能使其肉洁而不老。唯不可过多，恐肋出拖肚也。其次调之以菱、栗，补之以茯苓；倘有疾病，疗之以生虫等类。若蟹、吓、鳗鱼等物，不过一时之权变[6]，总非常道[7]。毛豆子使虫泄气而无力[8]，鸡鸭蛋使蛩腹大，不便比合[9]。凡此类推，宜慎之。

（清赠怡馆增订《王孙鉴》）

【注释】

(1)井虾：一种生长在井中的小青虾。(2)蜡糟：即蜡渣。(3)旱莲草：见下注。(4)骁健：动作利索。(5)备极：非常完备。宜：指上面说的各种调养的好方法。(6)权变：权宜变通的办法。(7)常道：通常的办法。(8)毛豆子：即青豆。(9)不便比合：指腹大在格斗前称体重时要吃亏。

◎ 斗后疗养法

斗胜后以浮萍捣汁浴之[1]，再用河水过之。随将童便清水各半饮之，用青色跳虾虫数个，捣碎食之。令其雌雄隔绝，自然强健。若斗伤齿牙，切勿下食。

（明本《重刊订正秋虫谱》）

【注释】

(1)浮萍：一种水生植物，随水漂浮。

◎ 又

促织斗后，隔三五日方可再斗。如斗经三四十口，可歇六七日。其下口最重，费力着伤者，须隔去三尾，养一二日。观虫有性[1]，叫声响亮，歇七八日，方可合对。若懒慢无情[2]，则不可斗。又一口即赢，用力反倍于数十口者，尤当调息，不可因其斗口之少，便与人再斗也。

斗胜后，以浮萍捣汁浴之，再用河水过净。又净童便清水各半，放水槽内，捣碎青色跳虾二个，与虫食之，隔退三尾二三日，自然无病。其两牙长短，身有伤损者，亦用童便和水饮之。

（清金文锦《促织经》）

【注 释】

(1)有性：指蟋蟀经过几天的调息，又恢复了斗性。(2)懒慢无性：指蟋蟀神情倦怠，仍无斗性。

◎ 又

促织斗损[(1)]，用自然铜浸水[(2)]，或童便点之，即痊愈矣。斗胜不来[(3)]，用粉青水虾二三个喂之，串过无病。虾忌红黄二色。若斗苦伤牙伤身，即取童便浴盆，将虫放在盆内，即将盆口封严，取其温气全伤之妙[(4)]。须隔去三尾二三日。

（清奎章阁《促织谱》）

【注 释】

(1)斗损：指蟋蟀在格斗中被咬伤。(2)自然铜：天然铜。(3)不来：指不再来斗性。(4)此处用童便治斗伤，是以童便的温气疗伤，值得注意。

◎ 疗治法

蟋蟀自猛斗之后，无论受伤与否，必须捉苍蝇一二枚，将其头摘落放盆内，任蟋蟀食之。有伤自能退，无伤亦获益。如届时无苍蝇，以土鳖浆代之亦可[(1)]。倘其牙关受伤，开合不利，则必频频运芡，以活动其口锋为要[(2)]。经二三日，自能平复如常。

（胡耀祖《蟋蟀试验录》）

【注 释】

(1)土鳖浆：土鳖亦称地鳖，形如蟑螂，甚肥大，生湿土中，可入药。喂土鳖虫要戳破其硬壳，体内白汁流出，以此汁饲蟋蟀。(2)口锋：指蟋蟀双齿的活动能力。

◎ 斗后养法

蟋蟀早秋斗后，得两礼拜之调养，可再斗。中秋斗后，得一礼拜之调养，可再斗。若节届立冬，则蟋蟀老当益壮，斗后得三日调养，便可再斗，不必延期寝息矣[(1)]。然必须声音响亮，情态强健，方可稍休即斗。否则斗期逼促[(2)]，非爱护斗蛩之至意也[(3)]。

（胡耀祖《蟋蟀试验录》）

【注 释】

(1)寝息：休息。此处指蟋蟀斗后的休整调养。(2)逼促：紧迫，仓促。(3)至意：浓厚之意。

◎ 强敌取胜后浴养法

凡遇强敌，争斗剧烈，取胜后且不可下食，用旱莲草[1]嫩花喂之，再用苍蝇头四五枚饲之，则无恙矣。至再斗之时，切宜观其贴雌。如骁健[2]，方可合斗；倘或懒钝[3]，还宜调养，万不可强使之斗也。

（石孙外子《蟋蟀谱》）

【注 释】

(1)旱莲草：又名白花草。详见下文“白花草诀”。(2)骁健：这里指动作矫健、利索。(3)懒钝：指神情慵懒，动作迟钝。

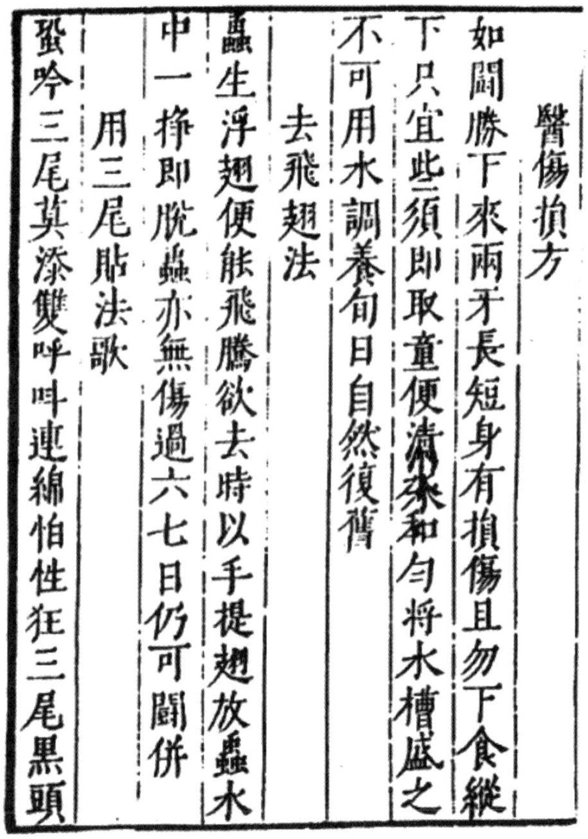
醫傷損方
如鬪勝下來兩牙長短身有損傷且勿下食縱
下只宜此須即取童便清水和匀将水槽盛之
不可用水調養旬日自然復舊
去飛翅法
蟲生浮翅便能飛騰欲去時以手提翅放蟲水
中一搽即脱蟲亦無傷過六七日仍可鬪併
用三尾貼法歌
蛩吟三尾莫添雙呼吽連綿怕性狂三尾黑頭

古谱中的“医伤损方”

◎ 浴虫法

斗胜下盆，须用浮萍草捣烂绞汁浴之，付水虾三二个与虫吃；吃须隔退三尾子。

（清周履靖续增《促织经》）

◎ 又

斗胜后，以浮萍捣汁浴之，再用清水滤过。将童便和清水饮之，用青色跳虾虫捣碎饲之。斗苦者，隔去三尾二三日。

（清赠怡馆增订《王孙鉴》）

◎ 胜后调养法

胜后用扁担虫去尾取汁，于菜叶上饲之，后以井虾汁二三点饮之，则无患矣。取井虾用布袋贮蜡糟坠于井底，半日后提起，则井虾均伏于布上矣。

（石孙外子《蟋蟀谱》）

◎ 胜后受伤治法

斗胜后，如两牙长短不齐，身有损伤，不可下食；纵下，只宜些微。即取童便、清水和匀，将水槽盛之与饮。旬日之间，自将复旧也。又，以旱莲草嫩叶饲之，最能养牙。

如损肌，用姜汁浓茶，或自然铜浸童便点之，或以血蚊虫及地鳖虫饲之，更妙也。

如损牙，用菜园中泥内红虫喂之。此红虫名土乌贼，又名粪精，又名赤土乖，雨过取土，劈开即有之。

（石孙外子《蟋蟀谱》）

◎ 败 蛩

蛩力虽强战已疲，因贪接战误教亏[1]。经旬调养依然胜，宛似秦王用尉迟[2]。早秋误斗失口，间有养至深秋成将者，故歌诗及之。

（清赠怡馆增订《王孙鉴》）

【注 释】

(1)接战：指蟋蟀连续作战。教亏：吃亏。(2)秦王：指唐太宗李世民，他在称帝前曾被封为秦王。尉迟：指李世民手下的大将尉迟恭。最后一句的意思是说，对蟋蟀的调养指挥若像秦王用尉迟恭一样，自然会取胜。

◎ 养败虫

雄师百战百番赢，不合交锋阵出频。气弱怎当生力对，一时托大势难禁。此虫不比寻常败，饱宿泥盆且过旬。那时携至场中斗，依然还是好将军。

（清奎章阁《促织谱》）

◎ 白花草诀（又名旱莲草）

此草池边生，子弟皆不识。尖叶开白花，叶梗俱绿色。连头摘下来，不净与他吃。泻出腹中土，就将饭补力。必使时时饱，饥伤必有失。此只论炎天，深秋亦不必。

（明周履靖续增《促织经》）

◎ 虾婆诀

虾婆河内出，跳子捉不得。将盆连水拿，拍死喂促织。性冷不宜多，若过必有失。消却热与炎，方始得安逸。

（明周履靖续增《促织经》）

五、配　雌

◎ 用三尾贴法歌

蛩吟三尾莫添双[(1)]，呼叫连绵怕性狂[(2)]。三尾黑头须用小，尖头独脚始相当[(3)]。喂交三尾时常饱[(4)]，免致虫吟误损伤。更将三尾频频浴，解使雌雄有彩光[(5)]。虫呼不贴再添雌[(6)]，二雌不贴尽去之。新下雌儿休要斗，久呼相贴斗当迟[(7)]。

（清赠怡馆增订《王孙鉴》）

【注 释】

(1)莫添双：指不要为一只雄虫同时放入两只雌虫，以免二雌相争，误伤雄虫。(2)连绵：这里指蟋蟀的鸣叫声连续不断。(3)这两句的意思是三尾越小越好，乃至有残疾者更好。(4)交：教，让。(5)解使：才使。彩光：指体色有光彩。(6)此句意为如果雄虫呼雌而雌虫不贴的话，就应该再换一只雌虫试试。(7)这句是说若雄雌相贴不太迅速，雄虫就不要急于合斗。

◎ 又

呼雌之法与君知，不贴之时便换雌。

一个不贴又一个，若还呼久太非宜。

◎ 选三尾法

头项斑麻腿脚长，红黄颜色宛如狼[(1)]。若依此样生成者，不可雌雄一处藏[(2)]。三尾怀胎腹大拖，落条全似小蛆蛾[(3)]。雄如误食当生病，自此临场败者多。呼雌长久太非宜，不贴铃时即换雌。必要黑头身更小，剪须去爪伴无差[(4)]。及时喂饱三雌食，雌若饥时不贴之[(5)]。斗胜忙将三尾退，来朝方入未为迟[(6)]。黑头身小，剪须去爪[(7)]。腹大换小，生子随扫[(8)]。

生子在盆，速刷去之。若雄食之，非病即败。如三尾腹渐大，便要生子，即当舍去，换入腹小者可也。

（清赠怡馆增订《王孙鉴》）

【注 释】

(1)这里说红色或黄色的三尾，且头项斑麻，是相当厉害的，可能对雄虫造成伤害。(2)因此，此句就说这样的雌虫不可与雄虫共处一盆。(3)落条：指雌虫产下的虫卵。(4)伴无差：意思是用这样的雌虫与雄虫相配才不会有差失。(5)古代十分强调雌虫交尾前一定要喂饱，否则相贴的效果不好。(6)来朝：第二天。(7)此句指将雌虫的头须掐去，并将足上的爪花剪掉。(8)这句是说雌虫产下卵来，要随时清扫，以防雄虫食之致病。

◎ 又

呼雌之法与君知，不贴之时便换雌。一个不贴又一个，若还呼久太非宜。蛩声不发莫添双，呼叫连绵情性狂。三尾黑头须是小，剪须去爪正相当。

（清奎章阁《促织谱》）

◎ 养三尾法

常把三尾频喂饱，免得虫儿误咬伤[(1)]。

虽是深秋时与浴[(2)]，雌雄相得有商量[(3)]。

（清赠怡馆增订《王孙鉴》）

【注释】

(1)此句承前句意为若雌虫不喂饱，饿极了就会咬伤雄虫。(2)为雌虫洗浴，即使到了深秋也要经常进行，这一点与雄虫的要求不同。(3)相得：即雌雄相处融洽。

◎ 浴雌

喂食三尾时时铃，免使虫儿咬失伤。

常将三尾频频浴，解使呼雌有彩光。

（明周履靖续增《促织经》）

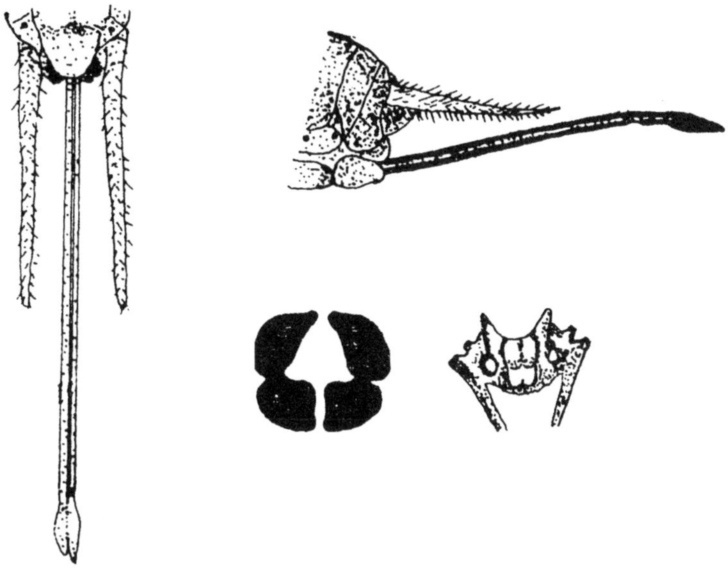

三尾的尾部

◎ 收三尾诀

白露前三日，三雌宜混收。

择其小黑者，伴老总无忧。

（清赠怡馆增订《王孙鉴》）

◎ 下三尾法

早秋先收黑头独腿最小三尾养之(1)，三五日浴一次，露时方下(2)。须频起频落(3)，恐虫昼夜呼雌，过伤元气。须提三尾于别盆(4)，饱喂之。何也？三尾饥中，间有不祥之事(5)。同盆饱喂，则二尾有食多出节之弊矣(6)。慎之！

（明本《重刊订正秋虫谱》）

【注释】

(1)黑头独腿：对三尾的要求与雄虫正好相反，越小越好，越次越好，主要是防备雌虫太强健，会对雄虫造成意外伤害。(2)露时：指白露时。(3)频起频落：指对雌虫的入盆和起盆，都要及时进行，使雄虫既能畅其性情，又不要过度劳累。(4)别盆：另外的盆。喂食时雌雄之所以不能共盆，是因为对二者食量的要求不同。雌虫越饱越好，雄虫则必须控制食量，以防拖肚。(5)不祥之事：指雌虫有可能咬伤雄虫。(6)弊：弊病。

◎ 其 二

到秋先收白露前三尾养之，三五日浴一次。过蛋后，虫身体健，交锋有性，斗之必胜。

（明本《鼎新图像虫经》）

◎ 其 三

白露前，收三尾背黑头小者，用土盆溜过，再下二尾盆内。下过之后，喂食宜饱，勿使有失。隔三五日须浴一次。

（清金文锦《促织经》）

◎ 其 四

三尾须收白露前，收于宽盆内养之。食水不可缺，二三日浴一次。过蛆(1)即为拔去，一日可交数次。晚间宜起去，不可共盆，恐有意外疏虞。慎之！

虫患病，若至白露前后，则将雨水晌热(2)，并三尾浴之方好。

（清麟光《蟋蟀秘要》）

【注释】

(1)过蛆：即前文的“过蛋”。蛆，雄虫之精囊也。(2)晌热：即放在太阳底下晒热。

◎ 其 五

白露前捉三尾，以多数为主(1)。入盆后，必多予之食，以饱其腹，无使自食同类，是第一要着(2)。盖三尾以头翼黑者为最宜，凡黄头者弃之(3)。且蟋蟀早秋临斗，必先下三尾，以畅其性。若时届寒露，三尾或按日(4)下之，或间日下之，须视天时为定，且宜用小者最佳。晚秋寒气渐浸，三尾之小者，呆立已无活相，又不若大者体势(5)玲珑，下之最为适宜。若头额雾翳不明(6)，抑其腹忽然收缩，不论大小，皆老而无用矣，须弃之。

（胡耀祖《蟋蟀试验录》）

【注释】

(1)这一句是多多益善的意思，指三尾不分大小，越多越好，留作以后选择之用。(2)要着：重要的问题。(3)由此句也可以看出，雌虫的挑选标准与雄虫正好相反。(4)按日：即每天。下句中的“间日”是指隔一天。(5)体势：指蟋蟀交配时的动作。(6)指雄虫头上的色泽忽然变得昏暗不明。

◎ 其六

白露前三数日，捕取三尾。须择其身瘦小色黑，腿爪细弱者；飞雌为(1)最佳。

头忌麻，项忌斑，脚忌长壮。颜色以黑者为佳，切忌红色、黄色也。

三尾落条如小蛆蛾，如雄虫食之，必生病不能斗矣。慎之，慎之！

虫如长久呼雌，最易伤翅及损气力。如呼之不贴，急须换饱食之雌，则必贴矣。夫虫之呼雌，如人之欲动，久呼不贴，则添二雌亦可；再不贴，则尽去之，另下新雌。如得初捕时同窝三尾(2)更妙。飞雌尤佳，但过早秋，则难得矣。

三尾宜剪去双须，以免雄虫认为同性而斗(3)。拔去三尾之脚筋，使之无力，庶不致踢伤雄虫也。三尾过蛆，即为摘去。宜三五日浴一次。此秘法也。

（石孙外子《蟋蟀谱》）

【注释】

(1)飞雌：指内翅（亦称白衣）长于外翅的雌虫。(2)同窝三尾：民间养虫者认为蟋蟀往往是成对地住在洞里，是为“原配夫妻”。以后配雌，能以原配雌虫为最好。是否有效，不得而知。(3)此说颇为无稽。动物之间判断雌雄，是它们天生的本领，根本不可能发生判断错误的情况。自然界的蟋蟀雌雄都有双须，但它们谁也没认为对方是同性，否则，它们靠什么繁衍后代？

◎ 下雌之辨

夫蛩忽然鸣叫，开盆看时，若三尾相傍(1)，谓之辨雌(2)，即日可胜。若三尾在外或窝盖上，谓之忆雌，可赶使入内。若又逐出而鸣叫，谓之厌雌，可另换一雌伴之。否则淫性不遂，便至痴呆不斗。

（清赠怡馆增订《王孙鉴》）

【注释】

(1)相傍：互相靠近。(2)“辨雌”“忆雌”“厌雌”之说似乎牵强，聊备一说耳。

早秋蛩未下雌，必至沿盆跳跃，甚且撞破头脑，碰断头须。宜用干净细纸，剪圆贴于盆盖，可免伤损(1)。即如盆中水盂，亦要配合得法。蛩至中秋，斗性发作，贴雌后每每张牙踢脚，水盂高厚或踢断腿脚，矮薄或咬损牙钳。深秋及落汤后(2)，尤多此患，故水盂以磬口细巧者为佳(3)。蛩至落汤，已渐衰老，腿脚发脆，偶一跳跃，辄至堕腿牵筋，尤须留心看视。如呼雌不贴，即与调换元雌(4)。蛩在汤中，不无火气，呼雌不着，往往火结。一不留心，便尔铃门发黑，以至结粪无用(5)。猛烈之虫，尤易中此，不可救药，诚可惜也。

（清秦子惠《王孙经补遗》）

【注释】

(1)这几句说的是用软纸贴在盆盖上，当蟋蟀跳跃时，头触软纸，可免伤须。如此，则贴布似更有效。(2)落汤：即到了深冬用热水为虫保温。详见下文有关内容。(3)磬口：小口。(4)元雌：即“原配”雌虫。(5)结粪：蟋蟀尾部粪便干结成块而不能落下，这是蟋蟀受热所致。

◎ 辨雌

凡虫忽然鸣于盆内，即轻启盆盖观之。若有雌虫相傍，谓之辨雌，即日可胜也。若三雌在外，或在窝盖上，谓之忆雌，可赶雌入窝内。若又逐出三雌而鸣，谓之厌雌，可另换雌伴之。否则淫性不遂，反使虫痴钝，斗则必败也。雌再不贴，宜再更之。使阴阳和调，虫身健旺，斗则必胜矣。此等处，畜虫者切宜记取之也。

（石孙外子《蟋蟀谱》）

上等之虫，至秋分节配以三尾二三头，另养一盆，更相调换，使蛩易于落蛋(1)，不至有并铃之患。至霜降时，雌多生子，不复和连(2)，自须另换元雌。元雌养至霜降，均已钳牢肉足，亦能健斗。已经破口之蛩，时刻思斗，放雌下盆，偶被触动，每每起翅张牙，如遇凶雌，亦必启齿对咬。雌牙尖小，最易伤虫马门(3)，以致艰于起闭。出栅之虫，数栅省夹(4)，并未受伤，忽而牙门损坏，皆由此故。下元雌法，须候虫呼雌至急，看其将身倒退，摇尾不止，见雌并不张牙，则下元雌落盆，可立等其过蛋。过蛋后则两相和连，无对咬之患矣。养蛩家都不留意于此，以致佳虫受伤，诚为可惜；亦非经验不知也。

（清秦子惠《王孙经补遗》）

【注释】

(1)落蛋：即“过蛋”，详前注。(2)和连：雌雄蟋蟀之间相互引逗及交尾。(3)马门：又称牙门，即蟋蟀的上唇。详见本书有关蟋蟀辨别的内容。(4)省夹：指蟋蟀在格斗中用牙不多。

◎ 三尾子

三尾子，雌促织也。颠倒阴阳，伏于雄背过子[1]。隔一二日，啮子而食之[2]，又从中尾生出，亦天间一大怪事。雄者无雌，则形神多懒[3]。有子而呼，三尾子即就之焉。其形状取青色而微小者为上，中秋前多为罗置以待用[4]。中秋后生者，性好咬啮，不可用。若浑身赤色，或遍体淡白，红头朱眼，白牙青项，黄黑翅，花腿，五色全备者[5]，皆不可置一处，贻害非轻。雌雄配合之后，将雌者五六日一浴，则光彩而无油。

（清梦桂《蟋蟀谱》）

【注 释】

(1)过子：指交配过铃。(2)这里说雌蟋蟀将尾部的精囊吃掉。(3)形神：指蟋蟀的神色及斗性。(4)罗置：即罗致，收罗。(5)上面说的几种体色，在雄虫中均属佳品，在雌虫中亦然，所以不可与雄虫相配，以免雄虫受到伤害。

《毛诗品物图考》中的蟋蟀图

◎ 下雌法

以白露前三尾，三五日浴一次，过蛆即为摘去。蛩身旺健，下芡有性，斗之必胜。后以浮萍捣汁浴之，再用河水过之，即将童便、清水各半饮之，用青色跳虾虫二个，捣碎与蛩食之。一日可交几次，晚间宜起，不可共盆，免致意外疏虞。

蛩之呼雌，如人之欲动。待其寻对长鸣，方投雌下盆。择取黑头三尾，身材要小，两须尽去，恐惹相争。脚筋抽去，使无气力，不致误踢，以伤促织。如雌赶跳，必宜更易。虎头最忌，飞雌第一，有即觅收，以后难得。同窝雌儿，是其自择，仍其元配，省事便宜。

（清赠怡馆增订《王孙鉴》）

白露中落雌，养蛩家常例[1]。然迟早之间，亦不可执一而论[2]。如处暑出土之蛩，不妨迟至秋分后；至白露出土者，均已配过三尾[3]，过迟则有子胀等病[4]。或于闷筒内养过数日，则落盆三数日便可下三尾。拣三尾法，宜于处暑前半节[5]，广收多养，分作三等[6]。以中尾色白[7]，须全尾足，未经过蛋者，选为汤雌[8]。次则以出身潮嫩[9]，厘码匀称者[10]，留备调换。再次则以断须缺爪者，为当时应用。每盆多不过三四头，若汤雌一盆只可一二头，多则必致咬坏。盆内亦须收拾清洁。凡色相合选，性烈善斗之虫，配以三尾，日起夜落，习以为常。伴熟后另养一盆，标明盆盖[11]，以备临斗更换。汤雌于中秋时，宜与过一二蛋，再安放静处，不得使闻蛩声。

（清秦子惠《王孙经补遗》）

【注释】

(1)常例：通常的做法。(2)执一而论：拘泥于一种看法而不知变通。(3)这句是说蟋蟀在野外生活时已经交配过。(4)子胀：指蟋蟀精囊没有排出。(5)前半节：一个节气十五天，前半节即七八天。这句是说处暑后的前七八天。(6)分作三等：指把收来的雌虫按照优劣分为三等。(7)中尾：指雌虫的产卵管。(8)汤雌：留到冬天再用来配雌的雌虫。(9)潮嫩：柔嫩。(10)厘码：即体形的大小。(11)此句指在盆盖上标明雌虫的收养日期。

【注释】

三尾务须挑拣长枪、黑衣、小脑袋、细腰身者用之，黄翅刻短枪大肚及小个金三尾[1]，皆万不可用。最好者飞子三尾，枪长衣黑，细腻文气，谓之美人三尾，接铃子极伶快[2]。后秋虫全仗好三尾，若铃子不透，虫即懒斗。必须多屯[3]，用小山罐，一罐一个，铺活土底，以备插下扎子[4]。更须与蛐蛐桌子隔远，不然闻虫叫铃，三尾在小罐乱碰，难免损伤，须体察也。又云："任尔将军虫，凭你大把式，若无好三尾，也难争口气。"是以养虫家，三尾不可不讲究也。

（清拙园老人《虫鱼雅集》）

【注释】

(1)黄翅刻：黄色的翅膀。翅刻，亦可写作"翅壳"，北京方言，指蟋蟀的双翅。(2)接铃子：意同"结铃"，蟋蟀交配。伶快：迅速，利索。(3)多屯：意指多多地畜养。屯，屯积也。(4)扎子：蟋蟀将产卵管插入土中排卵。

◎ 上食法

凡蛩至深秋，其雌凶恶。到晚宜将雌起出，待雄食饱，雌另食饱贴下[1]，不致雌雄互相争食之患，最宜慎之。养蛩者用心于雌雄，两得其饱，双得其暖，才为上策[2]。

（清赠怡馆增订《王孙鉴》）

【注释】

(1)另食：指喂雌虫要在另外一只盆里进行，不要与雄虫共喂。(2)上策：最好的办法。策，对策。

六、养　忌

◎ 蓄虫所忌

硫黄桔气最难当[(1)]，煎药须教莫近旁[(2)]。

顿处常教遮得暗[(3)]，切须休露太阳光。

（明周履靖续增《促织经》）

【注 释】

(1)硫黄桔气：硫磺有一种刺激性气味，橘子的气味亦很浓烈，皆对蟋蟀不利。(2)煎药：指熬中药时散发出来的味道。(3)顿处：指放蟋蟀盆的地方。顿，安放。

◎ 又

忌草菜之物[(1)]、油腻饭水[(2)]、隔宿东西[(3)]，忌酒后玩弄，忌桔麝诸香，忌油烟风日，忌不净妇女[(4)]，忌黑心人借观[(5)]，忌小儿辈揭盆偷看，忌破缺盆钵、不稳厨桌之类[(6)]，须细参详。

（明本《重刊订正秋虫谱》）

【注 释】

(1)古谱认为以青草菜叶之类喂蟋蟀，容易伤牙。(2)蟋蟀吃了带油的食物，容易厌食。(3)隔夜食物易发霉，能引起蟋蟀的疾病，甚至致死。(4)不净妇女：指在例假期的女性。(5)黑心人：这一句主要是说要防止心坏的人借看虫之机使坏。(6)此句主要是说防备蟋蟀盆翻倒。

◎ 蛩性所忌

凡蛩最忌酸气。昔有养蛩之家煎醋[(1)]，屋窄不及深藏，装入大木桶内，将厚被盖之，以为无虞矣[(2)]。次日开看，尽皆卷须垂尾而毙。故醋甏之旁，不可轻置。又经香气触损不得，香触则竟不斗。诸凡橙桔香橼等类是也。至合香冰麝等物[(3)]，为害更甚。

蛩之有红铃，犹人之有赘瘤也[(4)]，感火热或湿毒而生[(5)]。如产于新砖瓦堆、窑灶基内及卑湿之地[(6)]，或新盆火气未退[(7)]，将水浸润过湿，多致生铃。亦有深秋脱铃而斗者。

（清赠怡馆增订《王孙鉴》）

【注释】

(1)煎醋：即熬醋。熬醋时酸气挥发得更快。(2)无虞：没有什么可担心的。(3)冰麝：冰片和麝香，均有极浓的异味。(4)赘瘤：肉瘤。(5)湿毒：湿热之气。(6)卑湿之地：低洼潮湿之地。(7)火气：指新出窑的蟋蟀盆的燥热之气。

◎ 戒看

毋饮酒，毋带花[1]，毋吃烟，毋携俗人[2]。

（清麟光《蟋蟀秘要》）

【注释】

(1)因花有香气，亦于虫不利。(2)俗人：应前文中所说“黑心人”也。

◎ 虫中四忌

一忌香味，虫见香必定伤。秋季有兰桂花，皆须放远，不可相近。凡爱养此物者，身边决不佩带香串香囊等物[1]。最利害者潮脑一物[2]，如闻见，虫即昏晕。不可不知也。

二忌雾潮。如下大雾，即将支钱撤去[3]，用苇帘遮住[4]。俟雾气散后，再为打开。

三忌烧酒葱蒜气味。凡知者醉饱之余，决不掀罐盖赏玩，恐虫受伤。

四忌煤烟柴草气。倘邻家或熏蚊虫，或做饭食，有串过此等气味[5]，亦须撤支钱，不令染受。

（清拙园老人《虫鱼雅集》）

【注释】

(1)香串：以香料制成小球，以线串起来。香囊：将香料装进小袋里。二物均可随身携带，或挂在帐内，作为装饰物。(2)潮脑：即樟脑。因出潮州，故名。(3)支钱：古代养蟋蟀为了透气，常用铜钱将罐盖支起来，露出空隙，这枚钱就叫支钱。(4)苇帘：用芦苇编成的草帘。(5)串过：透过来。主要指烟、气等。

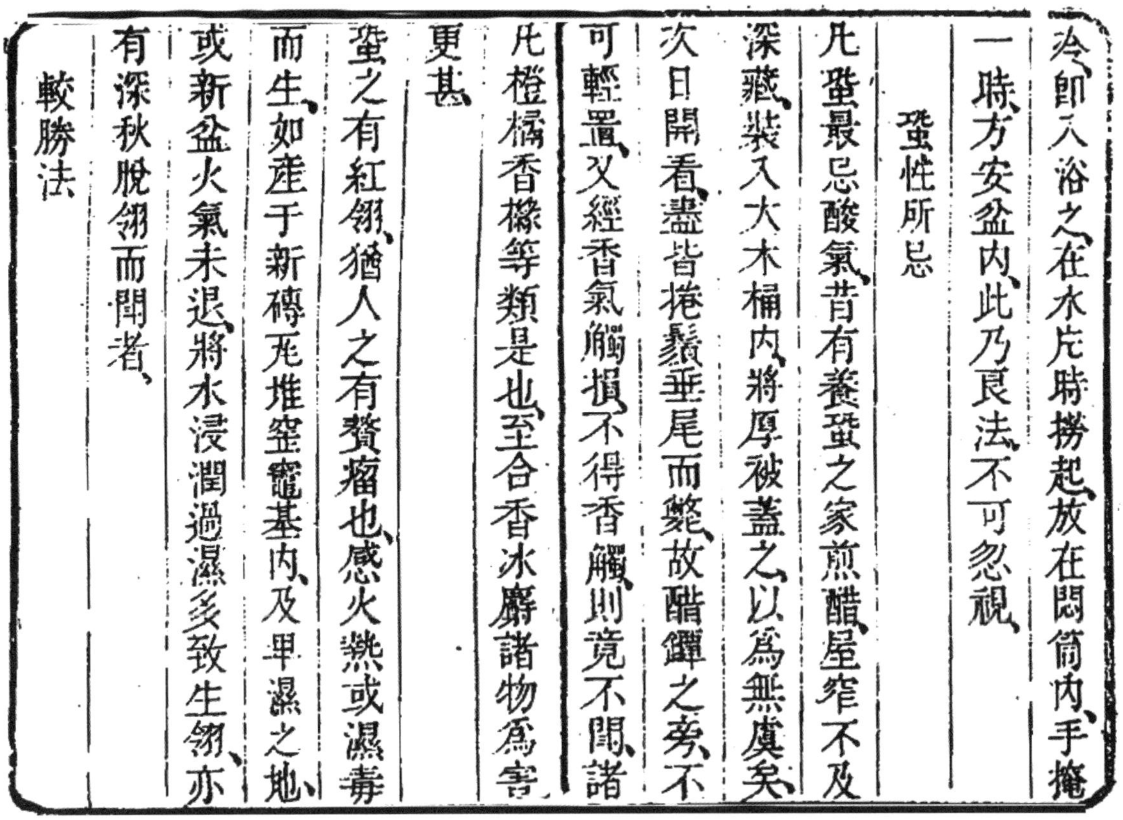
冷、卽入浴之在水庀時撈起、放在鬪筒內、手掩
一時、方安盆內、此乃良法、不可忽視、
蛩性所忌
凡蛩最忌酸氣、昔有養蛩之家煎醋、屋窄不及
深藏、裝入大木桶內、將厚被蓋之、以爲無虞矣
次日開看、盡皆捲鬚垂尾而斃、故醋罈之旁不
可輕置、又經香氣觸損、不得香觸、則竟不鬪、諸
凡橙橘香櫞等類是也、至合香冰麝諸物爲害
更甚、
蛩之有紅翎、猶人之有贅瘤也、感火熱或濕毒
而生、如產于新磚瓦堆窰竈基內、及卑濕之地、
或新盆火氣未退、將水浸潤過濕、多致生翎、亦
有深秋脫翎而鬪者、
較勝法

古谱中的“蛩性所忌”

◎ 防微

朝晨出宿看虫形[1]，须交提出斗盆听。

捻聒叫声观喜怒[2]，蛩喜如同虎啸声[3]。

（明周履靖续增《促织经》）

【注释】

(1)朝晨：即早晨。虫形：蟋蟀的体形体貌。(2)捻聒：用芡草撩拨使其鸣叫。(3)虎啸：老虎的吼叫声。

七、保　温

◎ 搭　晒

深秋方用搭晒工夫。虫受夜寒，早不起翅，挪向嫩日中，搭以竹帘，名为“花一花”。再寒用花晒，过寒用敞晒。虫亦有知，皆贴向前罐帮，奔火抢阳光。听虫起翅，即须遮以竹帘，名之曰“回上”。始遮一层，再重复之。俟虫叫圆了盆，再撤帘子，将桌搭开。帘子亦有用斑竹者、玉草者、虾米须者。大冷用苇织大戳帘，终日向阳。但见火罐子必须拣厚薄一律，以为得火之大小一样，无先透后透之虞。所以家具必须多，且须勤换。罐底过湿者，见火又恐潮蒸，到底真罐取贵者，留得住火，温暖得长久。假罐透得快，凉得速，盖因泥性太差，不如真者多多矣。

（清拙园老人《虫鱼雅集》）

◎ 吃汤法

蛩本秋虫，养至落汤，真有起死回生、脱胎换骨之妙。汤中之虫[1]，入栅看芡轻浮者[2]，非受热则将老；呆木者，非欠蛋则着凉。必得遍栅飞腾，受芡有力[3]，乃可使斗。如入栅未及开芡，一闻聒叫，早已鼓翅张牙，此中多出了虫。苟非调养珍惜，历斗从未受伤，周身无丝毫病故，安能若此？所谓起死回生、脱胎换骨，色已干者，落汤有时反明；久不食者，落汤转能得肉[4]：是皆挽回造化，培养后天，人力所致，亦可结冬。至如油毛沙血兼全，光彩精神俱足，非特善斗，必且寿长，又何患其不结冬也。

（清秦子惠《王孙经补遗》）

【注释】

(1)汤中之虫：指已进入寒冬保温阶段的蟋蟀。(2)看芡轻浮：对用芡的反应迟钝。(3)受芡有力：对用芡的反应灵敏。(4)得肉：指饮食变得正常，体重增加。

早秋之虫，取其苍老[1]；落汤之虫，又欲其少嫩。两说似不相通，实则皆有所据。出土苍老，合口必重，且可早斗。直至落汤，仍属矫健，精神光彩，转觉少年[2]，此等即系三秋将军，必能结栅[3]。如出土稍嫩，必须迟斗，养到深秋，肉苍壳老，脱尽嫩相，或浅色变为黑色，宽声变为急声[4]，亦可望其结栅。总之，苍老之虫，落汤反嫩，捉嫩之虫，落汤反老，皆称异品[5]。盖苍者历久无仰头不食之病，嫩者遇冷有应时变态之姿，无敌之虫实不外此二种矣。

（清秦子惠《王孙经补遗》）

【注释】

(1)这句的意思是说，早秋时选择蟋蟀要尽量选苍老的，以便能早斗。(2)少年：指蟋蟀变嫩了。(3)结栅：与“结冬”意同，即斗到最后，一直到深冬。(4)宽声：即蟋蟀的叫声缓慢低沉。一般是老虫的鸣叫。急声：鸣声急促，一般是嫩虫的鸣叫。(5)异品：指优异之虫。

插汤以进冬门为度[(1)]。立冬以前，如遇风信[(2)]，虽至冻僵，弗插也。早插汤则蛩早老，且天时乍冷，必要回阳[(3)]。蛩在汤中，最易泡酥，且多修须咬爪花等病[(4)]。善养蛩者，欲其深汤中健斗，须俟立冬后二三次风信，蛩果不吃食懒贴雌，然后落汤，则虽迳用老汤[(5)]，可无意外之病矣。

（清秦子惠《王孙经补遗》）

【注释】

(1)插汤：意同“落汤”。进冬门：指立冬。(2)风信：指刮起冷风来。(3)回阳：指天气转暖。(4)修须：蟋蟀用前爪梳理头须。(5)老汤：指保温用的热水温度较高。

八、用　盆

◎ 三秋养蛩法

一说凡促织遇早秋，戳底凉盆[1]，放湿润处养之。中秋下土盆养之。深秋用纸覆盆盖及底[2]。促织畏冷不食，可用带血蚊虫三两个与之食之[3]。此乃三秋养促织之法也。

（明本《鼎新图像虫经》）

【注 释】

(1)戳底凉盆：指没有砸泥底的蟋蟀盆。(2)天冷时蟋蟀盆衬纸的方法，是把盆盖和盆底的里面用纸贴上。(3)用活蚊虫的头血喂蟋蟀，是传统的治病方法。实际是用带腥味的饲料改变一下它的口味，重振它的食欲。

◎ 养促织法

调养之法，早秋深秋之不同。早秋要激底凉盆[1]，放在背阴湿润处[2]。深秋要热底暖盆[3]，放在和暖处，勿掀。

（清奎章阁《促织谱》）

【注 释】

(1)激底凉盆：同前“戳底凉盆”。原作“盆凉”，误。(2)背阴：与向阳相反，房屋靠北的一面。(3)热底暖盆：指经过衬纸的蟋蟀盆。

◎ 三秋下盆法

凡促织遇早秋，用高大凉盆，放阴凉处。中秋下土盆。深秋用磨光小巧细盆。

（清金文锦《促织经》）

◎ 又

早秋余暑犹烈，虫性畏热，如窝干土燥，则虫必死。故盆每日宜用冷茶浸湿两次，水更换三次，虫自无病，光彩焕发矣。中秋宜用旧盆，水日更二次。晚秋渐冷，宜用新盆，置避风处；盆较小无妨。

（石孙外子《蟋蟀谱》）

◎ 养虫要言

早秋得虫上盆(1)，宜耐心养之，于中秋后定斗，必多枭将健战。最忌频频开盆看之，尤不可向日中观看。虫牙根尚嫩，不宜用芡挑逗，恐其开闭损牙也。如此细加爱惜，虫自不易老衰，深秋时必更健斗而易得胜矣。近日畜虫者，每喜早斗，虫力未足，以致败失，非虫之罪也。

（石孙外子《蟋蟀谱》）

【注 释】

(1)上盆：与前文“下盆”“落盆”意同，都是指将得来的蟋蟀入盆内畜养。

◎ 汕 罐

汕罐不可用井水。凡养虫家必收存三伏天雨水，以备饮虫、汕罐。初秋蒙头水透汕，中秋后只汕罐腔，霜降后只铺罐底。无论寒暖，每日须汕，不可间断。罐子要潮润，串子要干洁。串子即过陇，有许多名目。至好者曰宣德串，其次五福、鹦鹉偷桃、五福拉花、鹦鹉拉花、白泥、紫泥、万礼张、菊花串、寸方子、单枣花、双枣花、哈拉扁、方胜、扇面式，种种不一，各有真假。养盆中只要陈旧无火气者即可，真串作起盆用之最好。

（清拙园老人《虫鱼雅集》）

九、选　盆

◎ 盆 式

南宋时始制[(1)]，盆式深大高厚，形体方圆不一。盖有平盖、坐盖、飞边盖[(2)]，盖中有眼无眼[(3)]，有起韭菜边者[(4)]。底有平底、凹底[(5)]。足有三足、四足、五足、六足，有圈足、兽足、芝足、云足[(6)]。飞边盖者，其足尖如芝形，有四兽纹阴花、锦纹阳花。

棠花式盆有纹云龙、荷鹭、锦纹阳花[(7)]，唯冰梅阴阳纹[(8)]。

半闲堂盆式同以上各种，金玉珍宝镶嵌，坚厚郑重[(9)]，纹如锦不一。（杭州西湖葛岭园故址，土人掘地得之，残损者最多。唯当湖延陵家藏一盆，金饰郑重，精美完好如初，足珍也。）

又六角锦纹盆。

元制盆式矮扁圆形如鼓，盖平无边，底平无足。素质者如鼗鼓[(10)]，口底上下两周皆乳，底有“大元至德年制”六楷字阴文。

明制盆式如古制，纹有双龙，细镂花鸟、锦文、冰梅竹、龙凤、双凤、云鹤、荷鹭、云物[(11)]，嵌以珠宝，饰以金碧。其款式大小不一，方圆俱备，无不精巧。夹底盆式如古制[(12)]，纹有荷鹭、鹤鹿、冰梅、花卉、竹石、断锦文、人物、山水、流云、龙凤各式。内用五色细磨砖片，间杂成锦纹，镶于盆底，如地平砖式[(13)]。纯素盆式断竹直口[(14)]，平盖，细镂花鸟，“盆式”如嵌宝，唯略扁二三分，质略薄一分。

商山巨室所藏皆有金碧之饰[(15)]。

细镂锦纹盆。

素甘断盆。

高深五寸，罗元一尺六寸五分[(16)]。

高深四寸，罗元一尺盈二寸。

高深三寸，罗元九寸有奇。

高深三寸，罗元九寸。

以上盆底俱有年号制印。阳文皆长印，阴文无边，楷字“大明宣德年制”。亦有正德、天启年号等印。又有芝兰堂、索兰堂、瑞芝珍玩等印，俱方式。

清时盆，京式如鼓形[(17)]，有秋声馆仿古各式[(18)]，安公盆仿古各式，留耕堂仿古各式，李东明仿古各式，绿云馆仿古各式， 俱细澄泥，制作极雅。

（石孙外子《蟋蟀谱》）

【注 释】

(1)关于蟋蟀盆出现的年代，这里是持南宋说。(2)平盖：指蟋蟀罐的盖子上下皆为平面，不凸不凹。坐盖：盖子的下面凸起，盖子正好陷入罐口，盖得较严实。如第114页的“元至德盆”。飞边盖：盖子的周围有薄边，盖上后盖子的边缘能覆盖住罐口。如第109页的“宋平章盆”即属此类。(3)有眼无眼：眼，指盖子上的通气孔。有的盖子有眼，有的则无。元王府盆盖中有钱形眼，即属有眼的一种。(4)韭菜边：宽窄如韭菜的薄边。(5)平底：盆底的下面成一平面。凹底：盆底的下面凹进，只周围着地，中央部分不着地，有如碗底。(6)是指蟋蟀盆底部着地的腿，现在的蟋蟀盆没有这种腿。圈足：盆足只是简单的圆圈形。兽足：盆足如兽爪形。 如“宣和盆”。芝足：芝指灵芝，形如蘑菇。芝足即倒蘑菇形。云足：盆足饰以云纹。(7)这几种都是古代传统图案。云龙绘龙在云中翻腾。“宋平章盆”和“元王府盆”均是。(8)冰梅：底为冰裂纹，纹上绘梅花，是古代的常见纹饰。(9)坚厚郑重：厚实坚固而又端庄规整。(10)素质：指蟋蟀盆上没有花纹图案装饰。鼗鼓：小鼓，俗称拨浪鼓，为儿童玩具。(11)双龙、花鸟等几种是中国古代工艺品中传统花纹图案。(12)夹底盆：即下文所说的蟋蟀盆的盆底再以磨制的砖片铺设。(13)地平砖：即地板砖。(14)断竹直口：指蟋蟀盆的口如断竹的横截面，较平直。(15)商山巨室：可能系某玩家的斋号。另，商山为地名，巨室即富豪。此句亦可理解为商山的某位巨富。(16)罗元：指罐的周长。(17)京式：指北京的蟋蟀盆式样。因气候的关系，南北蟋蟀盆是有区别的。京式盆较厚，南方盆较薄。(18)秋声馆、留声堂等，应为当时著名的蟋蟀盆制造商的斋号。

◎ 选 盆

盆须陈旧。新盆有火气，虫体受伤。初秋用高大凉盆，万礼张瓦罐名曰马蹄盆，最为得用。后秋用细泥小巧之盆。均须陈旧，且罐底务宜活土底，汕时渗水；死底汪水，无益蟋蟀。盆名色多矣，统曰“赵子玉制”，真者有十三种，曰白泥、紫泥、藕合盆、倭瓜穰、泥金罐、瓜皮绿、鳝鱼青、鳝鱼黄、黑花、淡园、大小恭信、全福永胜、乐在其中，以上十三种。又有太子盆、蝴蝶盆、都人、白山、闲斋、敬斋、净面、深足、直樯、中樯、大瓮儿、糠胎、康熙盆，种种名色，有真者，后亦有仿烧者，泥性差多，经师家勿庸看，上手一摸，便分真伪。亦如辛家坯烟壶，一理也。万礼张罐子可用。又有彩山窑及各色苏盆，皆不可用也。

（清拙园老人《鱼虫雅集》）

◎ 论 盆

盆以贮虫，不可不美器。如连武之竹节盆[(1)]，宋贾秋壑之瑞毅盆，张之宣窑盆，有龙凤、山水、花卉、人物进贡盆，御窑五彩瓷盆，梅稍月盆，五判盆，五鱼盆，清玩盆等名，不一而足。由京思之[(2)]，古人之制度，未尝不精巧。特其盆太薄，近日易热，近风易冷，宜于南不宜于北；况未易购求。如得此盆，当陈设于明窗净几之间，花影蕉阴之下，以为清玩可耳。若夫日用以贮虫者也，洗盆必须用雨水或甜水，棕刷刷净盆内秽气，用布手巾拭干，免虫受伤；若受伤则斗时不妥。必须洁净粪稀，排斗而胜者。 制新盆须用雨水或甜水煮，再用三合土、江米汁垫好，用雨水浸泡透时，贮虫方妥。自己用心收什洁净[(3)]，则虫永无弊病，不可粗心草率而矣。

（清天绘阁《蟋蟀谱》）

【注 释】

(1)“连武”及下句之“张”不详何人，该是古代的制罐或养虫名家。竹节盆：指盆的外形如竹节状。(2)此句中“由京”不辞，“京”应为“今”之音误。“由今思之”是文言中的常用短语。(3)收什：即收拾。

◎ 三秋换盆说

早秋余暑犹烈，虫性畏热，如窝干土燥，则虫必死。故盆每日宜用冷茶浸湿两次，水更换三次，虫自无病，光彩焕发矣。中秋宜用旧盆，水日更二次。晚秋渐冷，宜用新盆，置避风处；盆较小无妨。

（石孙外子《蟋蟀谱》）

◎ 填盆法

先将新盆用汤煮沸数次，然后可填。用千年陈石灰一分，瓦坯泥筛细者二分，将水调匀杵稠，称定分两，用打铜店铁羊头，徐徐按实，毋使其光；光则损蛩足锋。

（清赠怡馆增订《王孙鉴》）

◎ 又

宜用琉璃瓦面、蚯蚓粪、苏薄荷、黄立土、童便、陈灰、青苔、江米石，共为细末，过罗对准分两，用江米汁填好，再用生绿豆嚼碎图满盖。

（清麟光《蟋蟀秘要》）

◎ 又

新盆火燥之性甚烈，用青水煮四五次，则火性稍解。然后用十年陈石灰一分，瓦坯泥二分，用天泉水调匀，戥定分两，每盆若干。用木棒平头者捶之，使极坚实。但慎勿光滑，致损虫之足锋也。

（石孙外子《蟋蟀谱》）

◎ 笼

唐天宝年间(1)，宫中制笼，以金丝为之。

【注 释】

(1)详见五代王仁裕《开元天宝遗事》中的“金笼蟋蟀”条。

◎ 关(1)

旧制以竹为之，竹丝为盖，两孔启闭。其式长。

【注 释】

(1)关：一种用来装蟋蟀的竹质虫具。

◎ 线 罩

昔以竹为罗形，以线结网，如半丸状，加漆染之，取其牢固也。今以细铜丝为之，尤佳。

◎ 杏叶锹

以纯钢造锹，式如杏叶，以檀木为柄。

◎ 竹 筒

以竹为筒，长二寸许，围四五分，以节实处为底，虚空为口，便于纳虫，以草塞其口。江南人或截芦管为之，较竹为轻，易于取携。

（石孙外子《蟋蟀谱》）

◎ 盆栅名式

栅制亦各随时地而互有不同[(1)]。初用绝大蛩盆，名曰斗盆。继用圆栅，以纸为之，如帽笼式，而上无遮盖。每至交口，有跳出栅外者；且其内广阔，猝难凑头，此未尽善之式也。后改为长栅，亦曰方栅，如书本样而稍狭，高寸余。上作盖两扇，以竹丝或铜丝作直楞，名曰观笼。盖两头俱用闸以启闭，中亦用闸，名千金闸。俟两蛩奋武[(2)]，方启中闸芡斗。总称之为栅船，以盖上直楞中高旁下，似圈篷船式，故名栅船也。至上江之栅，与下江者稍阔而短，楞亦用竹。但下江之楞纵而高，上江之楞横而平，故用芡亦稍异。至秋尽冬初，天气严肃[(3)]，非藉温暖之气，难冀其英雄如昨，则用锡镶栅，于中以温汤灌而暖之，使栅内常如春温，方能展其伎俩， 是谓锡栅船。愚意其形长方，有类乎砖，当名为锡栅砖。然直名锡暖栅为宜。今虽酣乎垄断者，亦未辨此矣。

唐时宫中仅以金笼贮置枕函畔，以听其声。闻赵宋后始有盆。余尝闻当湖延陵氏家藏一盆，系贾平章半闲堂遗物，金饰郑重，完好精美，足称雅玩。时有好事者，数欲钩致之，终不能夺。后阋墙致毁[(4)]，深足惋惜。明以宣德盆为贵，其款识大小具备，无不各极精工。有一种名夹底盆，内用磨细五色砖片，间杂成纹，镶于盆底，如铺方砖式。外则有纯素者，如古炉之精彩煜煜，光可鉴人。有细镂花鸟锦纹，嵌以珠宝，饰以金碧，绚烂夺目。维时商山巨室，多尚此盆，后人称为商山盆。间得一二，可置案头清玩。近来制造粗恶，鲜有当意。俗尚京盆一式，工料粗恶者，仅足供稚子拦街斗戏而已。松梦斋一式，制作精美，稍觉太高。 余家西府甘蔗段式，用澄泥烧造，大小高下，酌适其中，

赏鉴家争购欲狂，惜不多得。后有同志者仿而效之，庶几不泯此韵事云。

（清赠怡馆增订《王孙鉴》）

【注释】

(1)栅制：斗栅和斗盆的形式。(2)奋武：指蟋蟀斗性初起，跃跃欲试的样子。(3)严肃：这里是指天气严寒。(4)阋墙：兄弟之间闹矛盾。

◎ 吃汤法

乾嘉[1]时此法未行，每斗至交冬，则已结栅。其法始于江浙，后人精益求益，遂有汤箱汤桶，以便携带；兼制汤板汤栅， 以资决斗。虽届冰雪严冬，而汤中之蛩，若早秋矫健，是真挽回造化，神乎其技矣。今人每用草窝[2]，将盆团团摆列，中用瓷坛或酒瓮贮开水令满，用锡盖[3]闭紧，外加棉套三层[4]，如棉帽式。一日夜只须换汤两次[5]，稍凉则除去棉套一层，上用棉被盖好，令温和不散，则蛩必健。最忌时时开看，致使冷暖不匀，蛩必无情多败。如用木桶，较草窝尤为温暖。用木汤胆，外面包锡[6]，取其光滑，亦用棉套两层，加减一如前法。唯暖气上腾，桶底每有不和之患[7]。宜用隔底板，与桶底相悬数寸许，中开一圆孔，仍将汤胆坐实桶底，令其温气常存。若天气稍暖，每日只须换汤一次，置之无风静室，即养至冬节严寒，不患其冻坏也。

【注 释】

(1)乾嘉：指清朝的乾隆、嘉庆年间。(2)草窝：用草编的草筐。(3)锡盖：用锡盖传热的效果好，可以使暖气从瓷坛内缓缓散出。(4)这里是说瓷坛外再加三层棉套，目的是使瓷坛散热不致太快。(5)换汤：指换瓷坛内的热水。汤，热水。(6)这两句的意思是说盛水的器具用木质（即胆，相当于上面的瓷坛），外面为了光滑，再包上一层锡皮，锡皮外还要包棉套。(7)不和：即不暖和。因热气上腾，所以桶底的温度比上半部要低。

吃汤一说，已详于前。又有一法，名水火汤，尤为便利。法用锡桶一个，高可[1]二尺，广[2]七寸。桶中起边沿一层，内套紫铜汤胆，约高一尺，广五寸。锡桶贮水，铜胆置火炭基[3]，烧红以灰掩之，令火气不暴[4]，汤亦常温。锡桶须高出汤窝寸许，盖开一孔，以便出气。如遇严寒汤冷，则用大炭基，并埋下三四寸，可免受冻之患。且真伏基[5]可以接着，不必多烧。此法寒暖极匀，可保无失，较之水汤，工力俱省也。

（清秦子惠《王孙经补遗》）

【注 释】

(1)可：大约。(2)广：指桶的直径。(3)火炭基：指煤。火炭，与木炭相对而言。(4)不暴：指火不能着起来。暴，暴烈，厉害。(5)伏基：指埋在灰里的煤块。

第四卷　斗法

斗　法

一、概　述

俗语说："养兵千日，用兵一时。"如果蟋蟀的挑选可比作选兵，蟋蟀的畜养等于养兵的话，那么蟋蟀的格斗自然就是用兵了。这一卷讲"斗法"，就是论述蟋蟀的格斗技巧。人类的战争讲究战略战术，蟋蟀的格斗也有种种奥妙在，前人在这方面同样也积累了丰厚的经验，可供今天的玩虫家参考。首先是比法。何谓比法？就是比蟋蟀体形的大小，体重的多少。蟋蟀的格斗，与现代的拳击运动十分相像，一个基本的要求是蟋蟀要在同量级的"选手"里格斗，分出的胜负才能让人口服心服。在比法里，除了比蟋蟀的长短大小，还要从体形体色上进行比较，包括身体的各个部位，一点也马虎不得。与此相联系，前人又总结出了所谓"斗忌"，即对哪些可以斗，哪些不可以斗，做出了具体详尽的规范。那么这些规定是否可靠呢？它是玩家的金科玉律吗？不见得。我觉得还是那句话，就是对前人的一切经验都要采取一分为二的态度，不可不信，也不可全信。这是今人对历史经验的一个基本态度，对斗蟋蟀的经验当然也不能例外。在"芡法"一部分里，我认为前人总结出来的东西较有科学性，值得我们格外注意。前人对芡法分得很细，说明他们在斗蟋蟀的实践上确实下了很多功夫。不同芡法的细微差别，对调整蟋蟀的斗性及最后的结局，都是大有影响的。比如上锋虫和下锋虫，芡法是不同的，若能正确使芡，下锋虫可能反败为胜；如果不注意这个差别，也可能反胜为败。芡法有很强的技巧性，需要悉心领会，长期训练，方可达到驾轻就熟的程度。

二、比　法

◎ 比对法

先比头[1]，次比身[2]，次比腿，次比色[3]。头大终须大[4]，头尖齿必穷[5]。狭长不耐斗，高厚始便宜[6]。黑白饶他大，青黄不可欺[7]。翅松折肉体，紧实最为奇[8]。铜铃三角额[9]，此等让些儿[10]。

（明本《重刊订正秋虫谱》）

【注 释】

(1)比头：除了比头的大小之外，更重要的还要比头色和斗丝情况。(2)比身：比整个身体的大小。最早是光比体形的长短，后来发展到比整个身体的重量。(3)比色：即比两只虫的体色。因体色与斗性密切相关，所以要选择适合于自己的敌手相斗，才能取胜。(4)这句的意思是说头大的蟋蟀，它的整体一般来说也大，斗时肯定会占便宜。(5)此句是说头尖细的蟋蟀，它的双牙也必然细小无力。(6)这两句强调蟋蟀体形的长短粗细与斗性有关，体形细长的力气不行，所以不能耐久；体形宽厚的蟋蟀则正好相反，能打持久战。(7)这两句是强调蟋蟀的体色与斗性的关系。黑色和白色的不善斗，即使体形大一些也难与青、黄色者匹敌，所以说“饶他大”；而青色和黄色的蟋蟀斗性强，故要谨慎。(8)这两句说的是蟋蟀的双翅。前句中的“松”是指双翅松散，斗性不足；后句则是说双翅长得紧实，斗性便强，因此才说“最为奇”。(9)铜铃、三角额：两种蟋蟀名目，详见本书有关品种的内容。(10)此等：指上句提到的铜铃和三角额两种蟋蟀。让些儿：意为这是强敌，要避开不与它格斗。

◎ 又

先比头，次比腿，再比浑身无后悔。脚长终久失便宜[1]，高厚方幅斯为美[2]。黑白饶他大，青黄不可欺。阔长终有失[3]，扁阔最痴迷[4]。头大终为大，翅松未足奇。铜铃三角额，三者让些儿。

（明周履靖续增《促织经》）

【注 释】

(1)失便宜：即占不到什么便宜，要吃亏。但据这一句的整个意思来看，腿脚长大本来并非坏事，何以要吃亏呢？所以后来有人把“失便宜”改成了“得便宜”或“占便宜”，意思正好反过来了。终久：即终究。(2)方幅：指体形方正。斯：这样的。(3)阔长：又宽又长。但此句意思来看，似乎也有问题。蟋蟀长得宽大必然有力，怎会“有失”呢？据前面的一首歌诀来看，“阔长”应是“狭长”之误。(4)痴迷：指蟋蟀斗性强，能够酣战到底。

◎ 又

蛩性分慵懒[(1)]，人心细度推[(2)]。张牙方勇际，鼓翼是骁时[(3)]。最喜他须卷，长防我尾垂[(4)]。头大为真大，翅松未足奇。虚实须窥肋，厘毫不让厘。更详牙大小[(5)]，方许得便宜。

（清赠怡馆增订《王孙鉴》）

【注 释】

(1)此句云蟋蟀也有慵懒和勤快的区别，实际上是说有斗性强弱的区分。(2)细度推：细细地考虑。(3)这两句意思相类，是说当蟋蟀张牙鼓翅之际，才是它显示威勇的时候。(4)这两句是说敌虫卷须是好事，自己容易取胜，所以说“最喜”；但如果自己的虫尾须垂下来，则是有病的表现，所以说要“长防”，即防备出现这种情况。(5)详：详察，看仔细。连下句说只有对双牙大小心中有数，才有取胜的希望。

◎ 又

黑白饶他大，红黄切勿欺。尖长终不耐[(1)]，扁阔最为魁[(2)]。虫心分喜怒，人性有偏私[(3)]。斗牙争败口[(4)]，鼓翅对赢时。预辨蝇头利[(5)]，防虞[(6)]只自知。或时虫禁齿[(7)]，有病不须医。

（清奎章阁本《蟋蟀谱》）

【注 释】

(1)尖长：指头尖身长。由前面的“尖头齿必穷”“狭长终不失”变化而来。(2)魁：夺魁，称冠。(3)偏私：即偏爱。(4)争败口：意为力争打败敌手。(5)预辨：预先要分清。辨，辨析。(6)防虞：防备不测之事。虞，这里是指被对手咬败。(7)禁齿：双牙紧闭不开。

古谱中的比匣图

◎ 斗法八条

比头比项比身材，若大分毫便拆开[(1)]。

尾短更兼须双秃，强将他斗不担财[(2)]。

（明周履靖续增《促织经》）

【注释】

(1)拆开：指不要与对手相斗。(2)强：勉强。担财：承受钱财。指斗败后输给对方银钱。不担财是说输得太多，虫主难以承受。

◎ 合对金针

胜败之分，全在合对之际，观其强弱优劣，得时失时，如此得六七，彼仅三四，定然取胜无疑。若系平对[(1)]，即须加意酌量。盖平对则有先得口后还口之殊，胜败从此而判，非目力能预必也[(2)]。至大小之别，一目了然。有以占大为得计，若操必胜之算，而终致败北者。盖在强弱优劣，而大小不足恃也[(3)]。譬如银之足纹九星[(4)]，配八色一两[(5)]。若去铜铅二星，则我反高一色，彼虽重亦何益乎？又有以肉大为耐口，试思善拳勇者，擒拿超距[(6)]，敌无不克。设以耐口为善，亦如不善打人，而唯能以受打为善[(7)]。俚语云："他出拳头我出背，吾哂其风斯下矣[(8)]。"是以肉大者见真将，竟不能耐口而遽败，亦何取其肉之大乎？其要以骨多肉少者为贵[(9)]，骨肉停匀者次之，肉多骨少者又次之。至神色秀异，意度轩举者，更为上乘。倘但取其肉之有无以为优劣，不知大而粗松者，甚不如洁而紧实。至头有方圆之别，亦取头圆为上。但圆头身必圆而肉小，方头头既方而肉必大。若就此合对，定然圆头胜方头矣。今人往往以大小定勇怯，见方头似大，圆头似小，欣然相配，其败不旋踵[(10)]，职此故也。总须识得透，认得真，夺帜三秋，游刃有余。其间尚多未尽者，散见于前后诸帙中，留心玩索，能自得之尔。

（清赠怡馆增订《王孙鉴》）

【注释】

(1)平对：经过比较，体形体色旗鼓相当，看不出明显的优劣。(2)预必：预先确定。(3)不足恃：不完全值得相信。恃，依仗。(4)足纹：指银子的纯度是百分之百的。纹，铸银时留在银子表面的纹路。九星：九钱。(5)八色：即八成，指银子的含量不足，只有百分之八十的纯度。这两句是说，用九钱纯银与一两纯度只有八成的银子相比，表面上看总重量是少一钱，实际上纯银却是多一钱。(6)超距：跳跃。(7)这两句是说，只强调蟋蟀肉多能受口，就像强调一个人能挨打一样，是没有出息的。应该强调的是进攻能力，而不是能否受口。(8)哂：笑话。其风斯下：（对方）占了下风。此处引用的一句俚语中的含义，颇有点阿Q精神，自己挨了打，却要笑话人家吃了大亏。(9)骨多肉少：指蟋蟀的体形宽阔健壮，体肉坚实，没有多余的赘肉。(10)败不旋踵：失败马上就要到来。

◎ 斗促织法

上场相斗，不拘颜色大小，唯看翅翼厚薄。他人翅翼淡薄，方可与斗。若他人促织翅翼浓厚，且勿斗也。

（清奎章阁《促织谱》）

◎ 斗促织诀

不斗上饭[(1)]，斗时食浅[(2)]。斗无事雌不泄蛆[(3)]，白露前好三尾。用使君子汤[(4)]，五日一次，可与浴之。

大胜小者，赢多可得。小胜大者，不宜频斗。盆中有损，笼中有赢。下口得此[(5)]，中得人情。

（清奎章阁《促织谱》）

【注释】

(1)上饭：指给蟋蟀多加食。(2)食浅：少加食。(3)事雌：即配雌。不泄蛆：精囊不能排泄出来。(4)使君子汤：古代一种驱虫汤剂，由中药使君子、槟榔、川连、木香等熬制。可能就是前文屡次说到的浮萍水之类。(5)下口得此：按照这种办法指挥蟋蟀相斗。

◎ 发运诀

促织斗时人作主，贪财让大虫辛苦。倘然赢彼已着伤，何如慎重再图举[(1)]。

促织，虫也；发纵指示者，人也。运用之妙，实存乎人。《经》云：“少年多夸躁，养手须知戒。若要稳稳赢，斗尽莫让大。”

（清麟光《蟋蟀秘要》）

【注释】

(1)再图举：再想法有所作为。举，举动。这里是指取得斗蟋蟀的胜利。

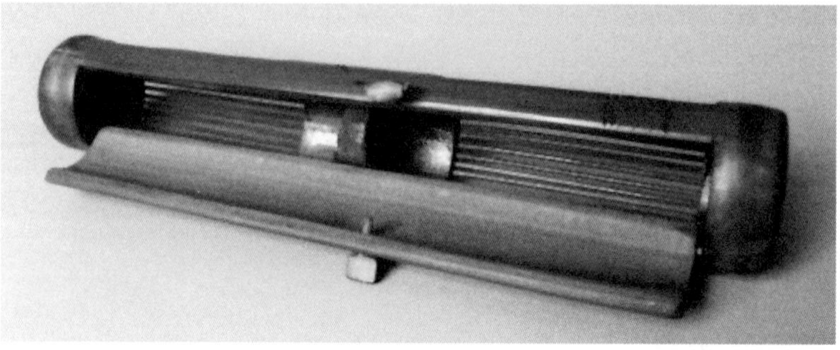

古代的蟋蟀笼

二、芡　法

◎ 交锋论法

夫合对交锋，必须明察大小，默详颜色[(1)]。颜色两停[(2)]，大小无异，方可相合。若颜色敌人胜我，即无大小[(3)]，亦宜避之。法所谓“知己知彼，百战不殆”也[(4)]。既已合成，两下芡[(5)]，待其鼓翅鸣声，起闸相见[(6)]；横即点正[(7)]，待其自接[(8)]。有一口赢者，有三口咬触者[(9)]，有一递一口者[(10)]，有双做口[(11)]，有黄头儿滚颠番搒折腿脚[(12)]，有两下口咬昏触赢者[(13)]。赢家下芡太重太早[(14)]，牙根疼痛，满笼沿走者[(15)]，不可再芡，即以湿纸搭盖[(16)]，俟疼定方可徐徐芡之，亦不可扫牙[(17)]。待下锋回报[(18)]，才可调熟，交锋自见，斗口无失[(19)]。最忌盆中戏斗[(20)]，胜负有屈[(21)]。戒之，戒之！

（明本《重刊订正秋虫谱》）

【注 释】

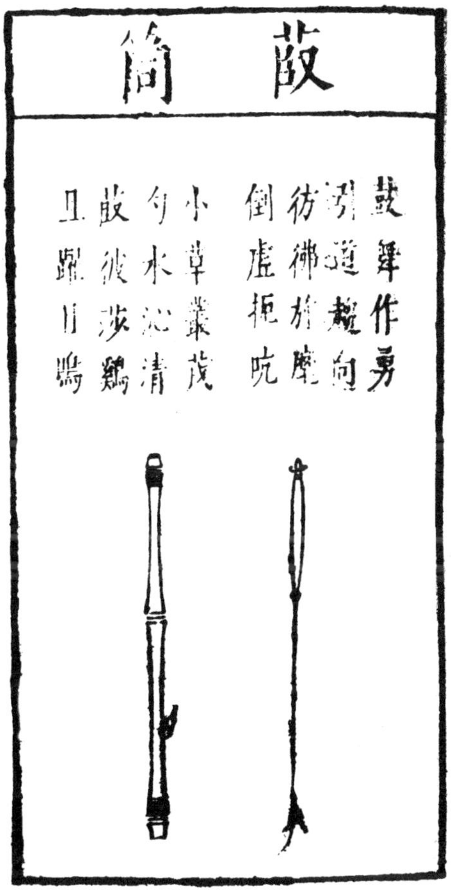
古谱上的芡筒图

(1)默详：暗暗地记住。(2)颜色两停：指双方体色相称，没有明显的高下，这样就可以相斗。(3)即无大小：此句云即使没有大小的区别。(4)法：此处的“法”是指古代兵书《孙子兵法》。(5)两下芡：虫主双方各以芡杆挑拨自己的蟋蟀。(6)起闸：指双方虫主对己虫使芡引起蟋蟀的斗性后，临局人拉起斗栅中间的闸门，让双方蟋蟀照面。(7)横：指蟋蟀不是正对着闸门，而是身体的侧面对着闸门，这样不易发现敌人。(8)自接：蟋蟀自己与敌虫交锋，不需要虫主的引导。(9)咬触：咬着对手。(10)一递一口：你一口，我一口，指二虫交替用口，不相上下。(11)双做口：二虫同时相咬，相持不下。(12)黄头儿滚：像黄头儿咬斗那样在地上翻滚。黄头儿，一种善咬斗的鸟，详见前注。颠番：咬住对手左右摇晃，或掀翻在地。搒折：用力折断。(13)咬昏触赢者：咬昏敌虫而得胜。(14)赢家：指在格斗中暂时领先的上锋。这句的意思是说，上锋虫斗志正旺，没有必要再对虫使芡太重。(15)满笼：笼指斗栅。沿走：围着斗栅的四周走个不停。(16)湿纸搭盖：这是古代斗虫临时治伤的一种方法，用湿纸冷敷伤口。(17)扫牙：对蟋蟀的牙横向用芡。(18)下锋回报：指在刚才的斗局中占下锋的一方向监局人报告，说可以继续交战。(19)无失：没有什么失误。(20)这句是说，不要在养盆中让蟋蟀相斗。(21)胜负有屈：指蟋蟀在盆中相斗无论胜还是负，都是不准的。

◎ 初合芡法

对定议定[1]，鼓噪聒鸣[2]，各觑下芡[3]。先讨其尾[4]，次讨其小脚，有情方捻牙口一芡[5]，左提右调[6]。如虫性起[7]，再扫牙口一芡。看虫势旺，鼓翼数声，待翅收闭，才可拖领到闸口[8]。各待回报，方可提起正闸，两架芡不许过棚[9]。如横即点正，不许挑拨[10]，各存礼法。

（明本《鼎新图像虫经》）

【注释】

(1)对定议定：指比较两虫的大小后议为可以相斗，双方确定下来。(2)这一句是说蟋蟀也振翅鸣叫起来。(3)各觑下芡：指双方虫主要根据己虫的斗性情况相应下芡。(4)讨：以芡草轻碰。尾：指尾须。(5)有情：指蟋蟀对芡草有反应，说明它有斗性。(6)左提右调：指在蟋蟀的左右两侧用芡，引导蟋蟀行动。(7)性起：蟋蟀的斗性被激起。(8)拖领：用芡草引领蟋蟀。闸口：指斗栅中间的闸门前。(9)两架芡：虫主双方将手中的芡杆收起来，不再使用。(10)这句的意思是若闸门已开，就不再允许用芡，除非蟋蟀的身子横对闸门，方可以用芡点正。

两虫交斗，千万不可震惊之，致使胆怯，无勇觅敌，倘遇有意外之震动，而两虫性静，亦不可用芡，须俟其须动或行走，再为点正，以待分局也。

（石孙外子《蟋蟀谱》）

◎ 上锋芡法

斗胜[1]，监棚者喝明下闸[2]，分其上下[3]。胜者收提上锋[4]，领至中闸，即将湿纸搭盖，常常调拨，使存斗性。不宜频频扫牙，只须点插而已[5]。下锋回报，即用数芡点正再交，不许冲扑惊奔[6]。

（明本《重刊订正秋虫谱》）

【注释】

(1)斗胜：指蟋蟀在第一个回合的格斗中暂时领先，实际上还算不上最后的胜利。(2)监棚者：又曰“监局手”，即斗场上的裁判。棚，斗棚，亦即斗场。二虫相斗，除了虫主临场指挥外，监棚手是斗场上的主角，负责对胜负的裁决，并监督虫主的行为。喝明：叫明，也就是大声叫喊，宣布落闸。(3)分其上下：分出上锋和下锋，由监局人记录下来。有时还要用纸条写明，放在各方的罐上。(4)收提：指把虫用芡草引到自己一方来。(5)点插：芡法之一，用芡草尖头轻点。(6)冲扑：指趁对方身子尚未摆正时，横向进行突然袭击。

◎ 下锋芡法

促织用芡，古者存法[(1)]。芡不用繁，脉知有略[(2)]。芡其聒鸣，扫其舌絮[(3)]，诱虫知觉。待其行动，徐徐芡之，微微芡其头背共其腰尾，次拂拐头[(4)]，并左右背胁引诱其情。如不动，再讨小脚并左右胁肋[(5)]。若虫惹芡[(6)]，即讨胲爪[(7)]，有情就捻牙口一芡。待虫停息，再讨其尾。如有情，即捻其牙口一芡。观其收牙关闭，不练无伤[(8)]，熟调脚腿，挑拨有情，鼓翼数声，待翅收闭，才可再调。务必取虫性旺，拖领数番，才可回报[(9)]。提起正闻，两架芡自见，则斗无失胜之妙也。

（明本《鼎新图像虫经》）

【注 释】

(1)古者：指古代玩虫的人。存法：有现成的技巧。(2)脉知有略：脉本指中医所说的脉息、脉搏，这里是指蟋蟀感觉到。略：简也。此句云用芡以少为佳，只要能使蟋蟀感觉到就行了。(3)舌絮：指蟋蟀的水须。(4)拂：轻轻地扫过。拐头：指大腿与小腿的拐弯处，犹如人的膝头。(5)小脚：即蟋蟀的小腿。(6)惹芡：蟋蟀张牙咬芡。这是性起的表现。(7)胲爪：即蟋蟀的爪花。胲，本指脚上有毛病的肉，又特指动物的足。(8)不练无伤：指蟋蟀的双牙开合自如，并没有受伤。(9)这几句是说处于下锋的蟋蟀，本来斗志已受到损害，所以在用芡时就更应该注意，只有缓缓恢复了虫的斗性，才可向监局人报告，重新进入比赛。

◎ 又

促织方落下时[(1)]，待其行动，须用绒芡拂其脑搭须根[(2)]，以及项背。如虫性不起，另芡腰尾并肋花大腿[(3)]，左修右抻[(4)]，诱虫弹腿做势，然后微微讨其牙絮[(5)]。俟略张小嘴，即捻牙口一芡。待其张布鼓旺[(6)]，连捻胲爪几芡。令鼓翼数声，翅翼收闭，再拖领数番，便可复局。不宜过烦。此下锋芡法也。

（清金文锦《促织经》）

【注 释】

(1)落下：即落后，指蟋蟀处于下锋。(2)绒芡：一种用羽毛的绒球做成的芡草。脑搭：脑顶。(3)肋花：即肋部，蟋蟀身体两侧翅下的部位。(4)修、抻：皆为用芡的技巧。(5)牙絮：意同前面的“舌絮”，即水须也。(6)张布鼓旺：指蟋蟀用芡后振翅张牙，斗性激起。

◎ 分局芡法

初斗，虫主者各内乎比笼[(1)]。身等色等，合而内虫斗盆。虫胜主胜，虫负主负。胜者翘然长鸣，以报其主。然必无负而伪鸣，与未斗而已负走者[2]，其收辨，其养素，其试审也。虫斗口者勇也，斗间者智也[3]。斗间者俄而斗口，敌虫弱也；斗口者俄而斗间，敌虫强也。

（明刘侗《促织志》）

【注释】

(1)内乎：放进。内，同“纳”。比笼：用来比蟋蟀身体大小的虫具，详见本书有关虫具的内容。(2)此句是说两虫优劣悬殊，二虫刚一照面，尚未交口便已逃窜矣。(3)斗口、斗间：详见下文“斗品”部分。

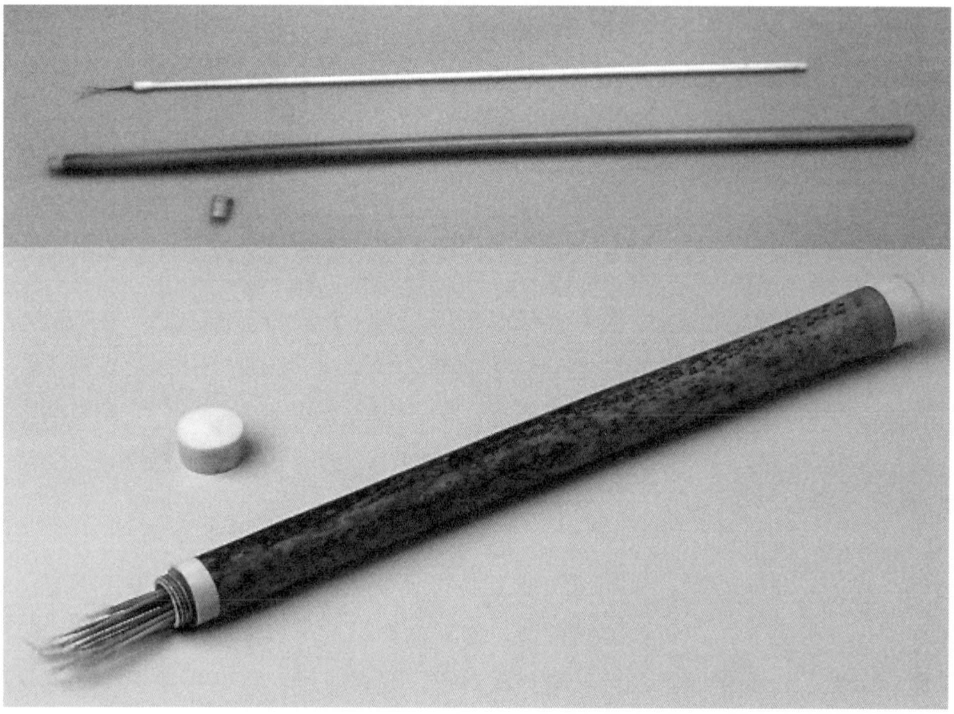

现代的鼠须探子

◎ 又

蛩既分局，须识情形[1]。如先行动，或先须动，或鼓翅有威，方系上锋。倘有负而伪鸣者[2]，须细察之，不可骤然下芡。若躲落于四角及挂傍、反手、迎门等处[3]，谅已下锋，必俟其须动行动[4]，方可下芡。若躲于顶门、中间，荡空出头[5]，更须待行动点正，然后下芡。

（清赠怡馆增订《王孙鉴》）

【注释】

(1)识：认清，看透。情形：指斗场上的局面，是上锋还是下锋。(2)负而伪鸣：一般认为蟋蟀只有取胜时才鸣叫，而斗败了也鸣叫，就被认为是假的，是“冒充”胜利者，所以叫“伪鸣”。(3)四角：指斗栅的四角。斗栅是方形的，所以有四角。挂榜、反手、迎门，也都是指斗栅的不同位置。(4)须动：指蟋蟀的头须重新摇动起来。行动：走动。(5)荡空出头：指蟋蟀伸出头来要爬出栅外。

◎ 排斗

促织虽一，其性各别。冷虫早斗伤于嫩[1]，热虫晚斗败于老[2]。其咎在人，非虫之不勇也。贾秋壑论云有四病：仰头一也，卷须二也，练牙三也，踢腿四也。若两尾高低，两尾垂萎，并是老朽之可待时。凡赤黄色者，冷虫也；少带红铃者，多生于湿热之地，即使生相重大亦无用。使红铃一落，遍体皆疮[3]，所谓“浑身犹似一团花，红铃难托”也。每于日午排斗[4]，须分别记号[5]，秤准分量，不可逞一时之兴，而有违其性。须看斗时轻重，或隔三日，或隔五日再斗。如牙内有流水，则受伤矣，必须多过几日。排斗而胜者，以水润盆，使之净处，勿频揭频看。将水槽取出，至晚方入水，恐牙伤作热，余水则烂牙耳。三尾子次日方可下在一处。凡斗时，观其站立之势雄纠，身耸肚悬，望去如烈马受惊，猛虎扑食，对敌安静，不先发声[6]，此虫中之王也，岂必待斗后决其胜哉。

（清天绘阁《蟋蟀谱》）

【注释】

(1)冷虫：古人认为蟋蟀有冷热之别。冷虫是指天冷时才斗的蟋蟀，若早斗，则显嫩。(2)热虫：天热时就可以斗的蟋蟀，可以早斗。其实冷热之别与虫的出土早晚有关，出土早，发育完备，就是热虫；反之，就是冷虫，自然应该晚斗。(3)红铃是寄生在蟋蟀体表的螨虫，螨虫脱落后，自然身上留下了疮口。(4)排斗：试斗。与“排练”意思相近。(5)记号：即作下记号，记清蟋蟀的重量大小、体形体色。(6)不先发声：行家认为能斗的蟋蟀并不先叫，而见面先叫的蟋蟀斗性则不见得突出，所谓“能叫的狗不咬人”也。

◎ 总论芡法

芡头要长杆要直[1]，把芡必要加努力[2]。芡头落处视其情[3]，手法活时方中式[4]。把芡犹如人把舵，胜负全凭运芡妥。芡头须取白露前[5]，左右宜之无不可。左右不离常恃芡，临斗之时多少变。敌若回身芡杆遮[6]，踢着犹恐多伤面。

（清赠怡馆增订《王孙鉴》）

【注释】

(1)芡头：若以毛笔比成芡草的话，芡头相当于毛笔头；芡杆相当于毛笔杆。这里要求芡头部分要长，芡杆则要直。(2)把芡：持芡，运芡。(3)视其情：即要看蟋蟀的反应如何。(4)中式：符合规矩。式，法式，规范。(5)这句是说做芡头用的材料要在白露前采集。详见下文的“炼芡”部分。(6)此句云敌虫若回身追赶的话，要用芡杆对自己的虫加以保护。

◎ 芡法四歌

芡头要长杆宜直，把芡必须施巧力。轻松落处视其情，手法活泼方合式。把芡犹如船把舵，胜负全凭运芡妥。芡草须采白露前，老嫩茸丰无不可。不离左右长持芡，临斗之时多少变。回身芡若杆前遮[(1)]，踢着之时多伤面。披古论今无二法[(2)]，玄机秘旨搜玉匣[(3)]。演习三秋英气豪，太平有象讴歌洽[(4)]。

（石孙外子《蟋蟀谱》）

【注释】

(1)此句意似不通。上一首“敌若回身芡杆遮”意思很清楚，指用芡杆保护自己的虫，免受敌虫进攻。(2)披古：翻阅古籍。(3)玄机秘旨：深奥玄妙的义理。玉匣：饰玉之匣。古人将重要典籍藏之玉匣中保存，以示珍重。(4)太平：指太平盛世。有象：有征兆。最后一句是说斗蟋蟀活动本是太平盛世的表现。

◎ 神芡总诀

起闸须防出马枪[(1)]，回身当虑顺牵羊[(2)]。栅旁拔剑牙门损[(3)]，负后须虞尾箭伤[(4)]。修云补雾藏机幻[(5)]，伏虎降龙指法强。局中芡术凭君戏，到处群雄拱手将[(6)]。此是芡中神秘，养蛩者当敬而学之。

江浙运芡名家，苏州张君实、许君实，继有谢显臣，洞庭徐尔琦，松江戴圣、陶伦三昆季，青浦蔡昌仪，杭州洪振初，继有王允侯，嘉兴严养源、陈君亮，嘉善杨龙求、陆宾王，平湖宋文雅诸公而已。余子碌碌，不足齿也。

（清赠怡馆增订《王孙鉴》）

【注释】

(1)起闸：指提起斗栅的中闸，表示双方战斗开始。出马枪：双方刚照面时对蟋蟀迎面用芡。(2)顺牵羊：顺手牵羊。此句是说己虫回身欲败时，就不要再对它用芡。(3)栅旁拔剑：喻指在斗栅旁边对蟋蟀的侧身用芡。(4)虞：担心。尾剑：指在蟋蟀尾须上用芡。(5)修云补雾：也是指芡手的指挥。蟋蟀斗性不足，芡手可以弥补之，故称“修云补雾”。(6)拱手将：指众将俯首称臣。

◎ 运用芡法

运芡手最忌僵直。最妙以小豆三粒，用三指捻之使滚[(1)]，练纯熟后用芡，则手指灵活矣。尝见江淮间老手[(2)]，俱用三指实拈芡柄，夹在虎口，全用手力[(3)]。北人则但用三指撮捻耳。

（石孙外子《蟋蟀谱》）

【注释】

(1)三指：拇指、食指、中指。(2)老手：指用芡有经验的人。(3)手力：这里是指腕力。此处说到南方人与北方人用芡的不同，北方人是用手指上的力量，南方人用的是手腕上的力量。

提笼与绒球

◎ 又

运芡以心灵手敏为先，心不灵手不敏，则芡盍可以言运。合对之时，无论首条及二三条，上锋下锋，均要运芡如法。蛩性发而鼓翼，从此开栅，乃为及时[(1)]。且开栅之后，必用芡左右拥护[(2)]，无使头项偏向（即俗谓“排草上头”之普通口吻也），庶几交锋，不致受意外冲扑。斗胜者下栅[(3)]，以掩布盖之[(4)]，亦必察情度势，频频运芡，以活泼其机为目的[(5)]。若斗败之蛩，须限香半寸[(6)]，其香燃到，即以线茸揩若针芒[(7)]，向其左右脚叉内轻轻著草[(8)]，则性以触机而发，大有跃跃欲斗之势。然后于项上掺之[(9)]，随即当面挑引[(10)]，以速其前。迨满芡后，则可任其交锋乎？而尤未已也。尚须轻轻挫之，引其体向左，又由左而引其向右，旋转如风车之形，然后其势舒，其威壮矣。唯俟收牙，开合便利，再行请上锋开栅。临时排草[11]，一一照前法行之。总之以心灵手敏四字，为运芡之总诀。四字缺一，必不可以从事。

（胡耀祖《蟋蟀试验录》）

【注释】

(1)这几句是说当用芡把蟋蟀斗性引发起来之后，要马上开闸相斗，才是及时的；若不及时，则虫的斗性又可能减弱。(2)左右拥护：在蟋蟀头项两侧用芡，以使它的身体正对着闸门，不要偏向一边。(3)下栅：分出胜负后，把虫从斗栅中起出来。(4)这句是说用布将虫遮挡住。(5)活泼其机：使它的斗性活跃起来。机，本指生机，这里是指斗性。(6)香：古代用点香来计时，按香燃烧的长短来确定时间的多少。(7)线茸：指芡草。(8)脚叉：大腿的内侧。(9)掺之：掺是芡法之一种，详见下文"掺芡"的内容。(10)挑引：挑也是芡法之一种，详见下文"挑芡"的内容。引：引领，引导。(11)排草：用芡草驯练蟋蟀的斗性。

◎ 忌多芡

处暑之蛩，不宜多芡。买时只略一点拨，观其牙式及启闭之徐疾而已[1]。多芡必损，致有炼钳等病。浙人旧例，以白露后始许落草[2]，良有以也。若晚出之虫，则须以老草[3]，使用力盘旋，无怯弱意，庶免失败等弊。宜加静养，切勿任意用芡。蛩若起性时，芡之则要追雌思斗，性烈者甚至不贴雌，咬水盂，诸病百出。故虽汤虫，养至百日，亦不宜动芡也。

（清秦子惠《王孙经补遗》）

【注释】

(1)牙式：指双牙长的样子。(2)落草：指用芡草引逗蟋蟀。(3)老草：即攒芡，老芡。

◎ 芡法纠谬

老局必三落闸，卷帘覆而后分胜负。继而为新一局，则不落闸，谓之痛口，连三芡既分胜负。今又改为新新局，不特不落闸，唯就两跌开，即各用一芡。如有芡再斗，无芡即云讨一芡，分胜负划出。数十年前俱用攒芡，将数十根芡草头劈开，用胶粘于一柄，如关刀，如扫帚，以蝇头血浆染，不特使易开牙，并欲将芡头于蛩身下直透大腿，令其两股稳立停妥。绝细者曰茸芡[6]，是用于交口之后，恐下锋惊遁，故曰细修芡。今攒芡概置勿用，后人并不知有攒芡矣。若初交锋时，但知用茸芡引其开钳，何能使六足之稳实也。盖六足稳实，出口方得着力，否则有误伤大小脚之虞。

（清赠怡馆增订《王孙鉴》）

【注释】

(1)老局：局是指蟋蟀的斗局规则，老局即以前的规则。三落闸：落闸三次。按照老局的规定，落闸一次只相当于某些球类比赛中的“一局”，是不能决出胜负的；只有三局后才能分出谁胜谁负。(2)卷帘：覆盖在斗栅上的布帘。盖上此帘表示胜负已定，比赛结束。(3)两跌：指两只虫经过一番争斗，负者欲逃，二虫身体已脱离了接触。(4)有芡：指蟋蟀对用芡有反应。(5)攒芡：这里谈到芡草其实还有攒芡和茸芡的区分，二者的做法和用处很不相同，一粗一细，一用于初斗时，一用于分局后。此可为今天玩虫者的参考。(6)茸芡：根据此处所说，做茸芡用的草要比攒芡细得多，所以它对蟋蟀的刺激要比攒芡柔和。

其赶蛩入栅，用芡俱有矩度[1]。看对毕议彩[2]，议彩毕，各点彼处聒鸣，然后再点本处[3]。其蛩必赶至千金闸下，将头对本局[4]。用献掌芡[5]芡之，俟亮布起闸，方芡转[6]交锋。今于栅门对彼芡出，甚觉费手，蛩力亦先虚用。至双跌开，如上锋者，观下锋在何处，即点其处聒鸣，使其到彼寻斗。如既分局，上锋用芡领回，头向本局，自无追赶之患，何至将布掩盖，并以芡柄拦挡下锋？须照芡法用意芡之。蛩性之强弱有定，实非芡之所能挽回。总以公平，使两主允协。今人务以奸诈为得计，稍觉下锋，无数迟滞，即将布遮盖；偷芡一之未已，继而至再至三。或借言词登答[7]，或更换芡草，诸丑毕露。至蛩头向上，或入栅角，谓之挂榜芡，极易开牙。今反用芡顺下，更有于尾丰着芡，谓之催正，与“负后须虞尾箭伤”之诀相戾[8]，故每至惊遁。更有于千金闸缝内下芡者，尤为背谬。皆司芡者种种不得真传[9]，徒以迟缓为能事，虽云在秦为秦，在楚为楚[10]，究之无补于事，徒致争执哄闹，殊失雅道，皆司芡者实启之。

（清赠怡馆增订《王孙鉴》）

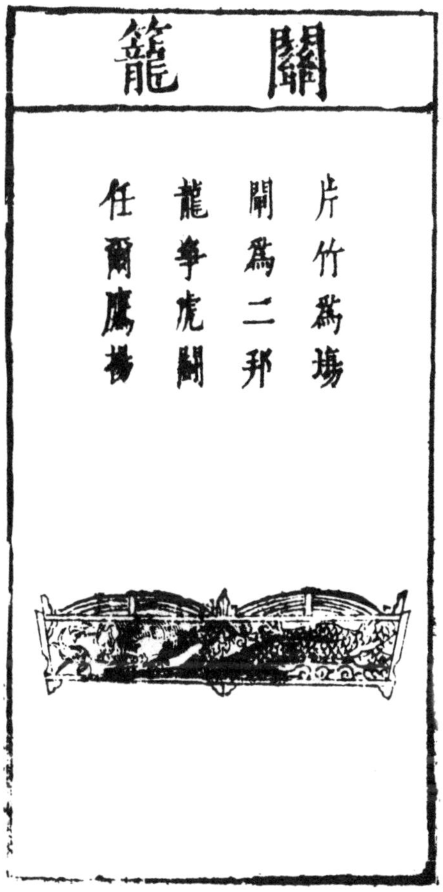

古谱上的关笼图

【注释】

(1)矩度：规矩，规定。(2)对毕：指双方比蟋蟀的大小。议彩：商定赌注的多少。彩，彩金，指赌注。(3)这两句说的是双方蟋蟀下盆后，芡手先点对方的蟋蟀，然后才点自己的蟋蟀。此法不见于其他古谱。(4)正式起闸前，蟋蟀并不是头对着闸门，而是尾对着闸门。(5)献掌芡：芡法之一种。(6)芡转：指用芡使蟋蟀的头转过来，正对着敌虫。(7)登答：掩饰自己的错误。(8)前面这几句的意思是说，按照古谱歌诀，下锋虫是忌讳在尾后用芡的，应该用挂榜芡才易使虫开牙。但有人则反其道而行之，在尾须上着芡，这是不对的。(9)司芡者：指临场持芡草指挥蟋蟀的人。在正式的竞斗场合，持芡手一般不是虫主本人，而是斗场上的专职人员。真传：这里是指真正的芡法。(10)这里说的是芡手各为其主，为谁充当芡手，自然就希望谁的虫胜。

用芡如用笔，小字用指，中字用掌，大字用腕。茸芡用指，老芡[(1)]用掌；至腕在不用之用[(2)]，固茸芡老芡之所共用也。夫既斗而不用老芡，是恐其怯敌，而骤然以芡之，反致惊逸不定，须用茸芡以调其性。若初敌之际，非老芡不足以发其刚烈之性。若仅以茸芡撩拨之，恐其性未必能刚烈得势也。噫！三四十年来，仅以茸芡交锋，并未有能用老芡，几致目所希睹。岂亦如古所云："剑戟无传"，而芡法亦若是耶？

（清赠怡馆增订《王孙鉴》）

【注 释】

(1)老芡：即上面所说的攒芡。(2)不用之用：实际含义是说这种手法对老芡和茸芡都适用。

芡有两家，苏杭老手，俱用三指实拈其芡柄，直夹于虎口内，全是用手力者。其外用三指撮捻。初学时用绿豆一粒，将三指滚捻，操练纯熟。此全用指法。新安[(1)]诸处，克臻其妙[(2)]。今既不得苏杭授受，又不能如用指之纯熟，亦自命其为芡[(3)]而已。甚而至于大江以北，竟将槿树枝头碎劈如帚，于盆旁栅旁频敲以驱之[(4)]，使其相遇，自张牙钳。此又不知芡之为何用也。

（清赠怡馆增订《王孙鉴》）

【注 释】

(1)新安：地名，在浙江省。(2)此句意为用指运芡的手法十分纯熟。(3)自命其为芡：犹云不过是自称用芡罢了。(4)用棍敲击斗盆促虫战斗的方法，直到近代还在京津一带时兴，谓之"醒盆"。

◎ 掺 芡

初捕得之虫，见亮辄惊跃，性未驯也。用芡宜于其项上或肋间微微掺之，若于其尾及钳上骤然着芡，必致惊跃。

（石孙外子《蟋蟀谱》）

◎ 点 芡

虫不受后芡，以芡卒然点其肋股或尾上，虫必以为敌来触动，回头则受后芡也。

（石孙外子《蟋蟀谱》）

◎ 诱 芡

虫在栅中沿走不已，须以芡微微诱之，但下手宜轻，放手宜快，须臾再下。诱之数四，虫自受芡。万不宜仓卒推拨，紊乱其性也。

（石孙外子《蟋蟀谱》）

◎ 提 芡

一着即起谓之提，于虫之左右前后，头上顶上，轻轻提之，无不发性。但宜轻而速，力全在虎口间也。

（石孙外子《蟋蟀谱》）

◎ 抹 芡

虫首撞入栅角，则抹其头足腹胁等处，待其返身，便可着芡也。

（石孙外子《蟋蟀谱》）

◎ 挽 夬

虫立足尚未定时，而敌人来攻之，恐其骤然有失也，当以芡挽定，拨之使正，自无害矣。

（石孙外子《蟋蟀谱》）

◎ 挑 芡

首局已失，覆局卒难受芡，乃以芡轻挑其腹，使触之怒，则一鼓作气可胜也。

（石孙外子《蟋蟀谱》）

◎ 扴 芡

虫如健骁，徘徊不肯出局时，以芡扴之于闸口，即可出也。

（石孙外子《蟋蟀谱》）

◎ 带 芡

虫不欲向前，以芡带之，虫性发，随芡而出。

（石孙外子《蟋蟀谱》）

◎ 兜 芡

深秋之虫，久于战斗，必持重徐步，不肯急前，以芡于其胁之旁盘旋兜之，必可前也。

（石孙外子《蟋蟀谱》）

◎ 炼 芡

今多以鼠须长者(1)，蜡粘竹签上为之。然虽省事，究不如用芡草为良也(2)。炼芡之法，于白露前数日，选芡草梗长直者，于饭甑内蒸之(3)，置日中晒干，三蒸三晒。以茸毛丰软草色明坚者为佳(4)，茸梢用蝇头浆染之。

（石孙外子《蟋蟀谱》）

【注 释】

(1)鼠须：俗云老鼠胡子是也。(2)芡草：这里是指用来做芡子用的一种黄草，禾本科，五月长茎，七月开花。斗蟋蟀用的芡子就是用这种黄草茎上剥出来的皮质纤维制成的。(3)甑：本为古代的一种陶质蒸具，作用同蒸笼。这里是指蒸笼或饭锅。(4)明坚：明亮光鲜而又坚韧。

三、斗　忌

◎ 六不斗法

荡胲无后茓[1]，不食又沿笼[2]。

啮牙并练牙，终须落下锋。

（明本《鼎新图像虫经》）

【注释】

(1)荡胲：腿足摇晃。无后茓：对用茓毫无反应。(2)沿笼：沿着养盆的底边奔走不停。沿，本作“延”，误。笼，这里是指蟋蟀盆。

◎ 八不斗法

长不斗阔[1]，黑不斗黄[2]。薄不斗厚[3]，嫩不斗苍[4]。好不斗异[5]，弱不斗强。小不斗大，有病不斗寻常[6]。

（明本《鼎新图像虫经》）

【注释】

(1)长指体形细长，阔指身形宽大。体细长者力薄且动作不灵活，身宽大者力大，故曰“长不斗阔”。(2)黑白之虫一般为劣品，赤黄之虫一般为佳虫。古谱中对此多有论述。(3)薄、厚均指蟋蟀身体的厚度。(4)苍：苍老，指发育成熟之虫。注意，不是指的已经衰老之虫。(5)好指形色正常的蟋蟀，异指异形异色的蟋蟀。异相之虫往往有意想不到的威力，故应谨慎，不可轻易与之相斗。(6)寻常：也是指体质正常的蟋蟀，相对于有病者而言。

◎ 十二不可斗法

长不斗阔，黑不斗黄。薄不斗厚，嫩不斗苍。好不斗异，弱不斗强。小不斗大，病不斗常。大不斗色[1]，短不斗长。貌不斗实[2]，阔不斗方。

（清赠怡馆增订《王孙鉴》）

【注释】

(1)大不斗色：意思是说体大而色不佳的蟋蟀，不要与体色佳的蟋蟀相斗。这里主要是强调体形的大小与体色比起来，体色更重要。(2)貌：外貌。这里是指徒有外表。实：指蟋蟀虽然貌不惊人，但有实际的战斗能力。

◎ 十忌斗法

无情不斗[1]，牙损不斗，色淡不斗[2]，头昏不斗[3]，翅松不斗[4]，尾垂不斗[5]，腿撼不斗[6]，并翎不斗，须卷不斗，沾油不斗。

（清赠怡馆增订《王孙鉴》）

【注释】

(1)无情：无精打采，没有斗性。(2)色淡：这是蟋蟀尚嫩的表现，所以不可早斗。(3)头昏：是受热致病的表现，因此不可斗。(4)翅松：双翅松散，是劣虫。古谱云“翅松未为奇”即此也。(5)尾垂：双尾下垂是衰老将死的表现。谱云“两尾垂萎，并是老朽者也”。(6)腿撼：腿撼及下面的须卷是蟋蟀的“四病”之一，皆为不治之症。

古代青花斗缸

◎ 又

一为无情不斗。无情者，不呼雌，不鸣叫。

二为头昏不斗。头昏者，头光不开，头色不现，如蒙白雾，昏暗不明。

三为色淡不斗。色淡者，色不纯正，似是而非，有人说青，有人说黑，无以定色。

四为翅松不斗。翅松者，其身必虚；虚则无力，亦不善斗。

五为并翎不斗。并翎者，翼初僵硬；僵硬干枯，不紧虫身，翅不润泽，决无斗力。

六为尾垂不斗。尾垂者，则虫或老或病。

七为腿撼不斗。腿撼者，虫性胆怯；胆怯则腿撼动而无力。

八为牙损不斗。牙损者，虫曾出斗而牙受损，或因调养不善，如咬啮水盂而受损，或先天不足而有损。

九为卷须不斗。卷须者，牙钳受伤之兆，亦为乏水受热之兆。须即牙前饭须也，开牙钳时，必顺牙之开合而收放。须卷则细弱无力，斗必败。

十为沾油不斗。沾油者，虫因异味而受损，为废虫也。亦为色相油滑之说，虫生油则三秋无用。

◎ 有主见

促织斗时人要主[(1)]，贪财虽胜虫辛苦[(2)]。

纵然赢得已着伤，当场必误下锋主。

（明本《鼎新图像虫经》）

【注释】

(1)人要主：指虫主在蟋蟀的格斗中要有主见，察颜观色，正确指挥。(2)这句是说要根据斗场局面适可而止，不要让虫过于劳累。

◎ 养虫歌

我养无血虫[(1)]，因其咬斗异。勤斗贪其财，反将已物弃[(2)]。六七口赢者，可隔日三四。大战劳其力，须待一旬至。一口得胜者，切莫轻相视。亦须异惜他，毋贻后日累[(3)]。若欲赌赛时，静候日期次[(4)]。牢牢记在心，休为识者议。

（清赠怡馆增订《王孙鉴》）

【注释】

(1)无血虫：指蟋蟀。(2)这两句是说若一时贪财，让蟋蟀过斗，则可能得不偿失。(3)此句云，不要留下后遗症。(4)等着下一次日期的到来。次，来到。

◎ 戒饶大歌

小能饶大自为强[1]，少胜多输计未良。

古今欺敌终须败[2]，请君看对细忖量[3]。

（清赠怡馆增订《王孙鉴》）

【注释】

(1)饶大：蟋蟀相斗要体形大小相当，这是一般规矩。但有人以为自己的虫力强，虽然体小，自愿与体大者相斗，此之谓“饶大”，俗云“让你个大的”。自为强：自以为强，实际上不一定强。(2)欺敌：即轻视敌手。(3)看对：即比对，与对方比较蟋蟀体形的大小。

◎ 又

合对须当自主张，莫听旁人论短长[1]。

一时少检将蛩误[2]，纵使赢之也着伤。

（清赠怡馆增订《王孙鉴》）

【注释】

(1)这两句说的是在蟋蟀的合斗中，虫主自己作主，不要听别人的。(2)少检：指在比较蟋蟀的形色时不仔细，有失误。

◎ 又

无敌会斗虫，输是主人过。

若要阵阵赢，比对莫饶大。

（清奎章阁《促织谱》）

◎ 慎斗论

凡养虫者最忌心热[1]，心热则斗必频，斗频则虫力伤，虽号称名将者，亦必败矣。故曰：“交锋一口停三日，大战须还息一旬。”小斗当日隔去三尾，次日下之；大斗须隔三日方下。

又云："百口赢者不为奇，一口赢者胜百口。"何以故哉？要知一口赢者用力反多于数十口者也。设若因其一口取胜[2]，不加休养，而即令之登场，其败北也必矣。可胜惜哉！

（明本《重刊订正秋虫谱》）

【注释】

(1)心热：意即心血来潮，过于冲动。(2)设若：假若，如果。

◎ 好不斗异论

所谓异虫者，何见哉[1]？或若青生矣，细观则又非青；似黄矣，细观则又非黄；若紫黑矣，细观则又非紫非黑，齿长肥而坚，身阔厚而健，落口便赢，咬着便昏者，此异色也。或头尖而身阔如琴[2]，或头垂齿长而肚拖如囊[3]，或两翅翘撑而如琵琶[4]，或头尾两垂而背弓如蟹[5]，或两头尖狭腰背圆混如枣核者，此异相也。凡异色异相之虫，必有义勇，即正色之虫亦当避之。倘两虎相争，必有一伤，况未能胜其异耶。

（明本《重刊订正秋虫谱》）

【注释】

(1)何见：从哪里看得出来，怎样看得出来。(2)古琴的样式一头宽一头窄。"头尖而身阔"正如琴样。(3)如囊：就像一只布袋一样。这里是说蟋蟀的肚子肥大下垂，如拖着一只布袋一般。(4)翘撑：指双翅上翘，与背部的间隙较远。(5)背弓：后背高高耸起。

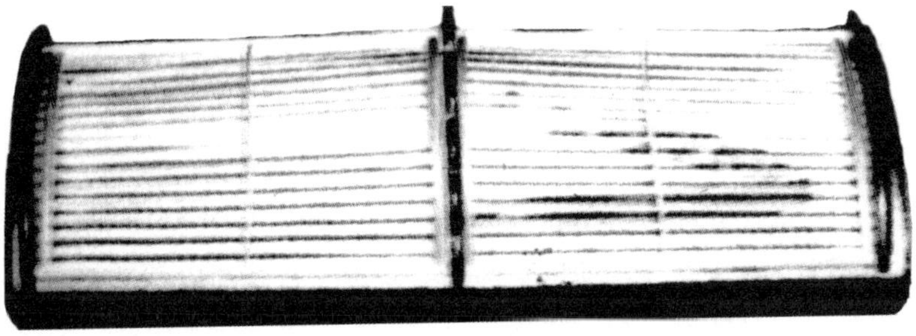

现代竹制斗栅

◎ 异有二义解

语云：“蛩无异不斗。”又云：“异不结冬，将取其异乎？抑不取其异乎？其入冬所斗者，异不异将何适之从耶？是何言之矛盾也！”姑试解之：无异不斗者，是言气宇超众，岸然如鸡群之鹤，自有一种态度。要非哙等可伍之意[1]，非泥于四钳八脚等之异也。至异不结冬者，即如所谓四钳八脚等类，欲恃此异于众者，而冀其能结冬成将，乌可得也？故鉴赏家以异而不异、不异而异者，斯为拱璧之珍尔。

（清赠怡馆增订《王孙鉴》）

【注释】

(1)要非：无非。哙等可伍：典出《史记·淮阴侯传》，意思是不屑与某人为伍，有鄙视之意。

◎ 斗不可频

论曰：促织斗后，可隔三五日，方用登场。如斗经三二十口者，可歇六七日。须看下口轻重。若斗口重，费力着伤者，须隔去三尾二三日，方可下之。过十日，观虫有性，见芡不得[1]，鸣声响亮，方可合对。若懒慢无情，则不可斗。百口赢者不为奇，一口赢者胜百口。又要知一口赢者，用力反倍于数十口赢者也，尤当调息。若因其斗口少，便以为不打紧[2]，即与人斗，至于有失，真可惜也。

（明本《鼎新图像虫经》）

【注释】

(1)见芡不得：意思是说只要对它用芡，马上便有剧烈的反应。这是斗性足的表现。(2)不打紧：不要紧，没关系。

处暑白露时收养之虫，至秋分节已近一月，少亦二十余天，宜与三尾配合。初下三尾，过蛋后以草芡之，不受芡者，其虫非弱即嫩，不当以大将目之。寒露名闭口节，蛩每多病，甚且有过性者。如贴雌后试以芡草，甫一张牙，即回头却走，必系不善斗之虫，以之当局，每至有失。蛩感金秋肃杀之气以生，猛烈矫健之虫，自出土以至深汤，无一时不思斗。即无一时不受草，是真了虫。虽至老毙，犹思健斗。所谓“烈士暮年，壮心不已”也。

（清秦子惠《王孙经补遗》）

◎ 斗胜下栅法

热盛则浴，点牙三五钳，即隔宿斗亦无妨。若十钳二十钳，必一旬方可斗。即一钳一咬，虽然得胜，亦须调养，不可性急，不可失斗[(1)]。若无本对[(2)]，该斗之时须下软钩。当斗之日，清晨拨斗，贴对虫欣[(3)]。其虫性懒，切不可强。一钳斗赢休夸好，反毒钳用力之甚，必须精心调养，慎勿托大逞势接斗[(4)]，晚有躁失是误也。

（清奎章阁《促织谱》）

【注 释】

(1)失斗：意为不要长期不斗。连上句的意思是说，斗得太频或长时间不斗，都是不对的。(2)本对：指雄虫原来的配偶。(3)贴对：即配雌。(4)托大逞势：自以为是，过高地估计自己。

◎ 节 斗

斗后须隔三五日方可登场。如斗口多，下口重，费力着伤者，隔去三尾二三日。观虫有性，见芡追赶，鸣声响亮，方可复战。若懒慢无情，则是元气未复，万勿即斗。不察强弱登场斗，虫身有病齿自柔[(1)]。心夸意满能赌赛[(2)]，下盆一口定回头[(3)]。自己不通人耻笑，输人输虫实可羞[(4)]。不从古谱由己意[(5)]，百战百输赢难求。临斗之时加意审，免致后患把心留。

（清麟光《蟋蟀秘要》）

【注 释】

(1)齿自柔：不是说牙齿变软了，而是指蟋蟀的战斗力减弱。(2)心夸意满：这里是指虫主盲目乐观，自鸣得意。(3)回头：指蟋蟀大败而逃。(4)输人：指虫主因虫斗败，自己也丢了面子。(5)不从古谱：不按照古谱上的经验去做。由己意：只是按照自己的主观想法去做。

◎ 身上无砂不可斗

虫至霜降后，天气渐冷，砂如细末[(1)]，渗在身上项上者为大将。倘天冷无砂，身上油滑者，切不可斗，徒自取败也。

（石孙外子《蟋蟀谱》）

【注释】

(1)砂：指蟋蟀身上的一层绒毛，有的堆积成晶体砂砾状的东西，民间称为砂或毛丁。参见本书有关辨别的内容。

◎ 不斗十忌

孙武子《兵法》[(1)]云："善战者立于不败之地，而不识敌之败也。"[(2)]使平日不加一番细腻工夫，临阵欲图必胜，断断不能。特举不斗大概数端，以备监视：有伤、形懒、头昏、落色[(3)]、失时[(4)]、盆湿、撼腿、太嫩、翘翅、无尾[(5)]。

（清天绘阁《蟋蟀谱》）

【注释】

(1)孙武子：又称孙武，春秋时齐人，曾以兵法求见于吴王，用为将，西破强楚。其著名为《孙子》，《汉书·艺文志》著录为《孙子兵法》，是我国现存的最早兵书。(2)这一句话出自《孙子》卷上"军形第四"，原文是"故善战者，立于不败之地，而不失敌之败也。"后一句意为不放弃每一个打败敌人的机会。此处引文中的"识"应为"失"，即放弃，失去。(3)落色：指蟋蟀的体色由明亮鲜艳变得昏暗不清。(4)失时：指选择的斗蟋蟀的时令不对，斗得太早或太晚。(5)无尾：尾须折断。

◎ 下盆

刻期以待[(1)]，朋友毕集，当场角知[(2)]，胜负立分。赢者心生欢喜，输者面赤头低。斯败也，虽或虫之不勇，人之过矣。若论时令，则早秋热而末秋凉；若言调护[(3)]，则养未足而力犹怯。伤损未愈，神速未形[(4)]。排斗之时日未定，三秋之禁忌不严。毋怪乎其日求胜而不得也。兵法曰："善战者立于不败之地，而不识敌之败也。"善哉斯言！使顺时调养，排斗准期，身无损伤，大小不饶[(5)]，己身立于不败之地矣；而他之形色可以不计，猛勇可以无畏矣。下盆时秤过轻重，择对则斗。热则移于风前，凉则就日中温之。若斗时迟，令掌盆者再秤。第一平心静气，勿狂呼乱叫，使自己精神不宁，比对以错，而蹈于不可知之数[(6)]矣。故平时排斗，断不失时，当场不饶大，端无有不胜者[(7)]。若一味托大逞强，一有燥失，必悔之晚矣。

（清天绘阁《蟋蟀谱》）

【注释】

(1)刻期：定下日子。刻，本意是刻画，即把日子刻画在某处，以免忘记。(2)角知：经过角斗而分出输赢。角，指蟋蟀相斗。知，知道（谁输谁赢）。(3)调护：调理养护。(4)此句云斗过的蟋蟀的神色尚未恢复。(5)大小不饶：大的不让小的，小的也不让大的。(6)不可知之数：指不可预测的后果。(7)端：确实，到底。

◎ 软勾法

蛩固不宜频斗，亦不可久不交口；如太久则口冷[(1)]，猝然遇强敌口快，遂不能还夹[(2)]，以其生疏也。故凡斗胜后，三五日不遇对赌赛，亦须下软勾头，略斗数口，如兵家操练之意。又不可将无用之物，与之轻戏，徒使其下口忽略[(3)]。勾后仍依例调养四五日，方可出斗。即使一口取胜，亦宜歇息；盖一口赢，蛩亦用尽一身之力也。

（清赠怡馆增订《王孙鉴》）

【注 释】

(1)口冷：犹云口生，指久不斗而战术生疏。(2)还夹：即还口。夹，蟋蟀的双牙，因开合似夹，故名。(3)这两句是说不要用太次的蟋蟀与虫戏斗，以免致其轻敌，到正式战斗时反而取败。

◎ 勾斗审详

蛩以大胜小，无足贵也。若小能胜大，便当爱护，切勿频频接斗。如早秋初出口时，一斗便赢，出口快便者，尤为上品。俱须在栅内勾斗，若在盆中，恐有差失。

（清赠怡馆增订《王孙鉴》）

◎ 口间说

夫虫有斗口者[(1)]，有斗间者[(2)]。斗间者忽改为斗口，来虫不敌故也；斗口者改为斗间，则敌人之勇可知。

（ 明本《重刊订正秋虫谱》）

【注 释】

(1)斗口：蟋蟀的斗法之一，指蟋蟀以双牙向敌虫强行进攻，迅速克敌致胜，所谓“拼实力”。一般说来，这是蟋蟀战斗力强的表现。(2)斗间：与“斗口”相对而言，指蟋蟀战斗力较弱，只能瞅空进攻敌虫的弱点。斗口、斗间有的蟋蟀交互运用，根据斗场局势而定。

◎ 斗 品

斗有双做口、造桥夹[(1)]、两拔夹[(2)]、磨盘夹[(3)]、炼条箍[(4)]、狮抱腰[(5)]、猴狲墩丢背[(6)]、仙人躲影[(7)]、王瓜棚[(8)]、绣球夹[(9)]、黄头儿滚，及勾、留、剔、捺等名色。

（清赠怡馆增订《王孙鉴》）

【注 释】

(1)造桥夹：两只虫均以牙斗，四只牙咬在一起，双方后足用力蹬地，以致前身弓起，离开地面，二虫架在一起，如桥悬空中。此斗法因二虫皆欲推倒对方，互不相让，结果形成造桥夹。(2)两拔夹：此法与造桥夹正好相反，二虫咬在一起后，皆欲拖走敌手，然势均力敌，犹如人之拔河也。(3)磨盘夹：磨盘，旧时磨面的工具。用一个木质或石质的圆盘，架在砖石垒成的底座上，盘上固定石磨，毛驴拉磨就是围着这个磨盘周而复始地转圈。蟋蟀格斗的磨盘夹正取义于此，谓二虫咬在一起后向着同一方向转弯，皆欲寻找一个最佳角度将敌人掀翻，结果双方只好围着一个点转圈。(4)炼条箍：指虫咬住敌虫的腰身，低斗蹬足，以己身将对手紧紧缠住，使其难以逃脱。(5)狮抱腰：从敌虫背后突然袭击，以一对前足将对手紧紧抱住，开口噬咬。(6)猢狲墩丢背：凶猛之虫一口咬住对方后，还没等敌虫回过味来，即用力将其高高举起，并甩向背后，力大者竟能将敌虫抛至盆外；即使不出盆，也被抛得晕头转向，何谈得胜？现代有人称为“背夹”或“背包”。猢狲，即猴子。(7)仙人躲影：两虫在撕咬翻滚在一起，一个仰天躺着，另一个在上。在下者用力蹬足，致对手立足不稳而取胜。(8)王瓜棚：二虫后足蹬地，前身立起，相互撕咬。(9)绣球夹：现在亦称“滚球夹”或“结球夹”。二虫咬在一起难以分开，你上我下，此伏彼起，纠扯成一团，犹如彩球翻滚。

古代瓷器上的儿童斗蟋蟀图

四、斗　局

◎ 苏杭斗局规

掌芡人与各府州客虫到局[(1)]，秉公相合。俟虫主自心两愿，编号上柜[(2)]。临斗，两虫主临局，点动聒鸣，徐徐用芡。先在头背上并其尾腰，如即张牙鼓翼者，无病方可交锋。如虫无尾芡，沿走无情，非失雌则患病[(3)]，不可即斗。亦有虫性未旺，须再点叫聒鸣。芡其须胁，次讨小脚，有情方捻牙口一芡，左提右调。俟性发势旺，鼓翼数声，待翅收好才可领至中闸。各待回报，方提起中闸板，两架芡不许过闸。如横各点正，不得挑拨，但观其交牙两跌开。如盲虫多领正一芡[(4)]，再交锋跌开。或胜或负，虫主自看。喝叫两下芡，即当两下芡。或虫主愿认下锋者，即划下锋，落中闸。俟复时，上锋手点聒噪，下锋手细修芡[(5)]。如斗绝无情，再使游四角讨芡。果无情，硬划撞头三次，下锋手落中闸板，赶出取彩。如下锋三番四次有芡有斗性，方许上锋手使芡，领上锋逼住常鸣，但不许追扑。若上锋惜虫，愿减分数而决胜负。此苏杭至公之法规也。如掌芡人私心，该下芡不下芡，过棚追赶，咬失腿脚而负，使芡人赔虫赔银。此一定之例，无容争辩者也。

（清赠怡馆增订《王孙鉴》）

【注释】

(1)掌芡人：斗场上专门负责持芡指挥蟋蟀格斗的人。客虫：从外地携来斗场比赛的蟋蟀。(2)编号上柜：虫主将蟋蟀比过大小颜色之后，自愿相合，这时就要把蟋蟀罐封死，交给斗场掌芡人统一保管，以防有人作弊。(3)失雌：指没有及时为雄虫配雌，致虫斗性不旺。(4)盲虫：指对领芡反应较慢的虫。(5)细修芡：用细绒芡对下锋虫轻轻使芡。

◎ 临斗审局诀

赌赛约以三局两胜，如初合战而分胜负，谓之头局。再合战而分胜负，谓之中局。三合战而分胜负，谓之末局。若连胜二局，则不必斗第三局矣[(1)]。其间酌量调度，须要识透局面。有头局酣斗，胜负未分，觉我蛩着忙力怯，度其将败，切勿斗绝，便该认作我输一局，喝明下闸，留其余力，养其怒气。俟蛩稍苏，回身寻斗，方才下芡。看其左右风泛[(2)]，然后开闸复局，多能取胜。此即孙膑三驷之法也[(3)]。

（清赠怡馆增订《王孙鉴》）

【注释】

(1)根据此处的记述，则蟋蟀格斗的规则，与现代的某些体育竞赛规则完全相同。(2)风泛：气势旺盛。(3)三驷之法：古代兵家孙膑的战法，大体是：双方马分三等，先以劣者战彼优者，次以优者战彼中者，再以中者战彼劣者，最后是三局两胜。

五、得　时

◎ 总言三首

其言促织正奇能，养者须当耐性情。只宜慢斗无疏失，不可忙忙去斗频。交锋一口停三日，大斗须还隔一旬。不依此法随心好，撞之齐肩必定倾。

◎ 其　二

其中奥妙细谈推，依此之中必作魁。

三分之中晓得一，常常得胜带花回。

◎ 其　三

虫性分悲喜，世人难得知。嚼牙能斗口，鼓翅得赢时。须识蝇头牵，傍危则自知。纵然虫禁齿，如病遇良医。

（明周履靖续增《促织经》）

◎ 三秋秘诀

秋蛩之斗，最要得时。苟能得时，有胜无败。昔人但云，某色某时可斗，其说似嫌拘泥。正色中唯黑白最迟，间色中以淡虫为晚。余皆可迟可早，总以到性为得时[(1)]。何谓到性？蛩在盆中，非怯亮奔驰[(2)]，即踞立不动[(3)]。若开盆两须直卷，其蛩顾盼有情，如蛇之游行，如蚕之转动，则为到性矣。此昔人不传之秘也。

（清秦子惠《王孙经补遗》）

【注释】

(1)到性：指蟋蟀已经有充足的斗性。这里作者辩证地看待得时问题，认为关键还要看蟋蟀身体的发育情况。只要发育完全，身强体壮，斗性充足，这就是得时。反之，即使到了某个规定的时令，但蟋蟀发育不足，仍不能称为得时。(2)生虫不习惯罐内环境，开盆后突然见到光线往往奔驰跳跃。如果没有这个现象，则是虫已驯熟的表现。(3)踞立：六足悬空而稳稳站立。

◎ 斗去水食

每逢当局，摘去水食。早则虫体受伤，晚则虑其称重。隔夜点食，宜以水饭喂之。如午刻称合，则于黎明摘水，可保无妨。多斗之虫，落汤每早退食，以至干老。每日饲以粥糜，间以青菜、茭白、扁豆等炖粥喂之。如仍不食，则不可斗。

（清秦子惠《王孙经补遗》）

◎ 试 斗

浅色之蛩，或黑白二色，养至霜降如未破口，其品貌佳者，即当出栅试斗，以观其行口之轻重[(1)]；亦有不即出斗，先自勾口者[(2)]。总须拣天气晴和，方可使斗，否则必有失矣。且虫身受冻，多不合钳。如遇才力相当，不过极力叉夹，或搅绕嚼钳，马门都至伤损，及分上下，其蛩已不堪再斗；虽有佳虫，竟成废弃，如人之抱屈不伸者，追悔何及矣。

（清秦子惠《王孙经补遗》）

【注 释】

(1)行口：即下口，出口。轻重：指出口用力之大小。(2)勾口：只以芡草试其斗性，或先以斗性稍弱的虫试斗。

◎ 斗审三秋

三秋，早秋、中秋、晚秋也。如紫青杂色，以及绣肩、红翎、月头、浑油黄等色[(1)]，早秋可斗，间有自早而至晚秋者。至长衣、阔翅、翘翅、笃翅、梅花、麦梗紫、拖肚、尖头紫及各色，中秋开牙，并可结冬。如霜降后天气渐寒，只有真青、真黄、黑黄上等五色之将方可斗，入冬则尤杰出之枭雄者也。

（石孙外子《蟋蟀谱》）

【注 释】

(1)此处及下文的蟋蟀名目详见本书有关品种的内容。

◎ 看与斗

俗谚云："三分看，七分斗。"盖以看为无凭[(1)]，而斗为有凭。所言"三分看"者，是乃无足重轻之词耳。余以为七分看，三分斗。盖以看为定准，而试斗以印证其看。所言"三分斗”者，尚是虚衷谦抑之词耳，与俗谚颇相反。然即就时见而论，亦必须先讲看，后讲斗，方为全璧。乃今人漫谓之曰“运虫”，因其人之流年月建通利，多致斗彩有获，将并委斗于第二义，全不藉于看之力，尤愦愦也。

（清赠怡馆增订《王孙鉴》）

热色之蛩俱宜早斗，此顺其燥性所发也。中秋天气凉爽，无暴寒暴热，蛩无他故，任斗无虞。若冷色之蛩，必待重阳前后方始开口，庶能坚老其牙。设若宝光未足，犹不妨迟迟以待也。至临斗之日，晴霁和暖为贵。倘过于寒肃，风雨晦冥，畜以待时，深为良策。

（清赠怡馆增订《王孙鉴》）

◎ 细论养蛩法

耐性养蛩，于中秋后开牙斗者，必多得枭将。健斗不惜蛩者，此取败之道也。

（清赠怡馆增订《王孙鉴》）

晚清广东有以斗蟋蟀聚赌，被官府拿办

◎ 养蛩不老法

早秋得蛩上盆，不宜频频观看，更不可向日色觑之。亦不得用芡，恐牙根嫩，开闭损伤。如此耐惜，则蛩无老态，深秋必健斗而常胜。

（清赠怡馆增订《王孙鉴》）

◎ 善 斗

蛩性各异，亦犹夫人好动好静，斗智斗力，大抵根乎[(1)]前生变相。如蛩在盆不行不动，至一闻聒叫，则遍栅飞腾，或行走如驶，及遇敌虫，则鼓翅不动，皆属善斗。且有一口胜者，有百千口胜者；千百口胜者必能受口。有时遇夹单者而便走，一口即胜，合钳必重。有时亦遇能盘者而无能，更有遇弱则多咬，逢凶反收口，兼斗至数十栅，交口即胜者。千奇百怪，不可思议，是在监局者之临时审度矣。

（清秦子惠《王孙经补遗》）

【注 释】

(1)根乎：来源于。

凡初次破口之虫，即遇劲敌大盘大咬，或百余口至数百口，仍能合钳取胜，或敌虫软退而走，均为上将。须看其马门曾否损坏， 牙齿启闭有无伤痛，必静养半月二十天，再试一栅。如能收口，或轻夹重出，即系名将。若愈斗愈少咬，则成无敌矣。

受芡极其稳重，绝不浮躁，落口极其轻快，绝不停顿，是斗品中最上等。再得生相入格，决其无敌何疑。

（清秦子惠《王孙经补遗》）

六、斗　具

◎ 竹 册[(1)]

半竹为底，竹丝穿竹如栅，覆之为盖，中用竹片为闸板，名为千金。

（石孙外子《蟋蟀谱》）

【注 释】

(1)册：即栅，指斗栅。南方斗蟋蟀不用斗盆，而是在一个状似矮笼的长方形斗栅中进行。此栅以竹制成，中有闸门相隔，将栅分成两半。上有以竹丝插成的盖，成拱形；斗虫时即隔盖观看。栅的两头各有一小门，用插片开启，双方斗虫由此小门进入斗栅。

◎ 锡 册[(1)]

严冬合局，用锡作夹底，内贮以沸渖[(2)]，使册常温，蛩不致受寒也。

（石孙外子《蟋蟀谱》）

【注 释】

(1)锡册：为了冬季斗虫不致伤虫，有人发明了一种底部是夹层的斗栅，夹层以金属为之，中注热水。(2)沸渖：热水。

◎ 纸 册[(1)]

式圆，高四五寸，径六七寸不一，盖平。

（石孙外子《蟋蟀谱》）

【注 释】

(1)纸册：纸质的斗盆。圆形，大小如帽子，有的上无盖，两虫交斗时常能跳出栅外，故后来改为长形。详见下文“盆栅名式”。

◎ 观 笼[1]

以竹木为底，竹丝为盖，四面有孔，以竹片启闭为门。

（石孙外子《蟋蟀谱》）

【注释】

(1)观笼：因其形像笼，又可隔笼观看两虫相斗，故名。“关笼”，见前文“关笼”插图。

◎ 丝 绷[1]

以竹为罗，丝线结网，漆染之，取其坚也。

（石孙外子《蟋蟀谱》）

【注释】

(1)丝绷：一种防备蟋蟀逃逸的器具。圆形，以线结网，观察蟋蟀的时候，盖在蟋蟀罐上。

◎ 草 筒[1]

以细直坚竹为筒，长八九寸，葭草贮之，所以保护草茸也。今不用葭，代以鼠须，无须筒贮之也。

（石孙外子《蟋蟀谱》）

【注释】

(1)草筒：民间亦称芡筒，即用来装芡草的竹筒。也有的不同竹筒，而以红木或象牙镟制而成，更为美观。

◎ 方平枕[1]

方三分，长一寸有奇，式如枕。以细绢衬纸裱硬，摺成方筒粘合，两端亦用裱绢粘成方式，略瘦一线，嵌入方筒之口为门， 以便纳虫启闭。其纸里用乌金纸裱实，以便蛩出入不滞足也。

（石孙外子《蟋蟀谱》）

【注释】

(1)方平枕：一种用来称蟋蟀重量的工具。因其形像枕，故名。两虫相斗前，将各自的蟋蟀装入方平枕内，盖严，再放到戥子上称出重量来。

◎ 毫戥

拣透明驼骨直杆长尺者，星大者为分，中者为厘，小者为毫方准。至如市上之戥，分厘难一，切不可用。

（石孙外子《蟋蟀谱》）

康熙盆瓦中玉蟋蟀盆（房胜利藏）

第五卷　相法

相　　法

一、概　述

相法，或称辨法、选法，即对蟋蟀品种、优劣的辨别选择方法。对这些问题前人总结出很多实际经验，可作今人的参考。蟋蟀的辨别是养斗过程中重要的一环，对最终能否取胜关系至大。养蟋蟀的目的是争斗胜，但若不识虫的优劣，一开始就将一只劣虫养起来，虽然费尽心思，其结果是可想而知的。谱上再三强调“养虫如养兵，选虫如选将”，如果本来就非将才，即使养得再足，武器再好，也难与真正的将才对敌。所以前人把这一环节看得很重，是有道理的。事实上，前人在这方面下了很多功夫。他们不但总结出总的辨别方法，而且具体而微地将蟋蟀的各个部位都分解开来，细加剖析，分清优劣。本卷辑录的这部分内容，前部分为总论，笼而统之地谈蟋蟀的优劣；后半部分是分论，对蟋蟀的头、足、须、尾等各个部分分别论之。论述之详，令人惊讶。不论总论部分还是分论部分，基本上都是从体形与体色两个角度来分析的。这一点在品种部分也是如此，所以本卷要与品种卷结合起来看，因为这两部分内容是紧密相关的。

即使我们对蟋蟀辨别的重要性认识充分，也并不意味着就一定能成为养斗蟋蟀的行家。一方面，我们对前人的宝贵经验不可忽视；但另一方面，也不可完全依靠古谱，迷信前人。好养虫的人或者多多少少地看过若干有关蟋蟀的论述，或者积有几年的玩斗经验，说到蟋蟀的方方面面总也有自己的一套看法。不过靠这些并不够，恐怕大多数玩家都有这样的体会，当我们亦步亦趋地按照古谱上的经验去实践的时候，并不见得有前人描写的那种效果，有时甚至南辕北辙。那么原因何在呢？我们常说，实践是检验真理的标准，此话也适用于蟋蟀的养斗。不要说古谱，就是被认为很科学，很严密，很有体系的理论，有时拿到实践中也不见得行得通，任何理论都必须在实践中接受检验，只有不断地纠正错误，这个理论才能得到发展，才能不断地保持活力。古人的经验虽然包含正确的东西，但肯定也有谬误存在，因为毕竟这些经验并不总是具备普遍性，可能只是某个人或某些人的感性认识，所以不能把它看成一用便灵的仙丹妙药。当然，我们不是完全否认前人的经验，只是说，要想真正提高自己养斗、辨别蟋蟀的能力，要辩证地看待古谱上的介绍，更重要的是实践而不是理论。

一、总　论

◎ 观虫形象

钳像蜈蚣钳[(1)]，嘴像狮子嘴[(2)]。头像蜻蜓头[(3)]，腿像蚱蜢腿[(4)]。颜色要相当，毛燥[(5)]斯为美。

（明本《重刊订正秋虫谱》）

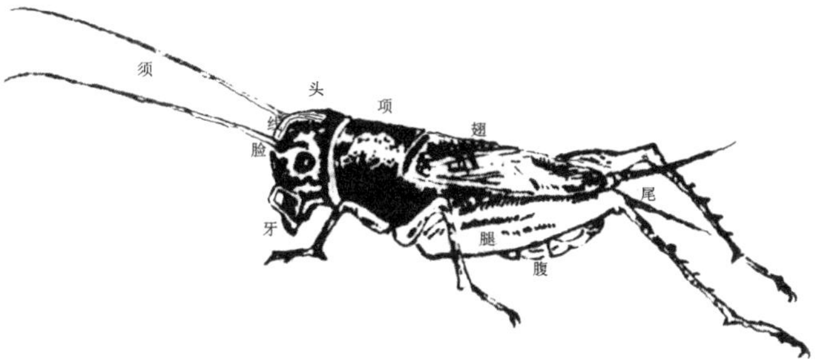

蟋蟀全图

【注 释】

(1)蜈蚣钳：指蜈蚣的第一对足。蜈蚣，节肢动物，生阴湿处。其第一对足能分泌毒液，靠此捕食虫类，甚凶猛。此处是说，蟋蟀的双牙应该像蜈蚣的双足那样凶猛狠毒。(2)狮子嘴：狮子的嘴阔大浑圆，蟋蟀嘴像狮子，则嘴阔牙壮，斗必能胜。(3)蜻蜓头：蜻蜓的头圆大凸起，双眼凸出。(4)蚱蜢：有的古谱为“蚱蜢”。蚱蜢乃蝗虫的一种，头尖，身细长，后足极长大。不过此处蚱蜢也有可能即“蛤蟆”，即青蛙，后足健壮能跳。(5)毛燥：有的谱也写作“毛臊”，指蟋蟀全身布满绒毛。

◎ 收虫秘诀

头圆牙大兮腿尚长[(1)]，项宽毛燥兮势要强[(2)]。色贵憔老兮翅无迹[(3)]，形身阔厚兮能登场。水红花牙兮人所忌[(4)]，猪肝牙色兮皆不祥[(5)]。腿脚穷细兮非上品[(6)]，红钳赤爪兮虫之王[(7)]。

（明本《重刊订正秋虫谱》）

【注 释】

(1)尚：崇尚。这里是指蟋蟀以腿长为贵。(2)项宽：项即脖颈，蟋蟀头与肉身之间的部分，现代昆虫学称为前胸，由前胸背板全部覆盖。项宽即要求这一部分要生得宽阔。项宽之虫格斗时头部摆动有力，容易取胜。毛燥：毛指蟋蟀脖颈表面上生的一层绒毛。毛燥即这层绒毛要细而干。(3)色贵憔老：体色以憔老为贵。憔老，即颜色要浓重，这是蟋蟀发育成熟的表现。若体色浅淡，则是太嫩。翅无迹：迹指蟋蟀翅的前端生有圆形膏药迹，其色一般略深于翅的其他部位，古谓之“墨迹”。墨迹越小越淡，则此虫越强；能淡至与翅色相似，像没有墨迹一样，则更好。(4)水红花牙：指牙色介于黄、白、红之间，似黄非黄，似白非白，似红非红，一脉水光。人所忌：意为这种水红花牙是人们所忌讳的劣虫。(5)猪肝牙色：牙色如猪肝，黑中带紫。不祥：不吉利。指这种猪肝牙亦非佳品。(6)穷细：细瘦。蟋蟀格斗，以六足着地发力，腿脚细瘦则发力不足，难能取胜。上品：优品，佳品。品，品位。(7)红钳：红色双牙。赤爪：足前爪花是红色的。虫之王：蟋蟀中可称王者，即最佳之虫。

◎ 诸虫不选歌

不论青白与黄红，麻路根根断顶中[1]。头欠高圆腿又瘦[2]，项如明镜脚还穷[3]。身狭腰逼壮阔大[4]，须尾伤残翅短松[5]。牙似水红猪肝色，脸多斑点粉花同[6]。选时仔细看诸忌，犯一临场难奏功[7]。

（石孙外子《蟋蟀谱》）

【注释】

(1)断顶中：蟋蟀头上的斗丝麻路要求“细直透顶”或“根根贯顶”方为佳品，而斗丝麻路中途而断必是劣品无疑。断顶中，指斗丝至顶中即断。(2)头欠高圆：谱曰“头圆大兮”方为佳虫，故头欠高圆便为劣品。(3)项如明镜：项的要求是“毛燥”“起毛丁”或“如雾罩”方佳，项明亮而无毛丁，也是劣虫。穷：穷细，指腿脚细瘦。(4)这句是说蟋蟀的腰身太狭窄。逼，狭窄。壮阔大：与前半句似有矛盾，可能字句有误。(5)翅短松：双翅短小而松散。(6)古谱认为蟋蟀脸或黑或红都要颜色纯正，不得有杂色，更不能有斑点。(7)犯一：即违反了上面的其中一种忌讳。

◎ 选材法

头小麻路不透顶，顶上油艳一片明。牙小水嫩短而细，紧项无毛油单形。翅薄有肋膏药迹，腿脚黑斑藏又穷。肉暗皮藏无颜色，枉当促织沾虚名。道听途说，非真尽结。虫无好歹，一斗即买。

（清麟光《蟋蟀秘要》）

◎ 相虫

相虫第一满精神，虎踞龙行静不惊。
但得默然藏不露，好从阵上作将军。

（清梦桂《蟋蟀谱》）

◎ 又

头项方，腰背圆，尾段尖[1]，三字俱全，决非凡品。再得皮壳苍老，颜色清明[2]，所见了虫[3]，相多类此[4]。

（清秦子惠《王孙经补遗》）

【注 释】

(1)尾段：指蟋蟀的后身，尤指尾部。(2)清明：轻淡明亮。(3)了虫：即了不得的蟋蟀，实即将才也。(4)相多：相指蟋蟀的体形体色。

◎ 促织三拗

胜鸣败不鸣一也，雌上雄背二也，过蛋有力三也。

◎ 相 法

一促织有红白麻头、青项金翅、金银丝额[(1)]，上等也；黄麻头次之；紫金黑色又次之。促织诸般色样易得，独有紫黄色十无一个，谓之足色[(2)]。正当此虫之形，光滑轻凝；紫带滑色[(3)]，尤难得佳者，如或遇之，必然超乎其余之类也。有头大腿长，背阔齿强者，必定好争斗，有勇力，更无商量，即当收之。但诸色麻头，线路必须细直分明，寥发爽亮[(4)]，不要曲并撅头[(5)]。第一嫌路粗[(6)]，线额亦要细直[(7)]，不欲肥曲[(8)]，又为一样发[(9)]。麻头满目[(10)]，如柏枝叶细布在头上不足道[(11)]，路直细中发云好[(12)]。

（明周履靖续增《促织经》）

【注 释】

(1)红白麻头：红麻头和白麻头。麻头，指蟋蟀头上有麻路。麻路是蟋蟀头部的斗丝两侧或顶端的针状细丝，粗细如头发。红、白麻头同为麻头，但体色又有红白之分。青项金翅：蟋蟀的脖项是青色，翅是金黄色。金银丝额：指斗丝是金黄色或银白色。丝是指蟋蟀头上的两条细丝，俗称斗丝，颜色明显淡于其他部位，呈条纹状。斗丝有隐显、粗细、长短、曲直、间距宽窄等区别，也是判断蟋蟀优劣的最高标准。关于麻路和斗丝，详见下文有关内容。这一句是说如果一只蟋蟀同时具备这几项条件的话，那么就是上等之虫。(2)足色：指从体色的角度来看，是无可挑剔的。(3)紫带滑色：紫得光滑润泽，非大红大紫，过于生硬也。滑色，润泽柔和之色。(4)寥发爽亮：疏朗明亮。这里是指纹路疏落有致，色彩明亮。(5)曲并：弯曲而交叉到一起。并，合并。撅头：翘头也。这里的“头”不是指蟋蟀的脑袋，而是指头上纹路的顶端。此云纹路不要弯曲，不要并到一块儿，即使纹路的末端亦应直通到底，不能歪向一侧。(6)路粗：路是指麻路。这里仍然强调麻路细直为好。(7)线额：指斗线。此句强调斗线也要细直。(8)肥曲：肥胖弯曲。(9)样发：样式，样子。又作“样范”。《金瓶梅》：“此是过世老公公宫里御前作带出来的，外边那里有这样范。”(10)麻头满目：指蟋蟀头上的麻路很多，布满头顶。(11)柏枝叶：柏树的叶子，其形细碎而呈网状。这里是用来比喻蟋蟀的麻路太细太密，纵横交错，不符合“细直分明”的原则。(12)中发：指麻路中间开花。

◎ 论 形

其形以头项肥、脚腿长、身背阔者为上，头尖项紧、脚瘦腿薄者为下。

（明袁宏道《促织志》）

◎ 辨形诀

早秋择取头大腿长，身阔背厚，麻路贯顶[1]，气壮牙大，形方色正，上相诸虫[2]，喂养半月，身口坚硬，现出颜色[3]。重色变轻色为上[4]，轻色变重色为下，浑暗变明亮为上[5]，明亮变浑暗为下。形色既定，才可试口。善斗者牙张一线[6]，交口重者选为上品。百口赢者未为奇，一口赢者胜如百口。要知一口赢者，用力反倍于数十口，尤当调息。若有因斗口少而接斗或连斗[7]，实为自误。慎之，慎之！

（清麟光《蟋蟀秘要》）

【注 释】

(1)贯顶：一直通到顶中。顶，指蟋蟀的头顶。(2)上相：指蟋蟀符合体形标准。(3)颜色：这里是指蟋蟀本来的颜色。刚出土的蟋蟀经过喂养，体色会有变化，这里是指变过的体色。(4)重色：浓重之色。轻色：轻淡之色。(5)浑暗：体色混浊暗淡。(6)牙张一线：指蟋蟀双牙张开后成为一字形。(7)接斗、连斗：都指不给蟋蟀充分的休整时间，接连不停地合斗。

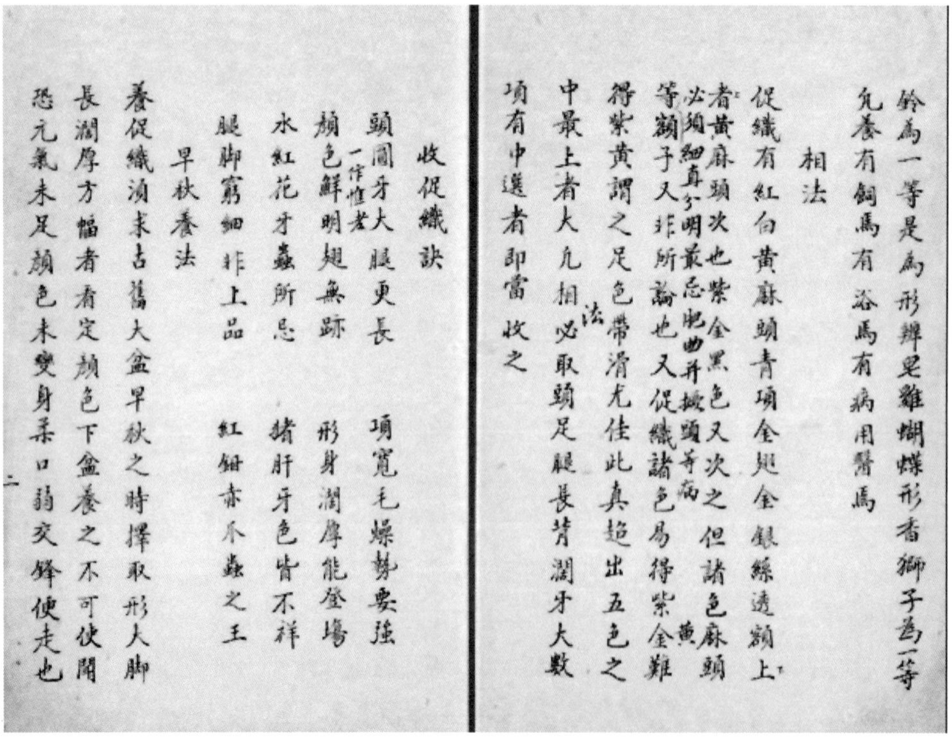
鈴為一等是為形辨更雜蝴蝶形香獅子為一等
凡養有飼馬有浴馬有病用醫馬
相法
促織有紅白黃麻頭青項金翅金銀絲透額上
者黃麻頭次也紫金黑色又次之但諸色麻頭
必須細直分明最忌脆曲并撚頭等病
等頭子又非所論也又促織諸色易得紫金黃難
得紫黃謂之足色帶滑尤佳此真超出五色之
中最上者大凡相法必取頭足腿長背濶牙大數
項有中選者即當收之

收促織訣
頭圓牙大（一作惟老）腿更長　項寬毛燥勢要強
顏色鮮明翅無跡　形身濶厚能登場
水紅花牙蟲所忌　豬肝牙色皆不祥
腿腳窮細非上品　紅鉗赤爪蟲之王
早秋養法
養促織須求古舊大盆早秋之時擇取形大腳
長濶厚方幅者看定顏色下盆養之不可使鬧
恐元氣未足顏色未變身柔口弱交鋒使走也
二

一种古谱手抄本中的“相法”

◎ 看促织法

若夫红麻头及青项金翅者，此是第一等之虫；若黄麻头者次之；紫色金黑色又次之。虽有三等，亦难得矣。

（清奎章本《蟋蟀谱》）

◎ 弃物辨

凡五色之虫，麻路不透顶[1]，翅薄翅油[2]，短腿细脚，项花[3]，肉色不正[4]，头不圆，牙不长，并牙色不红不白者[5]，不可用也。

（明《重刊订正秋虫谱》）

【注释】

(1)不透顶：指麻路中途而断，没有延伸到顶中。(2)翅油：翅上有油腻之色，昏暗不明。(3)项花：花是指色杂乱。此云蟋蟀项色不纯。(4)不正：也是不纯的意思。(5)蟋蟀的牙同样要求颜色纯正，要红则红，要白则白，最忌色杂。

◎ 总论看法色样有五等

红头青项翅金色者，一绝也。

麻头透顶，青项金翅白腿，头后相应，二绝也。

白麻头透顶，青项毛子厚银翅者，三绝也。

紫头白露青项浓厚，紫翅又带皱纹者，四绝也。

黑漆头，金线或银额，青项带毛，黑金翅，白肚皮，白大腿脚者，五绝也。

大凡看法，须要钳像蜈蚣钳，嘴像狮子嘴，头像蜻蜓头，脚像蚱蜢腿。头大腿长，不用商量。若头大项宽，身厚又阔，虽色不全，此虫能吃口使口[1]，知趣者当于言外得之[2]。

（明周履靖续增《促织经》）

【注释】

(1)吃口使口：吃口指能禁得住敌虫的咬斗，使口指能咬斗敌虫。(2)知趣者：指懂得以上道理的人。

◎ 各色不看

红黄赤白黑，麻路不透顶，翅薄短腿，脚细穷，不堪用。如头不圆，牙不长，并不红不白，项如明晃者[1]，不可用。

（明本《鼎新图像虫经》）

【注 释】

(1)从古至今对蟋蟀项有要求是要有“毛丁”，或堆满“毛砂”，即细绒毛越多越好。这里说的“项如明晃”恰与此相反，因此为不可取之虫。

◎ 又

蛩之忌款[1]，前已具载，犹有未尽者，特申言之。白毛项，青黑肉，凹背翘尾，扁脚削腰，显而易见，人尽知之。至于头脸之际，所辨极微，则有红马门、紫脑搭[2]、画眉眼[3]、花水须[4]，以及眼下黑晕、脑后白雾[5]、斗丝弯曲并黑纹冲断等病，有一于此，必不中用。目力不济者，每多忽忽[6]，尤不能不留意也。

（清秦子惠《王孙经补遗》）

【注 释】

(1)忌款：应该忌讳的几个问题。款，条款，项目。(2)脑搭：即脑袋。(3)画眉眼：画眉鸟的眼四周有白圈，并向后延伸，就像画过的眉毛一样。这里是说蟋蟀的双眼亦有白圈围绕。(4)花水须：指水须的颜色不纯正，有杂色。(5)白雾：指颜色发白，昏暗模糊。(6)忽忽：忽视。

◎ 又

凡头不圆，麻路成片不明，头顶油光，须细软，牙小花水嫩，紧脖藏斑无毛，

翅薄有花，胁腰拖红铃，腿小细藏，身薄单穷，色娇弱浑暗不真，肉暗粗藏，形像善弱穷贼，单薄瘦小，俱不可要。

（清麟光《蟋蟀秘要》）

◎ 秋虫杂志

虫之种类甚夥，若按《四生谱》上《促织经》[1]，名色多矣。如蜈蜂形[2]、海狮形、土狗

形、油挞利、玉锄头、铁弹子、锦蓑衣；又如油纸灯、五花、玉尾、重牙、八足，计有异虫卅六种，且各有赞语，近乎敷衍，未便深信，何能妄评。或又曰，虫有化生，蝎子变青，马蜂变黄，蜈蚣变紫，既属难得，亦未曾见，更难虚论。唯知昔年南楼老人，平生雅好秋虫成癖，得过蜈蚣紫一虫，系伏地，经签子手拿来，连脱下蜈蚣蜕[3]，一并献出，故知系蜈蚣化生。入盆使斗，敌虫尽皆披靡，莫敢与争锋。两钳张开，咬遍诸虫。直至冬至打将军时，一胜到底，故而封王。当时社会中人皆知，侈为美谈。有到过老人花园中纾环轩，见土山中，果建有虫王庙，内塑泥像三，皆高不盈三寸。中间白面黑髯，名曰粉底靴。左边即蜈蚣紫，貌狞狰。右边黄面金须，名曰金肋子，皆封王之虫。据云，三虫原身皆各在各像座下葬之，至今传为佳话，足见老人好奇甚矣，癖亦深矣。

此外除各色麻头外，有金眉子、银眉子，且有说“十眉九不斗，斗上没有够”之论。翅子除长衣、尖翅、大翅、琵琶翅外，又有秋阑翅、蓑衣翅、玻璃翅、鼓翅、破翅、半身甲，更有驼项、银双锏、单鞭、五爪、鳖爪、坑儿头、铁拐等名色。大半不是脱壳时脱走，就是受伤，经贩子手混起名色，买虫家有买者，而得者颇少[4]。又更有金道冠、绛顶蛐蛐，尤为下品。唯甲午秋买易州山虫，无心中购得无甲虫一头。买时因取其头大牙红，蓝脖宽厚，腿胯亦大，分量只九厘。后经排斗，所向无敌，直至打将军时，胜三十余盆。因无甲[5]，色漆黑，会中人赠名曰铁光棍，无敢与较量者，真杰虫也。虽然，不足凭也。何则？会中人见此，次年秋皆购觅无甲虫，谁知竟无一人得者。亦事逢偶然耳，还宜按谱求之为是。

（清拙园老人《虫鱼雅集》）

【注释】

(1)《四生谱》：书名，清代金文锦撰。书中包括四部分内容，有《鹌鹑论》《黄头志》《画眉解》《促织经》各一卷。有多种版本。(2)由此以下的各种蟋蟀名目，详见本书有关品种的内

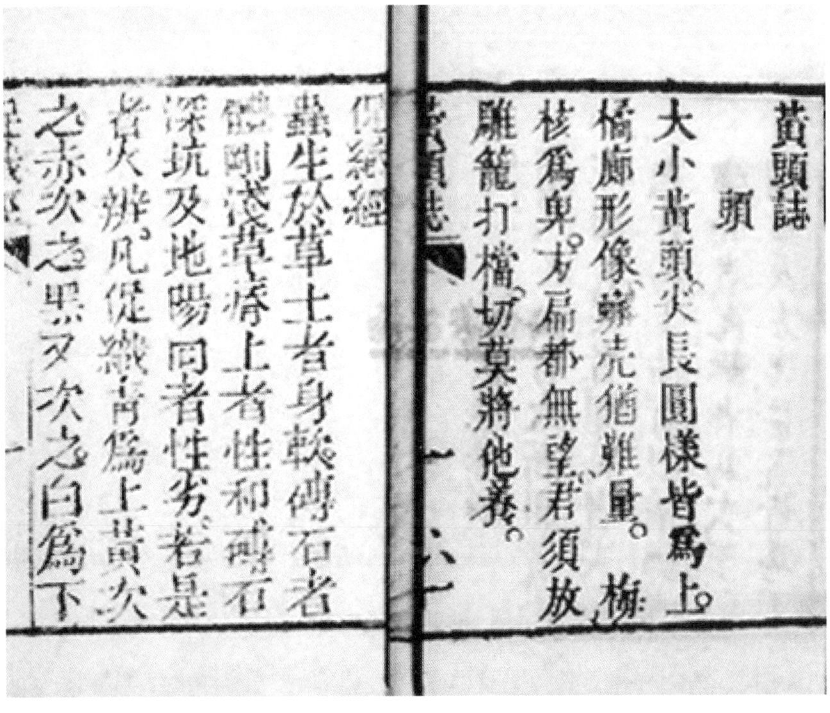
黃頭誌
頭
大小黃頭尖長圓様皆爲上。
橘廊形像蟀壳猶難量。梅
核爲卑方扁都無望君須放
雕籠打檔切莫將他養。

促織經
蟲生於草土者身軟磚石者
體剛淺草瘠土者性和磚石
深坑及地陽向者性劣若是
者火辦凡促織青爲上黃次
之赤次之黑又次之白爲下

《四生谱》中的“促织经”

第五卷 相法

容。(3)蜈蚣蜕：指蜈蚣蜕化时蜕下来的皮。(4)此处是说，不少蟋蟀实际上不过是发育蜕化时造成的缺陷，却被卖虫者附会成了不起的异虫，结果买来却发现没有什么好虫。(5)无甲：指没有翅。

◎ 异虫

夫物之不常有者曰异，异则必有殊观[(1)]焉。《山海经》所载珍禽怪兽[(2)]，或产于山，或生于水，不可得而一见者也。若夫促织乘时变化，应候而鸣，于诸类之中，而又具不常有之形象，稀奇古怪，光彩夺目，一若造化独厚之而巧为陶熔[(3)]，是人所欲见而不可必者，一但观之，其乐为何如哉！

脱项，头垂至地，颈肉露外如珠[(4)]。

三须，项上一须环垂眼下，斗则覆于背上。

尖翅。

六足，小足有六。

左搭翅。

三尾，尾中间又有一尾，稍细而色青。

秋凉翅。

阴阳牙，二牙各一色。

（清天绘阁《蟋蟀谱》）

【注释】

(1)殊观：特异的现象。(2)《山海经》：我国古代的一部神话作品，记载了各地的山川景物及奇珍怪兽。(3)陶熔：陶冶熔炼。这里指滋生养育。(4)这里所说的脱项，实不过是在最后一次蜕皮时的失误。露到外面的颈肉在昆虫学上称为颈液，每次蜕皮都是由颈液冲破老皮，才使新体蜕出的。蜕皮完成后，颈液应该回到颈内，否则，便会露在颈的外面，状似肉瘤。

◎ 品格论

夫蛩必须麻路细直透脑却无线额者，乌头银线额却无麻路者，奇品也。更有线额与麻路拗色不一，如白麻头金线额，黄麻头银线额，或无麻路有白线紫金线之类。更有青黄促织而红头、白牙、白麻路者，亦为绝品，此第一等也。

或有青红头金线额，白麻头银线额，翠青项、毛青项、斑青项厚金翅，或黄麻头、淡黄麻头、嫩黄麻头、老姜黄麻头、红黄麻头，麻皮黄色，俱要白腿脚或黄腿脚，此第二等也。

更有暗红头青金翅，乌金头白腿翅，火珠头桃皮项，玛瑙头灰青项，青麻头白牙钳，麻路细直透顶，身腹头脚相称，此第三等也。更有紫金色、紫黑色、紫红色、重枣色、轻枣色、油紫色、葡萄紫色、藕褐色、黑青色，此等色样，切要鲜明分晓，麻路细直，腿长脚大，翅翼浓厚，形体方阔，亦为佳品，此第四等也。

更有紫黄色，俗名茄母紫，必得遍体无瑕，翅翼光彩，头大背阔身厚，乃为相称。更有花路头，亦要腿脚无瑕，黄色为上，莹色纯白亦佳。又有翅如古经纸，光明金色，腿脚如黄蜡相似，更复壮大，亦为绝品。又有秃虺色，乃黑白色如花黑者，此第五等也。

至如阔翅、长翼等类，必须头圆而缩，项阔而宽，牙长而浑，翅薄而金，蚕肚白肉，脚细长而两腿有斑，亦足取之，此第六等也。

（清赠怡馆增订《王孙鉴》）

红头青项金色翅，一贵也。

麻路透顶，青项金翅白腿，头尾相称，二贵也。

白麻头透顶，毛青项，厚银翅，三贵也。

紫头白斗路，青项紫翅，浓厚而带绉纹，四贵也。

黑漆头，金线或银线，青项带毛，黑金翅白腿肚者，五贵也。

凡蛩有红白麻头，青项金翅，金银丝额，上等也；黄麻头次之；紫金黑色又次之。诸般色相尤易得，独紫黄色千中选一，谓之足色。其蛩光滑轻凝，紫带滑色，更须头大腿长，背阔齿强者，必定好争斗，有勇力。总之诸色麻头，线路必要细直，分明爽亮，不宜弯曲短橛，第一嫌麻路粗板，线额肥曲。又有丝瓜筋麻头、柏枝叶麻头，俱要细布在头上方好。

（清赠怡馆增订《王孙鉴》）

◎ 选 法

牙不宜短薄，浑长者佳。头不宜扁塌(1)，圆大有脑角(2)者佳。项不宜光紧(3)，青毛而宽者佳。腿不宜短，长大者佳。身不宜狭薄，厚实有肉者佳。色不宜杂，纯净者佳。翅不宜薄，肥厚者佳。肋不宜显，白肋以通梢为佳(4)。尾不宜重，轻细洁白者佳。须不宜卷（犯热症或缺水则卷），搅扰不定者佳(5)。凡各色麻路不透顶或成片，及头带油艳，脚腿细穷，肉色斑黑，翅薄项紧，头不圆，牙不长，项无毛丁不起斑者，俱不中选。

（清赠怡馆增订《王孙鉴》）

【注 释】

(1)扁塌：扁小而塌陷。(2)有脑角：指头上有凸起，所谓“结绽”者是也。(3)光紧：光滑而狭小。紧，紧小，紧促。(4)通梢：一直通到尾部。梢，这里指尾梢。(5)搅扰：摇晃。

◎ 混收诀

头大脚长，不用商量。尾轻肉洁，何须多说。腰宽项阔，不必细观。秃尾槌脚，未可忽略。

（清赠怡馆增订《王孙鉴》）

◎ 养蛩总诀

高厚人难合[1]，阔方比占先[2]。头大终为得[3]，牙长万倍全[4]。腰厚翅长好，牙环更利便[5]。若能养得着，百战总居前[6]。以高厚阔方，头大脚长，腿圆更兼牙长拖地者，环钳更妙。

（清赠怡馆增订《王孙鉴》）

【注 释】

(1)此云蟋蟀身体长得高大厚实，就很难找到对手。(2)比占先：意为在比对的时候要占优势。(3)终为得：最后能占便宜。得，有所得。(4)万倍全：意思是等于有了万全之策。(5)牙环：与下面的环钳意同，指蟋蟀的牙齿是环形的，牙尖向里弯曲。(6)总居前：指战斗中总要占先取胜。

◎ 化 生

《毛诗疏解》[1]：斯螽、莎鸡、蟋蟀，一物而异其名者也。其乘时变化，并非一类。缘者所化则有蜘蛛[2]，其身短，其肚大，其色青。多足者所化则有蜈蚣，其形扁而短，其色黑，牙圆而头赤。飞者所化则有土蜂、蝼蝈所化，其形长，其项短，其色微黄，此等虫好者最多，须仔细认辨，方得无误。况奇虫之生，亦不多观，岂可以小年不及大年而忽诸[3]？畜之以为玩者[4]，何昧昧焉而不究其出处格外致之谓何[5]，窃恐笑之者林立矣[6]。

（清天绘阁《蟋蟀谱》）

吴友如绘小童斗蟋蟀图

【注释】

(1)《毛诗疏解》：此指朱熹《诗集传》，中有“斯螽、莎鸡、蟋蟀，一物随时变化而异其名”。(2)缘者：指攀缘类昆虫。下面的多足者指多足类昆虫，飞者指飞翔类昆虫。(3)小年不及大年：语出庄子《逍遥游》“小知不及大知，小年不及大年”。小年是指生命短暂的生物，大年是指长寿的生物。(4)指玩养蟋蟀的人。(5)出处：指蟋蟀的孕育发生原理。格外致之：这里是指上面所说的蟋蟀由其他昆虫变化而来的特殊方式。(6)笑之者：笑话他们的人。林立：很多。

◎ 见闻纪异录

青有白沙青[1]、红沙青、油青、苏叶青、鸡血青、麦柴青、生虾青、熟虾青、河泥青、河水青、稻叶青、竹叶青、芦花青、蚰蜒青、铁线青麻、铁嘴青麻、铁色青麻。唯天青色百年难遇，相传云系十年蜻蜓所变，可胜铁头蝴蜂所变者。

紫有熟藕紫、藤花紫、葡萄紫、乌酱煤紫、酱瓣紫、茄皮紫。

黄有油黄、麻皮黄、菜叶黄、麦柴黄、香橼黄、金匾方，并有浑身如雄黄者。

红有石榴红、水楂红、出炉银、落霞红。

黑有铁弹子、灶灰黑、水墨黑。

白有滑白、哑白、麻皮白、螭壳白、水梨白、芦花白、艾叶白。

（清赠怡馆增订《王孙鉴》）

【注释】

(1)白沙青：及下文的“红沙青”“油青”等，均为蟋蟀名目，详见本书有关蟋蟀品种的内容。

◎ 五色变虫诠考

紫青：紫青白斗线，愈冷愈斗，即至落雪不休。系螟蛉子变。

紫黄：紫黄之蛩甚难，真千数中不一见。如黄头银丝麻路，青毛砂厚项金翅，腿脚壮长，浑身高厚，血红钳者是也。此蛩愈冷愈狠，系蜈蚣变。

紫尖头：头如蝴蝶头，青毛砂阔项，白肉厚背，腿脚圆长，血筋绊满金翅[1]，白花牙、墨花钳、血牙，俱为将才。系胡蝶变。

真青：真青白牙妙，黑镶白钳亦好，青毛项、血牙更妙。但要白银丝麻路，细直透顶，项背高厚，腿脚圆长，白肉为上。系牵牛变。

青大头：头如狮头样，细银丝直透顶，青毛阔项，带砂青雾罩满，脚斑白，腿长圆，肉色如玉，或像青莲；纯白钳、红花钳、墨花钳、墨牙皆堪相配。如白花镶钳，大而长厚者亦妙，为上等之将。系桑虫变。

青尖头：长头阔毛青砂项，身厚，脚腿圆长，满头项青雾罩紧[(2)]，奔走玲珑[(3)]。黑镶白钳、长红花钳、乌爪白钳，血牙更妙。系蜘蛛变。

青麻：青麻头圆大，细银丝透顶，青毛项，青砂雾罩满，日中照之，微带红色；腿白脚长肉白者，将中之枭将也。系牵牛变。

砂青：大头阔项，银丝细路透顶，青毛砂堆满项翅，长脚圆腿，身形高厚，赤爪红牙，交口便赢。此劲敌之将，系杨甲虫变。

真黄：头如蜜蜡，项似青毡，翅像紫金，肉黄腿白，浑身黄雾黄砂罩满，更兼高方阔厚，脚长声哑。此为狠斗之将，系地蚕虫变。

黄大头：头要像官蜻蜓头样，细银丝麻路直透顶，朱砂项，宽背厚，浑身青毛砂，腿混脚长，肉白，血红牙、墨花钳、紫花钳、真黑钳者，蛩中之王。系蜻蜓变。

黑黄：有血钳黑黄、白钳黑黄、白花黑钳、墨牙黄、墨花钳、红花钳诸种，阔项驼背，头细脚长腿大者是也。更兼项堆黑砂毛丁，翅有血筋绊满，浑身似青雾罩砂，向日中照视，通身如血红者。此真正黑黄无敌大将军，系铁蝴蜂变。

砂黄：头大腿长项阔，朱砂斑，白毛攒紧，背厚翅金，黄砂罩满，亦为上将。系蝼蛄变。

真黑：黑如黑漆，牙白如银丝，铁头蝴蜂变。

灰黑：身形扁小，伏于盆底，湿灶灰色，善能饶大，着口即胜，系喜蛛变。

真白：白蛩红牙，系牵牛变。

他如螳螂、蜣螂、长脚蝴蜂、蚱蜢及金苍蝇等类，感秋金肃杀之气，俱能变化，兹不备载。

（清赠怡馆增订《王孙鉴》）

【注释】

(1)血筋：指翅脉是红色的。绊满：布满。(2)罩紧：布满。(3)此句指蟋蟀行动灵巧、迅速。

◎ 又

宿有倒宿于盆盖上[(1)]，系蜘蛛变。有立于水池上者，系蜻蜓变。有仰卧侧卧者，其名为困虫。食有出土不吃食只饮水至结秋者，系蜣螂所变。

（清麟光《蟋蟀秘要》）

【注释】

(1)此句意思是：六足抓在盆盖上倒悬着休息。宿，歇息。

◎ 应候占验

凡蛩逢霜降时鼓翅数声，另觉精神有威者，决定[1]枭将。如其时寂然无声者，非过时老倦[2]，即非健斗之将也。

（清赠怡馆增订《王孙鉴》）

【注释】

(1)决定：一定。决，决然。(2)过时：指时令已晚。老倦：衰老疲倦。

◎ 看十无一好法

诸般颜色皆好，独有紫黄二色，十中无一个之好看，谓之色足，亦不正当。论云：“十个九光华，轻盈紫带黄。”如此之类，更无准者，谓不如别者样虫之相貌颜色也。

（清奎章阁《促织谱》）

◎ 又法

妖色虚华无实对[1]，耐观异样不寻常[2]。

形生力大多娇艳[3]，将此一等百战场[4]。

（清奎章阁《促织谱》）

【注释】

(1)娇色虚华：鲜艳虚浮之色。无实对：指没有实际能力。(2)耐观：好看。(3)形生力大：形象雄壮，力量大。(4)这里是说这样的蟋蟀可以百战百胜。

清芳秋乐会蟋蟀盆（房胜利藏）

◎ 辨斗法

上下停匀一封书[1]，折脚秃须钳又黑。

锦翅项青朱红样[2]，此是娇虫佛顶珠[3]。

（清奎章阁《促织谱》）

【注释】

(1)这句是说蟋蟀前后长得一样宽，就像一封方形的书信。(2)锦翅：锦缎一样的双翅。(3)娇虫：娇艳之虫。佛顶珠：喻虫之宝贵。

◎ 相蛩之法

相蛩之法，一曰色，二曰老，三曰精神，三者缺一不可。有色而不老，则精神俱属浮光[1]。但老而无色，则精神亦必疲软。三者皆全，乃臻极品[2]，故曰缺一不可也。若第头大脚长，状貌瑰异，皮相者以为得之矣[3]，是犹相蛩之末者也[4]。

（清秦子惠《王孙经补遗》）

【注释】

(1)浮光：表面的虚浮之光。光，光彩。(2)极品：指最好的无可比拟的蟋蟀。(3)皮相者：指只从表面现象看问题的人。(4)末者：最下等的。

◎ 虫辨

有等虫或蜈蜂、蜈蚣、地狗之类变之者，其身齿必强，斗性必勇。其身齿不坚而无斗性者，必蜗牛、地蚕湿虫所化也[1]。其坚脆之辨，则又显明易见者。坚虫多阔厚，苍焦到底，不出一节[2]；烂虫则一见水食，便出数节，头尖项狭，即如螳螂。知此坚脆之辨，便得常胜之诀矣。

（明本《重刊订正秋虫谱》）

【注释】

(1)湿虫：生长在阴暗潮湿之地的昆虫。(2)不出一节：指蟋蟀喂食再多，也不会出现拖肚的的现象。

◎ 辨虫老嫩

要知促织老与嫩，秘法分明白在须[1]。两齿带黄生日久[2]，悬牙如玉离泥初[3]。头高必定方才变，埋首人称老野狐[4]。授此秘方牢记取，十场罕有一场输。

（明本《鼎新图像虫经》）

【注释】

(1)这一句意为蟋蟀的老嫩在头须是分明看得出来的。须长色重一般为嫩虫，须短色淡一般为老虫。(2)生日久：指苍老。生日，指蟋蟀的出土之日。此云蟋蟀双牙发黄是苍老的标志。(3)离泥初：意指出土时间不长。(4)埋首：低头。老野狐：喻苍老蟋蟀。

◎ 又

早秋出土之虫，试以芡草，观其老嫩。若于鼓翅时六足起架[1]，将身高耸，且鸣且抖者[2]，是真嫩虫，决不能斗。此理甚微，识者颇少，非悉心体会，不能得之也。

霜降时节，蛩渐衰老，开盆每多仰头。仰头第一老象，实系败征[3]，即当封盆不斗。每有因胜过数栅，不忍弃置，仍令当局[4]，败北何疑。

蛩有出土颇老，养久反嫩者，是出身嫩也[5]。亦有出土极嫩，落盆渐老者，其前生老也。蛩始能鸣，即被捕捉，衣壳单薄，颜色轻浮，谓之捉嫩。静养半月，衣壳渐能苍老，颜色渐变浓厚，至有黑色斗存者[6]。谱云：“轻色变重色者，便可弃之。”犹未免拘墟之见[7]。愚以为出土嫩而变老者养之，出土老而变嫩者即当弃之。先天后天之理，不讲自明矣。

（清秦子惠《王孙经补遗》）

【注释】

(1)起架：高高架起来。(2)一边鸣叫，一边抖动身子。(3)败征：失败的兆头。征，征象。(4)当局：指出场格斗。局，斗局，斗场。(5)出身：与下文的“前身”意同，都指变为蟋蟀的前世昆虫。参见所谓“五色变虫”的内容。(6)这句是说，有的斗到最后竟变成了黑色蟋蟀。(7)拘墟：拘泥。

◎ 干老之虫

早秋中秋破口之蛩，斗至霜降前后，已胜数栅，忽然不吃食，不贴雌，颜色昏晦，厘码[1]落轻，似属干老[2]，切勿再斗，仍宜喂养。或有落汤后反能吃食贴雌，色转明亮，此中每多结冬之虫。如不食而勤过蛋，其蛋缩小，异于平时，则真老惫无用矣。

凡蛩当局，清晨摘去水食，须看其情兴欢健，与雌连和[3]，方可出斗。如其不健，不与雌连，其蛩非老即病，汤中必冷暖失调，弗因其开牙鼓翅，便令交锋，致使有失也。

（清秦子惠《王孙经补遗》）

【注释】

(1)厘码：指蟋蟀的大小与体重。(2)干老：在古谱中，“干老”有两层含义：一是指蟋蟀发育完全成熟，正值“年轻力壮”之时；另一层含义是说蟋蟀已经衰老，就要死掉了。这里应是第二个含义。(3)连和：指与雌虫交配，两情欢洽。

◎ 蛩有四贵

蛩有四贵，生体阔实，肉身细糯，加以皮壳枭老，光彩精莹，即决为了虫[1]，十可得八九矣。

（清秦子惠《王孙经补遗》）

【注释】

(1)决为了虫：一定是了不起的蟋蟀。

◎ 强弱之异

蛩体有强弱，故性有起落[1]。唯猛烈者不论何时，无不矫健。亦犹夫人气体充足，百病消除，自然善斗。即过蛋亦然。善斗之虫，断无不受草懒贴雌之患。如其蛋信参差[2]，草情疲软[3]，强之使斗，所谓驱瘠弱之民，以当强敌，无有不大败者也。

（清秦子惠《王孙经补遗》）

【注释】

(1)性有起落：斗性有时高涨，有时低落。(2)蛋信参差：指蟋蟀的性欲有时强有时弱，贴雌不正常。(3)草情疲软：对芡草的反应不灵敏。

◎ 笼形大小

前人无厘戥，比较大小，自愿合对，谓之比合。赏鉴精者，老嫩强弱，早已一目了然，自然战无不胜。今人用厘戥秤合，差一二毫，便不肯合，似乎精矣，不知虫形大小[1]，转有相悬殊者。如得早出之虫，干老细糯，喂养数十天，令其食足，每日行粪[2]，并无积食，使腹中泥垢尽去。以之出斗，其蛩笼形必大，且能健斗，宛如眠起之蚕[3]，通体空明，腹无渣滓，自是一定之理。晚出之虫，收束较缓[4]，如遇此等，则大小强弱，不待言矣。善养蛩者，无论早色晚色，务使肉膘充足，积食消除，方使出斗。何谓肉膘充足？积于中者形于外[5]，观其头明如镜，身起宝光，则近是矣。

（清秦子惠《王孙经补遗》）

【注释】

(1)虫形：与下文的“笼形”均指蟋蟀的体形，也包括体重。所以称笼形，是因为最初斗蟋蟀是用比笼比较大小。(2)行粪：蟋蟀排便。(3)眠起之蚕：蚕在生长期间也有几次蜕皮，蜕皮前有一天一夜的时间不吃桑叶，称为眠。蜕皮完成之后，称为起蚕。(4)收束：指蟋蟀从野外捕来后，经过调养，体形有一定的缩小。(5)这句话是说，蟋蟀的内在精神，要在外表上表现出来。

凡蛩食量大者，力量必大。初出土时，食米二三粒，以次渐减。至寒露节，喂饭并须隔雌，弗使过饱。然犹有肚腹脱出，积食不消，以致称重者，切勿使斗，须俟风信，肉身收束，始可破口。如风信不收，俟落汤；落汤不收，则成废弃矣。蛩之嫩者肉必松，食多则腹膨身重，至不可收拾，一经天寒，骤然退食，最属无用。如至霜降仍能健饭，则虽至深汤，可无干老之患。且虫性各异，调养尤难，唯颜色纯正，肉身细结之蛩，及至到性，自能收拍[1]，无烦扣食[2]。余则均须喂养得宜，切弗使伤饥食饱，庶厘码有准，不至吃亏。如深秋能食全米，随食随消，毫无积滞，无论汤前汤后，其精神力量，已占定上锋。此种实不易得。再若善饭而不称重，拖肚而得笼形，其蛩必且健斗。此可为知者道，难与外人言也。

（清秦子惠《王孙经补遗》）

【注释】

(1)收拍：与上文“收束”意同。(2)扣食：为使蟋蟀体重不至太多，控制它的食量。

谱称枣核形为上品，今则不甚合选。此种名两头尖，头小而肉大，前用比合，不秤重轻，此等生相，如与头大脚长骨多肉少者比之，总可僭重[1]一二十毫，以大斗小，甚得便宜，故属可贵。今用毫戥秤后合对，应取状貌魁异笼形高大之虫。若此等入栅，笼格[2]扁小，已是逊人一等，欲其占彩当场，殊属非易。今昔殊形，不可泥于成法也[3]。

（清秦子惠《王孙经补遗》）

【注释】

(1)僭重：超重。这里是指体重超过对方而不被看出来。(2)笼格：意同“笼形”。(3)成法：现成的或旧有的规定。

◎ 沙虫

蛩至霜降，遍身起沙。黑色之虫，壳老声洪，斗至深秋，绝无老态，忽鸣声转哑，或声如破锣。翅急者咮咮然，翅缓者苏苏然，是名软沙。其虫合钳必重，且能受口。落后翅沙愈足，甚且紧翅无声。若稍有老态，则不足贵矣。至于淡虫，又非所论。淡色沙声者[1]，十不睹一二，必于汤中起沙乃贵。如秋分寒露时早起沙声，必系嫩虫，非真沙也。真伪之辨，不可不知。

（清秦子惠《王孙经补遗》）

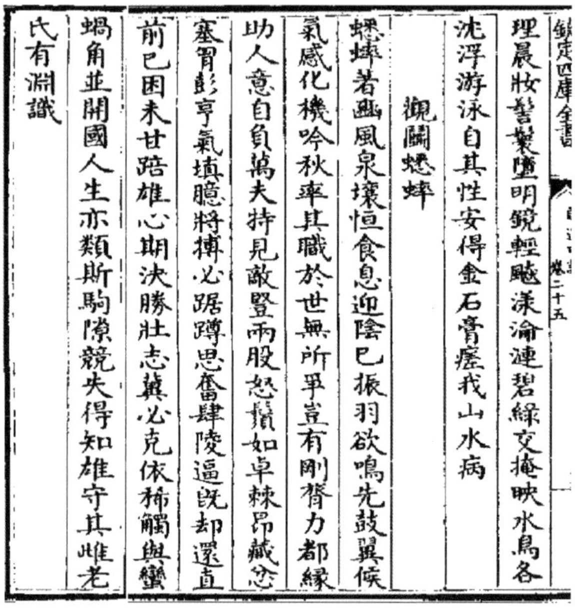
欽定四庫全書　卷二十五

理晨妝髻鬟墮明鏡輕颸漾淪漣碧綠交掩映水鳥各
沈浮游泳自其性安得金石膏瘥我山水病
觀鬬蟋蟀
蟋蟀著豳風泉壤恒食息迎陰已振羽欲鳴先鼓翼候
氣感化機吟秋率其職於世無所爭豈有剛脊力都緣
助人意自負蕩夫持見敵豎兩股怒鬣如卓棘昂藏恣
塞胃彭亨氣塡臆將搏必踞蹲思奮肆陵逼既却還直
前已困未甘踣雄心期決勝壯志冀必克依稀觸與蠻
蝸角並開國人生亦類斯駒隙競失得知雄守其雌老
氏有淵識

清《御选明诗》“观斗蟋蟀”

【注释】

(1)沙声：沙哑之声。注意此处的“沙”与“起砂”含义不同，一是指沙哑，一是指毛砂。

蛩至霜降，周身起沙，衣壳苍老者多变沙声，黑色尤甚。至鸣声之变换，有早有迟，有徐有疾。早者寒露即沙，迟者大雪始起；徐者必经旬半月，疾者止一日两天。总之起沙愈迟愈妙，变声愈疾愈佳。盖沙足则性足，性足斗必猛。落汤起沙之虫，至有斗死不休者，往往见之。若夫淡虫起沙，则出身多嫩，起于汤前，尤不足恃。沙声唯黄蛩最宜，即早亦不忌。尖圆长衣，必鸣声苏苏，乃能成将；然具出类拔萃之姿，衣壳明润光彩精莹。若天蓝青、茄皮紫等类，所向无敌，转不见有沙声。此种起沙，且迟至逢春始见，但须历年久远一遇之，此非经验不信也。

（清秦子惠《王孙经补遗》）

◎ 兄弟虫

蛩隔岁生子土中，交夏始出，经秋乃鸣。虽具体微渺，每每肖其所生[1]，状貌瑰奇，色相俱足。如系变虫，所出之处，有一不可有二。比如某处产一佳虫，再往捕捉，又得一二色相相肖者，必系蛩子所出[2]，是名兄弟虫，断无结冬者。昔人论秋虫，未讲及此，故特揭出之。

（清秦子惠《王孙经补遗》）

【注 释】

(1)肖其所生：肖，相像。所生，指生出它的虫，亦即它的父母辈。(2)蛩子：指蟋蟀的卵。

◎ 汤 虫

蛩至深汤，多半衰老，出栅交锋，每每多咬不能合钳。时交雪门[1]，老惫者十且八九，必得健若早秋入栅，临阵随草进退，纵横驰骤，如风樯阵马[2]，势不可当。交口即行闭钳，使敌虫不能还夹，自是头等名将，并可望为了虫。深汤之中，操纵都由人力。如素能合钳之虫，汤中只能义夹[3]，则断断不可再斗。虽吃食贴雌，已不免外强中馁[4]。别有一法，足称后劲。早秋选腰背丰满，肉身老结之虫二三十盆，不必其大头长脚也，间或勾一二次，见其出口老辣，或盘夹仍能合钳者，切宜静养，勿令多斗。待至深汤，如仍吃饭贴铃，蛩必矫健善斗，以之敌衰老之虫，可决其必胜矣。此兵家以逸待劳之法也。

（清秦子惠《王孙经补遗》）

【注 释】

(1)时交雪门：指时令已经到大雪。(2)这句是说就好像大风中的帆船、战场上的烈马。(3)义夹：只以双牙作出咬敌的样子，实际上并无威力。(4)馁：空虚。

虫初落汤，前辈有服汤三日之说[1]，今不以为然，不知其说确有所据。比如蛩在汤前，颜色盆情毫无老意，落汤后忽而沿盆退食，不与雌连，似已老矣。或迟至旬日，复又精神焕发，矫健如常。则前此之沿盆不食，即系不服汤之故。若此者，其虫已无不受伤，如再厘码落轻，过铃缩小，则断不可斗。能审乎此，其汤须用两层，老汤、嫩汤分作两桶[2]，辨别虫性之宜暖宜凉，妥为位置，则万无一失矣。

（清秦子惠《王孙经补遗》）

【注 释】

(1)服汤：指逐渐适应热水保温的新环境。服，即俗云“不服水土”之“服”，意即适应也。(2)老汤、嫩汤：水温较高的为老汤，水温较低的为嫩汤。

汤虫以黑色白牙为上品，尽人而知之。然黑门中伪品极多，辨之不精，转多贻误。予尝悉心体会，而得其故焉。诸虫颜色，以斗丝为凭，而斗丝尤以金银二色为贵。如黑色中细银斗丝，知为黑青；蓬头金丝，知为黑黄；银红斗丝，知为黑紫。黑青要身带蓝光，黑黄则翅闪金光，黑紫须得如玉之黑化红者方为真品。若真正黑色，必身如点漆，沙晕重重。斗丝仍系黄白二种，务得沉细，不取粗浮，斯为真黑。若生糙白斗丝，及淡黄斗丝，必不能细直贯顶。其色必浅而不浓，其虫必嫩而不老，其品亦必假而非真。今人盛称黑壳白牙，特浑而名之耳，吾知其非有真鉴而云然也。

（清秦子惠《王孙经补遗》）

◎ 练 牙

蛩之练牙凡三种：有早秋出土即练者，有斗多咬损马门练者，有蛩将老忽而练者。早秋出土即练，名大马门，与硬马门稍异。硬马门芡后或练或不练，此则一草必练至数十遍，及斗交牙，每咬住不放，敌虫无不跳跃绝芡[1]，其落口之重，殆十倍他虫。此练牙之不二夹[2]者，亦称无敌。若与敌虫对咬，则不足取矣。大凡多咬，马门受伤或嚼碎，亦要练牙。马门损伤，其皮发硬，非收卷不起，即翘转口内[3]，不能闭钳，切勿再斗。若蛩素无练牙之病，斗已多次，未逢大咬，忽而练牙，是为老象。《经》称“四不斗”，练牙居其一，始不以为然，继且屡经屡验，乃知非泛泛而言。盖蛩将老，色光未退，偶于练牙微露老态，然已不堪临敌。理有一定，不可不知也。

（清秦子惠《王孙经补遗》）

【注释】

(1)绝芡：指对芡草再也没有反应，实际上是斗性全无。(2)不二夹：只一口便胜，不用咬第二口。(3)这句是说马门受伤后在口里转来转去，难以闭牙。

◎ 养与变

夫头大脚长，腰粗尾细，生相自是头等，尽人能识之。至若平头直项，颜色纯正，亦宜留心静养。无论生体方幅及杆子生身[1]，养至深秋，肉膘充足，竟有变成高厚者。如其腰满背驼，必且力逾一切。结冬之虫，此等颇多，但不易于出土时决之耳。

寒露霜降之交，天气夜寒昼暖，蛩亦变态百出[2]。如其吃食贴雌，清晨蛩极矫健，及至午刻，忽而无情，皆由寒暖不匀之故。当局之虫，入栅闻聒叫声，只以草撩拨其尾，即便鼓翅张牙，方可放对使斗。如不受草，决须划出[3]，可免败北。蛩性之猛烈者，即或受寒受热，犹且见芡开牙，然必浮而无力，后芡不灵。不可因其状之勇猛，使之出斗取败也。

（清秦子惠《王孙经补遗》）

【注释】

(1)杆子生身：指蟋蟀的体形细而长，像木棍一样。杆子，细长的木棍。(2)变态：形态变化。包括体形和体色。(3)划出：指将虫从盆里拎出来。

◎ 相虫颜色

虫色分青黄赤白黑。青有真青、蟹青、虾米青、紫青、青麻。黄有重色黄、淡黄、素黄、蟹壳黄、紫黄。赤者难得。真赤为火判[1]，得纯阳之气，向阳山坡所产，必是斗虫。淡红者皆水色，无用也。白色为异虫，若见着，定是将军。黑色最多，真者甚少。真者起光发亮，周身如退光之漆，为一锭墨，亦系外五行将军[2]。虫中唯紫色更多，有重色紫、淡紫、葡萄紫、棕色紫、素紫、紫金臂种种名色，独金线紫最为难得。紫色虫原不讲线，唯独金线紫，线路直而且亮，翅皮绉如苏叶[3]，轻易不见。

（清拙园老人《虫鱼雅集》）

【注释】

(1)火判：北京旧俗，正月十五用泥塑鬼判，中空，燃火其中，光芒四射，称为火判。(2)五行将军：即五色蟋蟀中的将才。数术家把金木水火土与赤黄紫白黑相联系，所以蟋蟀中的五色可以看作五行。(3)苏叶：即苏木叶。苏木，见前注。

◎ 蛩辨五色

真五色为贵[1]，如紫青、黑青、红黄、淡黄、淡紫、红头紫嘴之类，间杂混淆。大都青蛩要白线金翅，黄蛩要黄线乌牙，遍体如金；紫蛩要头浓红线，腿斑肉蜜；白蛩如冰，黑蛩如墨。目遇之而了然者，此真色也；苟其不然，便属花色[2]。

（清赠怡馆增订《王孙鉴》）

清冯箕 小儿斗蟋蟀

【注释】

(1)真五色：指真青、真黄、真紫、真白、真黑五色。(2)花色：与“间色”同意，即杂色也。

◎ 五色看法重辨

夫虫五色尚矣[1]，又有紫青、黑青、红黄、淡黄、淡紫、红头紫之别，种类烦多，致明月夜光，混瓦砾而莫辨。大都青虫，便要线肉白翅金；而青黄虫，便要乌牙黄线，遍身如金。紫要头浓红线腿斑肉蜜。白则如冰，黑则如墨。上手了然在目者[2]，此真色也。搭配不齐，便属花色。

（明本《重刊订正秋虫谱》）

【注释】

(1)尚：同上文中的“贵”，指为人看重。(2)上手：拿到手里。

◎ 辨色诀

白不如黑，黑不如赤，赤不如黄，黄不如青，青不如紫，油艳不如枯淡。故赤小黑大，可称对敌；黄大白小，难免侵凌。

莫云黑白全无用，黑内有黑黄，白内有白黄、白青之类，不可轻忽。

勿认青黄不可欺，亦非上相真青真黄[1]，倘有一点败笔，亦非真将。

（清麟光《蟋蟀秘要》）

【注释】

(1)上相：这里指符合体色标准。

◎ 熟色

有虫紫生者，光滑轻凝之色，似油不油，似水不水，即如良玉之温润，转看转生宝色者，此谓之熟色。如或遇之，必为上将。若头如油浇，项上镜光，翅若油纸，肉光而发亮者，此非油光紫欤？又当详察。

（明本《重刊订正秋虫谱》）

◎ 头色

蛩之斗性，显见于头，其色不可不辨矣。蛩具五色，头色各不相混，唯真青、青黄、真紫，实不易觏。黑白二色，间或有之。《经》云："黑白全无用，青黄不可欺。"曩时[1]开斗极早，真黑真白，均系冷虫，非真无用也。头色于脑盖上辨之。额线以上，斗丝所在，谓之脑盖[2]。青金色、乌金色为青，菊黄色及老铜色为黄；紫如宝石，明如樱桃为紫。纯黑纯白，别无混杂，自易分晓。大忌头色娇嫩，似是而非。青蛩最忌头带红色及黄标色相，虽大亦属无用。红头唯白蛩不忌，红如珊瑚及海棠花色，极不娇艳，皆为白蛩正色；若暗红头，则又非正色矣。顶门欲黑，与脑盖色分清，方为入格。即黑色亦然，若头色与顶门一色，即系嫩相。头上忌款，《经》所未详。脑线之旁，眼角之上，有黄点，俗称画眉角，忌大而显。淡青最多，黑色尤忌。若有此黄点，必不善斗。又有一种，于两眼梢起白线，勾至脑后，俗名画眉眼，又名油葫芦头，斗则必败。又眼角之下，牙根之上，如人之两太阳，若作紫红色，谓之紫红脑搭，亦不斗。黑色之蛩，如重青、暗黄、重紫等，初出土时，头色未显，均作乌黑色，迎面视之，若两面旁有黑晕，连及眼际，即属败征。间有养至深秋退去者，然十不得一也。蛩初出土，脑后大忌生毛。盖头有白雾白毛，其虫必系潮嫩。额线以上起黑晕，真接斗丝，谓之脑晕，又名按头，俗称瓜皮帽，亦属忌款。总之头色欲老而不厚，欲明而不娇，破除一切忌款，合乎通体相宜，斯谓得之矣。

（清秦子惠《王孙经补遗》）

【注释】

(1)曩时：从前。(2)脑盖：脑盖在头的上方，顶门在头的前方，要注意区别。

二、头 辨

古谱云："头之生，初秉先天之气而首成象者，故选虫先选头也。"意思是说，在蟋蟀发育的过程中，头是最先成形的，所以选虫要先选头才对。其实，古今玩家重视对蟋蟀头部的选择，倒不在于它是最先发育成形的，而在于头是全身的主体，是蟋蟀一切行为的指挥中心，而且经过世代玩家的经验，蟋蟀的老嫩、斗性的强弱明显地表现在头上。那么何谓头呢？这问题乍看起来提得太无理，因为什么是头似乎人人都明白，用不着作为问题提出来。但实际上，古谱上论蟋蟀的头时，是一个很模糊的概念，与现代昆虫学上所指的头并不是一回事。在昆虫学上，头是一个总的概念，包括头须、面额、双牙、水须、上唇等，是这几个部位的综合体；而这些在古谱中都是与头分别论述的，可见在古代的玩虫者看来，头是不包括头须、双牙等几项的。那么去掉这几个部位，究竟哪里才是头呢？事实上，我们必须承认它确实是个模糊概念，在很多地方，它是指总体；在另外的地方，又可能是指的某一部分，尤其是指脑线部分。

前人论头基本上从两个方面入手，即头形和头色。在大部分论述里，头形和头色又相互联系，不可分割。在谈到头形的时候，不能不提到头色；在议论头色的时候，又不得不涉及头形。比如下面有两段论述头色的美恶，所说的红麻头、紫麻头、柿子头等，也包括头形。蟋蟀的头色究竟有几种呢？很难说。我们知道蟋蟀的体色除青黄紫白黑等正色外，更多的是间色，即正色中杂有他色。头色也是如此，纯正的头色并不多，而是杂着其他颜色。古谱论色，有"青为第一，紫次之；黄色果能合格，则又为第一"的说法。青色为第一，正像体色的判别一样，因为青色虫数量最大，故出好虫的机会更多，而不在于青色头本身有什么独特之处，实际上这是最普遍的一种头色。古谱上又说，即使黑白头色也有能成第一的将才。

对头形的要求最基本的一点是高大圆结，即头长得圆大高耸，并且有凸起，甚至有棱角。头形圆大必然牙长夹重，头扁平矮小自然难有力气。头形在古谱中分为很多种，如蜻蜓头、宝石头、葡萄头、菊花头、四字头、尖头、圆头等，前人对这些头形的命名较有随意性，通常是用象形的方式。如有的是从正面看，前额向前凸起，像寿星老，便称寿星头；头的两边似有棱角，四四方方，便称四字头。有的是从侧面看，头虽圆而前额偏平，就叫算盘珠头。有的垂直看，头虽圆而顶不大，此为小头。由于描述简单，而且各谱所指并不十分统一，所以对今人判断蟋蟀的头形造成困难。比如宝石头，谱上注明是"内外明亮，纹如宝石"，似乎不易捉摸。葡萄头"圆大紫溜"，与紫头的区别在哪里呢？也很难说。所以古谱中的这些命名，对我们只能起到参考作用，玩家在实践中应该悉心体会，总结出自己的一套看法。对古谱把头形分为上中下三等，也应作如是观。有的谱上等头是指：蜻蜓头、宝石头、葡萄头、如意头、貂蝉头、金倒冠、银倒冠、五色麻头。中等头形为：菊花头、胡椒头、锈顶头、蜜蜡头。下等头形为：菩提头、月儿头、螳螂头、蝴蝶头、油葫芦头、破头、尖头。按照这种排列，尖头是最次的。但是有的谱又对尖头有专门论述，谓"多有能成将者"。菩提头也是最下等的，但在对青色虫的论说中第一句就是"青色头如菩提子"，分明对这种头形是肯定的。

前人把头形和头色结合起来论说，是比较科学的。实际上古代对头的命名大部分是这两点融合的产物。像各色麻头，既注意头色，更注重头上斗丝的形状，这一点在下面的“论线”的内容里还要讲到。

◎ 头色美恶论

红紫头，黄麻路；青黄头、白麻头、淡黄麻头、红麻头、青金麻头、紫麻头、白麻头、栗麻头、柏叶麻头、黑麻头、半红麻头、乌麻头，俱根根细丝透顶者，方为正色。若浑（下缺十一字）短而不长，艳色而油光，（下缺七字）道哉。

（明本《重刊订正秋虫谱》）

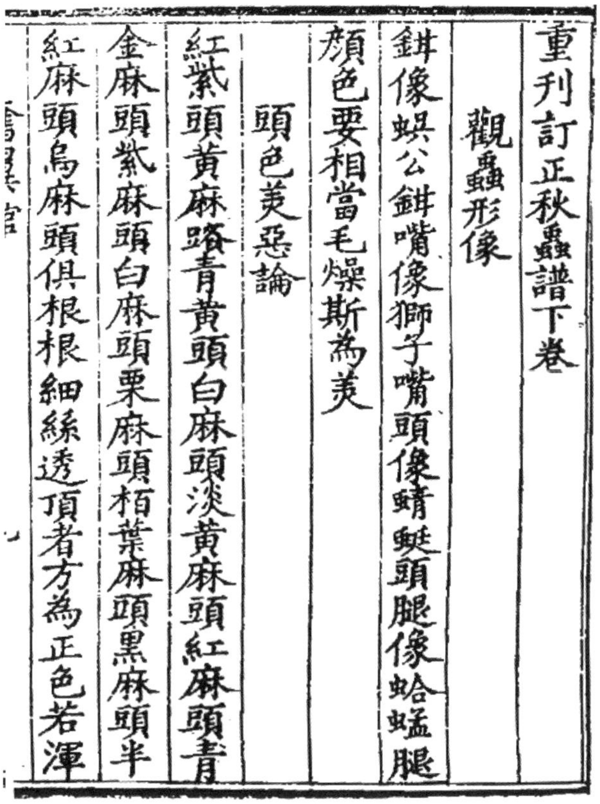
重刊訂正秋蟲譜下卷
觀蟲形像
鉗像蜈公鉗嘴像獅子嘴頭像蜻蜓頭腿像蚱蜢腿
顏色要相當毛燥斯為美
頭色美惡論
紅紫頭黄麻路青黄頭白麻頭淡黄麻頭紅麻頭青
金麻頭紫麻頭白麻頭栗麻頭栢葉麻頭黑麻頭半
紅麻頭烏麻頭俱根根細絲透頂者方為正色若渾

《重刊订正秋虫谱》中的“头色论”

◎ 头色美者

红头黄麻路，要细丝透顶。黄头白麻路，要细丝透顶。淡黄麻头、懒黄麻头、红麻头、青金麻头、紫麻头、白麻头、栗麻头、柏叶麻头、黑弯麻头、半红麻头、三尖麻头、竹乌麻头(1)，都要麻路细丝透顶，一样生者(2)，皆正色数也。

（明本《重刊订正秋虫谱》）

【注释】

(1)以上均为各种麻头的名目，亦即前面已说到的“诸色麻头”。麻头而又如此多的种类，主要是根据蟋蟀的体色而定的；更准确地说，是根据蟋蟀身体某些部位的颜色而定。如白麻头，据下文歌诀的描绘是“麻头白面白如银”“更加青项……”可知所谓“白”是指脸面白，项则是青色的；红麻头是“赤项红斑”“紫翅牙湾”，则“红”是指项色，而翅则是紫色；乌麻头是“乌麻头路透银丝”“更若翅乌牙钳赤”，其“乌”又是指翅色而言。如此可知，麻头的再分类是并不固定的，所以古今谱上对同一名目的蟋蟀的形象描绘也不尽相同。关于这一部分各种麻头蟋蟀的形象描绘，详见本书有关品种的内容。(2)一样生者：意思是说，如果生得与上面所描绘的一样。

◎ 头色恶者

如头艳色[1]，麻路不透顶，或成片者[2]，顶滑如油，脚腿细穷，肉色班黑，俱不中也。却有柿子头、玛瑙头、蟹壳头[3]，还可观，却是不济。凡麻路半截肥路[4]，头上并艳色似点儿一般，切莫用也。

（明本《鼎新图像虫经》）

【注 释】

(1)艳色：鲜艳之色。(2)成片：指麻路混浊不清，模模糊糊，与周围连成一片，呈水渍状或云雾状。(3)柿子头：蟋蟀的头像侧立起来的柿子形，顶额和两侧高大而呈环形，无棱角，面部扁平，俗又称“算盘珠头”。玛瑙头：指蟋蟀头色如玛瑙。蟹壳头：头形如蟹形，宽而扁。(4)半截肥路：指麻路走到中途而变粗。

◎ 头

大头圆结抱[1]，脑搭浅无多[2]。丝路根根透[3]，光明亮不磨[4]。昏小脑搭重[5]，路粗半节儿[6]。棠梨三角额[7]，此等不须题。

（明本《重刊订正秋虫谱》）

【注 释】

(1)圆结抱：指头上有一个圆形凸起。结，本为绳子系成的疙瘩，这里是指蟋蟀顶部的形状。抱，抱持。此句云蟋蟀头大凸起，犹如头上有一个圆疙瘩。(2)脑搭：指蟋蟀头上的一层雾状物，其实是一层绒毛，新出之虫尤重，要调养一段时间才能脱去这层绒毛，现出头部的底色。劣虫虽经调养，脑搭仍然不退。这里说的脑搭浅就是优虫的标志。(3)丝路：斗丝和麻路。(4)此句云头色清晰明亮，色彩柔和而不刺眼。(5)昏小：小指头长得太小，昏指头色昏暗不明，与“脑搭重”含义相同；正因为脑搭太重，所以才使头色昏暗不清。(6)半节儿：即半截，中途。(7)棠梨：一名甘棠，俗称野梨，树似梨而小，春初开小白花，结实如小楝子大，可食。这里以棠梨之形比喻蟋蟀的头形上小下大，形如三角。

◎ 头

明珠一粒项前安，细细麻头顶上满。

不俯不昂颜色亮，蜻蜓模样喜人看。

◎ 又

头为一身之主[1]，宜圆大如珠，光明如水，颜色纯而不杂，线纹细而到顶[2]，不俯不昂[3]，不尖不偏，左右顾盼灵活[4]，安静不动，真为上品。如小而尖，歪而偏，线纹不真，颜色浑浊，行如鹅鸭[5]，立则摇晃，此等并为无用矣。

上等：蜻蜓头（头项高圆[6]）、宝石头（内外明亮，纹如宝石）、葡萄头（圆大紫溜）、如意头（顶有双线，中高旁洼）、貂蝉头（平大曝眼）、金倒冠（额上黄者）、银倒冠（额上白者）、狮子头、五色麻头。

中等：菊花头（纹如菊花瓣，根大稍尖）、胡椒头（花纹成块）、锈钉头（紫黄色，有黄锈）、蜜蜡头（线纹粗大）。

下等：菩提头（圆扁，即有好者不过中等）、月儿头（形如半月）、螳螂头（尖偏）、蝴蝶头（尖小多花纹）、油葫芦头（色暗无纹）、破头、尖头。

（清天绘阁《蟋蟀谱》）

【注释】

(1)主：主脑，中心。这里强调头在选虫中的重要地位。(2)线纹：斗线和麻路的统称。(3)此处是说蟋蟀的头高低适中。俯，低垂。昂，高仰。(4)顾盼：观望，看。此云蟋蟀向左右观望时头部转动灵活。(5)指蟋蟀走动起来左右摇晃，东倒西歪。(6)以下说到的各种蟋蟀名目，有的可以据括号内的解释加以理解，有的请参见本书有关品种的内容。

头有猩猩头、癞麻头、芙蓉头、四字头、油灰头、兰花头、牌楼头，鸳鸯头一半青一半黄。又有如星一点，微现于额际，如桂花黄色者，必是真将，名曰将星头。月额头上无线，曰宝石头。斗线有洒金线、姜黄线、兰花线、羊角线、银线、草白线[1]。如线额粗者，名曰粗眉毛。有暗线，皮内路线者是也。

黑头无线，名曰乌头，方为美色。

（清麟光《蟋蟀秘要》）

【注释】

(1)这里各种斗线的名称，有的是根据形状，有的是根据颜色。如洒金线，姜黄线就是根据颜色，羊角线就是根据形状。

◎ 头形

谱之论头形，以寿星头[1]为最，余俱略而不详。然头式[2]不一，大小殊形，优劣各判，未可概而论也。头以星门突出者为最上品[3]，俗称箬帽[4]大头，两眼宜上而不宜下，宜前而不宜后，阔而方腮，乃成骁将。谱又称尖头实即小箬帽头，必圆绽充足，非寻常可比也。长圆头即寿星头，方头起眼角曰四字头，四面结绽者为大圆头[5]，均为佳品。若乃两眼高耸，星门突出，名为三角头，亦名蝴蝶头，数十年不一见。至如烧饼头、算盘珠头，极言其头根短浅[6]，面门平衍[7]，与一片头无异。头大腮尖，且多不可用，况不中式者哉！养蛩家宜明辨之。

（清秦子惠《王孙经补遗》）

【注释】

(1)寿星头：即头形像图画中的寿星老，前额十分凸起。(2)头式：头长的形状。(3)星门：在前额正中的部位有星，发亮，谓之星门，有人也称之为太极图。一般要求圆整凸起为好。(4)箬帽：一种用竹叶或竹篾编成的宽檐帽。箬，一种竹子的名称。(5)结绽：即有凸起物。(6)头根：前额至脖项间的距离。(7)面门：脸面。平衍：平坦。

◎ 头 相

头宜圆大，最忌扁小。有白麻头、黄麻头、红麻头、宝石头、青麻头、紫麻头、栗麻头。形似蜻蜓样者为上品，其次寿星头、圆头；至糖梨头、烧饼随身头，又其次也。总论之，头要起棱四闪[1]，光彩有线道[2]，不要沉闷无彩气，俗谓“头瞒不入选”也。

（清拙园老人《鱼虫雅集》）

【注释】

(1)起棱四闪：指蟋蟀的头四周有凸起，形成棱角。(2)光彩：指色泽明亮。线道：指斗丝和麻路。

清淡园主人盆（房胜利藏）

◎ 头大说

头之生，初秉先天之气而首成象者，故选虫先选头也。头大之虫，得先天气，五体皆完[(1)]。其气充备而成色[(2)]，初变而至三变，其色定矣。色定则知头之轻重强弱。斗线分明，麻头清白透顶，金银线路如丝，五色麻路平铺，光彩眩目，虽得之于天，亦成之于后天。相色兼美者[(3)]，则更精彩。此彩得先后天气足之所发，其刚勇之像，雄悍之气，尽现于头。其铜头铁脑者，皆以色象而言[(4)]。必先察其头势[(5)]，骨肉匀停，高圆结绽，然后取之于色，则头之理备矣[(6)]。

（石孙外子《蟋蟀谱》）

【注 释】

(1)五体：指蟋蟀的头、项、翅、腹、足。皆完：都发育得很完全。(2)充备：充分，充沛。(3)相色：指头形和头色。相，形也。兼美：都很好。(4)这两句是说，蟋蟀所以有铜头、铁额这样的名色，是从形与色两个方面说的。因为无论从色，还是从形的角度来看，其头额与铜、铁均有相类似的地方。如铜头，既指蟋蟀的头是黄色的，又指生得刚劲有力，像铜那样坚硬。(5)头势：头额所表现出来的气势，也包括头形、头色两个方面。(6)头之理：对头的要求。

头形既定，再论色。色有五，青为第一，紫次之；黄色果能合格，则又为第一之色[(1)]。其红与黑白各色，皆有第一。其头之形，奇凸尖亚平直，所成不一，皆非正品。间或有异相而成将者[(2)]，亦足佐局中外像之得。然总以于青紫之中选之，则得之者众，失之者寡矣。至于红头黄麻路，黄头红麻路、青麻头、青金麻头、三尖麻头、竹乌麻头，及柿子头、玛瑙头、蟹壳头、芙蓉头、四字头、油灰头、牌楼头、兰花头、鸳鸯头、双飞头，名式不同，而所说之头形，即头之色，形与色互相合浑[(3)]，混沌未分之语[(4)]。其头之真形真像，未肯明言，略叙奥秘，俟后来者辨其源旨耳[(5)]。今之爱蟋蟀者，但知秋兴二字，依样葫芦，了此三秋之兴而已矣。

（石孙外子《蟋蟀谱》）

【注 释】

(1)注意这里所说的头的五色，与蟋蟀整体的五色是有不同的，二者不可相混。(2)间或：偶尔。(3)合浑：融合为一体。(4)混沌：含混，模糊。未分：指不能把头形、头色分开来看。这两句是说这些头的名目都是将头形和头色结合起来考虑而命名的。(5)源旨：本来的含义。

◎ 尖头总论

尖头即小头，多有成将者，唯紫青二色中得之。若黄白等色，仅于尖翅中见之。苟非尖翅，万中希觏。在紫青二色，其头虽小，必圆如椒核，努出如珠，俗名胡椒头。亦有项套头，半藏在项中者，能缩能伸，俗名乌龟头，其牙必定红紫色，细而长，逾于寻常者。或有笋桩钳、三尾钳，则以白色为贵。至黄白尖翅，头虽小而牙必大，须得淡红牙、红花牙、白花牙、白牙，然必身形结实，视同橄榄，俗名两头尖者，为枣核形。又有身躯方厚，后阔于前，如琵琶形者，皆将军相也。故亦如拖肚之例，而诸色之内不列入。

（清赠怡馆增订《王孙鉴》）

◎ 头 色

或有柿子头、玛瑙头、蟹壳头，品尚可观，敌有不济。凡麻头细直透顶，品色相应，庶可临场。

将星头，额中现一珠如桂花黄者，却是真将，故名之将星。

双飞头有此星。康熙辛卯岁，杭州双飞头在姑苏枫镇，战胜盛德镇剪刀钳虫，名震江浙。

红白麻头、青项金翅，金银丝透顶者上也；麻头黄者次之，紫金翅又次之。

（石孙外子《蟋蟀谱》）

◎ 点子头

即月头、星头之类，他处间有，唯新安独多，亦可云土产也。诀云："十个月头九不斗，若能一斗便将军。"又不其然。大约能斗者，比他蛩倍觉勇猛耳。须黄色者佳，名曰铜头。若白色者，名曰豆腐点，便不善斗。至有点子生于额前，另有凸出，迥异寻常，名曰佛顶珠，此乃枭将中之杰出，又不得与大凡点子并论也。

（清赠怡馆增订《王孙鉴》）

◎ 油灰头

油灰头即油灰额，其要亦取形象合格，但头多此额耳。额有黄白二种，谓之金额、银额，以金额为美，然生于浅色之蛩方有用。若青黑重色生者，欲其善斗，百不得一。

（清赠怡馆增订《王孙鉴》）

◎ 顶

顶似蜻蜓样(1)，毛丁又起斑(2)。更兼形色正，打遍世无双。紧隘花斑顶(3)，无毛黑漆光。纵有完颜勇(4)，终须受祸殃。

（明本《鼎新图像虫经》）

【注释】

(1)顶：蟋蟀的顶部，位于头的最上端，亦即长有斗丝和麻路的部位。行家论顶，谓宽敞隆起，两侧向左右凸出为佳。蜻蜓的顶部宽阔高隆，蟋蟀若此，当为上品无疑。(2)此云顶部长着一层白毛，并有砂斑。注意此处“斑”指砂斑、星斑，与下句中的花斑不同。(3)这句说的是顶长得不开阔，狭窄而局促，并且脑线不清，斑点成片。(4)完颜勇：完颜是古代女真人部落名，后成为复姓。完颜部落著名人物有完颜旻，即金太祖，为金朝的建立者。后有完颜亮，曾大举攻宋，兵败为部将所杀，谥封为海陵郡王。又有完颜晟，即金太宗，曾攻入中原，俘获宋徽钦二帝。因完颜部落骠悍勇敢，故以之比喻蟋蟀的好斗善战。

◎ 又

砂斑毛顶力难降(1)，额似蜻蜓鼎可扛(2)。

品正更兼形色正(3)，三秋斗胜世无双。

（石孙外子《蟋蟀谱》）

【注释】

(1)力难降：意为力大难以降伏，形容虫善斗。(2)鼎可扛：也指力大。鼎是古代的一种金属容器，甚重。后以扛鼎之力喻人力大。(3)品正：指前两句描写的顶的品位高。

天津泥人张的小儿斗蟋蟀

三、线　辨

线即斗线，又称脑线、斗丝、头路、线路等，位于蟋蟀头顶的正中，纵向两条。

也有人认为纵向的纹路该叫路，额上还有一条横向的纹路才叫线。不过大部分人对此区分得并不是很清楚，而是笼而统之地把头上的纹路称作斗线。古今玩家都认为辨别蟋蟀强弱虽有很多方面，但斗线才是定其强弱的最高标准。

斗线两侧和顶端的细纹叫麻路，也有人把这二者等同，作为一个概念。麻路的要求也是细直清晰，分布均匀。斗线在顶端开花的叫开花麻头，斗性更强。麻路若肥胖弯曲，或模糊成片，都不足取。

斗线各不相同，有粗细长短隐显的区别，有的甚至没有斗线。斗线的要求应该是细直、透顶、清晰，就是说头上的这两根纵向纹路越细越好，越直越好，越长越好，越清楚越好。反之，斗性就差。两根斗线要平行，而且间距越宽越好。像末端向外弯的羊角线，末端向内弯的牛角线，末端浑圆的鼓槌线，或斗线中途断掉的，都是无用之虫。

斗线的颜色有两种：一种是黄色，称金斗丝；一种是白色，称银斗丝。也有人认为还有红斗丝。斗丝亦不可孤立地看待，它与蟋蟀体色的配合很重要。如一深青色的虫，它的斗丝应该是银白色的，细直贯顶，斗丝两边清晰无迹，斗丝的顶端有开花麻路。金斗丝则应配深黄或黑黄色的体色。红斗丝应配真紫或黑紫的体色。不同体色的蟋蟀，其斗丝往往有一定的倾向性。如白色蟋蟀的斗丝白而扁，青色蟋蟀的斗丝浑而圆，黄色蟋蟀的斗丝多有麻路。

通常所说的白麻头、红麻头、柏叶麻头等名目，是根据麻路的形色及与体色的配合而言的。如红麻头，是指头色为红色的麻头，不是指麻路也是红色的。柏叶麻头，是指麻路的形状像柏树的叶子。根据前人的经验，斗性强的麻头有：红头黄麻路、黄头白麻路、淡黄麻头、懒黄麻头、红麻头、青金麻头、紫麻头、白麻头、栗麻头、柏叶麻头、黑弯麻头、半红麻头、三尖麻头、竹乌麻头，这些麻头都要求细直透顶。

生于当额的横线叫线额，初看是白色一条线，细看则是由两条似眉毛的线组成，所以也有人称之为眉毛。当两条线变粗而成一条线的时候，便称为“一线”。若是青麻一线，便是无敌将军。有的头色极重，几乎显不出斗线，只有一条白线横贯当额，更是天下无敌，俗称“墨黑一条线，诸蛩不敢见”就是指此。一线忌浅色，像黄色一线，便是不取之虫。当一线粗成块状时，称为额子或额头。

斗线如能与线额颜色相反，也是将军之才。谱云“金线额银斗丝，银线额金斗丝”，就是指的这种情况。按照前人的经验，此种情况多出现在黑色虫和杂色虫时，而正色虫中一般不会出现。

◎ 线

线长最宜直，细者也称奇。麻路要贯顶，曲斜总无宜[1]。麻路不分明，片片看不清。曲斜短而粗，锯齿也相同[2]。

（清麟光《蟋蟀秘要》）

【注 释】

(1)无宜：不适宜。指这样的斗线表明虫弱。(2)这两句说斗线粗短弯曲，甚至像锯齿一样，皆非好虫。

◎ 脑 线

脑线即斗丝，亦名麻路[1]。按直者为斗丝[2]，欲长欲活。枝生杈出者为麻路，欲细欲沉。斗丝分黄白二色，美其名曰金丝、银丝。金斗丝唯真黄、黑黄[3]，银斗丝唯真青、黑青。余唯黄、白两色。大红斗丝，细直隐沉，为真紫。白蛩斗丝白而扁，青蛩斗丝浑而圆，黄蛩蓬头多杈枝[4]，黑蛩或黄或白，均所相宜。谱云"金额线银斗丝，银额线金斗丝"，盖指黑色间色而言[5]，非谓真黄、真青、真紫也。间色者，如白黄、白青、紫青、紫白等类。身色、头色、斗丝可合而参之[6]，无鱼目混珠之误矣。无脑线者极贵。五色诸虫，均有麻头，独紫麻、红麻，最为罕见。麻路杈枝，散布头上，即为麻头，宜细沉不宜粗浮。若头脑极大之蛩，即斗丝稍粗，亦所不忌。诸虫均须细直贯顶，额子独贵短而不宜长[7]，三顶线亦称忌款[8]。若中央一丝冲出透顶者，亦贵。斗丝式样不一，鼓槌式、钥匙头式、羊角式，俱所不取。羊角斗丝，间有斗者，决非了虫。至如粗浮阔板，歪斜弯曲，中间有黑纹冲断，以及火红邪色，尤属无用。又有斗丝直贯至额线边者，谓之冲破顶门，不斗，勿以异相为所误也。

（清秦子惠《王孙经补遗》）

【注 释】

(1)按照此处说法，斗丝与麻路是同一个意思，并且又都可以称为脑线。不过根据下文的解释，正确的说法应该是，斗丝和麻路都属于脑线，或合称为脑线。(2)据此，则居于脑顶中间的两条直线为斗丝，分布于额头两侧的像树杈一样的细丝为麻路。(3)这句是说金黄斗丝只有体色为真黄、黑黄的蟋蟀才有。(4)杈枝：即像树枝一样也生杈枝。(5)间色：据下文的解释，间色即杂色。(6)此句云蟋蟀整体的颜色，和头色、斗丝的颜色都要综合起来考虑，不可偏废。(7)额子：蟋蟀之一种，头额洁白如玉，斗丝粗短。详见有关品种的内容。(8)三顶线：指头上的斗丝有三条。

王雪涛豆荚蟋蟀图

◎ 又

脑线即虫头顶上之麻路也，宜细而直，不宜粗而曲。谱云：“为之细线贯顶。”亦要明亮，不要暗淡。黄色青色虫，必须细线。紫色虫原不讲线道[(1)]，若生有黄色线，名为金线紫，真了虫也[(2)]，见者不可轻视。

（清拙园老人《虫鱼雅集》）

【注释】

(1)线道：指斗丝和麻路。这一句说紫色虫并不讲究有没有斗线麻路。(2)了虫：了不得的虫，即好虫。

◎ 斗线

头上所生双纹曰斗线，亦曰斗路，则知蛩之斗性，全在乎此[(1)]。其强弱之分，有粗细长短隐显之殊，盖了然示人以不爽也[(2)]。傍散于头者曰麻路，是亦斗性之征于头也[(3)]。如丝瓜筋麻头[4]，以细散活泼为贵；柏枝叶麻头，似乎粗扁，以有情为贵。当额横纹曰线[5]，是又斗性之见之于额也；以青麻线额为最雄。谚云：“青麻带线，将军带箭。”又有重色而绝不见斗路，止于额前独显一根白线。谚云：“墨黑一条线，诸蛩不敢见。”盖言交口便胜，此又将中枭杰。可知斗线、麻路、线额，凡在头上者，均有关乎蛩之斗性也。至头如福建砂糖色，是为饧糖头，必无用。

（清赠怡馆增订《王孙鉴》）

【注释】

(1)这句意为蟋蟀的斗性强弱，都表现在斗线上。(2)不爽：没有差错。(3)征：表现。“征于头”即表现在头上。(4)丝瓜筋：即丝瓜瓤去掉肉质剩下的部分，以前常有人用它来洗澡。这里说的丝瓜筋麻头，是指麻路密集而均匀。(5)这里又提出“线”的说法，为前人所未道。按照此说，蟋蟀头上的纹路，除有斗丝、麻路之外，还有当额的横纹叫“线”，也叫“线额”。

◎ 斗线

额上所生双纹曰斗线，亦曰斗路，则知虫之斗性，全在于此。其强弱之分，有粗细长短隐显之殊，了然示人以不爽也。傍散于头者曰麻，是亦斗性之徵于头也。如丝瓜筋麻头，以细散活泼为贵。柏叶麻头似乎粗匾，以有情为贵。当额横纹曰线，是又斗线之现于额也，以青麻线额为最雄。谚云：“青麻带线，将军带箭。”又有重色而绝不见斗路，只于额前独显一根白线。谚云：“墨黑一条线，诸虫不敢见。”盖云交口便胜，此又将中枭杰。可知斗线、麻路、线额，凡异者皆关乎斗性之强弱也。

斗线有洒金线、老姜黄线、兰花线，又有本直而外弯者羊角线，本直而内弯者牛角线，本细而末大者鼓槌线。粗者曰粗眉毛，模糊曰潩脑。粗而呆，色不切肉者浮脑线。奇线则透顶及面，或一二条明暗二色方可入选。又有线多者少者不等，而八根者为八脑线。

（石孙外子《蟋蟀谱》）

四、脸　辨

脸是头部前面垂直的部分，理应包括须、眼、眉、星门和马门（即上唇）等部位，但古谱所说的脸一般主要指星门和马门，即脸中间的部位；有的谱甚至只指马门，谓“俗呼曰马门”。因为蟋蟀的头须向来是被作为一个主要部分专门论说的，而眉又习惯上与斗线一块儿论述，所以脸基本上只剩下了中间的部位。古谱论脸也是从脸形和脸色两点着眼，更偏重于后者。脸的颜色与体色一样，也有青黄紫白黑之分。脸色的基本要求是要纯正，即青者青，红者红，不要掺有杂色，更不能有白色的花纹。脸色重者佳，脸色浅者劣。下面第一首歌诀虽然不长，对脸的要求概括得很全面。头等的脸色漆黑发亮，行家形容就像新铺的柏油，闪闪发光。如果黑而不亮，则为一般之虫。谱云“脸如锅底黑，此物号强良”，就突出了脸色越黑越妙。

蟋蟀的脸形一般为瓜子形，顶部圆阔，往下则逐渐变窄，最下方略呈尖形。比较而言，长方脸和大圆脸为上等。因为脸大则牙必大，牙大则下口重，自然能在格斗中取胜。有的虫脸大牙长，牙尖能触着盆底，那么必是重口将军。古谱上所说的“猫儿脸”就是指脸形短浅，上面又有条条花纹，这是无用之虫。

马门即蟋蟀的上唇，平时下垂盖住双牙，当双牙张开时，马门则提上去。因为马门的上下与双牙的开合有关，所以前人认为马门越薄越小越好。马门薄而小则提上落下都很方便，双牙的开合自然迅速，对开口迎敌有利。马门的颜色古谱主张色重为佳，黑色最好。有的马门在双牙张开时可看到一条红色线，双牙闭合马门落下时则不见，这叫作牙开一线，为大将之才。

◎ 脸

五色诸虫脸(1)，无花阔不长（面长则齿短故也）(2)。再如锅底黑(3)，此物号强良(4)。酒醉猫儿脸(5)，花花白路纹(6)。此般生像者，弃物不须论(7)。

（明本《重刊订正秋虫谱》）

【注　释】

(1)脸：按照下文的解释，项门以下的部位称为脸。(2)这句是对蟋蟀脸的要求，即脸上要干净没有花纹，要宽而不长。括号内的注释是原有的，意思是说脸长的话，则牙必短；脸宽而不长，则牙必长也。(3)锅底黑：此处是说像锅底下的灰一样黑，即漆黑也。行家论虫，认为脸越黑越佳，能黑中透亮则更佳。(4)强良：即强梁。本指凶暴强横之人，这里是喻指蟋蟀强悍能战。(5)酒醉猫儿脸：与下句联系起来理解，猫儿脸是指脸上有白色花纹，且脸形短圆。也有人说“酒醉”是说蟋蟀脸上有微红。(6)花花：斑剥陆离，色杂乱貌。(7)不须论：意为不值得一提。

◎ 又

脸有青黄紫三色，宜纯不宜花[(1)]，宜亮不宜点。两腮微鼓[(2)]，上下停匀为上[(3)]。若缩腮凹脸，下窄上宽者，亦无用。

（清天绘阁《蟋蟀谱》）

【注 释】

(1)花：有杂色，有花纹。(2)微鼓：指腮向两边凸起。(3)停匀：匀称。

◎ 又

顶门以下皆曰脸。额线下有星，名星门，即蛩之面心也。脸贵方而长，色黑为上，深紫色者次之，浅红而白花者为下。最忌头尖腮短。《经》云："酒醉猫儿脸，花花白路纹。"盖指其形色而言也。蛩之唇曰马门，开牙则卷起，闭口则落下，须要起落快疾。薄而黑者受口[(1)]，凡遇扛夹、剪夹、嚼钳，能无伤损。若白而厚者，多咬则烂，甚且收卷不起，至不堪斗。又有硬马门，其蛩受草后张牙不闭，必练牙数十次始能合口。至第二草，则一启一闭，无异寻常。亦能成将，然终不若黑小马门合钳快也。口开一线者[(2)]，无马门之患。星门突出者，亦无马门之病。是当于蛩之脸辨之。

（清秦子惠《王孙经补遗》）

【注 释】

(1)因为马门（上唇）与双牙开闭动作紧密相连，故马门厚薄与双牙开合的快慢有直接关系。马门薄则开合迅疾，马门厚则开合缓慢。"薄"原作"落"，误。(2)口开一线：即前文中的"牙开一线"。

◎ 又

虫脸亦有五色，最佳者脸如锅底，性最刚强，是为斗虫。其次色亦须正而洁，有细纹。最忌脸花。谱有云："酒醉猫儿脸，花花白路纹。"最为下品也。

俗呼曰马门[(1)]，有黑脸、红脸。又纯白者为粉脸。其紫脸及收上时有红线一条，放下不见者佳。

（清拙园老人《虫鱼雅集》、石孙外子《蟋蟀谱》）

【注释】

(1)这里又把脸称作马门，可见古人对各种问题的认识并不一致。因此现代的玩家对待前人经验要采取辩证的态度，不可一味盲从。

◎ 又

细看五色诸虫脸，形似锄弯注地长[1]。

更得颜如锅底黑，虫中唯此最强良。

（石孙外子《蟋蟀谱》）

【注释】

(1)锄弯：锄头与锄把之间的弯曲处。此处用来比喻蟋蟀的牙形往里弯曲。注地长：注同“拄”。拄地，竖立在地上。这里是说牙齿很长，牙尖能够接触到地面，就像双牙拄在地上一样。

◎ 眼

两眼奇哉头内生，圆如椒子赛明星。

任他昼夜何曾闭，遇敌交锋不转睛。

清任伯年《蟋蟀图》

◎ 眼

莫良于眸子[(1)]，盖取其能鉴物也[(2)]。闻北宫黝之养勇也[(3)]，不自逃，逃则不勇矣。噫！物之与人，异类而同情者也。鸡与鹑，怒目张惶，奋勇角斗，眼一受伤，立见其败[(4)]。至于蟋蟀，性好斗，略似鸡、鹑。然目隐于头角[(5)]，不必睁张，昼夜不瞑[(6)]，较之胜于鸡与鹑，而又远过于不逃者也。喜其圆如菽子，内外莹彻，红黄曝露，忌其细小昏暗无神。

（清天绘阁《蟋蟀谱》）

【注释】

(1)眸子：眼睛。(2)鉴物：原指镜子照物，这里是指眼睛能看东西。(3)北宫黝：战国时人，善养勇。孟子谓其似子夏。养勇：豢养勇士。(4)立见：马上表现出来。见，现也。(5)头角：指蟋蟀的头须。(6)瞑：闭眼睡觉。这句是说蟋蟀不需要闭眼睡觉。

黑如点漆，突出于额角者为上品。若两眼向前生于当面门者，尤为贵相。眼角起者，其性必烈，落口沉重，超出寻常。然项背阔厚之蛩，每多塌眼角，亦未可概行摈斥[(1)]。眼色黄者次之。朱红眼虽属美观，多不斗。他为碧眼、蓝眼，日月眼一黑一白，均为异虫，然结栅之虫，实不系乎此。

（清秦子惠《王孙经补遗》）

【注释】

(1)摈斥：排斥，抛弃。

有椒核眼、金眼（俗名金回回）[(1)]、赤眼、碧眼；玉眼色白而润；晶眼明朗可爱，如晶之光，皎皎逼人[(2)]；朱砂眼唯白虫有之，两眼如丹砂之赤明眩目。

（石孙外子《蟋蟀谱》）

【注释】

(1)金回回：回回，古代对回族人的称呼。回族中有不少人的眼珠是黄色的，“金回回”就是对此而言的。这里是指黄眼蟋蟀。(2)皎皎：明亮的样子。

五、牙　辨

蟋蟀的双牙在现代昆虫学是称为上颚，是一对坚硬的几丁质块，末端有发达的尖齿，牙齿后面还有一层颚齿面，它是通过一个髁状突连接于上颚片上的。牙既是蟋蟀生存的工具，又是战斗的武器，对战斗的胜负有直接关系，故古谱对牙的辨析较为细致。

从形色来分，牙有多种。牙色有红牙、紫牙、墨牙、白牙、黄牙、水红牙、芝麻牙、阴阳牙、猪肝牙等。不论何种颜色，都要颜色均匀，色泽明艳，倘有色差，便属嫩相。如红牙就要像血那样鲜明，紫牙要像玫瑰一样娇艳，黑牙要像黑漆光亮。若暗淡无光，红牙变成了肉红色，紫牙变成了苏木色，便是无用之虫。红、黄、黑三种牙色都属上等。但牙色都要纯净而有光泽，不能带有花色。比如牙色黑而无光，就成了猪肝牙，没有什么用处。黑色牙上有棕色纹路，是为降香牙，不可小视。还有一些异色牙，如红牙或白牙有黑纹横截其中，称为铁门闩；黑纹在一边的叫纪牙，也都是无敌骁将。再如白牙是起红点，红牙是起白纹，白牙上有绿色，更是无上上品。

牙形亦有多种，如根粗头尖的竹钉牙，两头尖的枣核牙，牙形圆大，牙尖向内弯曲的团牙，粗圆而尖的虎牙，还有剑式牙、犁式牙等，多因其形而命名之。总地来说牙要宽大尖长，下口方能有力，致敌于死地。若短小单薄，下口无力，就难以对敌人造成威胁。牙的内侧有锯齿，锯齿越深越密，咬住对手更有力量。古谱上还载有所谓异形牙，如一只蟋蟀有四颗牙，或者牙上没有锯齿的玉箸牙等，大约是没有根据的传闻而已，不必深信。

牙的老嫩要慎重辨别，有的牙看起来似嫩实老，有的牙看起来似老实嫩，要与蟋蟀整体的老嫩结合起来观察。

水须又叫饭须，靠近双牙，是口器的一个组成部分，所以放在这一部分里论述。

水须在昆虫学上叫下颚须和下唇须，蟋蟀取食时要先以水须探知食物的味道、性质，决定能否食用。水须的要求是糯软明净，感觉灵敏。

◎　牙

五色促织钳，最喜光而亮。花牙要色老，齿大更为强。水红花牙者，猪肝色不良。短小细而嫩，白色新苇皮。

（清麟光《蟋蟀秘要》）

◎ 又

双牙如剪硬如钢，粗大尖长力最强。

嚼物有声闲不练，场中谁不羡虫王。

◎ 又

牙为战斗之具，其形上粗下锐，内有小锯齿，收如合剪，张如舞剑，宜宽大尖长，颜色纯粹。江南人呼为钳，象牙也。凡软薄短者无用。盖软则嫩，薄则无力，短则少锋，岂必待斗而始知其为无用哉！牙上有盖牙[1]，俗呼说吊达，宜不小不大，遮盖牙门。有支棱起者[2]，乃受伤也。其色不一色，如有一点红者，乃异虫也，不可多得。

上等[3]：硬牙（其坚如铁，捶之不碎，颜色不一，难认。）团牙（其形圆而大，下尖回锋向内，有黄赤黑三种颜色。蜈蚣所化。）、血牙（色如噀血）、紫牙（配色）、虎牙（粗圆而尖，俗呼并里牙）、白牙（配色）、乌牙（配色）、黄牙（此长色也）、水红牙（淡红明润）、芝麻牙（上黄下黑）、阴阳牙（一黑一白、一红一白）。

下等：烂牙、花牙、短牙、窄牙、雌雄牙（一大一小）。

（清天绘阁《蟋蟀谱》）

【注释】

(1)盖牙：即马门也。(2)支棱起：翘起来。(3)此处各种牙的名目由括号内的解释可以理解。

◎ 辨钳诀

红牙带黑色有棕纹而光彩者，是降香钳[1]；或淡红要宝色似水红花为贵[2]。若黑而无光，即猪肝色，无用。若白牙与象牙色光彩，虽有乌爪头亦贵。若白似水而嫩，即为水洋钳，亦无用。

莫云黑白全无用：黑内有黑黄，白内有白黄、白青之类，不可轻忽。

勿认青黄不可欺：非上相真青真黄，倘有一点败笔[3]，究非真将。

（清赠怡馆增订《王孙鉴》）

【注释】

(1)降香：即降真香，一种植物，产贵州南部，色微黄。这里是比喻蟋蟀的牙色。(2)宝色：宝贵之色。指上等的牙色。(3)败笔：此处是指毛病。

◎ 又

牙有粉白牙、血红牙、姜黄牙、酱紫牙、墨牙、紫花牙、水红花牙、猪肝牙。有牙如芝麻色者，又有戥杆梗牙、三尾牙、笋桩牙、剪刀牙一动不动者。

（清麟光《蟋蟀秘要》）

◎ 又

蛩之胜负决于牙，而牙之老嫩最为难辨。有似老而实嫩，亦有似嫩而反老者。辨之之法，宜于蛩之生相老嫩细审之。比如极干极老之蛩[1]，即牙色稍逊[2]，决无潮嫩等病。唯牙之式样不一，即牙色亦多不同。白牙要阔而薄，红牙要厚而圆，乃能成将。方白牙极粗极短。竹钉牙极尖长，根粗而头锐。又有枣核式及剑式者，皆称贵相。如碗窑白者，须红口红尖，方为真白牙。余如象钳、老姜片钳及糙米钳，皆不忌。唯浆钳其色如干浆，非黄非白，黑口黑尖，最不受痛。黄牙如蜜蜡色，粗短而圆无黑尖者，亦贵。紫牙有如紫宝石者极老。五色诸虫，唯墨牙最为罕见。真黑牙极尖小，形如荞麦，坚硬无敌。长大而带紫黑色曰猪肝钳，不足取。紫花牙紫钳起黑斑，红花牙红钳而有白竖纹，皆贵。大红牙俗名蜡烛红钳，宝光闪烁，尤为罕见。蛩初出土，生相入选，其牙或红或白，须取其式样尖长。若糙米牙、老象牙，养至深秋，多有变宝石红牙者。阔板老红牙，口门要有锯刺。干老红牙，其形如麦，色亦似之。又有细长红牙，亦极尖老，总以开一线为合式。若八字式及攮牙，虽长大不取。蛩受茓时，两腮有光彩射目，其牙必厚必老。若无宝光，即系潮嫩。又有犁钳，牙根作白色，迎面视之，似紫牙而多黑斑；若牙根带豆青色，尤贵。其似是而非者为两节钳，其牙紫黑，根类粉红，决然无用。牙之异品有铁门闩、单纪牙。无论红白牙，有黑纹横截其中，谓之铁门闩，无敌。黑纹在一边者，名纪牙，亦多骁将。余如白牙上起红点，红牙上起白纹，白牙且有带绿色者，乃真无上上品。

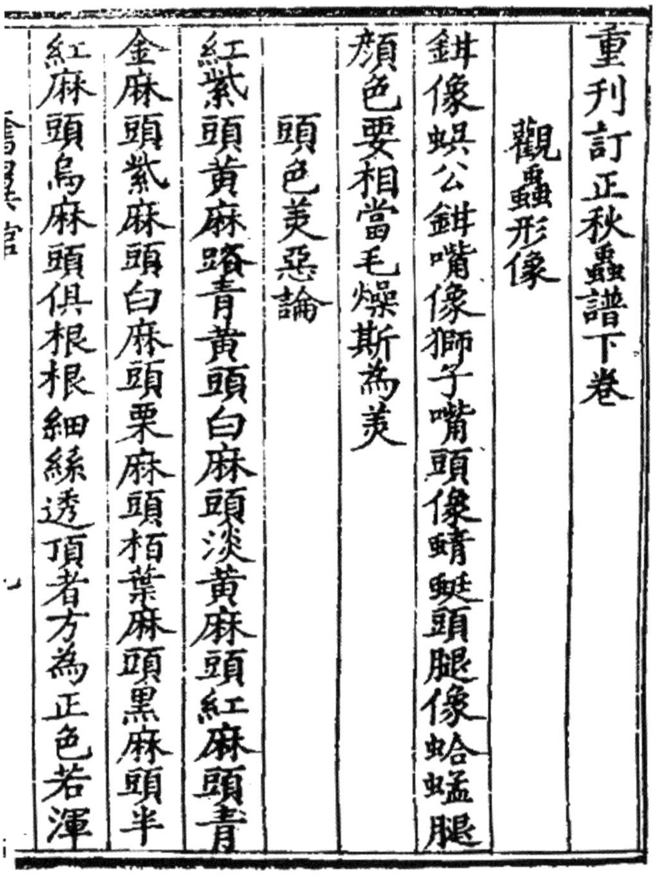
重刊訂正秋蟲譜下卷
觀蟲形像
鉗像蜈公鉗嘴像獅子嘴頭像蜻蜓頭腿像蛤蜢腿
顏色要相當毛燥斯為美
頭色美惡論
紅紫頭黃麻頭踏青黃頭白麻頭淡黃麻頭紅麻頭青
金麻頭紫麻頭白麻頭栗麻頭栢葉麻頭黑麻頭半
紅麻頭烏麻頭俱根根細絲透頂者方為正色若渾

明本《重刊订正秋虫谱》“头色美恶论”

（清秦子惠《王孙经补遗》）

【注释】

(1)极干极老：指蟀蟀长得坚结干练，体质老健。(2)稍逊：稍微差一些。逊，逊色。

◎ 牙钳

牙钳尖长锋利光润者佳，短小发暗者劣。有白牙、红牙、墨牙、紫牙之分。白如玉桂[1]，红似朱桃，紫胜玫瑰，墨如光漆[2]，俱须光亮有彩。若一暗淡，白者为米牙，红者为肉红牙，紫者为苏木牙，墨者为炭牙，俱不可要。宜细玩之。

（清拙园老人《虫鱼雅集》）

【注释】

(1)玉桂：指桂圆，果实为白。另，玉桂亦为月亮之别称。(2)光漆：发光的黑漆。

◎ 钳

有二有四并鸳鸯[1]，锯齿停匀如箸良[2]。

品高纯白无黑杪[3]，理明五色在相当。

（石孙外子《蟋蟀谱》）

【注释】

(1)鸳鸯：指鸳鸯牙，又称阴阳牙，双牙颜色一红一白。(2)箸：筷子，本来是形容没有锯齿的虫牙。此句似有矛盾。(3)杪：这里是指牙尖。

钳有四钳及密刺如锯齿者，有无一刺如箸者[1]，有钳尖纯白无爪者，又有戥钳、二尾钳、笋桩钳、砻糠片钳；剪刀钳，一动不动者。

【注释】

(1)箸：筷子。

六、须　辨

虫有双须，犹如戏曲人物头上的双雉，威风凛凛，平添了一股豪气。头须是蟋蟀的感觉器官，位于一对复眼中间的前端，通常呈刚毛状，上面布满了短柔毛，一般是体长的一点五倍。头须主要由三节组成。第一节为柄节，较粗，直径相当于其他节的二倍，紧贴在额部。梗节是头须的第二节（柄节与鞭节之间的一段）。第三节为鞭节，是头须的端节，它最长，上有几十个亚节，越靠近末端越细长。头须执行触角的生理机能，所以又称触须。头须转动灵活，灵敏度极高，能触知周围的物体和同类的性别。在格斗时，蟋蟀全靠头须来辨别方向。所以在畜养蟋蟀时，要对它的双须加以格外保护，不可有所伤损。

对头须的作用，前人的认识还是比较清楚的。如有的论述把头须说成是战斗中的"响道者"，也有的把它说成眼睛，秃须的蟋蟀称为"盲虫"，可见很重视头须的作用。前人对须的要求是粗而长，柔而挺，摆动灵活。蟋蟀站在罐里，双须一直摇摆不定，说明它反应灵敏，在战斗中能迅速反击敌人。

须的颜色有多种，如青黄紫三色，要求粗圆而长，须珠（即须根的柄节）浑圆饱满，向外凸出。前人认为最好的须为黑色，粗长乌亮。根据须的形色，须也分为多种，如脆须、卷须、竹节须、钢鞭须、蝴蝶须等。还有一些所谓"异须"，如独须、阴阳须等，究竟有无，不得而知。古谱上的有些说法较为玄虚，要辩证地看待，不可全信和盲从。如说脆须每次格斗就要断去一节，而且双须少去的长短完全一样，不可参差，这就很难让人相信。其实有的谱对这些神奇说法并不相信，认为所谓蝴蝶须、棒槌须等，不是蜕皮时出了问题，就是受了伤损，并非天生如此，是卖虫的小贩们故意神乎其词以售其奸罢了。

◎ 须

虫须最喜长，竹节更高强[1]。须短最宜粗，其余皆不良。须细软似绒[2]，矫须更无能。双须弯如弓[3]，见芡先自惊。

（清麟光《蟋蟀秘要》）

【注释】

(1)竹节：指竹节须。虫须如果细观就可以发现是由几十个小节组成的。竹节须的独特之处在于须长处粗壮，而且每个小节较长。(2)绒：绒线。此云虫须不喜软而喜硬。(3)此句说虫须弯曲是为忌款，须直方妙。

◎ 须

头上双须硬更长，色如黑漆烂生光。

眼珠解得时时动，探敌先将形势张。

◎ 又

须者即以张威振势，探敌冲锋者也。倘或伤损不全，不唯不雅观，而临阵无响道者[1]，敌若卒至，势必惊惶焉。然物之生也，形体自全，特戕之于人耳。全之护者，自不容慢。须有青紫黄三色，宜长而粗，根珠圆绽，向前不时摇动，此上品也。至若短细如丝，既其于化生之日[2]，屈折将尽[3]，复遭人手之伤，常常倒卷，啮嚼无时，竖如桅而不动，重如戟而不摇，此无用之物也，又何论焉？

（清天绘阁《蟋蟀谱》）

【注释】

(1)响道者：犹如说探路者，向导。(2)化生之日：指蟋蟀发育的蜕化期间。(3)屈折：受损折断。

◎ 又

须有独须[1]、红须、竹节须、钢鞭须、蝴蝶须。有两须寸许长，有一舒一卷，彼此相换。交须，两须如绳卷，见人则放直。披须，两须不动，向后披在背者。须有长至二三寸者。

（清麟光《蟋蟀秘要》）

【注释】

(1)独须之说屡见于古谱，说是只在蟋蟀脑顶中央长一根须。此乃附会之说，不可信。

◎ 又

须以粗黑光亮，搅扰不定者为贵。若蛩立定盆中，两须直竖，互相摇动，名曰摇须，多出健将。凡斗一次短去少许者，为脆须，其须必双短无参差[1]，亦多不败；须尽则老矣。竹节须、花须

清吴观岱斗蟋蟀册页

系杨甲、桑牛所变。赤须粗长如朱缨，世所仅见。卷须，两须能卷至头上，如丫角然[2]，见人则施放，久斗亦败。须中间忽起疙瘩，为结须，无论左右，皆为异品。又有下节粗上节细，若两节者，与结须等贵。若黄而细，直而僵，及细弱而无光彩，均为下品。

（清秦子惠《王孙经补遗》）

【注释】

(1)参差：长短不齐。(2)丫角：指小女孩头上丫字形的小辫。

◎ 须尾

须尾，虫之威也。有天地须，有扫堂须，尾有玉尾，若是生成，皆将军也。真天地须，一根上指，一根下垂，若到交锋时，一齐向后一背，勇不可当。扫堂须者，双须永远扫罐底，一经交锋，亦是一齐竖起，锐气直冲，敌虫莫挡。玉尾者，须真青虫，独双尾长而洁白如玉者是也。总而言之，须粗力大，冗细者懦弱。或又有蝴蝶须、棒槌须，蝴蝶须分卷，棒槌须双短，不是脱坏[1]，定是着伤。售虫辈故胡赞以耸人听闻耳。尾无多论，伏地尾顺而有毛[2]，山虫尾叉而多毛[3]。购时拣全须尾者，不过受看而壮观耳，其实与斗无关。然亦须短过米须[4]，原虫之眼目在根上，若太短则难斗矣。

（清拙园老人《虫鱼雅集》）

【注释】

(1)脱坏：脱即“蜕”，蜕化，俗云退皮。此云蟋蟀在蜕化时出了问题。(2)顺：顺直。指两只尾须平行向后。(3)叉：发叉。指两只尾须向左右分开。(4)米须：须的长度只有米粒的长度。米须不是天生的，而是后天伤损造成的。

◎ 须说

陈眉公《太平清话》云：“蝴蝶、络纬、蟋蟀以须交。”愚按：蟋蟀双眸炯炯，然用视以须，亦犹龙听以角，蛇视以舌也。凡角斗之时，先将其须撩绕于前，是其视也。须既相交，然后张牙迎敌。其有须短而秃者，世谓之盲虫。是其无须曰盲，知视全在于须矣。至须交之说未可信，以蟋蟀仍呼雌贴子，即蛱蝶亦以尾交；存其说而已。

须有独须，在头之居中出一根者。有红须，俗呼为红毛鞑子[1]。有竹节须，如钢鞭样[2]，紫赤虫者多，余虫亦间有之。其蝴蝶须，两须有寸余长，梢尖有珠如鼓槌形[3]。或有长须，一舒一卷，互相更换。有交须者，双须如蛇卷[4]，见人则放直也。有披须，两须不动，向后披于背上，畜久须可长至五六寸，极可观玩。又有棕丝须者，亦长可四寸余。又有赤金环圈在须根上。又有须打赢不交口，其须打着来虫即赢，甚难得也。

（石孙外子《蟋蟀谱》）

【注释】

(1)红毛鞑子：古代对红头发的欧洲人的称呼。(2)竹节须与钢鞭须在前文中是两种，在这里则是一种须。(3)蝴蝶须与鼓槌须在前文中是两种，在这里也成为一种。(4)蛇卷：像蛇一样卷起来。

◎ 水须

水须俗名饭须，可辨虫之老嫩。须有三节，欲粗而绒，开牙时两边施放，须视其抖搂有力。若拳曲无力[(1)]，细弱贴牙，其蛩必嫩。饭须红者无敌。微带黄色，头节长而起绒，自然苍老。黑色中每多黑水须，其贴牙一节，或带黑花，或细而不净，必不善斗，即斗亦多败。水须里面有小白须，亦犹牙内之有肉牙，必要粗壮明净，乃为入格。唯早秋收买时，蛩或受热，或多照太阳，水须亦要拳而贴牙，此乃力弱之故，未可概以为嫩相也。相蛩家能于蛩之颜色老嫩细辨之，十不失一矣。

有长能过头及额上者，又有一边多一边少者，又有每边多至六七根者[(2)]。

（清秦子惠《王孙经补遗》）

【注释】

(1)拳曲：弯曲。拳，应作“蜷”。(2)此种说法亦为不可信之无稽之谈。

◎ 又

水须一名水钳，共有四，前长后短，护卫于牙四旁，和辅弼之意也[(1)]。宜洁白卷曲，随牙张动。如有伤损，则僵直也。

（清梦桂《蟋蟀谱》）

【注释】

(1)辅弼：辅佐、辅助，这里是说水须的作用就是护卫辅助蟋蟀的双牙。

七、项　辨

蟋蟀的项在昆虫学上属于胸部。胸部是蟋蟀的运动中心，是身体的第二体段，主要由三个体节组成，自前至后依次为前胸、中胸和后胸。前胸的背骨片是整块骨板，称前胸背板，就是我们习惯上所说的项。其形稍凸起，成拱形，覆盖在背面以及这一节边缘的大部分。背面的颜色一般是黑褐色，有的还有月牙形的横斑和黑色纵条。项上布满了细短的柔毛。

项既是蟋蟀运动的中心，也是它发力的支点，谚云“牙大要靠项，项满要靠肋”，正说明项与牙有相辅相成的关系，牙要靠项才能起作用。没有坚实的项，牙再大也是没用的。对此，前人的认识是很清楚的，谱云：“促织之前后进退，左右回旋，皆绕于项。使少有伤损，则不能用力矣。虽有如剑之牙，无能为哉。”又云：“蛩之一身，最关系者颈项。”“有欠头将军，无欠项将军。”

对项的要求，前人以“宽深老厚”四字概括之。宽是指项两侧的间距宽阔，从左右看去，似略有凸起如鼓形。项宽则头必大，头大必牙长。项宽蟋蟀的头才能转动灵活，左右兼顾。另外，因项处在全身的中间，只要项宽，后身也不会太小。深是指项的前缘到后缘的距离，实际上是指项的前后长度。行家谓长项发夹凶狠，也能禁得住大盘。老是指项皮苍老，色泽浓重。厚是指项的侧面高厚，这是蟋蟀秉受先天之气充足的表现，力大能耐久战。另外还有极重要的一点是，项上要有毛丁。几乎每部古谱都强调项要“起砂”，或曰有“毛丁”，或曰“垒起星”，或曰“毛疙瘩”，都是指项上的一层绒毛，或是晶粒状的砂砾。毛丁堆积越厚，则虫越苍老，斗性越猛烈。要注意不要把嫩虫项上的一层浮毛当作毛丁。古谱云“项上无毛不是虫”，是说项上若光滑无毛丁，则不能斗。有些虫在野外生长了一段时间才捕来，刚开始项上无毛，但养了一段时间会重新起砂，这要与滑项区分开。

根据项的形色，项的名目有：青项、蓝项、红项、朱砂项、火盆底项、桃皮项、铁皮项、冬瓜项、白沙项、白绒项、紫绒项、黄毛项等。前人认为铁皮项、黑砂项、青毛项、烂斑青项属于上品项，配各种体色无所不宜。紫绒项、黄毛项、朱砂项、青砂项、白砂项、桃皮项也都属于上品。古谱还认为，项色与体色的配合也很重要。体色纯正的蟋蟀，蓝青项最好配青色，黄毛项、桃皮项最好配黄色，紫绒项最好配紫色，朱砂项最好配白色，黑青项最好配黑色。

◎ 项

青项堆青靛(1)，白毛根闪青(2)。朱砂火盆底(3)，桃皮等类形(4)。白腐紫绒色(5)，宽干叠起星(6)。毛丁有疙瘩(7)，入手不当轻。紧狭花斑浅(8)，无毛黑白光(9)。纵然头肉正(10)，终须受祸殃。鳖小更短促(11)，无毛一片光。这般生像者，不养又何妨。

（明本《鼎新图像虫经》、明《重刊订正秋虫谱》）

【注释】

(1)青靛：一种青蓝色的染料，用蓝草汁加水和石灰沉淀而成，又称蓝靛。这里是指蟋蟀的项是青蓝色的，如用靛染成。(2)白毛：蟋蟀颈上的白色绒毛。根闪青：根指项上绒毛的根部。因项是青色，故毛根在青色的映照下也有青色，此即所谓“闪”。(3)朱砂：矿物名，为炼汞的主要材料，亦可入药。其色鲜红，又称丹砂。火盆底：生火于盆，用于取暖。这里是以朱砂之鲜红及火盆内的红火喻蟋蟀的红项。(4)桃皮：桃皮颜色发红，谓之桃红。这里是指桃红色的颈项。(5)白腐：含义待考。不过在另谱上此句为“白腐冬瓜大”，则“白腐”是指冬瓜上的白毛乎？(6)宽干：要求蟋蟀的项要宽阔、干结。叠起星：或谓“垒起星”。行家论项，谓项上有毛或有晶体状的砂砾皆属优品。星，在这里就是指这种晶体状砂砾，星星点点，布满项上，如堆积而成。(7)毛丁、疙瘩：意与上句中的“星”相同，也是指项上的绒毛。(8)此句是说蟋蟀的项长得拘紧狭窄，并有花斑。(9)没有绒毛且发出黑白色的亮光，这些都是劣虫的表现。(10)头肉：头额和肉身。(11)鳖小：干瘪瘦小。鳖同“瘪”。短促：身体短小局促，不舒展。

◎ 项

颜色苍苍形体宽，细毛满满项间攒。

藏头护翅回施巧，战历三秋也不难。

（清天绘阁《蟋蟀谱》）

当代蟋蟀罐二种（郭景升制）

◎ 又

常山之蛇[1]，击其首则尾应，击其尾则首应，击中则首尾俱应。善用兵者取譬之[2]。夫促织之前后进退，左右回旋，皆绕于项。使少有伤损，则不能用力矣，虽有如剑之牙，无能为哉。故项直宽松，头半藏于内，如护领然。色如蓝靛，润而不亮，水字纹线[3]，细毛攒聚[4]。若紧小束缚头身，上下宛若葫芦，光滑如油，无毛无纹，虫虽主相重大[5]，亦必不斗。

上等：蓝靛项、朱砂项（红斑）、土黄项、锈钉项（苍老色如锈，花纹满项）、铁项、白毛项（白毛细如针尖，满攒朝上）。

下等：桃皮项（红色无毛）、花项（花纹搅乱无毛）、灰项（色淡白不润）、蝼蛄项。

（清天绘阁《蟋蟀谱》）

【注 释】

(1)常山之蛇：一种阵法，典出《孙子》。原文是："故善用兵，譬如率然。率然者，常山之蛇也。击其首则尾至，击其尾则首至，击其中则首尾俱至。"(2)取譬：用来作比喻。此句就是指《孙子》中的这段比喻。(3)水字纹线：指蟋蟀项上的交叉纹路，像水字形。(4)攒聚：聚集，堆积。(5)主相：指蟋蟀体形体色的主要部分。

◎ 又

蛩之一身，最关系者颈项。《谱》云："有欠头将军，无欠项将军。"项好则生体必好，项欠则生相必劣。五色诸虫，各有相配。如铁皮项、黑沙项、青毛项、烂斑青项，无所不宜。又有紫绒项、黄毛项、桃皮项、朱砂项、青砂项、白砂项，亦属上品。其式则以宽深老厚四字兼全为贵。肿项宽阔高厚，尤为仅见。至如浅而狭，薄而紧，或生白毛，或作烟煤色，并半节青半节白，以及项眼项分星等病，均为下品。俗又云："项上无毛不是虫。"极言滑项之不足取。然如早出晚捉，肉苍壳老，项毛每至光滑。养久重复生毛，或满项铺沙，均属可贵。唯白沙项与白毛项相类，辨之不精，转为所误。早秋蛩初出土，无遍体生沙之理。潮嫩之蛩，其项多白雾白毛，黑色尤所不免。若项皮老厚，间有能退去者，已属罕见。正色之蛩，则蓝青项宜青，黄毛项、桃皮项宜黄，紫绒项宜紫，朱沙项宜白，黑青项宜黑。但正色难觏，间色居多，则项亦但取铁皮、黑沙、青毛、烂斑而已。烂斑者谓有块瘰坟起项上，如人之有斑巴，其项必厚而且老。若铁皮项及桃皮项起烂斑，尤为无上上品。项如香灰色者无用。厂项前宽而后窄。厂项之蛩，必欠腰背。倒生项愈宽阔愈佳。肉项唯白蛩不忌，余俱非所宜。又有蛀项，其项有一小孔，视之洞彻若蛀孔然，亦属异品。盖项宽厚者必多力，狭薄者不受口。于此辨之，可无疑矣。

（清秦子惠《王孙经补遗》）

◎ 又

项喜宽厚有毛丁，忌紧促油光无毛。有蓝脖子，分真蓝、铁蓝、锈蓝。真红脖子曰火盆底最高，次则朱砂脖、白脖；桃皮脖、桦皮脖，又其次也。皆须生有毛丁。若光滑无毛者，皆下品也。谚云：“鹌鹑看舌子，蛐蛐瞧脖子。”有此一说也。

（清拙园老人《虫鱼雅集》）

◎ 又

项有铁皮项、蜘蛛皮项、铁砂项、紫绒项，半蓝并有蛀项，上有小孔相通，可望见明处。又狭项，俗曰狗脰胫，唯白虫不忌。

（石孙外子《蟋蟀谱》）

八、翅　辨

蟋蟀的翅有两对，第一对为前翅，又称复翅，生于中胸板上。前翅质地坚韧如皮革，半透明，上有翅脉，前缘域褶折向下，覆盖胸和腹的两侧。第二对翅为后翅，着生在后胸上，有人称之为白衣，一般较长，可超出腹部尾端。这种后翅较长的蟋蟀古谱上称为“飞促织”或“飞蛛”。常见的蟋蟀后翅已经退化，在前翅覆盖下难以看到。

蟋蟀的双翅在翅形的大小、长短、尖圆、厚薄及翅色等方面有较大的差别，名目繁多。如从翅色上来讲，有销金翅、青金翅、油单翅、紫翅等；从翅形来讲，有长翅、阔翅、方翅、尖翅、圆翅、琵琶翅等，长翅可超过尾端，而短翅不及后背之一半；从鸣声来分，又有哑翅；另外还有一些异形翅，像时辰翅、蝴蝶翅、烂衣等。

前人对翅形的要求是，双翅要紧贴后背，不能宽松。翅衣的边角要顺着体侧随缘而下，不能离背隆起。鸣叫时两翅兜紧，双尾下垂。翅要长得厚实，翅脉清晰，而且越细密越好。翅梢要尖如三角形。古谱认为尖翅多出将才，而圆翅则庸才为多。翅色要焦如枯叶，色泽光润，所谓翅色光润是说翅的色光不是浮在表面上，而是从翅衣内部隐射出来，显得柔和含蓄。翅的上端一般都有膏药状的圆形痕迹，称膏药迹，颜色略深于翅色，也有人叫作“墨迹”。这个膏药迹越淡越好，能似有若无则更好。

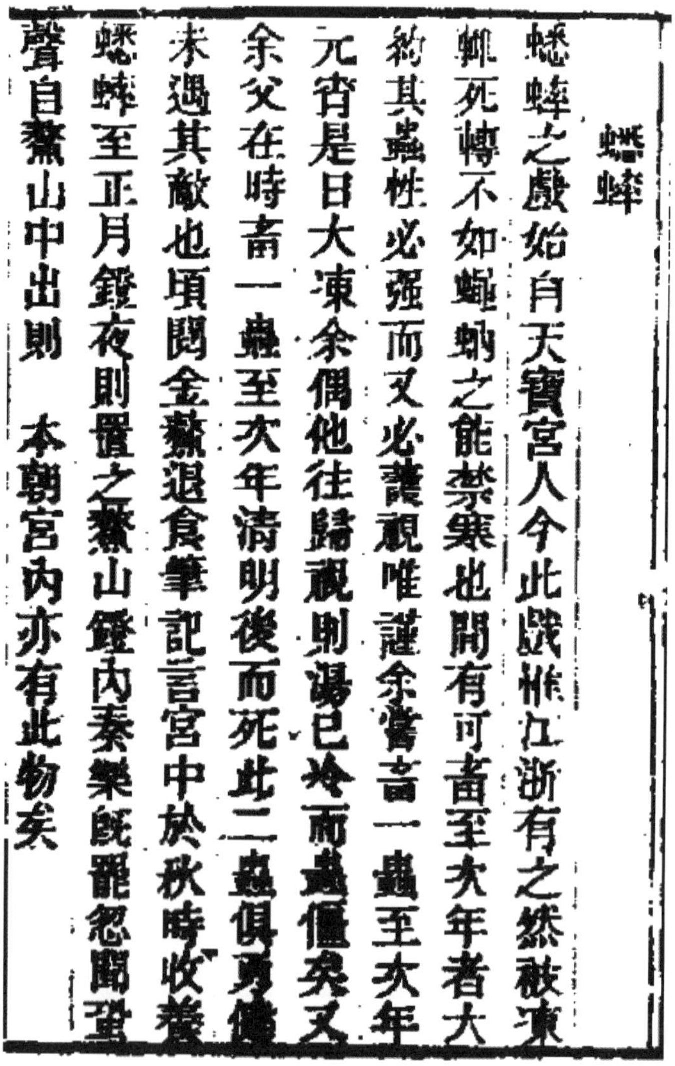
蟋蟀
蟋蟀之戲始自天寶宮人今此戲惟江浙有之然被凍
輒死轉不如蝇蚋之能禁寒也間有可畜至次年者大
約其蟲性必強而又必護視唯謹余嘗畜一蟲至次年
元宵是日大凍余偶他往歸視則湯已冷而蟲僵矣又
余父在時畜一蟲至次年清明後而死此二蟲俱勇健
未遇其敵也頃閲金鰲退食筆記言宮中於秋時收養
蟋蟀至正月鐙夜則置之鰲山鐙內奏樂既罷忽聞蛩
聲自鰲山中出則　本朝宮內亦有此物矣

清朱梅叔《埋忧集》“蟋蟀”

虽然古谱对翅也有上中下的分法，但它很难说是十分准确的。比如对翅的厚薄，不同时代的要求甚至相反，这个问题实际上前人已经注意到了。最早的时候认为翅薄为上品，翅薄的蟋蟀善斗，但后来却又正好反了过来，认为翅厚才能战斗持久。所以正确的办法应该是综合考虑，凡属轻淡之色，翅要薄，而浓重之色，则要翅厚。前人告诫我们对古谱上的说法只能参考，不能全信。所谓“尽信书不如无书”，此之谓乎？

◎ 翅

紫翅青金翅[1]，木翅与油单[2]。黑色金如墨，梅花两瓣攒[3]。松阔偕长短[4]，蓑衣得更难[5]。遮身不见节[6]，薄绉另眼相看[7]。膏药积不绉[8]，松短阔长同。金紫须长翅，其余只在中。

（明本《重刊订正秋虫谱》）

【注释】

(1)青金翅：据下文内容介绍青金翅蟋蟀的特征是“麻头青项翅如金”，翅应为金色，青是指项色。但这里的青金翅只是指翅色而言，谓翅色青蓝，泛金色光泽。另“青金”一词古代为铅的代名词，青金翅或指铅色的双翅。其色灰蓝，与金色无关。蟋蟀翅色，行家有“青金第一，紫金第二”之说，青金翅是上品之征。(2)木翅：木指苏木，见前注。木翅即红翅。油单：下文亦作“油丹”，并解释谓翅色金黄，滑润如油。(3)梅花指梅花翅，因其翅心有绉纹如梅花形，故名。梅花翅斗性极强，是上将之才。清代作家蒲松龄的小说《促织》中描写了一只英勇善战的蟋蟀，即是此种。(4)松阔：指松紧宽窄。这一句是说双翅的松紧宽窄及长短都很适中，结合得很好。(5)蓑衣：本指用草编成的一种雨具，这里是指蓑衣翅。此种翅甚宽大，下文云其“生得两边如鸟翅”，犹如蓑衣遮体，密不透雨，故名。(6)不见节：节是指蟋蟀的腹节，共十一节。上云双翅长大，能完全遮盖住整个腹部。(7)薄绉：指翅如绉纱，既薄又有绉纹，翅脉凸出，清晰而又细密。(8)膏药：即膏药迹，见前注。不绉：翅上没有绉纹。

苍蝇并蝴蝶[1]，左右与方圆。四翅两小黑，时辰尖哑观。扬帆兼鸟翼，异品紫金丹。烂衣名秃背，金赤号金鞍。绿翠蜈蚣脊，红缨铁网珊。

（石孙外子《蟋蟀谱》）

【注释】

(1)苍蝇并蝴蝶：由此句以下，都是各种翅的名目。如苍蝇即苍蝇翅，蝴蝶即蝴蝶翅。详见下文内容的解释。

◎ 又

青金与紫翅，黑色共油单。更喜蓑衣外，梅花两片攒。不薄又不绉，膏药迹未除。无论短长翅，交锋必定输。

（清金文锦《促织经》）

◎ 翅

黑似煤炲黄似金[1]，花纹累累宛如云。

只须宽厚随身体，动翅扬声满座惊。

【注 释】

(1)炲：本指烟尘，又指灰入屋也。煤炲即煤灰。

◎ 又

禽鸟有翅藉以飞，促织有翅藉以鸣，二物各具有翅而异其用。使鸟无翼则不能飞，促织无翅则不能应候鸣。然唯促织之翅有四异：不飞一也，能鸣二也，有子而呼三异也，胜而后鸣四异也。但宜高而厚，连于项下，翅根不露颜色[1]，青黄明润，不阔不窄，绉纹堆累，遮盖仅露尾尖，声响雄大，此上品也。苟或薄亮如纱，左右遮盖不严，披散不能收敛，翅旁露白，短与腰齐，翘如覆瓦[2]，鸣叫不时，此下品也。

上等：销金翅（紫头青项黄翅，三色俱全）、油单翅（黄色滑润，名油里达）、青金翅（青黄三色）、紫荷盖（如荷叶作翅）、瑟琶翅（上方下圆，一名尖翅）。中等：齐膂翅（与膀相齐，深秋不斗）、阔翅（比背宽阔）、梅花翅（翅上有白点，中秋可斗）、红纱翅（赤色而薄）。

下等：灰翅、蜻蜓翅、翘翅。

（清天绘阁《蟋蟀谱》）

【注 释】

(1)翅根：翅与背板相连的部分。此句是说翅根深入项下，被项遮盖，这样才能不露颜色。

(2)覆瓦：翻过来的瓦，两边翘起如翼。

◎ 又

翅有尖翅、方翅、圆翅、哑翅、长衣翅、左搭翅、时辰翅、蓑衣翅、板翅。唯蝴蝶翅在两大翅内，别有两小翅。长衣如苍蝇翅，披出在腿外。使风船，两翅立起如挂篷状。独三尾翅小而短，此虫者遇之不利惹忌。

（清麟光《蟋蟀秘要》）

◎ 又

蛩翅有尖圆之别，非专言长衣也。尖翅多出健将，谱有尖翅蜂之称[1]。翅圆者十不得一焉，此固有明证矣。翅欲长尖，色泽光润，不宜干枯有迹；筋纹细密[2]，不宜粗蠢无情。白筋显者，包裹必松；边骨重者[3]，生身必硬。项下绣肩[4]，决无长力；翅梢出角，不受大盘[5]。衣壳粗厚[6]，由来粳脆者居多；羽翼丰盈，尤喜精神出众。黄若真金，黑如点漆。青金翅宜如淡竹叶，乌金翅要带紫红霜。选择之精，不外乎此。更有翅上洒满血点，或生就花斑，是为异虫，实非凡品。鸣时要两翅兜紧，双尾下垂。翅兜紧则无开衩之嫌，尾下垂则无空背之病。狭短者毕竟无能，板直者终属有失。竖翅以见背为足，落翅以贴肉为良。若夫尖圆、长衣、方翅，尤忌白筋、边骨、翅角等病[7]，犯此病者，力薄声松，多不善斗。如翅上筋纹，有结成一螺蛳旋在翅尖者无敌。蛩以翼鸣，性之强弱，于此可决。鸣声欲厚欲老欲急欲尖，早秋得此，均堪宝贵。尖圆之鸣，有沙声、绵声、绵夹沙声，皆为上品。沙声有类络纱娘鸣，两翼啾啾，或苏苏然，愈叫愈急，是为绵声。兼而有之，为绵夹沙声。若脆声、堂声、木鱼声、丧铙声，概不中用。

（清秦子惠《王孙经补遗》）

【注释】

(1)尖翅蜂：蜂的一种，因翅尖而得名。这里是以尖翅蜂喻尖翅蟋蟀的善战。(2)筋纹：即翅脉，翅上的凸起纹路。一般昆虫都有。(3)边骨：指翅的边缘。(4)绣肩：指蟋蟀的肩部（项后两侧的部位）瘦削。(5)大盘：长时间的咬斗。(6)衣壳：也是指双翅。(7)这里说的三种毛病即前面提到的“白筋显者”“边骨重者”“翅梢出角”。

◎ 又

蛩翅皆右搭，如呼雌不贴，身热长鸣，以致左搭，时复不少。然犯此病者，决无胜虫，或见于斗后，或见于深秋，实系衰老之象。盖虫身无故，断不至此也。尖圆、长衣等尤多犯此忌款，即不可再斗。唯天生左搭翅[1]，其翅贴肉无痕，鸣声洪亮。竖翅如篷，多出骁将。翅上膏药迹，出土时主嫩，斗后见者主衰老，亦不可不审也。

（清秦子惠《王孙经补遗》）

齐白石《蟋蟀螃蟹图》

【注释】

(1)左搭翅：翅的一种。蟋蟀的双翅，按照一般情况，均是左翅在下，右翅在上。所谓左搭翅则是左翅在上，右翅在下。

◎ 翅皮

翅皮要绉而生纹，不要光而油滑。有金翅刻[1]、银翅刻、紫翅刻、青翅刻，种种不一。总要绉纹满翅，灿气蒙蒙者为佳[2]。

（清拙园老人《虫鱼雅集》）

【注释】

(1)金翅刻：即金翅。刻，同壳。翅刻即翅壳也。(2)灿气：明亮耀眼。

◎ 翅说

翅有厚薄，随时好尚。昔以轻薄为善斗，今以厚实为耐口，当参酌从之耳。如轻倩之色[1]，翅须明亮薄净，如蠢厚反不耐口。浓艳之色，翅须丰厚肥泽；若一轻薄，何以能斗？此不刊之论也[2]。苟执一说泥之，固未有当；若倒行而逆施之，是亦昧于心而盲于目者矣[3]。

翅色有红者曰红背，望之如红缨。绿者曰绿背，如蜈蚣背，深油绿色。无翅曰秃背，又曰光背，又名烂衣。

（石孙外子《蟋蟀谱》）

【注释】

(1)轻倩：轻淡秀美。(2)不刊之论：无法改变的结论。(3)昧于心：心里不明白。盲于目：没有眼力。

◎ 衬衣

翅中有白翅附于虫背，谓之衬衣。在腰下者为白肋，飞蛔只有白肋而无衬衣。若飞翅落去，仍有小白翅在背，名曰六翼飞，无敌。红衬衣、红肋皆贵。长衬衣直至尾际，或蟠曲于背如环，多善斗。此辨虽微，验之诚信。

（清秦子惠《王孙经补遗》）

◎ 肋胁

肋有一红一白单双肋，又有大红肋。白胁长者名忠孝带[1]。又左红右白者名曰鸳鸯胁。又有金胁、青金胁、紫胁。

（石孙外子《蟋蟀谱》）

【注释】

(1)忠孝带：清代官吏冠服所系的一种带，又称素巾，比常服带阔而短。其用有多种，有谓以随驾时供捆绑冲犯仪仗的犯人用，或谓皇帝赐死时自尽用。此处用以指蟋蟀的白胁。

◎ 声

时默时明不发狂，或三或五韵悠扬。

凯歌得胜方才唱，不用先声上战场。

（清天绘阁《蟋蟀谱》）

◎ 又

声有缰铃子、刮竹声及呼雌声[1]；有见亮即鸣，遇暗则止，凡交口时不必多斗，来虫闻声即败。紫金翅鸣只一声[2]。其真青鸣箔[3]，紫青鸣安[4]，黑青鸣印[5]，淡青鸣（声），青麻箔哑，青金翅鸣明，天黄声哑，红黄鸣令，紫黄轻鸣，青黄鸣雄，白黄、黑黄同前，深黄、淡黄鸣哑，狗蝇黄鸣砂哑，黄麻鸣宏，真紫鸣响，红头紫鸣飞天，纯红鸣青天，深紫厚响，黑紫鸣宏，淡紫鸣净，紫麻声撒，红麻鸣呟，纯白鸣高，淡白鸣乐，白麻鸣呟，真乌鸣雄，乌青鸣象，乌麻声撒，乌头金翅鸣雄，乌头银翅鸣清。至真三色、草三色、三段锦、草三段、小三色，鸣皆印声。齐臀鸣阁阁，壳翅鸣索索，阔翅鸣瞿瞿，长翅鸣沙沙。自真三色以下，其声或有不一，高雄轻细不同。凡名虫声色相应。或有声色不一，品相类是者，皆先天不足，或后天失调，寒暖湿燥，香臭相触，致损虫之本源，故有不同之变也。

（石孙外子《蟋蟀谱》）

【注释】

(1)缰铃子：这里是比喻蟋蟀的鸣声。缰铃：牲口笼头上的小铜铃，叮当作响。刮竹声：指蟋蟀的叫声如刀刮竹片的声音，劈劈啦啦，不甚清脆。呼雌声：指蟋蟀平时鸣叫也像求偶时的叫声，低柔缠绵，无刚健之气。(2)鸣只一声：行家认为真正的佳品蟋蟀鸣叫很少，往往只在夜半三更时偶尔叫一两声，然鸣声刚烈宏亮。(3)鸣箔：周履靖续增的贾似道《促织经》在介绍“真青”时注为“箔明”，并有详注曰：“此虫号真青，头要青金样，白麻路细丝透顶，金箔明亮翅。”可知所谓“箔明”即“金箔明亮”之意。金箔，是指蟋蟀的双翅金黄，如金片一样明亮发光，所以这是对翅色的描绘，不是谈的鸣叫声。但这里将“箔明”改为“鸣箔”，将对翅色的描绘变成鸣声的特点，就不通了。(4)鸣安：周续贾《经》本作“明安”，谓双翅明亮而鸣声安舒。(5)鸣印：似应指鸣叫时发出“印……”的声音。自此以下对鸣叫声的各种说法有通有不通。如“鸣雄”谓鸣声雄壮，“鸣哑”谓鸣声沙哑尚可通，但另外一些则就难以理解了。如“鸣飞天”“鸣青天”，就很难理解究竟何义。像这种情况暂时存疑，不强作解。

九、腿　辨

蟋蟀的足共有三对，分别是前足、中足、后足，玩家习惯上称为前抱、中抱、大腿。前足生于前胸两侧，中足生于中胸两侧，后足生于后胸两侧。前足和中足为爬行足，只能爬行，不能跳跃。后足特别发达，为跳跃足。每一足均由五节组成。基节在靠近身体的最基部，是最粗壮的一节。第二节是转足，呈三角形，是最短的一节。第三节是腿节，又称股节，比其他各节长大，稍向上弓起，两边侧扁。胫节较细圆，长度与腿节基本相等，可折贴于腿节的下面。前足胫节基部外侧各有听器一个。跗节是足的第五节，也是最末一节，末端有一对弯曲的爪，俗称“爪花”，用以抓物。

腿在平时是蟋蟀全身的支点，又是行走跳跃的工具，战斗时既是发力最强的器官，还可作为武器使用。玩家也许遇到过这种情况：当两虫相斗，尚未真正展开厮杀时，其中一只并不交口，而是转过身去，把后背对着敌人。头脑简单的对手以为不敢相对，正要从后面来个突然袭击，只见此虫两条钢腿闪电般弹向敌人，对方在莫明其妙中被弹了个晕头转向。至于二虫相拼的一招一式，全都离不开六足。

古谱对腿的要求是浑圆修长，健壮有力，所谓“大腿圆长健，小腿粗铁线”。大腿的根部要粗圆，呈圆柱形，若扁浅细瘦，则相斗无力。大腿要与腰身夹紧，立如剪股，才能有力支撑全身。若两腿向左右分开，或平铺地上，不能卓然而立，是为敞腿，战斗起来支撑乏力。大腿上的尖齿越尖越好。长前面的二对足要排列均匀，伸缩自如，与两后足配合相宜，高高耸立，这就是佳品。

腿色甚多，前人以斑白色和黄色为真色，最为珍贵。像明亮光洁的蜜蜡色，六足纯黄的蜡脚，及腿色如铁锈的苍狸色，都是前人所珍重的上品。不论何种颜色，都要晶莹剔透，洁净可爱，腿纹要清晰，成条形，最忌讳腿有暗斑。但也有人说有三种腿色可以例外，即真青腿上可以有青斑，狗蝇黄上有跳蚤斑，真红上有朱砂斑。爪的颜色应是焦黄色，偶尔有红色的谓之赤爪，是上品无疑。爪下要有一对尖锋，抓地才能牢靠，若光滑无锋，则无用。所谓“三叉将军”“八脚”之类，纯属无稽之谈，不可相信。

◎ 腿

大腿圆长健，小脚如铁线[(1)]。斑白黄色真[(2)]，此名金不换[(3)]。短鳖兼穷细[(4)]，屁薰青黑同[(5)]。只好留墙壁[(6)]，何须问主公。

（明本《重刊订正秋虫谱》）

【注　释】

(1)小脚：与上句大腿相对而言。大腿是指蟋蟀的一对后足，小脚是指一对前足和一对中足。古谱中常将腿、脚并提。这两句说的是大腿要浑圆长大健壮，小足要如粗铁丝般坚硬。(2)这句说腿脚若是斑白色或黄色，则为上品。真，真品。(3)金不换：喻蟋蟀的珍贵。(4)短鳖：短小干瘪。穷细：极细。(5)屁薰：有的谱作“烟薰”。下文解释“青黑色过重，谓之屁薰色”。(6)留墙壁：让它留在墙壁里自生自灭，意思是说根本不值得捕捉。

◎ 小 足

四足明净无点污，俨然虎豹立势雄。

交锋不撼何须诚，挂印将军急早封。

（清天绘阁《蟋蟀谱》）

◎ 大 腿

似雪如银少黑花，望来仿佛南琵琶。

不须跳跃扬威势，一入盆中个个夸。

（清天绘阁《蟋蟀谱》）

墨盒上的蟋蟀图

◎ 又

腿有白玉腿、甘草腿、蛤蟆腿、花斑腿、单寄腿、双寄腿、绿腿。脚有八脚，及小脚每多一节者。脚爪花有赤爪花。凡爪花俱是两分，并有中间多一花者，此乃三叉将军相。

（清麟光《蟋蟀秘要》）

◎ 又

《经》云："小脚粗铁线，大腿圆长绽。"特言其大略耳。前四足要排列开展[1]，两腿浑长，卓然高耸[2]，如蚱蜢形，最为难得。小脚细长，大腿圆绽，亦属可贵。抱头两足[3]，必要与腰脚齐长[4]，方为入选。若短缩而不施展者，弗养也。大腿扁薄者少力。平偃而不能卓起者[5]，谓之敞腿，亦不堪用。腿色佳者，必得精莹如玉，白净可爱；或带蜜色，苍老斑烂，明亮光洁，均为上品。并有六足纯黄，谓之蜡脚。蜡脚宜乎黄紫[6]，独不宜青蛩，盖以青蛩无蜡脚故也。饫锈苍狸，决非嫩相。如青黑色过重，谓之屁薰色，非嫩即潮。蛩之爪花，皆生双钩。或有两腿生三钩者，名为三叉将也。友人为余言，曾于同治甲子岁得一异虫，其爪俱生四钩，六足直如抓爬样。其蛩不行不动，以之合对，只一交口，来虫辄毙，诚为世所罕见。有名线穿腿，行走只用小脚，腿拖腹下，如不能着力，遇斗则两股并竖，力逾寻常，亦称无敌。然一腿一足之异者，均不足贵。两腿下节所生之刺，愈长愈多愈妙。色则贵赤忌白，谱以赤爪为蛩之王，良有所见也[7]。

（清秦子惠《王孙经补遗》）

【注释】

(1)开展：这里是舒展的意思。下文中又有施展意同。(2)卓然：特异，不同于一般。(3)抱头两足：指前抱，即一对前足。(4)腰脚：指一对中足。(5)平偃：指六足平铺在地上，不能高高地耸起。(6)此处是说，蜡脚只宜配黄色或紫色的蟋蟀。(7)良有所见：确实很有见地。

◎ 腿胯

腿胯宜高大，不宜短小。虫交锋全仗后腿登住用力，所以有"先比头，次比腿，再比浑身无后悔"之说。腿亦喜净洁，忌花暗。斑白、蜡黄者皆入选之虫也。

（清拙园老人《虫鱼雅集》）

◎ 小足

小足有四，圆浑粗实，屈曲自然，莹白无瑕，立不倾圮[1]，食不抱获[2]，转折便利，不烦驰驱，如划船之桨；奋勇狠斗，不能摇动，如中流之柱。倘若细短，花纹洒墨，不时抹须[3]，闲立爬墙[4]。两相较之，好恶立见矣。

（清天绘阁《蟋蟀谱》）

【注释】

(1)倾圮：歪斜。(2)抱获：指用一对前足抱住食物。(3)抹须：用前足理头须。(4)爬墙：这里的“墙”是指蟋蟀盆壁。

◎ 大腿

尝观犬马能奔走，虎豹能搏击，使四足而屈一，则寸步难行矣。若夫促织，前有四小足，后有两大腿，跳跃莫能拒，一身之力，半在于此。其形粗大圆长，立如剪股[1]，洁白如玉。屈膝向上，上有红点，下有锋芒密密[2]。若细短而斑遍，腿立则摇撼，不时起踢，拖拽而行，诚哉其无用也，又何能焉！

（清天绘阁《蟋蟀谱》）

【注释】

(1)剪股：剪子是由两片刃组成的，每片就是剪子的一股。(2)锋芒：指蟋蟀腿胫节上的芒刺。

◎ 爪

国有牙爪之士[1]，敌人畏之，况乎物类之赖是以为战斗者哉！使爪牙有伤，不待交锋，而可知其必败矣。然牙有十数类，而爪独无他，不过无伤损，如钩而有锋，色兼黄紫，着处即牢[2]。若断折爪尖，脚底光滑，筋缩掌翻，并为无用。

（清天绘阁《蟋蟀谱》）

【注释】

(1)牙爪之士：指武士。牙爪本义是指动物的牙齿和爪子，用来取食或防卫。后来以牙爪引伸为武士。(2)前面这几句说的是蟋蟀的牙可以分出好多类来，并有很多讲究，但蟋蟀的爪子讲究却不多，只要有钩而且锋利就行了。

十、肉 辨

肉或肉身，实际上是指蟋蟀体表的颜色与体形，是整体而不是某一部位。在某些情况下，则体形体色是人的一种综合感觉。对肉体的总体要求是肉色纯正，细腻干结。肉色有白、黑、黄，还有所谓蜻蜓肉、蝼蛄肉等，以肉色洁白者为最好。肉体上附有一层细绒毛，根据毛色又有黑绒肉、紫绒肉的说法。肉色要有光泽，像闪着一层油光。所谓干结是说肉要长得苍老结实，不要粗糙臃肿，这样行动才迅捷。

古谱对肉与整个体色的配合有所论述，如说紫黑色蟋蟀要配苍黄肉色，淡黄和黑青蟋蟀要配白肉。各种体色配白肉都是相宜的，即所谓“无论虫五色，肉白必然良”。

◎ 肉

紫黑苍黄肉[(1)]，青白胜鹅梨[(2)]。黑青肉亦白[(3)]，淡黄白亦宜[(4)]。肉色欠纯正，腰上多红铃。月头红白间[(5)]，百战不能赢。

（明本《鼎新图像虫经》）

【注 释】

(1)紫黑苍黄肉：此云紫色和黑色蟋蟀，要配以苍黄肉身方为良将。如下文中的“紫金翅”蟋蟀就要求“腿脚兼黄肉带蜜”“乌头金翅”蟋蟀要“腿脚班狸肉带苍”，就是讲体色与肉色的配合问题。(2)青白：青色和白色的肉。鹅梨：梨名，香味胜过他梨。宋范成大《内丘梨园》诗：“汗后鹅梨爽似冰。”鹅梨色黄，这里是以之指黄色肉身。此句云青、白肉色强于黄肉。(3)黑青：黑色和青色的蟋蟀。肉亦白：此云黑、青色的蟋蟀要配以白色肉身。如“青麻”就要求“翅绉肉白腿脚长”。(4)淡黄白亦宜：淡黄蟋蟀配以白肉，也是相宜的。下文“淡黄”条云“淡黄生来腿脚白”可证。(5)月头：指月头蟋蟀。详见“红铃月头额”条。红白间：红白相间。

◎ 又

浑身肉要细，洁白始为奇。紫黑苍黄色，辨其色所宜。肉色欠纯正，红铃腰上生。粗糙并单薄，百战不能赢。

（清金文锦《促织经》）

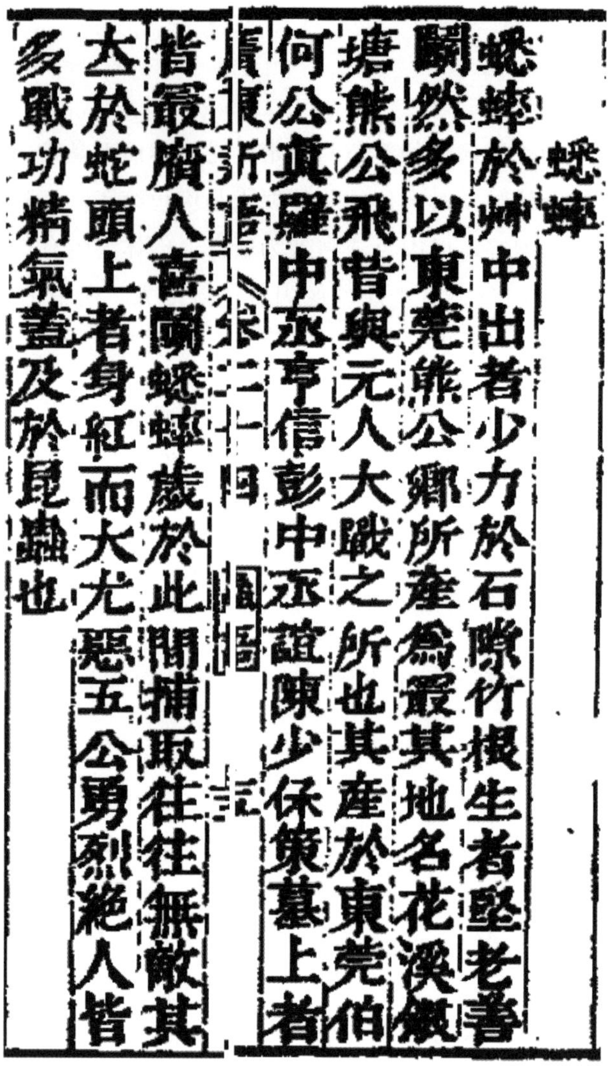

蟋蟀

蟋蟀於艸中出者少力於石隙竹根生者堅老善鬬然多以東莞熊公鄉所產爲最其地名花溪嶺塘熊公飛昔與元人大戰之所也其產於東莞伯何公眞羅中丞亭信彭中丞誼陳少保策墓上者

廣東新語　卷二十四　蟲語　三

皆最廣人喜鬬蟋蟀歲於此間捕取往往無敵其大於蛇頭上者身紅而大尤惡五公勇烈絕人皆多戰功精氣蓋及於昆蟲也

《广东新语》记载的斗蟋蟀

◎ 又

淡黄明似蜡，紫黑贵苍黄。黑青如洁玉，青白胜银装。蝼蛄蚕蛾肉，蜻蜓白果刚。铁胡蜂肉美，草绿力威强。细腻方云贵，青莲子更香。无论虫五色，肉白必然良。异形兼异色，莫可细推详。调养中秋候，登场如虎狼。

（石孙外子《蟋蟀谱》）

◎ 身

短短身材背带跎，浑圆前后一般粗。

天青地白皮微紧，自与诸虫形体殊。

◎ 肉身

早秋相蛩之法，肉身最要审辨。苍老绒细，乃真贵品。粗松潮胖，决非将才。肉色亦分五等：干白肉、黄毛肉人尽知之；又有紫绒肉、细青肉、黑绒肉。各种紫肉，绒而有光，似带油色；青肉、黑肉类多粗松，独此种极绒极细，腹上肉鳞几不可辨，虽喂大食而肚不拖[1]。夫拖肚多能出将，若青黑肉者，则断断无之。腰腹之式，亦要长尖，必须腰背圆满，勒尖至尾；或形如炮竹，腰腹圆长，即生体阔方，尾段亦要尖样。尖圆长衣，尤为难得。设如腰身短促，肉又粗松，喂食则都归尾际[2]，俗名曲鳝屁股，不斗。肚腹之异者，两边肉鳞上俱有五色花点，谓之五花肚。底或红如涂朱，或白如傅粉，皆为异品。项下腰上为蛩中股，六足所附以生，名曰蟹脐。取其方阔饱满，蛩必雄健多力。若窄狭中空，蛩身单薄，腿脚亦必穷细，决为下乘无疑。

（清秦子惠《王孙经补遗》）

【注释】

(1)大食：指喂食很多。(2)这句是说，喂食后，马上就会在肚腹上显示出来，成为拖肚。尾际即指腹部。

◎ 肉体

虫肉要白而细腻者为上品。青黄色蛐蛐，务须肉细色白，别色虫尚不讲。但总拣干练壮健者蓄之，重浊肥蠢者终无用也。

（清拙园老人《虫鱼雅集》）

◎ 又

肉有蝼蛄肉、蜻蜓肉、蚕娥肉、黄肉、白肉、黑肉、青莲子肉、绿肉、白果肉、铁胡蜂肉。

（石孙外子《蟋蟀谱》）

十一、背　辨

背实际是蟋蟀腹部的背面，为双翅所覆盖。

对背的要求是宽大厚实而又微微弓起，谱云“龟背虾腰”就是指此。后背宽阔高厚自然力大势雄，若扁窄单薄，则不能斗。最忌两头翘起，中间凹下，此是必败之虫。

◎ 背

背要雄厚，高耸微跎[(1)]，如天一色[(2)]无瑕，与翅相等，上也。如窄狭如鲳鱼[(3)]，扁薄数螳螂，红铃成带，上下皆疮，下也。然背肉雄厚，有力势雄，固不待辨而知者也。至若望之突兀如螭虬[(4)]，丰陇若神龟相[(5)]，斯背也贵不可言，岂独无将军而已哉！

（清天绘阁《蟋蟀谱》）

【注释】

(1)跎：同“驼”，后背弓起。(2)如天一色：就像天色一样。这里强调的是一色，即蟋蟀的后背要一种颜色。(3)鲳鱼：鱼的一种，身圆肉厚，肉味鲜美，鱼骨软亦可食。产近海。(4)螭虬：传说中的无角之龙。(5)丰陇：指外貌丰满。

◎ 腰背

虾腰龟背[(1)]，色相兼全，自然立身不败。

若腰下瘦削，背又空松[(2)]，宜弃之弗养。盖腰背相连，高厚之相，苟其腰长背驼，已定为千锤百炼之质。如生体方幅，再得腰背丰满，决其为将，又何疑焉。

（清秦子惠《王孙经补遗》）

【注释】

(1)虾腰和龟背都是向上弓起的，蟋蟀能如此，则为斗虫无疑。(2)空松：不丰满，不结实。

◎ 又

腰背宜宽厚，忌扁薄。虫战斗气力，全在腰背之上。熊背子最为上[(1)]，次则金背子。紫背子往往有虫身虽大，两头翘，腰背凹，最不入选。总宜腰厚背耸者为佳。

（清拙园老人《虫鱼雅集》）

【注释】

(1)俗语便有虎背熊腰之说，虫背如熊之厚实，自然能战。

十二、腹　辨

腹部是蟋蟀的第三体段，也是最后一个体段。它是蟋蟀代谢和繁殖的中心。腹部由十一节组成，包括最后一节尾须。每节的背面称背板，腹面称腹板；两侧还有狭窄膜状的侧板。节与节之间由横节间膜相连。前八节的侧板上，共有八对气门。蟋蟀的呼吸，就是靠腹部的伸缩，通过气门来完成的。

前人对腹部要求是颜色纯正，以黄白为上，青黑色或有点点花斑为下。腹面的皮肉要紧凑，高高悬起，不能松弛，更不能拖肚。古谱对拖肚的论述甚多，一般都是持否定态度的。肚腹太大而拖地，犹如人之“将军肚”，行走尚觉困难，又何能战斗？下面有两段专论拖肚，可作参考。

◎ 肚

肚腹为水食之府库，宜圆浑皮紧，不脱节而高悬，或白或黄，净而明润，此为上品。若皮宽肉松，行走拖地，色带青黑，或扁或长或露节，花斑点点，此为下品也。

（清天绘阁《蟋蟀谱》）

◎ 又

虫之肚身有分，若生成蜣螂肚者，必是了虫。肚白而圆健向上翻，两尾短而直者是也。若平垂大肚，真笨虫也，万不可要。前秋养法，喂成半花多肚[(1)]，直到后秋交冬到封盆时，至多花半肚身，到老雄健，则得养虫之诀也。

（清拙园老人《虫鱼雅集》）

【注释】

⑴半花：旧时铜钱五文为一花。

◎ 拖肚论

凡紫青黄白诸色，皆有拖肚；非曰拖肚，便是将军，亦非曰拖肚，必属无用。须观其生相合格，颜色清真。其肚之拖，亦如人之赋形，有瘦弱肥大之不同耳。然又须知大头阔项者，决无拖肚之理，故于诸色内，并不列拖肚。

◎ 拖肚说

凡青紫黄白黑诸色，皆有拖肚。即是将军，若曰拖肚，必属无用。须观其生相合格，颜色纯正，浓厚清淡得宜。其肚之拖，亦如人之有赋形瘦弱肥大之不同[1]。然大头阔相而成品相者而无拖肚，必是将军。故另为标出，存为博览家鉴赏耳[2]。

（石孙外子《蟋蟀谱》）

【注释】

(1)赋形：天赋之形，即天生的长相。这句是以人的胖瘦比喻蟋蟀。(2)博览家：识多见广的鉴赏家。

十三、尾　辨

尾即一对尾须，处于蟋蟀身体的最后端，与头须前后相对，也是很灵敏的感觉器官。古人认为尾须不但在战斗中能感觉敌人从背后的突然袭击，而且能协调双牙的进攻。前人最讲究尾须的尖、长、细、糯，并认为缺一不可；忌讳粗、黑、硬、松。尖指尾须根部要粗圆，梢部要尖如绣花针；长指尾须越长越好，短小或残缺影响其反应能力；细指尾尖要细，另指尾须上的绒也要细；糯指尾须肉质细腻，颜色润泽。

尾须根据形色的不同有玉尾、羊角尾、插尾、单枪等名目。有的谱认为尾要直挺，微微上翘；但也有的谱认为双尾不可敞，尤不宜翘，应似夹非夹，似垂非垂才好。尾上忌有长毛，有长毛则体硬。尾色能与体色相反，前人认为是成将之才。如重色蟋蟀有一对白尾须，或浅色蟋蟀配着黑尾须，都是上品。

谱中所云四尾、六尾、八尾甚至独尾，全属无稽妄谈，皆不可信，玩家不要上当，徒费心事。

◎ 尾

双尾如针向上斜，炸开密密簇毛芽。

应前护后多灵巧，却胜棱棱两象牙。

（清天绘阁《蟋蟀谱》）

◎ 又

二尾宜浑圆，上粗末细，宛如绣针，细细绒毛，色名灰白。尖梢翘然向上，仿佛燕尾。不宜短细及卷曲，伤折无异，或一上一下。盖斗时用力在牙，有尾以称之[(1)]，则无尾上重下轻之患[(2)]，并可以防敌猝然后至。

莫谓尾之无关于斗战，而听其伤折也。

（清天绘阁《蟋蟀谱》）

民国年间北京街头的蟋蟀摊（侯长春绘）

【注释】

(1)有尾以称之：此云用尾须予以配合。(2)连上句是说蟋蟀战斗时用牙攻敌，后边有尾须加以配合，全身就不会出现上重下轻的毛病。"无尾"之"尾"似衍。

◎ 又

有玉尾、羊角尾、三雌尾、六尾、八尾、四尾者。独尾唯中一根，名曰单尾，又曰单枪，必配独须方是对手。又插尾粗而长，紫黑色，如竖插在尾背上，是大将中之上将也。

（石孙外子《蟋蟀谱》）

◎ 又

尾要尖、长、细、糯四字，缺一不可。尾色不一，养久且多能变。所忌粗、黑、硬、松。若粗黑而尖软者不忌，冀其久而能变也。色亦尚拗[1]，如黑色而生长尖白尾，淡蛩而生细糯黑尾，未有不成骁将。尾不可敞[2]，尤不宜翘。敞者腰必促，翘者背必空。欲其似垂而非垂，似夹而非夹，纯熟细糯，斯为合选。尾上忌有长毛，有则其尾必硬，尾硬则虫体亦硬矣。能审乎此，可以类推。犹忆同治戊辰，曾得一虫，黑色高厚，相极魁异，而双尾粗长肥黑，终以为嫌。至霜降节，忽退壳一层，变为尖长花白。其蛩斗数十栅无敌，似可拈以为证[3]。四尾、红尾虽异，均不足贵。谱盛称玉尾，愚意必其双尾尖长，能如玉之润而光泽，乃为无上上品。

（清秦子惠《王孙经补遗》）

【注释】

(1)此句意为蟋蟀尾须的颜色与体色相反最好。尚，崇尚。拗，相违。(2)敞：敞开。这句的意思是两支尾须间的距离不可太远。(3)拈以为证：拿来作为证据。

◎ 尾说

尾向取其丰轻细而嫌其长，说未尽善。盖如相马尾，粗重则行迟，轻短则又无长力。虫之尾亦犹是也。尾粗而黑固无足取，若细而短，亦不耐斗而无力。须轻细而长，方为入格。间有长至等身者，为出类之相也。又有尾长仅一二分者，亦间有不及一分者，俗谓之肉尾，人颇爱异之，大是误谬。

（石孙外子《蟋蟀谱》）

◎ 铃 门

铃门以尖小明净为入选[1]，即出屎亦要细小坚结。铃门大者，出粪必粗，多不中用。盖虫身细结，子门亦小[2]，粗则通体皆松，故出粪大，其理甚明。铃门上不可有毛，有则不贴铃，并要结粪，谓之毛脐。尖圆、长衣等往往有之。毛脐亦能健斗，终属不能耐久。平蛩而不贴雌者亦贵。若铃门红若涂朱，则称无敌矣。

（清秦子惠《王孙经补遗》）

【注 释】

(1)铃门：本来应该指雄性蟋蟀的外生殖器，不过根据下面的叙述，似乎这里被说成了蟋蟀的肛门。其实蟋蟀的精子由外殖器排出，而粪便是由肛门排出，并不是一回事，这是古人的误解。铃，指蟋蟀的精囊。(2)子门：与铃门意同。子，也是指蟋蟀的精囊。

◎ 腰 铃

有带铃一粒，黄色而能健斗者，曰金驼铃；白者为银驼铃。满腰一串曰金束带、银束带。

（石孙外子《蟋蟀谱》）

第六卷　品种

品　　种

一、概　述

前人对蟋蟀的品种十分重视，下了很多功夫加以研究，从多种角度对蟋蟀分类。古代的大部分蟋蟀谱，有一多半内容是介绍蟋蟀的品种。当然，这里所说的“品种”是玩家的概念，不同于现代昆虫学对昆虫分类的含义。昆虫学家研究昆虫的种类，目的是确定各种昆虫所属的地位及相互间的亲缘关系，以阐明昆虫的自然系统，但它与蟋蟀的斗性关系不大。玩家们对蟋蟀的分类可能不够“科学”，但它的基本出发点是蟋蟀的斗性，无论蟋蟀的形还是色，都是围绕着这一点进行的，因此对斗蟋蟀游戏来说，更具有“实用”价值。

我们在“相法”部分已经看出，对蟋蟀的辨别基本上是从蟋蟀的体形和体色两个角度。其实对蟋蟀品种的区分也是如此。因为“辨别”与“品种”本来就是紧密相联的，是一个问题的两个方面。辨别就是对蟋蟀的品种加以辨析和确定，而品种本来就是辨别的结果。所以这两部分内容要综合起来看，才能增长自己的辨别能力。

蟋蟀的体色是有差别的，这是一般人都知道的；但前人竟分如此多的层次，仍然使我们感到吃惊。青、黄、紫、白、黑五大类只是总类，其中每一种体色中又可分出更多的种类，有的竟多至数十种。之所以有这么多名目，有多种原因。首先蟋蟀的体色本来就因为天时地利而形成了千差万别，尤其是身体各部位的色彩组合，简直能形成无数个结果。假如我们细致地而不是粗糙地观察一下，也许会发现，就像有人说世界上没有两片相同的树叶一样，同样的也没有两只完全相同的蟋蟀。另外一个原因是与玩家的眼光和站的不同角度有关。古代蟋蟀谱经过历代玩家的增补，有各个不同的版本，其中包含着无数人的玩斗经验。即使对同一种体色，有人看了说是淡青，另一人看了也许说是灰青，很难做到完全统一。再加上有的古谱对蟋蟀体色的描绘似是而非，让后人理解起来容易产生歧义，久而久之，认识上有所偏差是不可避免的。也可以这么说，古谱对蟋蟀的品种的分类，有很强的主观色彩，所以今人在理解时，不可过于拘泥，重要的是要在实践中积累出自己的真正经验，这比任何一部蟋蟀谱都更有用。

二、青色类

从体色来看，蟋蟀最多的是青色虫。青的含义在古代有两种：一是指绿色，即植物初生之色；再就是指黑色，所谓“青丝”就是指的黑发，而不是绿发。那么蟋蟀的青是指哪一种呢？很显然，不可能是前一种意思，基本上应是后一种含义，但又不是真正的黑，而是褐中带蓝，略显灰色。古谱上描写青色蟋蟀常说是青金色，青金其实就是铅，铅色就近似于蓝色。实际上青色是多种颜色的混合，并不是单一的，所以单就这一个青色又分出真青、淡青、灰青、白青等十数种，可见它是不固定的。青色虫所以有如此多的名目，一是与色彩的浓淡有关，再就是与蟋蟀身体各部位的色泽配合有关。所谓重青、淡青主要就是指体色的浓淡；而紫青就是指紫头、青项、乌金翅，红牙青则是青身红牙，这就属于色彩配合问题。后一点行家认为更值得注意。比如蟋蟀的头是青黑色，要配白色斗丝和青白翅，或者配红牙、红花牙、白牙等，均成将才。墨青的体色要配血牙方贵。对于体色的搭配，下面各首歌诀中有较多论述，可作玩家的参考。

◎ 青色总诀

真青头要青金样，白麻路细丝透顶，金箔明亮翅，肉白、牙白、腿白者为上，号白钳青。亦有头似官蜻蜓头样者。若水红花牙，腿肉不白，项不毛，青翅不金，不过花色而已。须知世无斑腿黄肉黄线之青也。鸣有叮叮之声，当细察之。又有红头青，终不结秋。

◎ 又

大都青色之虫，虽有红牙白牙之分，必竟以腿肉白、金翅、青项、白脑线者方是。断无斑腿、黄肉、黄线之青。青鸣有叮叮之声，须细察之。

◎ 又

此虫号真青，头要青金样，白麻路细线透顶，金箔明亮，翅腿圆浑长白是也；亦有头如官蜻蜓样：此二等为上。亦有红头青，俱不结久。

若水红花牙，腿肉不白，项光，翅无金色，不过花而已。须知世无斑黄肉、黄线之青也。鸣有叮叮之声，当细察之。

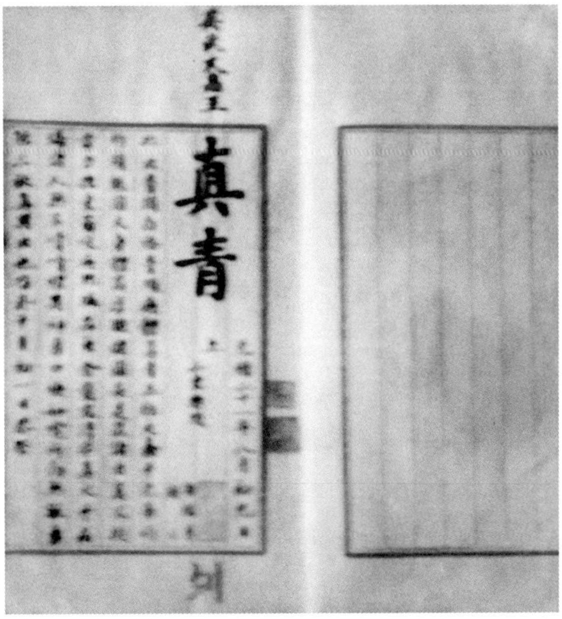
真青

清《斗蟋蟀随笔》中的“真青”

◎ 又

青以纯青明净者为上，稍涉滞色，必非真青。如青头白斗线，白肉白钳，名之曰玉牙青。或有黑色为乌木青，难以青论。或以头项及翅原系白色，上罩青色，是为真白青。红牙、红花牙、白牙俱妙。再纯青而无白色，于日光中照之，青内显红如血，是为血青，必得大红牙方妙。其斗线赤红，渐变退白色，即属败征。或有不必于日光中照而觉有红色者，是为紫青。纯青而重，近于墨者，是为黑青，亦以血牙为贵，间有白牙出色者。乌鸦青，近于墨青色，重而有红光。其燕子青，色轻嫩而杂红浮于上者。紫砂青、红砂青、白砂青，各以色定名，皆为枭将也。有青如靛，花头项，腿足俱有斑点，如五花金钱豹，是为花青，甚为难得。其牙如炒熟蚕豆肉色、头项青如豆沙馅色[(1)]，早秋颇亦善斗，世名为白牙青，渐至深秋，无一存者。又有于日光中照见如栀子黄色[(2)]，隐存青内者，不取。又有青中夹杂黄色者，名龟背青，亦不成将之虫也。

【注释】

(1)豆沙馅色：豆沙馅有二色，有的为紫红色，有的为青绿色。这里该是指后者。(2)栀子：木名，开花芳香，秋天结实，生青熟黄，可入药，亦可作黄色染料。

◎ 青色

白砂青、红砂青、红线青、油青、苏叶青、鸡血青、麦柴青、生虾青、熟虾青、河泥青、河水青、稻叶青、竹叶青、芦花青、蚰蜒青、铁线青麻、铁嘴青麻、铁色青麻、真青、紫青、黑青、淡青、蟹青、金青、黄麻头白青、尖头青、青麻青、砂铁青。唯天青一色，百秋难遇。相传云十年蜻蜓所变，可敌胜铁头蜂所变黑黄、真黑等虫也。

◎ 真青（明箔）

青色头如菩提子[(1)]，顶上毛青靛染成。

牙钳更得芝麻白[(2)]，任君尽斗足欢情[(3)]。

【注释】

(1)菩提子：菩提树的果实，可用来做念珠的数珠。又无患树，其子色黑而坚硬浑圆，亦可做数珠。《校量数珠功德经》云："若用菩提子为数珠者，或时掐念，或但手持，诵数一遍，其福无量。"此处用菩提子喻蟋蟀的头形圆大。(2)芝麻白：如芝麻一样的白色。(3)尽斗：尽管斗，放心斗。足欢情：指一定能取胜，给主人带来欢乐。

◎ 真 青（箔）

真青头似菩提子，项亦青金一色装[1]。麻路银丝细透顶，青金翅亮有威光。血牙厚背名雄将，次取白钳应黑镶[2]。超品芝麻牙是雪[3]，毛丁顶上靛堆良。圆浑头足常兼白[4]，临阵交锋如虎狼。亦有蜻蜓头样者，相看仔细加推详[5]。全身白肉须轻腻[6]，乃是牵牛变化强[7]。似水红头青一种，虽具魁形少终场[8]。

【注 释】

(1)一色装：也是同样的颜色。一色，同一颜色，指青色。装，装束。(2)应黑镶：指白牙上面有黑纹。(3)超品：犹如现在说的“极品”“超一流”，指最好的。(4)兼白：是指蟋蟀的头足除了要圆浑外，还要同时是白色的。(5)相看：指对蟋蟀的观察挑选。推详：推究详细。(6)轻腻：轻淡滑腻。(7)此句请参看本书“五色变虫”的内容。(8)魁形：高大健壮的体形。少终场：难以斗到最后。

◎ 青

青色浑如靛染成，牙如猩血腿如银[1]。此虫若向深秋斗[2]，管取当场阵阵赢[3]。凡青翅蓝项之虫，宜麻头白纹，牙宜红色或白色，肚及腿俱亦皆白也。

【注 释】

(1)猩血：猩猩的血，极红而鲜艳。(2)向：在、到。(3)管取：保管，一定。

◎ 真 青

真青头如菩提子，项如靛染毛别致。

更得芝麻牙色白，将军百战破竹势。

◎ 正 青

银丝透顶翅青金，青项蓝绒铺满丁。肉似鹅翎牙似玉，六足如霜洒靛青。真青颜色泛无二，出俗超凡独冠群。纵使平肩头足短，虽非王子亦将军。

◎ 紫 青（明安）

琥珀头尖项紫青[1]，翅如苏叶肉还青[2]。

天生一对红牙紫，任君百战百场赢。

【注 释】

(1)琥珀头：琥珀为松柏树脂的化石，色红褐或黄褐。这里是指蟋蟀的头色如琥珀。(2)苏叶：紫苏是一种植物，其叶紫色，可作中药。此处以苏叶喻蟋蟀翅色。

◎ 又

若遇斗线白当头，雪白飞花斗不止[1]。

紫青青紫看分明，紫青变者螟蛉子[2]。

【注 释】

(1)这句是说到了雪花飞舞的冬天，这种蟋蟀仍可以战斗。(2)此句请参看本书“五色变虫”的内容。

◎ 又

琥珀头圆项紫青，翅如苏叶好追寻[1]。

天生一副牙红紫，交锋管取白黄金[2]。

【注 释】

(1)追寻：寻找。(2)白黄金：指银钱。黄金是指金子，白金是指银子。

◎ 又

紫头青项背如龟，青不青兮紫不绯[1]。

仔细看来茄子色[2]，更兼腿大最为奇。

【注释】

(1)此句意为说青不青，说紫不紫。绯，红色。(2)茄子色：像茄子那样的紫色。

◎ 紫青

紫头青项乌金翅，六足如霜肉色紫。

若配红牙勇无比，霜降之前谁敢敌。

◎ 黑青（明印）

黑青翅黑黑如漆，仔细看来无别色[1]。

更兼牙肉白如银[2]，名号将军为第一。

【注释】

(1)无别色：指上句说的双翅漆黑，没有一点杂色。(2)牙肉：双牙与肉身。这一句说双牙和肉身都应该是白的。

◎ 又

乌青看来似锭墨[1]，腿脚斑狸肉带黑[2]。

钳若细长似血红，合战交锋不费力。

此虫黑头黑项黑翅，或黑项发白毛者有之。顶上细线透顶，白肉白牙，位在真青之次，即遇紫黄，未知鹿死谁手[3]。

【注释】

(1)锭墨：古代书写用的墨是长条形的固体，每一块称作“一锭”。(2)斑狸：指白色中有黑色或灰色的斑点。狸，一种小兽，身上有斑纹。(3)鹿死谁手：鹿本是指帝位。喻共争帝位，不知谁属。典出《晋书》：“……当并驱中原，未知鹿死谁手。”后来泛指在竞争中胜利谁属。

◎ 又

黑青出土犹同墨，顶贯银丝头隐漆。

日后生雾翅乌金，配得银牙建帅旗。

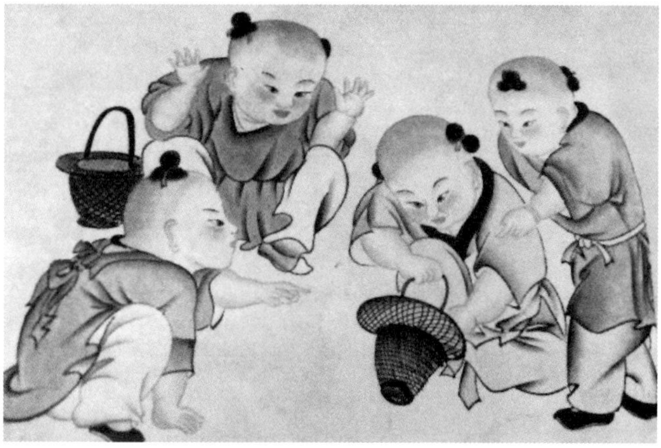

清项文彦《童子捉蟋蟀图》

◎ 淡 青（明声）

淡青生来牙要红，头麻项阔翅玲珑[1]。

更须肉腿如银白，胜尽秋虫独奏功。

【注 释】

(1)玲珑：美好貌。指蟋蟀的双翅形色搭配得当。

◎ 又

满头透露白麻纹[1]，两翅如琴淡青青[2]。牙齿水红蓝靛项，深秋战斗有精神。淡青颜色，不识者多。养到深秋，方知其勇。

【注 释】

(1)透露：露出，显示。(2)如琴：指双翅的形状像琴一样上窄下宽。

◎ 又

淡青金翅色如黄，到手还须细端详。

项配紫绒足斑赤，何妨一日斗三场。

◎ 黄光淡青

金光白蜡满身罩，青色淡虫黄光美。

斗敌到底全力赴，红牙配就立盆底。

◎ 虾 青（明白）

青头青项翅如金，肉腿生来白似银。牙若细长苏木色，此虫入手不当轻[1]。虾青者，如虾之青色。必须淡青头，淡青毛项，翅如虾壳[2]，牙红身长背翘者[3]，方真虾青也。

【注 释】

(1)不当轻：不该轻视。指此种虫非同一般。(2)虾壳：虾的表皮。(3)背翘：后背弓起。

◎ 虾青色

有等名为虾壳青[1]，比似青来翅不金[2]。

不问牙钳白不白，须看项上带毛丁。

【注 释】

(1)有等：有一种。(2)这一句是说与青虫比起来很相似，但双翅却不是金黄色。

◎ 又

麻头青项翅青金，肉腿银装龟背形[1]。钳更细长苏木色，此虫名号是虾青。此虫形如龟背，色不宜红，头要金丝透顶，腿脚圆长者为妙。

【注 释】

(1)肉腿银装：肉身和腿都是银白色。装，装扮。龟背形：指蟋蟀的后背弓起如龟。

◎ 又

麻头青项翅青金，肉腿银装龟背形。透顶金丝长腿足，牙钳苏木是虾青。唯有此虫红不得[1]，若红谱入熟虾经[2]。半闲堂论将军字，论熟虾青别有铭[3]。

【注 释】

(1)红不得：意即这种虫不应该是红色。(2)熟虾经：指下文“熟虾青”的歌诀。(3)铭：本义是铭文，这里仍是指有关“熟虾青”的歌诀。

◎ 虾 青（明白）

麻头青项翅如金，肉腿生来白似银。

钳更细长苏木色，此虫名号是虾青。

◎ 又

龟背虾脊不宜红，腿脚俱长斗不慵。

色黑貌凡非物类，金丝透顶绝伦虫。

◎ 虾青形

龟背虾青不宜红，腿脚俱长斗不慵(1)。

色黑貌凡非物类(2)，金丝透顶绝伦身(3)。

【注 释】

(1)斗不慵：战斗起来不知疲倦，意指很善战。(2)这句说的是若是体色为黑的话，就不属于这一种了。物类，意指这一类。(3)绝伦身：云此虫战斗力无可比拟。

◎ 生虾青

麻头青项翅如金，肉腿生来白雪形(1)。

钳要细长苏木色，此蛩名号是虾青。

【注 释】

(1)白雪形：像白雪一样，雪白。形，这里是指色泽而非形状。

◎ 又

龟背虾青不宜红，腿脚俱长斗性浓。

头上金丝齐透顶，谁道似虾竟是龙(1)。

【注释】

(1)最后一句云，表面看来像虾，谁想斗起来竟像巨龙一样威力无比。

◎ 又

有蛩名号是虾青，亦取银翅似明星。

休论白牙并黑嘴，最宜项上有毛丁。

◎ 河虾青

生虾非谓象其形，肉似青虾得其名。

配得银牙干且亮，登坛应拜上将军。

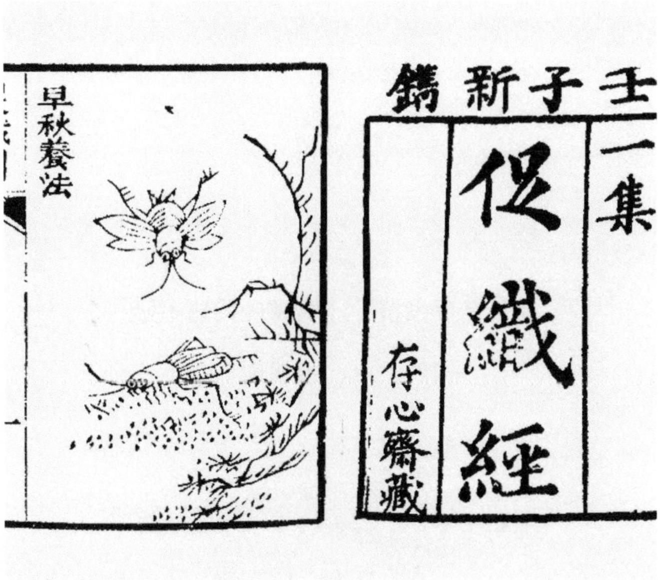

存心斋藏板《促织经》

◎ 熟虾青

水红尾兮水红衣[1]，壮肚阔腰模样奇。

浑身不见有斑点，傍人误认熟虾儿。

【注释】

(1)水红：红中有白，或谓淡红。

◎ 又

熟虾青虫微红色，人间传扬尽说白。青蛩白虫人难辨，安知此物何颜色。

熟虾美色实堪夸，两翅似银品最佳。红雾满身人莫误，奇娇妒杀海棠花。

◎ 蟹青（音明）

俗号虫名湖蟹青[1]，腿脚斑黄翅似金。未看青头并紫脑，须教项上有毛丁[2]。

头如蟹壳青色，细白丝透顶，项毛燥肉青长毛，身背横阔，腿腕上如血红，大红牙者是也。凡黑青、淡青、紫青、虾蟹青数种，唯让真青三舍[3]。其余皆并驾齐驱，非有老嫩大小之别，即斗而致死，亦难为胜败。识之[4]！

【注释】

(1)湖蟹：蟹的一种，生长在淡水里，亦称河蟹，与海蟹相对而言，体色有一定差别。(2)须教：应该，必须。(3)让真青三舍：俗云让它三分。三舍，一舍为三十里，三舍九十里。语出《左传》："晋楚治兵，遇于中原，其辟君三舍。"(4)识之：犹云记住。

◎ 又

此虫名称湖蟹青，腿脚斑黄翅不金[1]。

不看牙钳红与白，须观项上有毛丁。

【注释】

(1)翅不金：上一歌诀中为"翅似金"，而此处却为"翅不金"，要求完全相反。究竟是要求不同，还是虫长得不一样？吾不得而知焉。

◎ 又

湖蟹青虫翅不金，真相头如蟹壳青。细直丝明要透顶，斑长腿脚气多灵[1]。不看牙钳红与白，须观项上有毛丁。项宽背厚身腰大，腿腕朱砂点点星。养到秋分颜不改[2]，世间珍宝蟹青形。

【注释】

(1)这句是说腿脚要修长秀美且有灵气。(2)颜不改：指体色没有变化。

◎ 生蟹青

此虫名号河蟹青，亦取银翅似明星。

休论白牙与黑齿，最宜项上有毛丁。

◎ 河蟹青

蟹青出土翅如金，时到秋分渐显青。

纵使诸般生得好，惜乎难于斗冬令。

◎ 鸦 青

首尾分明黑漆光，白银腿脚皂衣裳[1]。

肚皮六足犹如玉，相闻英雄胜虎狼[2]。

【注 释】

(1)皂衣裳：黑色的双翅。(2)相闻：相传，听说。

◎ 鸦 青

鸦青品格不寻常，武相文行勇内藏。

配得银牙成栋梁，红牙逆合占全强。

◎ 白 青

白青色艳宛如花[1]，红白牙钳并可夸。

只要腿长青项阔，深秋健斗永无差[2]。

【注 释】

(1)宛如：好像。(2)无差：不差，很好。

◎ 又

白青出土焦枯色，脑盖犹如蓝宝石。

寒露来时白雾升，若配红牙为第一。

◎ 老白青

黄麻头样白青形，老白青名传苏杭。不见头麻唯迥别，色非纯白泛微黄。项须腿翅皆敦厚，遍体黄浮浓少光。生就血齿足震敌，钳白体阔更强良。

◎ 又

头不见麻唯迥别[(1)]，色非纯黄带微黄。项须翅腿皆敦厚[(2)]，遍体黄浮浓少光[(3)]。

一对红牙能健敌，牙白体阔品方良。黄麻头样白青行，老白青名传古杭[(4)]。

此与黄麻头白青连类而及者也，然其间迥别，头不必有麻路。但其色非纯白，系带黄色，浓厚而不甚光，项翅腿脚亦微有黄光。红牙为妙，其白牙必得阔厚而长者方妙。

【注 释】

(1)迥别：完全不同。(2)敦厚：这里是指厚实。(3)浓少光：指色泽浓厚而并不明亮。(4)古杭：古代的杭州。

◎ 草色青

草色虫来人少识，直到深秋不变色。

若生一对紫花钳，斗胜场上众促织。

◎ 草色白青

草色白青人难识，非紫非黄又非赤。

红牙紫钳为上品，变到成功老竹叶。

◎ 黄头白青

青中黄头易分清，银白斗丝中央显。

干老红牙配得全，久战沙场是上品。

◎ 乌背老白青

乌背白头显分明，力逾千斤气势足。

非比寻常老白青，五关斩将显神英。

黑头黑脸，白色脑盖，银白扁斗丝直贯顶中。双翅乌黑发亮，肉色青灰，腿足雪白如霜，以配老黄钳为佳，红牙稍次之。

◎ 白牙青

青头毛项翅如银，六足生来总出群。

粉壁牙钳肉似玉[(1)]，是蛩名号大将军[(2)]。

【注释】

(1)粉壁：白色的墙壁。这里是指白色。肉似玉：意指肉身是玉白色。(2)是蛩：这只蟋蟀。是，这个，这种。

◎ 又

紫头银线项青毛，银牙白脚绝伦高[(1)]。

可奈秋风消索处[(2)]，自然勇力不相饶。

【注释】

(1)绝伦高：高强无比。高是指本领高强，不是指身体高大。(2)可奈：无奈。消索：即“萧索”。此句云当秋风萧索的时候。处，是指时间，不是指地点。

◎ 重青白牙

粉底皂靴名位高，雪足无斑色分明。龙行虎步神威势，配得白牙成王行。

体色浓黑，黑头黑面黑脑盖，厚实蓝项，翅似黑炭而泛蓝光。银白斗丝细直透顶。白肉白足白牙钳。浑身黑白分明，实为上将之才，深秋无有对手。

◎ 葡萄青

头像葡萄项闪青[1]，身材阔厚腹如晶[2]。

绉纹薄翅琉璃尾[3]，上册交锋阵阵赢。

【注释】

(1)这句是说头是紫葡萄色，而项部则是青色。(2)腹如晶：腹肉像水晶一样晶莹剔透。(3)绉纹：指翅上的翅脉凸起。琉璃尾：尾须像玻璃一样透明，即常说的“玉尾”。

◎ 又

黑青背上紫红帽[1]，仔细看来荸桃色[2]。

牙红正好斗输赢，汛炮一声虎添翼[3]。

【注释】

(1)紫红帽：意指头是紫红色。(2)荸桃：即葡萄，这里指紫色。(3)汛炮：应为“信炮”或“讯炮”，古代战斗打响的信号。这里指每年斗蟋蟀的季节来到的时候。

◎ 葡萄青

葡萄头似紫葡萄，翅色银白品质高。配得白牙为上色，红牙也是将中豪。

出土时有淡金翅和黑金翅两种，秋分后淡金翅渐变为白金翅，黑金翅则变金翅。肉色有青白之分。头紫如葡萄是其特征，青项银丝。紫、红色头路易得，唯银路难得。以配白牙为上，红牙次之。

◎ 井泥青

青色深沉似井泥[1]，圆头毛项不轻欺[2]。

长牙腹腿如银白，直到深秋战胜奇。

【注释】

(1)井泥：井底之泥，黑色。(2)不轻欺：不要轻易地欺负。意指这种蟋蟀很厉害。

◎ 又

翅色昏沉似井泥，生来行动实痴迷。宜配红牙银亦佳，斗胜场中始称奇。

出土时为古铜翅色，后升黄雾，翅色暗淡无光。头盖似黄，银丝透顶。肉青白色或青灰色，腿足玉色，行动迟缓。配红牙白牙俱佳。

清代街头的斗蟋蟀

◎ 油 青

青中之有油青，亦如黄中之有油黄，此皆青黄中之间色也。然生相必须入格而带油者[(1)]，方能善斗。其最勇者曰油青麻，但必须红紫牙。油色不褪，亦能结冬。

【注 释】

(1)带油：指体表有一层油腻之色，油光滑亮。

◎ 又

青中之有油青，犹五色之均有油也。此皆虫之间色，即虫之精气所得乎天，油之称从俗而言之矣[(1)]。然生相为主，必须入格，带油者方能善斗。其最勇者红麻青，必须红紫牙。凡虫有麻头布于额上，轻重鲜明，则知虫之灵便[(2)]，亦如人之聪敏伶利耳。油色不退，且能结久。畜虫家其识之。

【注 释】

(1)这句是说，这是根据民间习俗才这样称呼它的。(2)灵便：犹云机灵，动作敏捷。

◎ 又

油青本是将军种[(1)]，腿足长圆红紫牙。若得三秋油色润，相争直到雪飞花。此外这般生相者，油中也见几青麻[(2)]。

【注释】

(1)将军种：意为能战斗的将军之才。(2)这一句的意思是说，在青麻头中也常见带油色之虫。

◎ 青麻头（箔哑）

头麻青项毛丁长，翅绉肉白始为良。

仍生一副牙红紫，三秋得胜喜非常。

◎ 青麻增释

凡青麻，额或一线[1]，皆喜红牙，身阔厚不出节者为上[2]。白牙粗线身狭长者，急弃之。

【注释】

(1)一线：指额只有一条横纹，谓之线额。(2)不出节：指腹节不拖，也即没有拖肚的毛病。

◎ 又

麻头青项有毛丁，翅绉肉白腿脚长。

更生一副牙齿黑，三秋得胜喜非常。

◎ 又

掺青皱翅紫麻头[1]，肚白身肥牙似钩[2]。

毛项花牙长腿脚，眯鸡生相斗三秋[3]。

【注释】

(1)掺青皱翅：翅上有皱且发青色。(2)牙似钩：牙尖向里弯曲如钩。(3)眯鸡：一种水鸟，体形较小，常浮于水面，见人则潜入水底。

◎ 真青麻头

线项麻头纹理明[1]，蜻蜓头翅顶浑青[2]。

侧生身分高而厚[3]，斗着交锋速便赢。

【注 释】

(1)线项：前面提到“额或一线”，所以此处线项该为“线额”之误；下面歌诀中正说的是“线额”，可证。(2)翅顶浑青：翅的顶都布满青色。浑，全，满。(3)侧生：指蟋蟀身体的侧面。此云体侧长得很厚实。

◎ 又

麻头青项毛丁满，翅绉肉白腿脚长。

一付牙钳如漆黑，三秋赢遍岂寻常。

◎ 又

线额青麻透顶明，蜻蜓翅翼项青轻[1]。

牙钳似玉身高厚，腿上无瑕斗必赢[2]。

【注 释】

(1)翅翼：即双翅。青轻：青色而轻淡。(2)无瑕：没有毛病。

◎ 又

麻头青项毛丁雄，银丝直亮青砂蒙[1]。翅皱肉白额丰隆[2]，日中照之色微红。

腿圆足长五体充[3]，黑牙一对猛如熊。敌遍三秋到残冬，牵牛所变之蛩虫[4]。

【注 释】

(1)直亮：细直明亮。青砂蒙，青色的毛砂笼罩。(2)丰隆：丰满且凸起。(3)五体充：指蟋蟀身体的各部分发育充分。(4)参见“五色变虫”内容。

◎ 青 麻

青头青项青金翅，白色麻头透细丝。若配紫钳干又亮，百场争斗显英姿。

头项翅皆青，白麻路细直透顶，肉色纯白。宜配红牙，若得紫钳干燥发亮，更是将军之才。

◎ 柏叶青麻

玉色头皮如隐漆，麻路开花如柏叶。青金淡翅变银装，金背青麻非易得。

脑盖深青如漆，头皮玉色近白，头路开花，分枝形如柏叶，俗称柏叶青麻。出土时淡青金翅，后变为白金翅。斗时不畏强良，锐不可挡，为不可多得之虫。

正在街头选购的蟋蟀迷

◎ 黑青麻头

黑青麻头像珍珠，虫黑牙白难得见。力猛口重长力足，霜降以后显威风。

出土时头如黑珍珠，银白斗丝细直贯顶，斗丝所在枝生杈出，布满麻路。黑脸银牙，翅色如金棕色，寒露后升白雾，翅变白银。霜降后自头至尾变成墨黑青翅，唯足皆白，亦属上佳珍品。白牙为上等，红牙次之。

◎ 青沙麻

异虫有等唤青沙，麻路通天一口牙。若还收过当调养，场上交锋自显他。此虫遍身青沙麻，腿脚干净，斗无不胜也。

◎ 青金翅（声明）

麻头青项翅如金，肉腿如同银打成[1]。

牙若更加如血色，胜尽诸人匣内金[2]。

【注释】

(1)银打成：本义是用银子锻造而成。打，锻造金银器曰打。这里是指蟋蟀的肉身和腿足皆为银白色。(2)匣内金：匣指钱匣，装钱的盒子。此句意为把别人身上的钱都赢过来。

◎ 又

麻头青项翅如金，肉腿浑同白鹤翎[1]。

更喜牙钳黑似墨，定教册上夺魁星[2]。

【注释】

(1)白鹤翎：白鹤的羽毛。(2)册上：即斗场上。册，同“栅”，即斗栅。魁星：冠军。

◎ 又

青项麻头翅必金，肉腿如同银样珍。

牙若更加如黑漆，赢尽诸人匣内银。

◎ 又

凡青项蓝翅之虫，宜麻头白纹，牙红或白色，肚皮腿俱白方妙。

◎ 又

麻头青项翅如金，肉腿看来洁似银。一对黑牙暗如漆，还求足白是奇珍。将军赫赫名垂久，也是沙场百战身。

◎ 青大头

额如狮子势赫赫[1]，斗线银丝透顶直。青毛阔项带沙奇，青雾笼松净如拭[2]。腿足圆长斑白匀，翅皱金青拔山力[3]。肤细如玉腻如脂[4]，格奇肉似青莲色[5]。纯白墨花牙二样，红花牙与钳同墨。白花镶钳大厚长，列为上将皆雄特[6]。青大头名久播扬[7]，三秋四野无消息[8]。传闻所变是桑虫[9]，曾向桑田觅之得[10]。

【注 释】

(1)此句云蟋蟀头额像狮子头一样圆大高隆。势赫赫，声势显赫，威风凛凛。(2)青雾：指青色毛丁浓重如雾。笼松：朦胧。拭：擦。(3)拔山力：喻指力量很大。《史记·项羽本纪》记项羽诗云：“力拔山兮气盖世，时不利兮骓不逝。”拔山，举山。(4)腻如脂：细腻光滑得就像脂粉一样。腻，滑腻。(5)格奇：这里是指蟋蟀长相奇特。格，本义是规格、标准。(6)上将：上等的将才。雄特：雄壮而杰出。(7)播扬：传播，名扬。(8)这句是说由于此虫声名显赫，结果使其他虫都不敢与之对阵。(9)参见“五色变虫”内容。(10)桑田：种植桑树的地。因上句说此虫是桑虫所变，所以这句便说要到栽种桑树的地里才能捕到。

◎ 青尖头

长头身要厚，腿脚长而昂[1]。乌爪与白钳，血牙力更强。阔项照青雾[2]，黑镶白钳长。红花钳亦妙，肉白性更刚。此是蜘蛛变[3]，玲珑奔走良。

【注 释】

(1)昂：高耸有力。(2)照：应作“罩”，笼罩。这句说项上要青砂笼罩。(3)参见“五色变虫”内容。

◎ 砂 青

大头阔项银丝额，项翅青砂罩雾同。长腿脚圆高厚背，红牙赤爪气豪雄[1]。交锋只要连三口，所变砂青杨甲虫[2]。

【注 释】

(1)气豪雄：气势豪迈而雄壮。(2)参见“五色变虫”内容。

◎ 琥珀头青

额如琥珀势强雄，斗线麻头明顶中[1]。项翅皆青毛与皱[2]，遍身光带紫微红。圆长腿脚青兼白，爪赤须茜尾似龙[3]。大白长牙红二妙，青中出色有斯虫[4]。

【注 释】

(1)明顶中：意为（斗线麻头）在项中显得十分明亮。(2)此句意为项为青色而有毛丁，翅为青色且有绉纹。(3)须茜：头须是红色的。茜指茜草，根紫赤色，可作大红染料，所以常作红色的代名词。(4)斯虫：这个虫，或这种虫。斯，这。

◎ 琥珀头青

头如琥珀势刚强，麻头青项皱翅良。遍体紫色泛血光，圆长腿足点青斑。大白长牙红亦好，赤爪粗须尾尖长。谱中将才留神位，青门有虫称栋梁。

琥珀头色，白麻路，白色头丝细直贯顶。青项，上面布满朱砂红斑。青金翅，浮现红光。粗头须，细长尾，爪花泛红。腿足色如霜染，且有点点青斑。鸣声洪大。配以白牙或红牙，皆可成将。

◎ 深青色

颜色深沉似污泥，紫头青项尽相宜。

齿长腹肚兼华白(1)，斗到秋深花带归(2)。

【注 释】

(1)华白：环绕在日月周围的光晕。李白诗："黄鹤楼前月华白，上中忽见峨嵋客。"这里是指白色。(2)花带归：指斗胜。花，指斗蟋蟀赢来的钱。详见本书有关"斗法"的内容。

◎ 灰青色

颜色深沉不好看，灰头灰项不新鲜。

只因翅皱长牙齿，斗相凶顽必抢前。

◎ 又

灰青色里显青金，项饱头圆乃得真(1)。

更若腿长牙红白，秋场得彩不须论(2)。

【注释】

(1)项饱：脖项饱满。(2)得彩：得胜。彩，指赌斗的彩金。不须论：不必说，不必怀疑。

◎ 灰青

灰青色如纸钱灰，顶气似珠头隐漆。花色牙儿皆可留，紫钳生就实难欺。

体色如同烧过的锡纸，灰青色项圈，银白色斗丝，额上泛金光，肉、足均为白色，银灰色翅翼，大多配以紫花或绛香牙钳；如果是紫牙，更是不可多得的将才。

◎ 黄麻头白青

今所谓黄麻头白青，皆系不着青黄之蛩也[1]。其曰麻头，凡头无麻路，一误；或青而少白，或白而少青，二误。其头色间有浓淡，务须明亮莹净[2]，麻路细布，项翅不浑浊。红花牙为上，红牙次之。

【注释】

(1)不着：即俗云不沾边。这两句的意思是说，现在所说的黄麻头白青，实际上都是跟青色和黄色不沾边的蟋蟀。(2)务须：一定要，务必要。

◎ 白头青背

此与真五色不相上下，但要头白如霜，斗丝麻路至细如银[1]，翅青而有金光或白光，或光如淡竹叶花色更妙。牙红白均取。其项必须真青，而毛无一点杂色。即淡青色，亦必要纯一不杂[2]。倘白花项者不真。

【注释】

(1)至细：极细。(2)纯一：纯粹单一。

◎ 又

头白青虫白似霜，斗丝麻路细银长。牙钳红白均堪取[1]，青翅金光与白光。淡竹叶含青翅色，白头青背最刚强。白花项颈非真品，项要真青无杂装[2]。腿脚浑长肉似雪，爪尖须尾血花藏[3]。临阵相交来将走[4]，几番咬死在当场。防他回马锋芒猛[5]，不负人呼王彦章[6]。

【注 释】

(1)均堪取：都值得选取，都应该要。(2)杂装：杂色。(3)这一句是说爪尖、头须和尾须都是红色的。血花，红花。(4)来将走：指敌虫见面即走，不敢应战。(5)回马：指回马枪。(6)王彦章：人名。本为五代梁招讨使，勇武绝伦，所使铁枪重百斤，军中号称“王铁枪”。这里是以王彦章之勇喻蟋蟀。

◎ 白头青背

白虫青项头如霜，麻路银丝现顶中。翅泛白光明且净，牙色红白两称雄。更有额顶能带线，须尾腿足爪尖红。青靛项无花浅相，任他枭将立奇功。

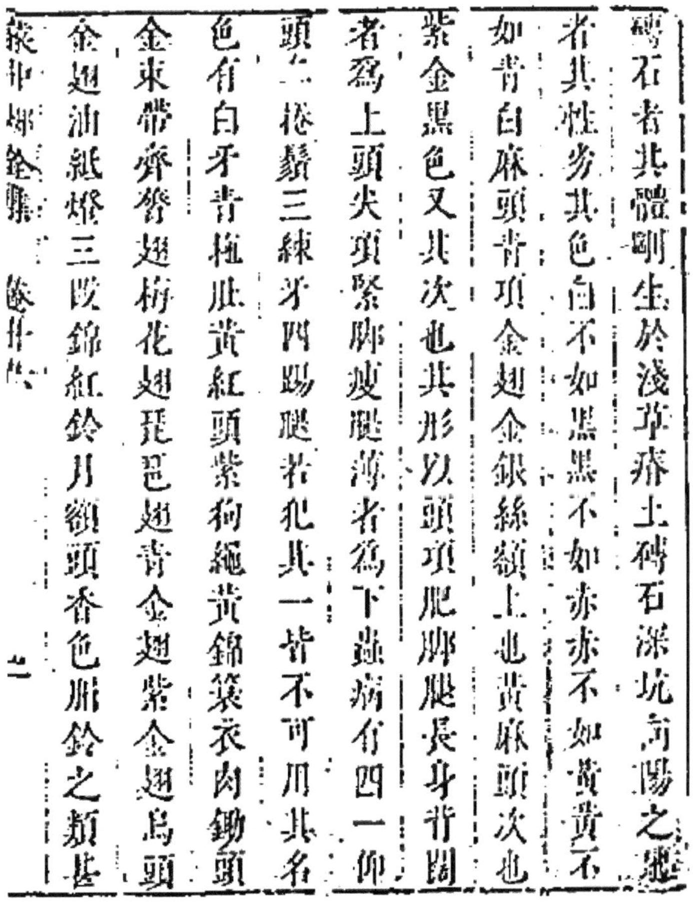
磚石者其體剛生於淺草瘠土磚石深坑向陽之處
者其性劣其色白不如黑黑不如赤赤不如黃黃不
如青白麻頭青項金翅金銀絲額上也黃麻頭次也
紫金黑色又其次也其形以頭項肥腳腿長身背闊
者為上頭尖項緊腳瘦腿薄者為下蟲病有四一仰
頭二捲鬚三練牙四踢腿若犯其一皆不可用其名
色有白牙青拖肚黃紅頭紫狗繩黃錦簑衣肉鋤頭
金束帶齊膂翅梅花翅琵琶翅青金翅紫金翅烏頭
金翅油紙燈三段錦紅鈴月額頭香色肭鈴之類甚
袁中郎全集

《袁中郎全集》所记选蟋蟀

二、黄色类

黄色蟋蟀比较少见，但历来古谱对黄虫的记载有很多，所以有人说可能古代黄虫较多，而现在则不多见了。按照一般的理解，此说似乎不可能，因为自然界的蟋蟀生活在相同的环境里，不会青虫越来越多，而黄虫越来越少。即使依据生物的进化规律来看，似乎世间也不存在制约黄虫繁殖的因素。那么真正的原因在哪里呢？为什么我们感觉黄虫太少呢？有人认为与对虫色鉴定的标准古今有别有关。比如有人说，鉴定是否黄色虫要以斗丝为凭，要按照古谱上“黄虫要黄线乌牙，遍体如金”的标准，完全先符合者方为真正黄虫。但即使按照这种说法去鉴定，我们仍然感到黄虫确实不多见。应该说，即使在古代黄虫亦不是太多，正因为它比较少见，又有不同寻常的斗性，所以受到古今玩家的偏爱，虫谱上对它也格外垂青。而事实上，黄虫不论在古代还是现代，都为数不多，远远少于青虫，也少于紫虫。

按照古谱的说法，黄虫的标准甚为严格，应是全身金黄，甚至要找开盆盖后，似有一道金光射出，金色灿烂，方为真黄。若只是身体的某一部分为黄色，则不属真黄。比如只有头是黄色，而背是青色，就是老白青，而不是黄虫。黄虫中以紫黄和黑黄两种最为善斗，前人认为紫黄得五行之气，谓之足色，十分罕见，可无敌于天下。黄虫配乌牙最妙，红白牙亦佳。黄虫被大部分玩家视为热虫，早秋即斗。其实黄虫中也有冷虫，不可一概而论。如数年不一见的黑黄，就属冷虫，在等到白露后方可登场，越至深秋，斗性越猛，早则伤虫。

◎ 黄色总诀

真黄遍体皆黄，名乌牙黄。其项非桃皮，则朱砂火盆底，有赤丁疙瘩肉方是[1]。更有黄沙丛丛，尾长细如铁线样，鸣时声哑，翅如金箔，两翼玲珑，牙黑弯尖尤妙。若红黄则有腿肉白之分，紫黄则重在头似樱珠之别。至项似金之说，吾闻其语，未见其蛩，大都不离乎桃皮朱砂者近是。

【注 释】

(1)疙瘩肉：指项上高低不平，揣其意仍应指项上的毛砂。

◎ 黄

黄色最难区别，开盆自有一道金光，方可调真黄。今所谓黄头青背者，大率皆属老白青而已。有淡黄色似白者为沙黄，出于武林巴子门外者为真[1]，余非沙地及他处所出[2]，不能擅其美也。最难得者曰紫黄，或紫重而黄轻，或黄重而紫轻，非素畜养不能辨也。又黑黄数年一见，此皆冷蛩，愈至深秋健斗，性亦猛烈倍常，然俱似热色。此非热色，总而名之曰烂黄，似浥烂之状[3]，大概取其油滑润泽之意，倘其色枯槁则退时矣。所以油黄为最勇，正乘其油滑润泽之候也。如一干枯，即非初时之勇猛矣。

【注释】

(1)武林：杭州的古称。(2)沙地：指沙性土壤。(3)浥烂：浥，湿润。

◎ 黄色

真黄、油黄、砂黄、黑黄、大头黄、紫黄、白黄、红黄、青黄、淡黄、狗蝇黄、黄麻头、淡色紫黄、麻皮黄、苏叶黄、麦秸黄、香橼黄、金匾方，并有浑身如雄黄者。诸色尚易得，紫黄难得。紫黄谓之足色，如能带滑尤佳。此真得五行之正气，超乎各色之品也，千万中难一遇之，可无敌于天下也。

◎ 淡黄增释

始见红黄者，头似珊瑚，非红乎？今曰琥珀，亦红紫流矣。腿脚浑长，如玉色，非白乎？今淡黄生来腿肉白者，又相似矣。则又何必分为红黄、淡黄耶？予不敢削去者，恐前贤误刊尔，白之以俟订正云[1]。

【注释】

(1)白：辩白，说明。俟：等待。

◎ 黄者增释

夫真黄者，遍身俱黄者是也。红黄则有腿肉白之分。紫黄则重在头，若樱珠之别也。至于项似金之说，则自有生以来，不见金黄之项。此殆传之者谬也[1]。但经黄色之项，必以桃皮朱砂之类为是。

【注释】

(1)传之者谬：指这种传说是错误的。

◎ 黄色

黄头青项三金色，两脚银丝腿夸长。再要一副乌牙齿，若至深秋好收藏[1]。

此虫须听叫时声哑，并两翅如银箔者，再兼体透玲珑。此虫不拘大小，收至深秋，定然可脱也[2]。

【注释】

(1)好收藏：指好好地看护，最后必能取胜。(2)可脱："可脱"一词下文还有多处，皆出自清奎章阁刊本《蟋蟀谱》，文义难通，疑为"可托"之误。可托即可以指望它取胜。

◎ 又

凡黄色虫，斗热不斗凉[1]，性燥故也[2]。若黄翅或红牙、黑牙、紫头、紫项最勇，不是热虫。

【注释】

(1)斗热不斗凉：指早秋时能斗，而晚秋时则不能斗矣。(2)性燥：习性喜热。

◎ 黄

双翅黄金润不油[1]，墨牙朱项紫麻头。秋前斗到寒风起，不用人生半点忧[2]。

凡黄色虫，斗热不斗凉，性燥故也。若黄翅，或红牙，或黑牙，紫头紫项，此虫最勇，不可与热虫一概而论。

【注释】

(1)润不油：润泽而不油滑。(2)此云不需主人费心，定然能够取胜。

◎ 真黄上将

天生金色遍身黄，肉腿如同金箔装。

黄头配有乌牙齿，败尽诸虫不抵当[1]。

【注释】

(1)败尽：斗尽。败，使敌人败。实际上的意思是胜尽敌人。不抵当：敌人难以抵挡。

◎ 真黄增释

此虫鸣声哑撒[1]，翅如金箔，或玲珑焉。项非桃皮，则朱砂火盆底，有赤丁疙瘩。肉黄矣，更有黄毛丛丛焉。尾长矣，粗如铁线，上亦有鳞鳞长毛者[2]，方真黄也。

【注释】

(1)哑撒：沙哑。(2)鳞鳞：众多貌，犹如丛丛。

◎ 又解

此虫身黄，鸣时声哑，翅如金箔黄色，两翅玲珑，牙黑弯尖，此样生来是也。

◎ 真黄

头如真蜜蜡[1]，项似细青毡[2]。翼翅紫金艳，肌肤甘草鲜[3]。浑身黄雾罩，两腿白毫妍[4]。须尾形同箭[5]，牙钳黑如铅。高方阔厚大，声哑脚长尖。伏气地蚕化[6]，精灵感二天[7]。

【注释】

(1)蜜蜡：由蜂蜜中炼出的蜡，色黄，俗云“蜡黄”者，即指此。(2)青毡：青色的毛毡。这里是指青色的毛砂。(3)甘草鲜：甘草亦为黄色。(4)白毫：白毛。妍：美艳。(5)此句喻蟋蟀的头须尾须尖锐有力。(6)伏气：生长在吉地。气，指吉利之地。详见前文有关注。此句参见“五色变虫”内容。(7)二天：感恩的代名词。典出《后汉书》，东汉冀州刺史苏章巡视部属时，特别宴请了清河太守，太守十分感激，云：“人皆有一天，我独有二天。”

范曾 《三童斗蟋蟀图》

◎ 真黄

真黄出土似黄金，铁面乌牙位最尊。

若生紫钳红白齿，纵非王子亦将军。

◎ 红黄（明令）

头似珊瑚项斑红[(1)]，翅如金箔肉相同。

腿脚浑长如玉色，英雄端不让诸虫[(2)]。

【注释】

(1)珊瑚：海中腔肠动物，骨骼相连，形如树枝，故又称珊瑚树。常见珊瑚为白色，亦有红色者。(2)端：端的。宋元时小说中常有此词，意为确实，到底，毕竟。

◎ 又

天生腿脚白兼长，头似珊瑚肉带黄。

项有红斑金色翅，当年珍重半闲堂[(1)]。

【注释】

(1)此句意为，这种蟋蟀当年为半闲堂的主人贾似道所珍爱。

◎ 红黄

红黄出土似真红，六足朱斑迥不同。

项若朱砂金斗丝，方信将军是黄虫。

◎ 紫黄

头如樱珠项似金[(1)]，肉脚如同金裹成。

红黑两牙弯若剪，诸虫着口便昏沉[(2)]。

【注释】

(1)樱珠：樱桃而小者。宋陆佃《埤雅》：“其颗大者或为弹丸，小者如珠玑，南人语其小者谓之樱珠。”(2)最后一句是说其他蟋蟀被其咬着，必然昏沉至死。

◎ 又

头似樱珠项似金，浑身蜜蜡自生成。牙钳不问何颜色，咬杀诸虫最有名。

此虫樱珠头，红黄项，紫黄翅，遍身油滑，小脚铁色，两腿起黑斑，腕上有血点者，最为难得。其红头黄项黄金翅者，间或有之。

◎ 又

头似樱珠项似金，姜黄腿脚更超伦(1)。钳须红黑唯嫌白，勇怯还须在此论(2)。紫头朱项背如龟，青不青兮绯不绯。仔细看来黄带紫，这般颜色定雄飞(3)。

【注释】

(1)姜黄：像生姜一样的黄色。超伦：超群。(2)此句是说是勇敢还是怯弱，还要根据这一点来判断。(3)雄飞：指奋发猛进。语出《后汉书》：“大丈夫当雄飞，安能雌伏。”

◎ 又

变幻将军色不同(1)，金黄五体造神工(2)。银丝麻路黄金额，阔项青毛砂里松。腿足壮长身背厚，爪须猩赤立奇功(3)。雪花飘候精神健(4)，翅皱双金钳血红(5)。记取紫黄寒愈狠(6)，生前色相是蜈蚣(7)。

【注释】

(1)变幻将军：指这种蟋蟀的体色有多种变化。(2)造神工：谓大自然造的神奇，不可思议。(3)猩赤：血红色。(4)雪花飘候：当雪花飘舞的时候。(5)双金：指双翅金黄。(6)寒愈狠：意为天越冷此虫越能斗。(7)参见“五色变虫”内容。

◎ 紫 黄

紫黄出土具五色，难逢难遇非易得。

诸虫一见尽销魂，不必拘泥问品格。

◎ 又

紫黄出土具五色，金翅蓝项头爪赤。紫肉白足黑色脸，诸虫销魂怎敢敌。他日头如樱珠红，百载难逢非易得。

◎ 深 黄（明哑）

黄者生来金箔装，腿脚斑黄腰浑长。

若生一付乌牙齿，三秋饶大莫商量。

◎ 又

深黄好似藏金装，腿脚斑黄腰浑长。

一副乌牙岂易得，三秋饶大又何妨。

◎ 淡 黄（泊明）

淡黄生来腿肉白，项紫牙红头琥珀。

初秋斗间最痴迷，末后逢强绝口敌。

◎ 淡黄生增注

黄头黄线项微红，两翅玲珑亦带金。腿肉不毛稍似蜜[(1)]，红牙如剪淡黄生[(2)]。余幼时曾获此虫，自早秋得胜至九月中，胜一十七间[(3)]，败于真青之手。

【注 释】

(1)不毛：指没有长绒毛。(2)淡黄生：淡黄色的蟋蟀。(3)间：回，场。

◎ 又

肉白红头项掺青，头粗脚壮齿如金（墨者妙）。

这般虫子非容易，九遍交锋十遍赢。

◎ 又

浑身颜色带微黄，牙黑头红腿脚长。十次交锋赢十次，荷花香接桂花香[1]。淡黄翅蓝项白麻头，六足皆白，此等虫最奈战[2]。若黄发亮，顶纹不透[3]，花腿花肚者，必不用。

【注 释】

(1)此句意指能从早秋战到晚秋。早秋荷花开，晚秋桂花开。(2)奈战：即耐战，善战。(3)顶纹：指斗线和麻路。

◎ 又

淡黄生来腿脚白，头样三尖如琥珀[1]。初秋斗胜已非凡，愈到深秋如拱璧[2]。肉白头黄项掺青，头粗脚壮齿如丁[3]。这般生相非容易，九遍交锋十遍赢。

【注 释】

(1)头样：头的形状。三尖：指头上有三处凸起。(2)拱璧：大璧。语出《左传》：“与我其拱璧。”拱，两手相合而拱抱之。璧，玉也。后以拱璧指珍贵之物。(3)丁：即钉。齿如丁即像钉子一样坚硬。

◎ 又

黄头青项淡金翅，高头大牙腿如银。

这班虫者实难遇[1]，敌虫交口便成功。

【注 释】

(1)这班：即这般，这样的。

◎ 又

淡黄生成腿脚白，头样三尖琥珀色。项宽腰厚背须高，长细红牙翅华饰[(1)]。初秋斗间最痴迷[(2)]，交冬发夹威名得[(3)]。

【注释】

(1)华饰：华丽的装饰。(2)痴迷：迷恋、醉心。此句谓初秋时最善用斗间的技巧。(3)发夹：开夹，开牙。

◎ 又

生来淡黄腿脚白，三角头尖似琥珀。初时看着像痴迷[(1)]，久斗之时决无比。此虫如金珀色，三尖样，初时似弱，久斗决不胜也[(2)]。

【注释】

(1)痴迷：本义为痴心迷恋于某事。但此处的用法按照下文解释，则为斗性弱的表现，殊不可解。(2)此句与“久斗之时决无比”含义相违，似有误字。

◎ 又

淡黄白，三尖额，一身颜色如琥珀。

项宽毛燥兼背厚，腿大牙红须珍惜。

◎ 青黄白

青黄白，要金线细透顶，早秋斗涧[(1)]，秋深斗口，决胜。

【注释】

(1)斗涧：即斗间。

◎ 又

奇虫色具青黄白，金银丝细透顶额。

养足早秋先斗间，秋深斗口力胜昔。

◎ 淡 黄

淡黄生来腿足白，蓝项金翅头蜜蜡。

寒霜以后翅如银，牙配紫红威名赫。

◎ 拖肚黄

头顶焦黄身黑粗，更兼腿大及臀拖[(1)]。

若还牙齿尖而厚，日斗数番也不多。

【注 释】

(1)臀拖：指拖肚。

◎ 狗蝇黄

麻头黄项翅铺金，腿脚斑黄肉蜜色。

牙钳若是黑如灰，敌尽场中为第一。

◎ 又

头顶焦黄翅亦金，花斑腿脚肉同栗[(1)]。

更生一对紫花钳，敌尽场中为第一。

【注 释】

(1)肉同栗：指肉色像栗子色一样。

◎ 又

凡狗蝇黄，金翅、乌牙、黄斑腿方好。

◎ 狗蝇黄

狗蝇出土淡金翼，颜色焦枯如败叶。

鸣声低哑足黑斑，霜降之前谁敢敌。

◎ 白 黄（咽异）

肉白麻头金线额，白毛项上翅铺金。

六足灯心牙红色[1]，早秋赢到雪花浸。

【注 释】

(1)灯心：指像灯光一样的红色。此处的灯是指古代的油灯，非今日的电灯也。

◎ 又

头如蜜蜡白咽音，肉厚牙红翅耀金。

细看浑身蒙白雾，流脂腻粉玉琅琳[1]。

【注 释】

(1)流脂腻粉：喻指蟋蟀的肉身细腻。玉琅琳：亦作琳琅，玉名。

◎ 又

白黄头色似珊瑚，蓝项金袍白肉拖。

生得紫红牙一副，马到成功奏凯歌。

◎ 菊花黄

遍身黄色耀如金，枣红长牙形似针。

闪青色背菊花项[1]，六足无瑕极称心[2]。

【注释】

(1)菊花项：指项色如菊花黄，不是指项形。(2)称心：称心如意。

◎ 黄花头

金丝贯顶实堪夸，蓝项朱砂两均佳。

试问分辨在何处，头戴一朵黄菊花。

◎ 蜜蜡头

蜜蜡头虫世少知，几根斗线细银丝。额光明似鹅油珀[1]，净洁澄清秋水姿。项翅天生成二色，或青或白化因时[2]。总然项色青为上[3]，花箬白花项或痴[4]。牙取红色兼大白，紫花牙胜兑同离[5]。漫说蛋壳头色下，秋分三日定顽奇[6]。

头如蜜蜡色，细白斗线，或有如鹅油珀者，总要清亮明净，望之如秋水之澄澈。倘浑浊而不清洁，此貌似而神非，谓之蛋壳头，识者不取。项翅有青有白，然项以青者为胜，以此色多白花项、花箬项故也。钳取大白牙、红花牙，倘遇紫花牙更胜。

【注释】

(1)鹅油珀：水黄色，细腻如油的琥珀。(2)化因时：意指是因不同的时令化生而成的。(3)总然：总之。(4)花箬项：指项色如箬竹上的花纹。(5)兑同离：兑、离均为古代八卦中的名目。在八卦图中，兑表示七或西方，离表示九或南方。(6)定顽奇：意谓决定胜负。

◎ 黑黄

黑黄出土似黑子，细看头丝方识此。

初秋性烈宜暗藏，不识之人莫乱指。

◎ 又

形象浑同一锭墨，细看翅上金箔糊。牙钳最喜白如玉，血钳墨齿狠残毒。红纹齿钳黑斑牙，白花黑齿更悦目。再视项阔与驼背，足长腿大悬高腹。头细骱黄真黑黄，项堆黑砂毛丁簇。翅衣满绊血丝筋，浑身罩遍墨雾足。晚秋暖阳照身躯，红光血色影中肉。须知此是胡蜂变，将军雄势镇虫属。

◎ 金线黄

蓝项红头翅金赤，肉色微黄足白色。

沙场冲突显英雄，金线横闩正当额。

◎ 油 黄

黄虫出土人不知，腰身腿足混如油。

千头百场又何妨，走色鸣金朝中游。

◎ 又

腿壮头圆遍体黄，如油滑翅肉还苍。

牙钳一对鲜红色，此是虫中楚霸王。

◎ 天 黄

天成金色遍身黄，金翅玲珑薄皱良。牙黑弯尖声又哑，赤金肉腿始相当。头圆项阔离山虎，威震三秋莫比强。

◎ 青 黄

相貌生来品格奇，青黄二色翅分明。

初秋斗到深秋际，百度交锋百度赢。

◎ 跑马黄

虫王出土头微黑，一身素白奔走疾。秋分前后真相示，方知原属正黄旗。开花麻路黄金丝，金色盔甲火盆底。蜜蜡腿色血斑腕，身罩金光虫中奇。得胜无须称回合，喷口消敌回天力。

◎ 黄三色

黄头金背青蓝项，开花麻路黄金丝。阔脸突腮铁门槛，蜜蜡腿足粗蟹刺。披袍轩甲将军样，鸣声哄亮沙声似。性如烈火镇群雄，来敌非残即伤死。

◎ 乌背黄

乌翅金头六足白，鸣声如雷气势高。

乌背黄虫血红牙，斗尽场中显英豪。

◎ 黄大头

额似蝾螈着意求，紫色双翅明如油。银丝细直顶中浮，麻头分明绕四周。朱砂阔项腰背厚，浑身罩满青砂球。腿足浑长身红牙，莹莹白玉翻蛟龙。墨花紫纹真黑钳，四般牙色壮如牛。此乃蜻蜓所变化，将军名尊黄大头。

◎ 红头紫黄

朱缨头貌项如金，肉腿形同金裹成。

不论牙钳颜色美，任从相对莫能争。

◎ 淡紫黄

色极青倩淡紫黄，莫猜紫白细推详。浑身只有微黄罩，毫发难容青白光。超品红牙兼紫项，淡黄腿骱血斑良。爪尖更妙黄同紫，赤尾如是一色装。笑煞姑苏名唤异，也将瘟字送虫王。

◎ 千层皮壳黄

千层皮壳黄，形似狗蝇状。牙钳呈紫色，坚厚然非广。一身无奇处，难能作宝藏。谁知斗胜后，历次显老像。虫中千里马，伯乐方能相。

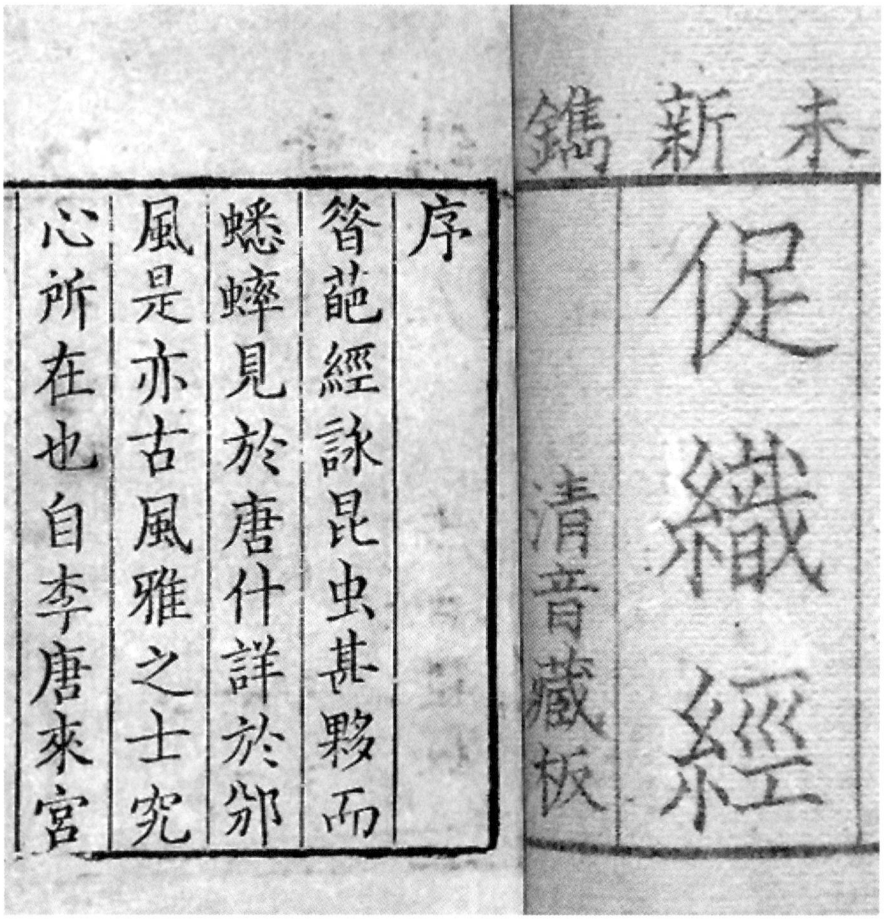
未新鐫
促織經
清音藏板

序
筲範經詠昆虫甚夥而
蟋蟀見於唐什詳於豳
風是亦古風雅之士究
心所在也自李唐來宮

清音藏板《促织经》

三、紫虫类

紫色虫的标准也较严格，虫的头部及全身都应是紫色，不可加杂着青色或黄色。若稍带青色，就应该视作紫青，归入青虫类；稍带黄色即为紫黄，要归入黄虫类。不过对紫虫的鉴定也是见仁见智，很难统一。比如有人说在蟋蟀中，紫色虫占的数量最大，约占60%左右，但大部分人则认为青虫最多。前人认为青黄虫最佳，而紫虫则次之。紫虫开斗较早，而且也有中晚秋之虫。紫虫宜体色愈浓愈好，配紫牙、红牙或黑牙均妙。

◎ 紫

紫必以不杂青黄色者方为真紫。如稍带青，即为紫青；稍带黄，即为紫黄。余唯浅深形类名之而已。至紫色中有一种色甚轻倩，并无别色相杂，此真浅紫也；谬曰紫，未允当。又有如熟藕色者，此乃紫色中之乡原也[(1)]，慎勿取焉。

【注 释】

(1)乡原：《论语》："乡原，德之贼也。"意思是指沽名钓誉而实与流俗合污的伪善之人。这里是指徒有外表而实则无能的下品蟋蟀。

◎ 紫 色

真紫、红头紫、纯紫、深紫、黑紫、淡紫、麻紫、紫头金翅、滑葡萄紫、藤花紫、茄皮紫、熟藕紫、乌酱煤紫、酱瓣紫、紫麻头、尖头紫、滑紫。

◎ 真 紫（应响）

真紫如同着紫袍[(1)]，头浓性烈项绒毛[(2)]。钳更细长如血色，独占场中第一豪。

此虫生来多有头尖者，然必竟头圆大者为上[(3)]。项有青毛项、紫绒项、赤斑项，俱要生毛丁疙瘩。如项一油光，便属花色。身阔厚，牙紫红色，或阴阳翅是也。

【注 释】

(1)着：穿着。(2)头浓性烈：头色浓重，斗性强烈。(3)必竟：即毕竟。

◎ 又

紫者须当要色浓，更兼肋腿与身同[(1)]。

头雌腰阔阴阳翅[(2)]，赢尽场中独请功。

【注释】

(1)此句连上句谓腿足与肉身也都是紫色的。(2)头雌：头尖。雌，指像雌虫的头一样。

◎ 又

凡紫虫不要油滑，白牙不奈斗。要色苍黄，头若葡萄，有白斑，黑牙红牙方好。

◎ 又

真紫如同宫紫袍，尖头阔项背宽高。牙钳长细紫红色，头又浓兮项有毛。翅按阴阳真紫相，三秋独占是英豪。

◎ 紫

紫荷盖翅实稀奇[(1)]，项起朱砂白肚皮。更得葡萄头一个，秋虫见影也魂飞[(2)]。凡虫紫色者，多油滑。白虫不奈战，唯色苍老，头如葡萄而起白斑，或黑牙，或红牙，方配其色。

【注释】

(1)紫荷盖翅：指双翅是紫色的。紫荷，紫色的荷花。(2)此句是说敌虫见影而逃。

◎ 红头紫（飞天）

红头紫线肉毛黄，项赤红丁腿浑斑[(1)]。

翅紫牙红如剪样，只除青将便为王[(2)]。

【注释】

(1)腿浑斑：腿上布满斑点。(2)这句是说除了斗不过青虫之外，几乎可以成为虫王了。

◎ 又

红头紫勇敌刚强，项赤红斑腿浑长。

翅紫牙弯中桑剪，此虫名号促织王。

◎ 又

红头紫翅最刚强，项若朱砂腿浑长。

牙齿弯尖桑剪样，秋冬历遍莫能当(1)。

【注 释】

(1)秋冬历遍：指经过秋冬两季的时间，与诸虫斗过。

◎ 紫尖头

头如蛱蝶月如霜(1)，阔项青砂厚背强。腿脚圆长金色翅，血筋绊满品方良。白花黑牙黑花钳，白钳血牙皆上将。相传蝴蝶变换成(2)，紫尖头号虫之王。

【注 释】

(1)蛱蝶：即蝴蝶。(2)参见“五色变虫”内容。

◎ 浓紫色

赤项红头翅似霜，晶晶厚翅黑牙长(1)。

爪尖腿骱鲜如血(2)，世上无双勇猛刚。

【注 释】

(1)晶晶：晶莹剔透，明亮。(2)腿骱：指腿。骱本指骨节连接的地方，“脱骱”即脱臼。

◎ 又

紫色还须要色浓，更兼两翅与身同。头圆腰阔阴阳齿(1)，赢尽场中百万虫。此虫头项高厚，牙再莹白，上格入论[2]，收之可脱。

【注释】

(1)阴阳齿：双牙颜色不同，一黑一白，谓之阴阳牙。(2)上格：符合标准。

◎ 深紫（厚响）

紫者当头要紫浓，更兼翅肋与身同。

头红项阔阴阳翅，赢尽场中有大功。

◎ 又

紫者当头要紫浓，更兼翅肋与身同。腿足浑长腰背厚，红头项阔是名虫。也须两片鸳鸯翅，秋兴场中立大功。

◎ 又

深紫生来似茄皮，六足苍黄长又肥。

配得绛香牙一对，早秋斗到雪花飞。

◎ 黑紫

黑紫生来似茄皮[1]，腿脚兼黄赤肚皮。

钳若更生紫黑色，早秋赢到雪花飞。

【注释】

(1)茄皮：茄子的表皮是黑紫色。

◎ 又

天生异色似茄皮，腿脚兼黄最合宜。

肚赤更加牙紫黑，早秋赢到雪花飞。

◎ 又

墨黑紫头翅闪红，形魁雄壮显威风。

难得乌紫黑血钳，一斗直至岁月终。

◎ 淡 紫（明净）

名为淡紫遍身明，项如青靛齿紫红。

头上三尖腰背阔，百战场中作上锋。

◎ 又

名为淡紫项毛青，红紫牙钳遍体明。

头要三尖腰要阔，场中百战百番赢。

◎ 淡 紫（栗壳紫）

淡紫生来如粟壳，金毛遍体头形恶。

配得银牙为珍品，霜降来时宜退缩。

◎ 又

淡紫品格实堪夸，色若秋藤将落花。

若配紫钳非等闲，虽逢劲敌莫惊恐。

◎ 栗壳紫

方头麻路大红牙，翅如栗子壳无差[1]。

六足尖长黄蜡样，战胜簪花回转家[2]。

【注 释】

(1)这句是说双翅的颜色与栗子壳相同。(2)簪花：头上戴花。

◎ 紫 麻（声撤）

头麻顶路透金丝，项毛翅绉腿斑狸。

四脚兼黄肉带赤，秋虫见影不相持[1]。

【注 释】

(1)不相持：难以抵挡。此句是说其蟋蟀遇见此虫，望风披靡。

◎ 又

黄占翅绉紫麻头，身似银兮牙似钩。

头大项宽长腿脚，痴迷生相斗三秋。

◎ 又

紫头麻线齐透顶，毛项紫翅有绉纹。

六腿兼黄肉带赤，红黄大牙是虫王。

◎ 又

麻头顶上透金丝，项毛翅绉腿斑狸。

脚赤微黄肉带赤，秋虫见了怎支持[1]。

【注 释】

(1)怎支持：如何能抵挡呢？与上面“不相持”意同。

◎ 麻头紫

紫头麻路认端详，紫红麻头势更强。

身壮翅皱分高下，六合江宁此最良。

◎ 铜头铁背

头如紫铜颜色正，或似深紫黄之情。不杂一点黑与青，再视背上如乌金。老红花牙并红牙[1]，方是铜头铁背形。头必要紫铜色，或似深紫黄色，而不杂一点青黑气者，总以明净光彩为妙。背上要如乌金纸方真，红牙、红花牙皆可。

【注释】

(1)老红花牙：老红，深红。

◎ 紫金翅（叫一声）

紫头青项翅如金，腿脚毛黄肉似蜜。

必须生有红黑钳，咬杀秋虫人失色[1]。

【注释】

(1)咬杀：咬死。人失色：指蟋蟀凶狠异常，令人大惊失色。

◎ 又

紫头蜜肉翅如金，腿脚兼黄项色青。

紫黑牙钳成上品[1]，凌烟阁上可图形[2]。

【注释】

(1)上品：上等虫。(2)凌烟阁：见前注。这句比喻蟋蟀能斗善战，功不可没，应该名垂青史。

◎ 金背紫

铜头铁项紫遮身，背脊平铺两翅金。

配得银牙方合格，筑坛应拜上将军。

◎ 银背紫

头似樱桃翅似银，六足如霜超群英。

绛牙紫肉方成局，名震三秋勇绝伦。

◎ 白玉淡紫

全身淡色白如玉，犹如战将穿白袍。

干老红牙色相称，霜降斗到立盆底。

◎ 又

浑身素染颜如玉，恰似男儿着白衣。

齿色干老血充罩，霜降来时夺先机。

◎ 花项淡紫

项上起花淡紫色，三秋难配花项紫。

此种岂知合钳重，咬死敌虫方罢休。

◎ 芦花淡紫

芦花淡紫细丝无，乌金头皮蓝青脖。六足白洁玄缎翅，腿长头高方兼阔。白露时来似蛇蜕，体黑尽去翅色薄。细红双丝微隐显，槟榔原因青茸落。诸般群蛩多无用，此能深汤镇敌国。须知天生善变色，底实老足肉细活。

◎ 绽灰紫

绽灰紫色干枯形，不行不动似呆虫。

若逢敌虫鸣叫声，交口合钳即刻胜。

◎ 朱砂紫

赤须焦眼遍身红，翅项如朱双尾赤。

若逢劲敌君休怕，几口会合便成功。

◎ 青 紫

此虫出土如琥珀，一身披挂褐紫袍。

配得红紫牙一对，来虫虽大也不饶。

◎ 红沙白玉紫

四字长头大黑脸，头似浓熟紫葡萄。斗丝隐红贯顶额，方长阔项红钳造。紫红沙蒙淡金翅，鸣声尖急丰满腰。微红细肉足白净，快钳尽退虫中豪。

近代《百子图》中的斗蟋蟀

四、红色类

红色虫相对来说比紫虫体色更鲜艳一些，其特点是头部及身体都要以红色为基本色调，亦忌色杂。古谱云真红要头色如石榴花或猩红色，两眼黑如椒核。若红色较浅，似粉红颜色，便属熟虾青，而非真红。最忌红中带棕。前人认为红色为热色，所以红虫只能在早中秋打斗，若至晚秋则难以取胜。红虫以配墨牙为贵，银牙亦可，余者无用。

◎ 红色总诀

真红要金翅白肉，头似珊瑚，项似朱砂，腿脚浑长，以墨牙为贵，余色无用。

◎ 红 色

真红、纯红、石榴红、水楂红、出炉银、落霞红、红头青、红头紫、红头黄、红头白、红青、红黄、红紫、红白、红麻头、黄头红、红头白翅。

◎ 纯 红（青天）

眼如椒核遍身红，翅项如朱腿亦同[1]。若逢敌手君休怕，数番咬死又成功。此虫遍体皆赤，眼黑面红，盖得纯阳之气以生者也。

【注 释】

(1)朱：红色。此句云翅项皆为红色。

◎ 又

眼如椒核遍身红，腿脚如霜须尾同。若逢敌手休惊怕，几番输了又还赢。此虫遍身如火解红[1]，腿脚如霜莹白，须尾如之。上论入格之虫，不拘大小，上场无有不胜矣。

【注 释】

(1)火解：术数家用数。为五解之一。五解是指五种解脱逃遁之术，依据每日的五行属性，分别借助金、木、水、火、土五种物质隐身解脱。火解即利用火解脱，要在丙子日进行。其实

晚清上海的蟋蟀会

这里所用的只不过火红之意，并无解脱之意。

◎ 又

凡红虫，秋高不斗[1]。唯红头白线，白牙白腿者，秋深亦好。

【注释】

(1)秋高：即秋深、晚秋。此句意思是说红色虫早秋时多能取胜，晚秋则不行。

◎ 赤色

红头红角项朱砂[1]，掌上观来似异花。一连五度交锋胜，到底终须不怎么[2]。

此虫虽然花之美，早场得胜，不能脱化[3]，纵然会咬，连赢数场。若至深秋，力弱神衰，到底没帐[4]。

【注释】

(1)红角：红色头须。(2)不怎么：不怎么样，不行。(3)脱化：意为最后取胜，功德圆满。(4)没帐：犹如现在所说的“没戏”，意指最后难以取胜。

◎ 红

遍体通红似火炭[1]，还须银腿衬银牙。奇虫勇猛真无敌，斗到三秋看菊花[2]。

凡虫红色者，秋高不斗，唯头有白麻纹，白牙白腿，方为相配。此水火既济之形[3]，猛勇异常。

【注释】

(1)火炭：即正燃烧的炭。(2)此句是说可以斗到深秋菊花开时。(3)水火既济：指蟋蟀的体色既有火性，适于热天，也有水性，适于冷天。

◎ 水红色

水红须尾水红衣[1]，白肚团员模样奇[2]。

斑点一些浑不染[3]，傍人号作杜公儿[4]。

【注释】

(1)水红衣：水红色的双翅。(2)团员：即团圆，意指圆形。(3)这一句是说身上一点斑点也没有。(4)号作：称他为。杜公儿：含义不详，中医将胎气不足、身体羸弱之小儿谓之杜公儿。

◎ 红头青（轻）

红头青色最难逢，青翅青砂项亦同。

若得爪钳兼尾赤[1]，将军似虎不凡虫。

【注释】

(1)此句是说虫爪、双牙及尾须都是红色的。

◎ 黄头红

赤爪红钳蜜蜡头，似银腿足点朱留[1]。

金砂阔项朱砂翅，绛腹花斑见者休[2]。

【注 释】

(1)点朱留：意为有红色斑点。(2)绛腹：腹部颜色为黄褐色。见者休：指来虫必败也。

◎ 红头白翅（响）

赤项红头翅似霜，晶晶厚翅黑牙长。爪尖腿骱鲜如血，世上无双勇猛刚。竹节紫须临日赤，中秋头号到晚秋场。

◎ 红砂麻

头红翅薄项朱砂，盆中看取似娇花。若是下场管取胜，君若收藏甚可夸。此虫早秋红色，深秋变色，下盆收之可脱。

◎ 红麻头

红麻秉性敌刚强，赤项红斑脚浑长。

翅紫牙红肉赤色，诸虫交口便难当。

◎ 又

红头黄路最刚强[1]，赤项红斑腿脚长。翅紫牙弯如快剪，诸虫交口便难当。若得金银丝二路，三秋无敌了虫王。

【注 释】

(1)黄路：黄色的麻路。

◎ 红 头

红如血点项朱砂，入手观来一朵花。

一朝二广交锋胜[1]，到底终须不恋家[2]。

【注 释】

(1)一朝：本指一个早晨，这里指一天。二广：春秋时楚军制名，谓左右二列。《左传》：“其君之戎，分为二广，广有一卒，卒编之两。”此句是说一天交锋很多场，均能战胜敌人。(2)不恋家：喻蟋蟀英勇善战，有如兵将之征战疆场，不顾家事。

◎ 又

红头色鲜似花枝，早秋斗胜也称奇。

一朝乍寒西风起，往费心苦往劳力[1]。

【注 释】

(1)此句中的两个“往”应为“枉”之误。这一句是说平日的心血劳力都是白费，暗指这种蟋蟀一到天寒便不能再斗。

◎ 蟹壳红

项头红线背身驼，更兼大脚及腿拖。脚腕有红如血点，一日数斗不为多。

此二样异虫，若得全者，虽有残疾，只要项上有毛丁，有红点，其口最决，虽日斗数次，亦无疏失。

◎ 暗头红

红头不喜太鲜明[1]，麻路深藏莫乱评。

项翅黑青腿脚白，形躯高厚战常赢。

【注 释】

(1)连下句意为，此种蟋蟀的头线麻路不太鲜明，隐约暗藏于红色之中。

◎ 河蟹色

赤色却如河蟹色，麻头秀项极难得。

枣红牙齿尽相宜，只恐项光头又黑。

◎ 射弓红

射弓出土似红椒，须虽赤色眼不焦。

霜降来时红渐褪，色退只怕寒来熬。

◎ 枣 红

身似赤枣翅衣红，腿足圆长伫盆中。

头前数声谦后退，反击稳猛数枣红。

◎ 玛瑙红

黄金翅翼青脖项，头如玛瑙血红样。

六足长大牙似墨，任君赢尽秋兴场。

五、白色类

白色虫与黑色虫在古谱中列为中下品者为多。但白虫若白得纯正，与蝴蝶身上的白粉相似，且白中似有血色泛出，亦属上品。白虫要全身皆白，白头白项白斗丝，翅与肉体亦洁白如霜，色泽明亮。白虫配乌牙、红牙最妙，绛香牙、黄牙亦佳。

◎ 白

白以有血色为上。血色者，白虫之精华，宝色也。白而无神，似饿白虱者不取。必有砂雾笼罩，望之却干如蝴蝶粉，按之粉花欲落，清洁有情者佳。所谓黄贵乎湿，白贵乎干也。肉以洁白紧细为贵，未有青黄杂色而成将者也。

◎ 白 色

大白、月白、滑白、哑白、麻皮白、螨壳白、水梨白、芦花白、白艾白、纯白、淡白、白麻头、淡黄白、青黄白、黑色白、青项白、朱头白、尖翅白、老白青、白头青背。

◎ 纯 白（青花）

白头白项白丝攒[(1)]，翅似银铺肉似霜。

黑脸红牙肚若粉[(2)]，此物方为促织王。

【注 释】

(1)白丝攒：布满白色的斗丝。攒，聚集。(2)肚若粉：腹部是粉白色。

◎ 白者曰解

此虫号白，头白明亮，细麻头路透顶，毛项，身如蝶翅，黑牙是也。

◎ 又

白头白项白丝长，翅似铺银肉似霜。黑脸乌牙相配搭，三秋促织此为王。

此虫白麻头，要明亮细直透顶，顶有白毛，翅如粉蝶，牙钳黑色者是也。

◎ 又

真白头要白明亮，细银丝透顶，白毛冬瓜项，蝶翅，总以黑牙为上。又有血红牙，皆是虫中之王，其名曰白蚕蛾。

◎ 又

白头白项白毛良，细直麻路透顶长。黑脸乌牙铅粉[1]肚，翅如银箔肉如霜。腿脚浑长清若雪，名高[2]纯白是虫王。

【注 释】

(1)铅粉：古代用来涂面的化妆品，以铅为之。(2)名高：名声高远。意指蟋蟀善斗，声名远播。

◎ 又

浑身明亮白如银，内外莹然[1]一块冰。再得双牙如血色，古来虫内号将军。

凡虫白色者，皆嫩而无用。唯浑身俱白，无一点杂色，独牙如朱砂，此乃不可多得之物，莫作嫩观。

【注 释】

(1)莹然：晶莹剔透的样子。

◎ 真白色

白头白项翅如银，入手观来一似冰。

枣红牙齿如针利，纵无骨肉似将军。

清素面盆（房胜利藏）

◎ 又

五体似雪，皓月光浮[1]。美如冠玉[2]，腻若流脂。

红牙双列，疑是牵牛。虫中骐骥[3]，名振三秋。

【注释】

(1)此句云蟋蟀全身浮现着月色。(2)冠玉：古代装饰在帽子上的玉。(3)骐骥：传说中的良马。《庄子》：“骐骥骅骝，一日而驰千里。”

◎ 又

全体如玉月光浮，头似宋玉若脂流。

虫中骐骥何处得，黑脸红牙振三秋。

◎ 淡白（明乐）

白头白项翅铺银，入手观来却似水。

一对银牙如雪白，总无颜色是将军。

◎ 又

白头白项翅铺银，白色观来自不群[1]。

相得此虫真异众[2]，名称奇白是将军。

【注 释】

(1)自不群：与众不同，鹤立鸡群。(2)异众：同上，与众不同。

◎ 又

白头白项翅如银，看来却似一团冰。此虫名为淡白色，总无骨血作将军。此虫一身纯白，外像虽小，内实强壮，斗无不胜。

◎ 又

如霜头项翅铺银，五体观之若素云[1]。

一种秋声真异品[2]，总无杂色是将军。

【注 释】

(1)素云：白云，喻白色。(2)秋声：指蟋蟀。

◎ 淡 白

淡白生来翅似银，须尾如常色白真。

配得干红牙一对，百战沙场独逞能。

◎ 朱头白

头似朱砂一粒雄[1]，血丝麻路粉丝同[2]。项青为上白为次，白与青皆立奇功。牙以黑钳称第一，红牙其次紫花中[3]。腿足爪尖弯点血，银光肉肚力能攻。尾如插箭须双美，势若骐骥欲步空[4]。五体标黄皆不妙，头颅应取水楂红。

【注释】

(1)雄：称雄，称冠。(2)粉丝：指白色的斗丝。(3)这两句是说配黑牙为第一，红牙在其次，紫花牙则为中等矣。(4)步空：行空，在天空飞驰。古有“天马行空”之语，喻才能横溢而不受拘束。此处指蟋蟀的斗势极强。

◎ 又

头如朱砂，红而鲜浓者是，倘带黄标不妙[1]。其斗线麻路，亦须血丝，或如粉者。若黄色，亦不佳。头色水渣红亦取[2]，但不要黄色耳。项有青项、白项之殊，亦以青项为上。翅有青色、白色，皆可。唯钳以墨牙为贵，红牙、紫花牙俱好。

【注释】

(1)黄标：浅黄色。标，浅色。(2)水渣红：即水红，红中有白色。

◎ 白尖翅

霜头雪项白砂装，青项堆青力更强[1]。最上上乘头琥珀[2]，项生两节虎威张[3]。翅多长阔形容古[4]，牙要朱红细劲长。腿足肚银兼爪赤，世间第一白尖良。白头白项白翅者果是，亦有青项者更妙。其最上乘者琥珀头两节项，翅或长或阔，然总以红钳细而长者为第一。

【注释】

(1)堆青：指项上堆积着青色。(2)上乘：原指上等好马为上乘，后泛指上等事物。此处喻上品蟋蟀。(3)这句意为项若生成两节，则威风凛凛，如猛虎下山。(4)形容古：指长相古拙。

◎ 青项白

白虫青项头如雪，麻路银丝现顶中。翅上白光明且净，牙红与白两称雄。更有额颈能带线，爪须尾腿足尖红。青靛项无花浅相，任他枭将立奇功。

白蛩青项者，头必如雪，麻路如银。间有带线者，皆须细而明，翅亦白光明净，而项则如青靛。倘涉花浅，亦未为妙。牙红白俱佳。

◎ 又

雪头银翅青居中，麻路银丝腿爪红。

当额横线项忌浅，红白两牙均称雄。

◎ 蜜背白

蜜背浑身白似银，鹅黄双翅皱无尘。红钳赤爪腿足健，节节弯弯点血新[1]。何事英雄埋没久，残编检识旧精神[2]。

【注 释】

(1)点血新：指腿部红色斑点如鲜血点就。(2)残编：破败之书，这里是指古谱。检识：翻检到，认识到。此句承上句而来，意为因为什么而埋没了你的功绩？翻检旧书才知道你当年的英雄业绩。

◎ 螭壳白

螭壳白如真蜜蜡，额头纯白路银麻。将军生相青毛项，翅厚光明若素霞[1]。论别牙钳三色美[2]，降香纯白并红花。淡青头亦生青项，似靛毛丁一色遮。遍体莫教光带杂[3]，不虚螭壳得名嘉[4]。

此蛩如蜜蜡头，或纯白头，细银丝麻路透顶。青毛项固为上将，其次亦有淡青头青项者，但要翅白而厚有光彩如螭壳样。钳取降香钳，或红花钳、纯白钳。

【注 释】

(1)素霞：意同“素云”，指白云。(2)三色美：指下句中的降香、纯白和白色。降香，也作“绛香”。(3)光带杂：指体色中有杂色。(4)此句是说这才不辜负了螭壳白的美名。

◎ 璃壳白

蜜蜡白头路银麻，厚翅雪箔素如画。

遍体无杂青毛项，绛香红花纯白牙。

◎ 滑白哑白

滑白与哑白，虫性俱是热。早秋能善斗，必先青黄歇[(1)]。或有得先天，交寒变初色[(2)]。见色辨其名，咬口日胜日[(3)]。奇将结三冬，非是哑滑白。

【注释】

(1)这句是说，哑白、滑白善于早斗，但总要先于青虫、黄虫而停斗。(2)交寒：到天冷的时候。变初色：又变成原先的体色。指入冬之虫体反而变得如同初出之虫。(3)日胜日：一天比一天能斗。

◎ 滑 白、哑 白

滑白哑白相昆仲，油翅哑声互不同。

出土定色善斗早，先深后白为冷虫。

◎ 滑 白

白色带滑，蛩性带热，未可以白而概视以冷也。生相合格，早秋善斗，非藉其滑色而能斗者。中秋晚秋善斗者，虫得先天后天皆足，其滑必浑厚，故能结冬，不可以色定冷暖。宜细详之。

◎ 哑 白

各色俱有哑者，唯哑白性热，更不耐久，故必先青黄而歇。然虫如得先后天气皆足，亦能结冬。大约与滑白相伯仲耳[(1)]。石孙按：哑白率至中秋即死[(2)]，能结冬者，千百希觏也。

【注释】

(1)相伯仲：不相上下。(2)率至：全部到。率，全，都。

◎ 白麻头

麻头白项肉如银，脑线根根透透明。

更加毛项长肥腿，十度交锋十度赢。

◎ 又

麻头白面白如银，细丝透顶根根明。

更加青项长肥腿，战斗之时必定赢。

◎ 又

黄色辉光耀似金[1]，枣红牙齿利如针。

更有葡萄毛肉体，日交三度也还赢[2]。

【注释】

(1)辉光：指蟋蟀体色的光泽。(2)日交三度：一天斗三次。

◎ 又

白麻路要细而长，项内朱砂隐隐良[1]。

牙若干红多宝色，黄斑长脚好名扬[2]。

【注释】

(1)隐隐：隐约，不分明。(2)好名扬：美名远扬。

◎ 白麻头

白麻头与白花头，麻路粗细分缘由。

翅足肉白无处分，绛牙方是将中首。

◎ 草色白

草色出土芦花色，才过秋分白相出。

莫谓白子是冬虫，鱼母混珠虫性热。

◎ 宝石白头

将军头如红宝石，银丝青项肉足白。

性刚耐战是冬虫，紫绛红牙可称霸。

◎ 芦花白

芦花颜色白头皮，翅如银铺肉似霜。

顽铁熔炼玉金鼎，配得黄钳了虫王。

◎ 八 白

此虫生来真稀奇，八部全白脸如漆。

雪花飘飘有斗性，寒冬立春把功立。

◎ 乌背白

此物白脑生相凶，乌袍墨甲透银光。

形貌奇异非凡特，霜降来临位尊高。

◎ 乌牙白

乌钳闪耀泛金光，两斧锋利实难当。

银翅竖鸣雷霆声，永镇沙场英名扬。

◎ 红牙白

红牙似血白头生，翅闪金光项蓝青。

三秋难得将军相，雪飘尚能称雄英。

◎ 淡黄白

淡黄白蛩三尖额，一身颜色如琥珀。

项宽毛密兼背厚，腿壮牙红藏金窝。

◎ 琉璃白

全身显明似琉璃，白头紫钳为上品。

生得体透翅闪银，来虫相见胆魂飞。

◎ 冰浪白

项起黑白如波浪，冰片一样翅发亮。

隐沉斗丝冰浪白，汤中称霸关云长。

古画中的小儿斗蟋蟀局部

六、黑色类

黑色有时与青色相混，青色太重便近于黑色。实际上真正的黑色要黑亮如漆，极有光彩。浑身漆黑或身黑而白腿白肉者，皆可称黑虫。黑虫头上斗丝银白，配白牙、红牙均好。

◎ 黑色总诀

真黑生来肚黑牙红，银丝细路贯顶，翼翅海蛳靥样，项阔带毛，名血牙乌。墨钳、紫花牙、红花牙皆妙。一名粉底皂靴者，白肉白腿脚，其余皆黑，即牙钳亦乌，方交口便赢。

◎ 黑

黑不难于取舍。所见之林林总总者，究非真黑。今之所谓邋遢青，虽多亦何以为。必须黑如漆而有光彩，或不发光如湿烟煤色，浓厚蒙茸，方是黑虫。白牙最上，红牙、红花牙次之。（石孙按：余曾畜一黑如漆红花牙之虫，百战百胜，至次春方死，是亦未为劣也。）

◎ 黑 色

铁弹子、真黑、灶灰黑、水墨黑、真乌、乌头青、乌头紫、乌头黄、乌头白、乌头金翅、乌头银翅、乌麻、乌青。

◎ 真 黑（亦曰乌青）（明象）

真黑生来似锭墨，腿肉斑狸项毛黑。钳若细长似血红，大战交锋如霹雳。此虫肚黑牙红，自来无敌，得遇此虫，真了虫也。

◎ 又

黑者须当头似漆，仔细看来无别色。

于中牙肚白如银，到作将军为第一。

◎ 又

真黑生来肚白，银丝细路贯顶，项阔有黑毛，血红牙、紫花牙、红花牙皆妙。又一种白牙白肚白腿，其余皆黑，其名曰粉底皂靴[1]，一口能赢。

【注释】

(1)粉底皂靴：戏曲人物所穿的一种靴子，白底，黑帮，甚高厚。

◎ 又

凡黑虫，要色明苍老，项起红斑，腿肚俱白者方妙。

◎ 又

体黑如漆，牙白似银。腿骱不黄[1]，翅饶精神[2]。铁头胡蜂，所变之真[3]。黑黄有别，腿骱黄皴。其蜂折腰[4]，性各柔驯。黑黄易得，真黑奇珍。

【注释】

(1)腿骱：即腿脚。(2)翅饶精神：意指双翅美好，精彩焕发。(3)参见“五色变虫”的内容。(4)折腰：指腰部纤细。

◎ 黑

双牙双翅黑如墨，项上花纹红似血。六足玉琢肚皮银[1]，斗过深秋斗小雪。

凡黑为下色，花腿花肚者多。唯头、项、翅浓黑如墨，苍老润泽，项上起朱砂斑，肚皮及大小腿俱雪白，名曰黑虎[2]，又名玉索砚。

【注释】

(1)玉琢：犹如用玉雕成。指六足白色。(2)黑虎：见前注。

◎ 真 黑

真黑色如漆退光，足如白玉肚如霜。

红牙银丝将军位，白牙铁项定是王。

◎ 真 乌

真乌品相滑如油，腿脚圆长乌大头。

翅牙肚肉毛俱黑，银丝细直更难求。

◎ 天蓝色

非青非黑复非黄，闪烁不定似天光。腿色焦斑身样细[1]，头圆路白项深藏[2]。二尾细轻多紫色，两须旋绕胜枪芒[3]。更得干红钳一对，千秋难遇此蛩王。此系十年蜻蜓所变，其色如天光，早晚阴晴不一[4]，语云“将军无定色”是也。

【注 释】

(1)焦斑：焦黄色的斑点。(2)路白：指麻路是白色的。(3)枪芒：枪锋，枪刃。(4)此句意指蟋蟀的体色早晚有变化。

◎ 朱墨色（俗名紫白）

不着青黄朱墨色，此蛩千中难遇一。

只要头大并脚长，立奏凯歌真可必[1]。

【注 释】

(1)可必：一定能够做到。

◎ 淡 黑

淡黑须要黑似漆，仔细看来一锭黑。再要牙肚白无痕[1]，号作先锋为第一。此虫要黑亮，如遇之，须用心详视，不可放过。

【注释】

(1)白无痕：纯白无杂色。

◎ 黑麻头

黑麻头路透银丝，项阔毛燥肉漆之。

更若翅乌牙赤紫，早秋胜到雪飞时。

◎ 又

乌麻出土翅如棕，棕转白雾色不同。

霜降到来黑似漆，紫绛牙色实难逢。

◎ 乌麻（声撒）

乌麻头路透银丝，项阔毛斑肉带黑。

更若翅乌牙钳赤，得遇此虫真有益。

◎ 又

乌麻顶透银丝，项阔毛斑肉缁。

乌翅牙若赤白，当场开口称奇。

◎ 黑色白

此虫千中难遇一二，翅如海蛳搔样[1]，不宜饶大，只宜两平，若落口便赢。

【注释】

(1)海蛳：即海螺。海中所产的软体动物，种类甚多，外表有硬壳，青黄色。此谓双翅如海蛳色。搔：本指爪。不过海蛳无爪，此语殊不可解。

◎ 又

腿脚圆长肉色青，高头漆黑几丝银[1]。赤牙并取红兼紫，若得乌钳色更真。秋兴场中称异品，不宜饶大只宜匀[2]。海蛳两翅魁天下，无敌将军世绝伦。

【注 释】

(1)几丝银：意思是说斗丝是银白色。几丝，几根。(2)只宜匀：只能与大小相称的斗。

◎ 又

黑麻路要银丝白，项要隆兮牙似雪。

艾开宝色有光芒，这个将军没得说[1]。

【注 释】

(1)没得说：吴语，意为没有什么可说的。

◎ 乌头金翅

乌头青项翅如金，腿脚斑狸肉带苍。

牙齿更生乌紫色，饶他名将也难当。

◎ 又

乌头尢线翅金黄，项青腿长肉老苍。

牙钳定生红紫色，诸虫见面岂能当。

◎ 乌头银翅（清）

乌头青项起毛丁，肉腿如霜翅似银。

更得牙钳红紫色，这般生样自堪珍[1]。

【注释】

(1)自堪珍：自然值得珍贵。

◎ 又

首似乌金翅似银，霜牙青项腿如晶。

用心收养休轻觑[1]，若使交锋便见赢。

【注释】

(1)轻觑：小看，轻视。

◎ 又

乌头青项起毛丁，肉腿如霜不染尘。身厚背方雄且壮，更观两翅白如银。牙钳红紫为真将，战遍三秋谁不珍。

◎ 又

乌头青项起毛丁，肉腿如霜翅似银。

身厚背宽雄且壮，紫钳红牙猛如鹰。

◎ 乌头金背

此色促织年年有，头尖牙快更快口。收藏休作更闲看，交锋之时无对手。此虫一名金琵琶，下盆赌斗，无有不胜者。

◎ 乌头金额

身似乌牙翅如银，腿脚干净头又明。着意收留用心养，管取交锋日日赢。此虫一名银剪刀，不拘大小，下盆即胜也。

◎ 灰 黑

形体扁小伏盆底，湿灶灰色人称异[(1)]。善能饶大着口赢，不论头钳项足翅。此乃喜蛛之所变[(2)]，灰黑名传虫中瑞[(3)]。

【注 释】

(1)湿灶灰：浸湿的草木灰。灶灰，锅灶里的灰。(2)参见“五色变虫”内容。(3)虫中瑞：人中瑞是指人之长寿者，虫中瑞指虫中的珍贵者。

◎ 灰 黑

色似灶灰，性阴伏盆。虫中霸主，来者称臣。谱录名号，位归黑门。将得于兹，王旗高升。

◎ 乌 青（象）

乌青遍体墨为容[(1)]，腿脚斑狸点点丰[(2)]。钳若细长红似血，性如霹雳利如锋[(3)]。肚黑更兼乌黑肉，由来无敌独称雄。端详色相须珍宝，不是常虫是了虫[(4)]。

【注 释】

(1)容：指长相。这里特指蟋蟀的体色。(2)丰：多也。(3)此云斗性猛烈，下口犀利。(4)常虫：平庸之虫。

◎ 青 乌

青乌遍体似墨烘，细长红牙利如锋。

腿脚斑狸肉乌黑，性如霹雳独称雄。

◎ 乌鸦色

黑色明如黑漆光，白牙秀项皂罗裳[(1)]。

肚皮腿脚皆如玉，内相将军不可当[(2)]。

【注释】

(1)皂罗裳：黑色的绸缎衣服。(2)内相：本为古代官名，即翰林学士，职掌内命，权力颇大。

《尔雅·音图》中的"蟋蟀蛬"

七、异形类

前已述及，古往今来人们论虫皆从虫体形、体色两方面着眼，蟋蟀名目林林总总，皆是从形色分类的结果。所谓异形虫，是指蟋蟀的形体有特异之处，或头尖身厚，或六足高挺，或腰肢纤细，身体的某些部位与其他昆虫有相类之处，于是人们便加以比附，或曰“胡蜂形”，或称“蜘蛛形”，为蟋蟀起了种种的“绰号”。但事实上，这种相似只是局部的，并非整体相似；而且，说是“相似”，也不过是捕风捉影，并没有相似到人们说的那种程度。世间万物，奇形怪状，千姿百态，偶有相似之处，本是极正常的。可是前人不察，常进行牵强附会的理解，以致谬误迭出。像所谓“五色变虫”之类的说法，就显然是无稽之谈。昆虫在发育过程中虽有变态，但并不等于这一种类变成了另一种类。蟋蟀就是蟋蟀，蜘蛛就是蜘蛛，蜘蛛不可能变成蟋蟀；同理，其他昆虫也不可能变成蟋蟀。蟋蟀的某一部位与其他昆虫相似，这容易引起某些人的联想。还有一些人故意造假，以达到耸人听闻的目的。那些所谓亲眼见到胡蜂变成蟋蟀或蜻蜓变成蟋蟀的故事，就是在这种心理的驱动下编造出来的。对此，当代的蟋蟀爱好者务必破除迷信，不可轻信。

那么，体形奇特的蟋蟀，究竟有无独特的战斗力呢？似乎这也是一个很难确定的问题。因为从理论上说，蟋蟀斗性的强弱，除了与品种、大小、调养方法等因素有关外，与蟋蟀生活的环境确有联系。大家都知道人工繁殖的蟋蟀斗性远不如野生的蟋蟀，山野的蟋蟀强于草丛院落里的蟋蟀，这说明严酷的环境反而容易培养斗性。

异形蟋蟀之所以在体形上有特异之处，除了遗传变异的原因，一般来说主要是独特的环境造成的。那么，这种独特的环境同时也可能形成它的特殊斗性。当然，所谓“特殊斗性”不光是指格外强，也包括比一般蟋蟀弱。像古今闻名的“红铃”蟋蟀，古谱上说从斗性上看，可能逞凶一时，但难以持久，红铃脱后往往难以再战。人们早已明白，实际上蟋蟀腰间的红铃不过是寄生的螨虫而已。虫生螨虫，是因为潮湿的缘故，近日笔者从蟋蟀市场上买来的十只蟋蟀，几乎每只身上都有橘红色的螨虫，有的多达四五个，除腹部外，大部分是生在双翅之下，隔翅隐约可见。生有螨虫的蟋蟀可以想见一定浑身瘙痒难耐，斗起来也许格外卖力。但从长远观点来看，毕竟身体受到螨虫损害，对其战斗力肯定是有影响的。

◎ 龟鹤形

头如蚕嘴肚如琴[(1)]，两翅啾啾叫不鸣[(2)]。

识者若逢此促织[(3)]，这般号作大将军。

【注 释】

(1)头如蚕嘴：蚕嘴很小，喻蟋蟀头小。肚如琴：肚腹前窄后宽。(2)啾啾：象声词，状蟋蟀的叫声。叫不鸣：指鸣声低微。(3)识者：行家，识货者。

◎ 又

小头阔项背似龟，足长肚大病如危。

鸣声啾啾头伸缩，斗尽场中独占魁。

◎ 青黄二色

青头白线桃皮项，金翅银腿肉微苍。

红牙声壳身高厚，憔老方称是伯王。

◎ 又

青黄二色翅项明，此等生来何处寻。

初秋斗到深秋后，百度交锋百度赢。

◎ 又

黄头青项销金翅，二色俱全便为最[(1)]。

若还三件一齐生，斗到秋深绝无对[(2)]。

【注释】

(1)便为最：便是最好的虫。(2)绝无对：绝没有对手。

◎ 又

此等生来遍体清，青黄二色翅须明。

初秋斗到深秋后，百度交锋百度赢。

◎ 又

青黄毛项翅要明，此等原从间气生[(1)]。初秋斗到深秋后，百度交锋百度赢。此虫要金头线路，明亮干净，到底不失口[(2)]。

【注释】

(1)间气：古代五行说认为帝王臣民各受五行之气以生，得正气为帝，得间气为臣。(2)失口：失败。

◎ 又（响异虫）

相貌生来标格清[1]，青黄二色翅须明。

初秋斗到深秋候，百度交锋百度赢。

【注释】

(1)标格：风度，神情。

◎ 土狗形

头垂项阔肚底拖，翼翅生来半背铺[1]。

牙紫腿肥身巨浑[2]，当头起线叫如锣[3]。

【注释】

(1)这一句的意思是翅端只达背部的一半。下一首中的“半背遮来翅不够”意同。(2)巨浑：巨大而浑圆。(3)当头：指头顶。叫如锣：喻鸣声响亮。

◎ 又

头圆项阔肚底拖，半背遮来翅不多。

腿脚圆长身浑厚，当头起线叫如锣。

◎ 土蜂形

尖翅名呼是土蜂[1]，紫黄色者实难逢。这般色相如君得，不比常虫是毒虫[2]。此虫千中难遇，紫黄色者上也；余色亦好，次之。号为光翅蜂[3]，无有敌手。

【注 释】

(1)土蜂：蜂之一种，筑窠墙上居之。(2)毒虫：狠毒之虫。指此种蟋蟀很善斗。(3)光翅蜂：似应为“尖翅蜂”之误。

◎ 又

尖翅名为蚤土蜂，千中难选亦难逢。如君遇得须留养，不比寻常一例同[1]。此虫身如土蜂，青色者佳，余色者还不为美。

【注 释】

(1)一例同：一样，相同。

◎ 又

尖翅名呼是土蜂，紫黄二色却难逢。这般生相须珍惜，莫作常虫乃毒虫。若得紫黄颜色正，雄名又号光翅蜂。

◎ 土蜂形

小头短须项形拱，紫黄二色实难逢。

翅端尖削鸣无声，紫黄雄名尖翅蜂。

◎ 土蜂形

头小项鼓翅身瘦，六足须尾皆短粗。

将军陋相人少知，宜当留心莫错漏。

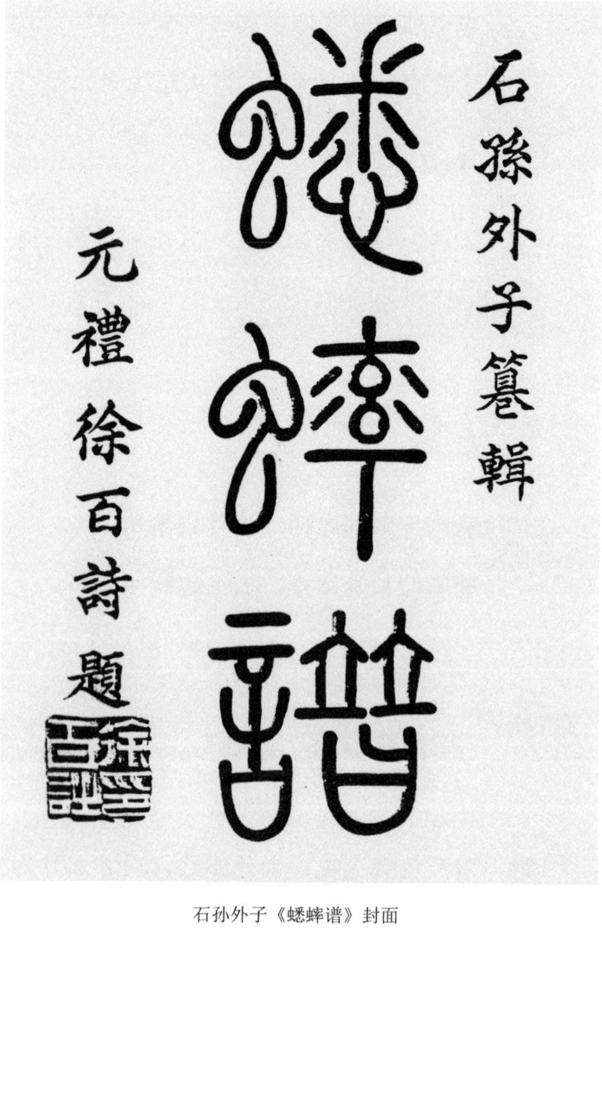

石孙外子《蟋蟀谱》封面

◎ 芦蜂形

头大项阔腰身长，亦有短足配短翅。

芦蜂形状牙齿长，异虫亦能将军当。

◎ 蝴蜂形

貌若蝴蜂腿脚纤[1]，细腰项紧两头尖。

遍身黄色金纹理[2]，百口之中一口钳。

【注释】

(1)纤：纤细。(2)金纹理：指斗丝麻路也是金黄色。

◎ 又

貌类蝴蜂体脚长，细腰紧项两头枪[1]。

遍身黄亮如金色，百万蛩中独自强。

【注释】

(1)两头枪：与上一首中的“两头尖”意同。

◎ 又

头尖肚大号蝴蜂，两翅含开腿脚弓[1]。只可把来闲当耍[2]，赌时必害主人翁。此虫只可作耍送人，若上场赌斗，必然有失。

【注释】

(1)此句中“含开”不辞，疑为“若屏”的形误。(2)把来：拿来。闲当耍：闲时玩乐，下句的“作耍”意同。

◎ 胡蜂形

身长腰细两肋空，光头大肚无定踪。

若逢敌将君休怕，只须一滚便成功。

◎ 又

头尖肚大似胡蜂，两翅金铺腿脚穷。

纵然异类无心斗，当场必误主人翁。

◎ 蜈蜂形

头光肚大号蜈蜂，两翅含屏腿脚穷[1]。

此虫只好无心斗，当场必误主人公。

【注释】

(1)含屏：谓双翅厚大，像屏风一样。含，疑为“若”之形误。屏指屏风。

◎ 又

光头尖肚号蜈蜂，两翅微翘腿脚穷。

只好无心闲角胜[1]，当场必定不成功。

【注释】

(1)闲角胜：俗云斗着玩。此指不可用这种蟋蟀去正式赌斗。

◎ 枣核形

身如枣核两头尖，仔细观来却似船[1]。

交锋便见强中口，咬得诸虫不敢前。

【注释】

(1)却似船：指体形如船。

◎ 又

身如枣核两头尖，左右观来是块砖[1]。

往来千遍无辞口，一秋咬败万千千。

【注释】

(1)此句意为从左右两边来看，身体厚实，如砖形。

◎ 又

此虫斗时，往来能会吃口，尽咬无失，准脱不错。

◎ 又

身如枣核两头尖，仔细看来却是船。五色不拘腿脚大，麻头毛项气精妍[1]。交锋才见便发夹[2]，胆裂诸虫不敢前[3]。

【注释】

(1)气精妍：指气势强盛，精彩焕发。(2)发夹：开牙对敌。(3)胆裂：使对手害怕，俗云“吓破胆”。

◎ 又

头小腰粗尾又尖，更兼六足是平肩。

这般陋貌休轻弃，临阵交锋不输战。

◎ 螳螂形

身狭牙尖大肚皮，脚前乔力仰头窥[1]。

此蛩不问青黄色，斗到深秋必定输。

【注释】

(1)乔力：应作“乔立”，意为高高地立起。

◎ 又

首短身长何足用，羽翅好是航船艟[1]。

若还六足尽尖长，此是螳螂最堪用。

【注释】

(1)艟：古代的船名，如艨艟是一种狭而长的战船，战斗中用以冲撞敌船。

◎ 又

螳螂六足尽尖长，最喜牙钳利似斨[1]。头缩项宽方尽美[2]，翅色龙泉青样光[3]。身狭头尖大肚皮，脚前乔立似於菟[4]。此蛩不问青黄色，斗到深秋也不输。

【注释】

(1)斨：方孔的斧。(2)尽美：犹云十全十美。(3)龙泉：良剑名。据说有水名龙泉，以之磨剑，特别锋利，故剑亦名之龙泉。(4)於菟：虎的别名。此句喻蟋蟀虎气生生。

◎ 又

异虫绰号唤螳螂，翅阔头尖牙齿长。身要扁摊[1]腰要细，只胜初时三五番。此虫入格不拘颜色，只宜早秋，决无末胜。

【注释】

(1)扁摊：扁平的形状。

◎ 又

身狭形长大肚皮，脚花乔立仰头窥。双钳长厚交金剪[1]，两腿浑圆蟠玉螭[2]。须坚额头飘雉尾[3]，翅含苍绿艳茵丝[4]。奇虫不问青黄白，斗到秋深处处宜[5]。

【注 释】

(1)交金剪：云双牙坚硬，能够剪金。交，即“铰”，剪也。(2)蟠玉螭：此云后足长圆，如玉龙盘曲。(3)雉尾：即野鸡尾。雉，鹑鸡类，雄者有长尾，极鲜艳华丽。古代戏曲中扮武将的小生常斗插雉尾，以显其英豪之气。这里是用来形容蟋蟀两须飘动，十分英武。(4)艳茵丝：像绿毯一样鲜艳。(5)此句谓斗到秋深尽可取胜。按此处所言，与以上几首颇相佐。上云“斗到秋深必定输”“只胜初时三五番”云云，与此处含义岂非相反耶？

◎ 蟹踞形

蛩身弓起如蟹踞，不拘五色或麻头。

任君观看却不怕，此是名虫何处求。

◎ 又

不拘五色共麻头，蟹踞奇形何处求。

一任人看全不怕，宛如身踞在沙洲[1]。

【注 释】

(1)沙洲：水边的陆地。螃蟹喜欢居此。

◎ 又

蟹踞生来喜弓立，身阔背厚势雄杰。

状如纵跳是真形，此乃将军谁匹敌。

◎ 海蛳形

头圆项阔黑身肢，形状生来似海蛳。腿脚牙钳俱要白，诸虫对垒怎支持[1]。此虫千中难遇一二，翅如海蛳样[2]，不宜饶大。若遇两平，落口必定大赢。

【注释】

(1)对垒：这里是指两虫对阵相斗。(2)此句是说翅上的花纹是像海蛳一样的旋转纹。

◎ 又

头大尾尖黑身子，生来形状如海蛳。

腿足牙钳俱要白，同等厘码怎支持。

◎ 蝼蛄形

蝼蝈之形最难相，牙长腿短头尖亮。

尾豁过肩三二分[1]，正是雌头拖肚样[2]。

【注释】

(1)尾豁：指蟋蟀双翅的末梢。这句是说双翅短小，只有三二分长。(2)雌头：小头，尖头。因雌虫的头又小又尖，故名。

◎ 又

蝼蛄六足短而粗，牙细尖长腹又拖。

翅短尾开臀露出[1]，圆头价值万金多。

【注释】

(1)尾开：此处的尾是指翅的末端，而非指尾须。

◎ 又

头尖项短肚皮拖，两翅生来似蝼蝈。腿脚不长身又短，此虫若得可收脱[1]。此虫唯黄色者佳，其余色样，皆为不美。

【注 释】

(1)收脱：收养起来以待取胜。

◎ 又

蝼蛄生来是长身，头小翅短为特征。

不遇将王定不输，遍身黄褐能常胜。

◎ 蜘蛛形

身材局促似蜘蛛，且喜牙长六足铺[1]。

羽翼不长肩盖尽[2]，等闲觅得夜明珠[3]。

【注 释】

(1)六足铺：意谓六足长大，平铺地上。(2)肩盖尽：指双翅将整个后背盖严，翅梢直达尾端。既然“羽翼不长”，却又能将后背遮严，可见此虫确实短小。(3)等闲：随便，轻易。夜明珠：传说中的宝珠，夜间能发光，为无价之宝。《癸辛杂志》云一妇人夜见水中发光，视之，乃一白蜘蛛。以鸡笼罩之，割其腹，得一夜明珠，光照满室，为绝代之宝。因“珠”与“蛛”同音，故古人认为巨蜘蛛腹中有夜明珠。

◎ 又

头小牙长体短丰[1]，灰青项色一般同。

银丝六足娇还细，名曰蜘蛛胜黑熊。

【注 释】

(1)短丰：指体形短小而丰满。

◎ 又

短身六足似蜘蛛，畏明喜暗盆边藏。

肉厚腿长多盘旋，行动伶仃促织王。

◎ 又

形像蜘蛛真稀奇，腿长身圆六足伶。

怕光团缩似怕羞，场中斗敌凶又凶。

◎ 嘻嘻形[1]

身宽背阔腿爪长，爱伏盆边常怕亮。

战将逢此须回避，黑身绛牙是大将。

【注释】

(1)嘻嘻："嘻"应作"蟢"。蟢子是指一种小蜘蛛。

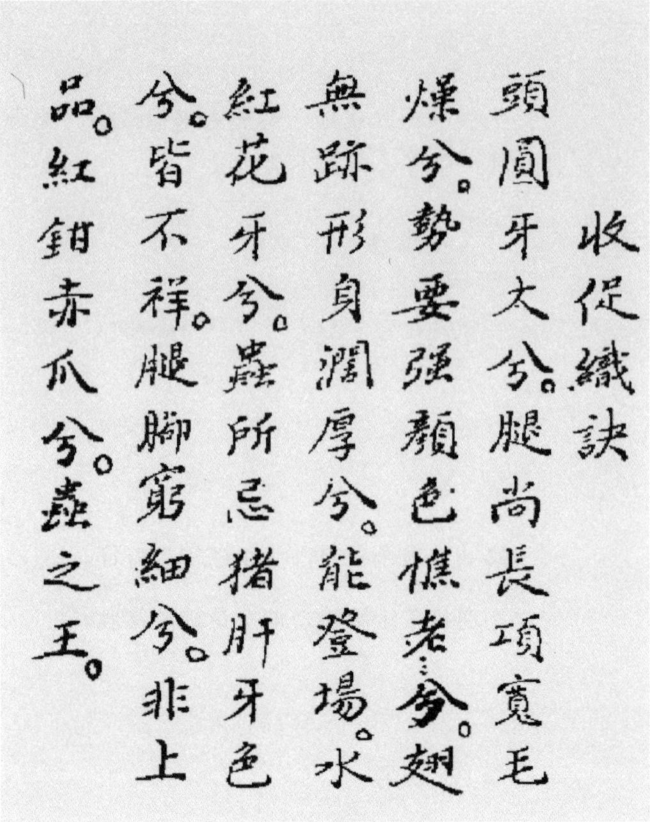
收促織訣

頭圓牙太兮。腿尚長項寬毛燥兮。勢要强顏色憔老兮。翅無跡形身潤厚兮。能登場。水紅花牙兮。蟲所忌猪肝牙色兮。皆不祥。腿腳窮細兮。非上品。紅鉗赤爪兮。蟲之王。

小厂《促织经》"收促织诀"

◎ 蜈蚣形

薄体圆钳识者稀，朱头漆项最为奇。

更兼黑背红丝足，宛似蜈蚣人未知。

◎ 又

喑咤吟漫晓蝉声[1]，寸体驼腰顶上红。

两腿如钩白似玉，窠内必定出蜈蚣。

【注释】

(1)喑咤吟漫：指鸣声低小。

◎ 杨甲形

翅长如漆项无纹，宽项生毛阔后身。

头尖两翅枣红色，杨甲形模若有神。

◎ 蚱蜢形

头大肩尖腿脚长，秀钉模样最难当[1]。

侧生身分高而厚[2]，斗到秋深赢满场。

【注释】

(1)秀钉：对钉子的美称。秀，秀美。(2)侧生身分：指蟋蟀身体的侧面。

◎ 又

头大臀尖后脚长，秀钉模样最猖狂。

身材生得高还厚，蚱蜢之形谁敢当。

◎ 又

头大额冲后腿拖，项阔身宽后背驼。

文行武斗力强大，斗遍三秋得几何。

◎ 玉蜂形

尖翅名呼是玉蜂，千中难遇实难逢。

如君遇着须不避，不比寻常是毒虫。

◎ 灶鸡形

头尖项细肚皮拖，白翅生来满背铺。

腿脚不长身懒慵，当头金线叫喽罗。

◎ 皂鸡形[1]

头如蚕嘴肚如琴，两翅啾啾叫不明。君还得遇此虫儿，千百之中无处寻。此虫千中无一，最难得者。两翅如海螺样方真。

【注释】

(1)根据此处所描绘的内容，与前“龟鹤形”几乎完全相同，颇令人怀疑“皂鸡”是否“龟鹤”之形误。

◎ 蟑螂形

易名宽翅号蟑螂，翅阔头尖牙用长。

身要扁摊脚要细，只许英雄三二番。

◎ 又

形躯仿佛似蟑螂，项肿头尖牙齿长。

身腰扁阔脚条细[1]，紫金颜色始名扬。

【注释】

(1)条细：即柔条细梗之意，纤细。

◎ 又

身披大页翅还长，项阔背宽形象方。

长足有蛆终不过，此虫不养又何妨。

◎ 蝴蝶形

头尖肚大象蝴蝶，两翅含开腿脚穷。

此虫只好无钱斗[1]，当真必害主人翁。

【注 释】

(1)无钱斗：谓此虫甚劣，只能在不下赌注的情况下斗着玩；如以钱相赌，则必输无疑，故下句接云“必害主人翁”。

◎ 虾脊龟形

龟形虾脊不宜红，腿脚俱长力不庸[1]。

色黑体肥毛白项，金丝金线绝伦虫。

【注 释】

(1)力不庸：指力量很大，斗性很足。

◎ 虾背形

虾背驼峰蛾肚样，翅如蛱蝶腿浑长。

小头圆脑斗丝黄，当额银线英姿扬。

◎ 虾 脊

虾脊驼峰蛾肚良[1]，翅如蛱蝶腿俱长。

头圆而小方为称[2]，线要银兮路要黄。

【注 释】

(1)驼峰：即驼背，骆驼的背部高耸。虾脊、驼峰皆喻蟋蟀的后背弓起。(2)方为称：才相称。

◎ 梅花翅

不拘五色之虫，翅梅花样者，奇相也。非若梅花之白，形似梅花两朵，铺于翅上是也。

◎ 又

翅似梅花蜘蛛形，身上如同梅花片。

如此之虫亦怪哉(1)，满场斗胜真堪羡(2)。

【注 释】

(1)亦怪哉：多么令人奇怪啊！指此种蟋蟀形象奇异。(2)堪美：值得羡慕。堪，值得。

◎ 又

翅似梅花口似刀，翻来覆去咬千交(1)。

纵然赢得他们者，只好看盆无二遭(2)。

【注 释】

(1)千交：千次，千遍。(2)这两句说的是，即使偶尔能赢，也不敢再来斗第二次。看盆，指守着盆别再出战。

◎ 又

生来形像似蜘蛛，背上梅花两片铺。

此是奇虫如得见，满场争叹世间无。

◎ 又

翅似梅花势甚骁(1)，翻来覆去斗轻飘(2)。

纵逢敌手能相胜，咸羡三秋夺锦标(3)。

【注释】

(1)势甚骁：指斗性猛烈。(2)轻飘：意为斗来斗去，能轻松地取胜。(3)咸美：都美慕。

◎ 又

翅似梅花口若刀，翻来覆去实咆哮。纵然一时侥幸胜，只可看盆无二遭。此虫不耐久斗，一时幸胜[1]，不可多赌利物[2]。

【注释】

(1)幸胜：侥幸取胜。(2)利物：指下的赌注。注意此首的含义与上面各首相反，不知孰对孰错；可见古人所见并不统一。

◎ 又

天生骨骼似蜘蛛[1]，背上梅花两片铺。腿足浑长明似雪，牙排墨黑玉为肤。此是奇虫须珍惜，千场千胜世间无。

【注释】

(1)骨骼：指体形。

◎ 锦蓑衣

翅宽翅急最为低[1]，识者当场便敢欺。

生得两边如鸟翅[2]，名传天下锦蓑衣。

【注释】

(1)翅急：急，紧也。《三国志》："遂生缚布，布曰：'缚太急，小缓之。'"翅急意即翅太紧，指双翅紧贴后背，他谱谓"翅宽翅紧总非宜"可证。最为低：指这种蟋蟀为最下品。低，下也。行家认为双翅高翘（翅与后背有一定空隙）者为佳。(2)如鸟翅：喻蟋蟀双翅宽大高扬，如鸟翅一样展翅欲飞。

◎ 又

翅宽翅急总非宜，此种生来好者希[1]。

必得两边如鸟翼，名传天下锦蓑衣。

【注释】

(1)好者希：好虫不多。希，同“稀”，稀少。

◎ 金蓑衣

翅宽翅急未呈奇[1]，识者当场莫慢非[2]。

生得两边如鸟翼，名传天下锦蓑衣。

【注释】

(1)未呈奇：没有什么奇异之处。(2)莫慢非：不要轻视。慢，怠慢。非，非议。

◎ 长翅（长衣）

长翅须养金长翅，腿脚清明腰浑齐[1]。

虽然口比青锋刃[2]，只宜早斗不宜迟。

【注释】

(1)清明：指色泽明亮。(2)青锋刃：指剑。青锋，剑刃发出青光来，必锋利。此喻蟋蟀双牙锐利。

◎ 又

长翅须养金长翅，腿脚粗肥腰混齐。

果然口比青萍利[1]，中秋试斗利如犀[2]。

【注释】

(1)青萍：此处亦是指剑。(2)犀：指犀角。古代以犀角作兵器的饰物，故后以犀作为锐利坚固的代名词。

◎ 又

长衣须养青金翅[1]，腿脚玲珑尾要齐。

纵然口似青锋剑，只宜口快不宜迟。

【注 释】

(1)长衣：即长翅。这种蟋蟀的双翅特长，翅梢超过尾端。

◎ 又

长衣须养金长翅，白腿圆腰胜一时。

虽是牙钳如利刃，只宜早斗不宜迟。

◎ 又

腿白腰圆翅齐尾，头大项宽金长衣。

血色红牙青锋样，中秋斗后不相宜。

◎ 阔 翅

阔翅之虫识亦难，臀长扁薄也应凡。要知才貌青黄色，头小牙长两腿斑。更选异中紫与白，将军之色有朱颜。

◎ 又

阔翅从来识最难，纵然长腿总须删[1]。要看身上青黄色，头小牙长两腿斑。阔翅虽要青黄色，但白色、紫色，俱有将军，总以头小牙长腿斑者为妙。

【注 释】

(1)总须删：意与上首中的“也应凡”相近，指没有用。

◎ 又

鼓翅嚣嚣阁阁声[1]，身材雄壮齿尖横[2]。

小头肿项黄金背[3]，上册交锋一口赢[4]。

【注 释】

(1)嚣嚣：声音杂乱貌。阁阁：状蟋蟀的鸣叫声。(2)齿尖横：喻双牙坚锐有力。(3)肿项：指项肥大宽阔。(4)上册：入斗栅相斗。

◎ 又

阔翅之虫识亦难，长扁薄细也寻常。

须知最贵紫黄色，腿斑头小牙要长。

◎ 长阔翅

世人谓长阔翅者不足贵。予意虫果将军，何害翅之长阔[1]。若非名将，翅阔而长，则苦于合对之难，宜不足贵也。

【注 释】

(1)这句是说，双翅的又长又宽能有什么害处呢？

◎ 鸳鸯翅

青黄二色翅鲜明，此蛩入手不当轻。

初秋斗到深秋后，管取交锋只见赢。

◎ 琵琶翅

壳翅琵琶不用青[1]，若还紫色也相应[2]。要知斗处关张勇[3]，头小牙长体似金。琵琶项上带销金[4]，又看须长六足明。若是黑青全没用，腿长肉厚满场赢。哂哂连叫两三声[5]，此虫便是灶鸡形。

小儿斗促织立轴

玉腿白牙赢到底，黄牙项细是输名[6]。

【注 释】

(1)壳翅琵琶：指蟋蟀的双翅如琵琶形。(2)相应：相配。(3)关张勇：关张指三国时的关羽和张飞，以勇敢忠义著称于世。此处以关张之勇喻蟋蟀之善斗。(4)销金：以碎金饰物，也称洒金。这里是指蟋蟀项有金色。(5)哂哂：状蟋蟀的叫声。(6)最后一句是说这种蟋蟀一定要输。

◎ 齐膂翅

中秋齐膂最为英[1]，头项宽舒翅皱文[2]。

敦厚牙长兼脚大，金风才动不堪闻[3]。

【注 释】

(1)最为英：意谓最英勇善战。(2)宽舒：宽大舒展。绉文：即绉纹。(3)这句意思是一到深秋，这种蟋蟀即难以再斗了。

◎ 又

名为齐膂翅玲珑，头项宽舒自不同。

更喜牙长兼脚大，中秋时节最英雄。

◎ 齐 臀

齐臀不论紫黄青，头缩项宽翅绉纹。

身厚牙长螳螂足，金风才动立奇勋。

◎ 又

齐臀不论紫黄青，身厚牙长头缩形。

项宽翅皱威又猛，螳螂腿足点朱星。

◎ 时辰翅

诸色皆有时辰翅，大概翅皆右掩，其左掩者曰左搭翅。其时辰翅则随子午卯酉，逐时更换，或左搭，或右搭，应时不爽。出口极猛，但恐霜降节后，亦有失者。间亦有直能结冬。左搭翅亦然。

◎ 又

阴阳不同左搭翅，百万军中难见一。

子午翅合分左右，秋兴场中称稀奇。

◎ 又

凡虫生翅右盖左，左搭生性猛如火。 时辰子午更换频，霜降过后停干戈。

◎ 兜 翅（无肉扁脚者佳）

兜翅之蛩识欲详[1]，臀长扁薄也寻常。

须知最贵紫黄色，腿斑头小要牙长。

【注 释】

(1)识欲详：意思是说想详细地认识一下这种蟋蟀。

◎ 壳 翅

壳翅无声性却雄[1]，只嫌纯黑是常虫[2]。

若还翅上青黄色，秋兴场中可立功。

【注 释】

(1)性却雄：指斗性却很足。(2)常虫：庸常之虫。

◎ 绉翅

绉翅形躯另一般，罗纹重叠嘴如环[1]。

雪花肚足方堪贵，油黑斑狸亦等闲。

【注释】

(1)罗纹：指双翅上的翅脉。重叠：意指翅脉精细而凸起。嘴如环：双牙内弯如环。

◎ 烂衣

烂衣秃背蛩中残，鸣音若无声不传。

无论诸色常异虫，场中逢之身难全。

◎ 各色麻头

各色麻头路要细，身方背厚项毛砌[1]。

头大牙长尾似枪，斗尽来蛩力不敝[2]。

【注释】

(1)砌：堆积。(2)力不敝：力量不弱。敝，弱，少。

◎ 寿星头

毛项红牙头颈长，色浓身厚更轩昂[1]。

形如虎立君须记[2]，一日还教胜几场。

【注释】

(1)轩昂：气度不凡。(2)此句云威风如虎。

◎ 又

琥珀头色黄玉星，项紧腮削尾细尖。纤腰短翅瘦长足，天生细长大红钳。诸般虫色皆称妙，沙黄真形世少见。但得此虫秋兴浓，征战栅场群英前。

◎ 又

寿星老头相最奇，细腰削腮六足瘦。

头前居中眼放光，这般异相真罕见。

◎ 琥珀头

头色如琥珀，斗线麻路绝细，要以明净为主，项翅皆青而微带有紫红光，此亦青中出色者也。大白牙、长红牙皆妙。

◎ 星 头

头似琥珀星似玉，红钳一付生来毒。

淡黄项翅腿圆长，咬胜诸虫不复局[1]。

【注 释】

(1)不复局：不再斗第二局。意谓此虫厉害，一局即能确定胜利，不用再斗第二局。

◎ 又

头如琥珀，星似黄玉。一对红牙，生来最毒。淡黄项翅腿圆长，敌尽诸枭不复局。

◎ 头陀形（和尚头）

乌头无路一片光，额中一线如银装。不论青黄与赤白，项阔牙长促织王。黑头黑脑无斗丝，项背宽厚腰身长。额线一条看得清，大将威风和尚头。

◎ 鸳鸯头

鸳鸯头上色分明，一半青色一半黄。

此色之虫实难遇，百度交锋百度赢。

◎ 啖色头

头黑红顶皆身跎，更兼大腿及捶拖[1]。

牙齿赤红如钳样，连赢数阵不为多。

【注 释】

(1)捶拖：指拖肚。

◎ 又

黑头红项背身跎，大腿圆长着地拖[1]。

更爱赤红牙一对，早秋斗到雪花多。

【注 释】

(1)着地：随地，顺地。

◎ 朱砂额

朱砂青项翅金黄，肉腿如同白雪装。

更爱双钳黑似漆，诸虫一见胆魂丧。

◎ 线 额

当头线额使人钦[1]，色艳虚花未足珍[2]。

麻路隐藏额线现，交锋即胜却堪亲。

【注释】

(1)使人钦：令人钦佩。(2)色艳虚花：指色彩过于鲜艳。

◎ 额子

白如玉色点如珠[1]，头额生来样自殊[2]。

脑线更看粗且短，一时强敌尽皆输。

【注释】

(1)点如珠：额线粗短而成一点，圆如珠。(2)样自殊：样子与众不同。

◎ 又

白如脂玉圆如珠，头额清奇貌自殊。

脑线更看粗且短，千金不换玉龙驹[1]。

【注释】

(1)玉龙驹：一般用来比喻骏马，也用来喻儿童聪颖。此指蟋蟀可成将才。

◎ 月头

额首空文终落后[1]，十个月头九不斗。腿穷项细便寻常，请君抛弃何须守[2]。黑黄者佳，其月如粉者亦美。俗谚云："一斗便将军。"[3]

【注释】

(1)空文：指额上没有斗线和麻路。(2)何须守：意谓不要指望它来取胜。(3)此语是说，只要一上战场，便可成将军。

近代粉彩瓷板挂屏局部

◎ 又

十个月头九不斗，月头不斗惜雄文[1]。黑黄颜色虫为贵，月白如晶定出群。色相兼全仍不斗，好将月额细评论。月无昏暗神完足[2]，品极超齐立建勋[3]。芡草时将挑掭奋[4]，钳开一斗大将军。

【注 释】

(1)惜雄文：可惜额上徒有月纹。(2)神完足：指蟋蟀精神完全充足。(3)超齐：超出同类。立建勋：马上能胜敌立功。(4)挑掭奋：指用芡草挑拨，使其性起。

◎ 月头线额

线额空纹彩更良，月头堪惜不久长。

应是腿寒终不耐，奈何脚小便寻常。

◎ 红铃月额头

虫名月额及红铃，来往交锋暂或赢。

纵然得胜终难久，赢得钱来不可行。

◎ 红铃月头

蛩生月额及红铃，来往交锋暂莫陈[1]。

纵然得胜终难恃[2]，劝君休作掌中珍。

【注 释】

(1)莫陈：不要说。陈，陈说。(2)终难恃：最后还是不能依靠。

◎ 又

虫生月额及红铃，来往交锋势力凶。

胜后三时勤审度[1]，月昏铃脱似痴龙[2]。

【注释】

(1)勤审度：经常加以细致观察。(2)似痴龙：指蟋蟀已经失去战斗力，不再能斗。

◎ 蝶头

金额原要黄麻路，银额必须白麻头。

更要牙钳红黑色，反是何须着意求。

◎ 月头额

额首空文彩[1]，月头不久长[2]。

脚穷终是病，腿细更寻常。

【注释】

(1)这句意为头上徒有斗丝麻路，却不能斗。(2)不久长：指不能久胜。

◎ 红头额

红头形像似花枝，一番取胜未为奇。

中秋便可空拳斗，胜少输多何必疑。

◎ 又

红额却似好花枝，来往交锋亦暂时。

一自西风觱发后[1]，当场零落不堪支[2]。

【注释】

(1)觱（bì）发：风寒也。(2)零落：凋零衰落。这里是指失败。支，支持，支撑。

◎ 油 头

头昏项紧有何奇，脚腿花斑黑肚皮。

翅上更有膏药迹，何堪识者费心期[1]。

【注 释】

(1)费心期：煞费苦心，有所期望。

◎ 铜头线额飞铃

铜头线额及飞铃，未见交锋便输赢。再三调养亲看视，借得钱来也不成。此虫虽然上论，唯紫黄可脱，余者不可脱。

◎ 长异头

长异须养金长异[1]，腿脚要齐尾要齐。纵然口似青锋剑，只宜咬快不宜迟[2]。此虫头尖长翅，阔厚金色者佳。其余颜色次之。

【注 释】

(1)长异：按照题目理解，应指此种蟋蟀的头又尖又长。但按正文所述，则是指翅尖长。因此，长异有可能是“长翼”或“长衣”之误。(2)最后一句是说只宜早秋咬斗，不宜晚秋咬斗。

◎ 八脑线

由来头路辨分毫，怪煞奇形有八条[1]。合就诸虫皆咬退[2]，莫愁项大不能饶。八脑线最奇。若五脑线与七脑线，不足异也。

【注 释】

(1)怪煞：很奇怪。(2)合就：合对。

◎ 又

头路分明辨丝毫，怪色奇相有八条。

五七斗丝何足贵，诸虫岂敌八纹鸟。

◎ 一 线

重青头上一条线，两个牙钳如白练[1]。项阔腰圆腿脚长，来虫咬着香元漩[2]。一线最忌浅色，若得青黑色并紫色，亦为无敌。

【注 释】

(1)白练：白色的丝绸。(2)香元漩：下面一首写作“向圆旋”，意谓彪此虫交口后便如车轮之旋转。详见下面的有关内容。

◎ 又

重青当顶一条线，两个牙钳如白练。项阔腰圆腿脚长，来虫交口向圆旋。最忌生成诸浅色，空有佳名不足选[1]。黑青青黑并大紫，敌了三秋能力战[2]。

【注 释】

(1)不足选：不值得选养。(2)此句是说在整个秋天都能英勇对敌。

◎ 日月眼

看来黑白两分明，异样生成怪眼睛。见者名他为日月[1]，任教百战尽皆赢。日月眼，贵黑白分明，最忌眼如虎头鱼样者[2]。

【注 释】

(1)名他：意思是把它叫作。(2)此句谓最忌双眼凸出如金鱼。虎头鱼：一种金鱼。

◎ 又

当头黑白两分明，异样生来怪眼睛。腿脚浑长形体别，头腰身背细论评。主坛雄将传杭谱[1]，比夹开旗使人惊[2]。脑线牙钳俱不论，任他颜色自肥轻[3]。虎头鱼样双瞳暗，光不分明莫可争。

【注 释】

(1)主坛：犹云战场上的霸主。杭谱：杭州的蟋蟀谱。这句的意思是此虫威名在杭州一带传播。(2)比夹：即比斗。开旗：意即旗开得胜。(3)此句意为不论它是何种颜色，也不管是肥是瘦。

◎ 阴阳牙（鸳鸯牙）

此虫生来两个牙，一红一白实堪夸。

不拘五色麻头者，任你来虫不怕他。

◎ 又

异样生来两个牙[1]，一红一白实堪夸。

不拘五色麻头相，难与交锋夺彩花[2]。

【注 释】

(1)异样：指双牙很奇特。(2)这一句是说其他蟋蟀难与它交锋，斗则必败。

◎ 又

一红一白两只牙，牙中有斑是伪相。

阴阳牙齿斗性凶，三秋可当真了虫。

◎ 重 牙

四牙大小一般同，两付牙钳忒煞凶[1]。借问诸虫谁敌手，早秋直胜到残冬。凡促织俱有四牙，而内两牙绝小无用。唯此虫内外如一，交锋时四牙并用，敌虫无不立毙。

【注 释】

(1)忒煞凶：太凶恶。忒，太，特别。

◎ 稗子牙

牙如稗子圆而小，观者人人道不好。

一朝斗胜独争先，始把此虫当异宝。

◎ 蝴蝶须

双须并卷弯如圆，张牙鼓翼两须伸。

单须独卷非真相，蝴蝶须名威风逞。

◎ 竹节须

战须中间有一节，不拘左右皆妙绝。

青黄赤白无所忌，勇悍拔萃称无敌。

◎ 独须单枪

独须独尾世称奇，金翅红牙形似龟。

两异相兼方足贵，项青肉白始相宜。

◎ 又

不是圆来不是方，中间生得一枝芒。

斗尽场中敌无数，闻名尽说一条枪。

◎ 又

前生一须在当中，后生一尾亦相同。

单枪独尾是英雄，名将异相难相逢。

◎ 赤 须

两须纯赤向前伸，青项青头青满身。未到交锋都吓怕，汉家旗帜早惊人[1]。此虫青头青项，遍身青色，玉柱大钳，两须赤如红缨，粗大如棕[2]，长径四寸，勇健无敌。

【注 释】

(1)汉家旗帜：古代交战双方皆举旗帜以示分别。这里是以楚汉相争代指相斗的蟋蟀双方，汉家旗帜是指胜利的一方。(2)棕：指棕丝。

◎ 又

双须纯赤饶精神，青项青头青满身。须号棕丝长四寸，钳名玉柱表双银[1]。太平世上无双品，秋兴场中有异珍。入阵卄牙谁敢敌，汉家旗帜早惊人。

【注 释】

(1)表双银：此句意思是一对白牙双双如银。表，指牙齿外表。

◎ 玉 尾

满身紫色翅无迹，独有双尾如雪白。咬尽诸虫常一口，将军玉尾声名赫。此虫头圆项阔，腰身浑厚，腿脚圆长，遍体紫色，弯尖红牙，两尾明洁如玉。

轉苦響燈促織永夜忙悔殺比鄰日長語
蛩　朱繼芳
一蛩何唧唧吟落兒童心只在竹籬外篝燈無處尋
蛩　葉茵
壁間吟不待秋時吟苦中宵勸客悲勸汝不須催婦
織家家五月賣新絲
蟋蟀　明鎮國中尉顯琢
蟋蟀鬭何事哀音入夜偏寥寥闌永漏切切亂鳴絃
乍逐微風斷還從疎雨連閨中有思婦怪爾不成眠
哀蛩吟　王廣洋
西風院落無人語白露泠泠滴秋宇仰見月明河漢
高咿軋哀蛩弄機杼咿軋咿軋機杼鳴綺窻飛度玉
梭輕同聲合奏思無限萬緒千端織不成芳蘭夕氣
浮金井寶鴨沉煙翠衿冷蕩子從軍去不歸妾身抱
恨愁孤影此時此夜聞此聲更長夢短離為情銀缸
暗擊玉釵碎錦瑟斜移金雁橫金雁斜橫飛不起漫
索餘音滿人耳梨雲化作陽臺夢家書望絕湘江鯉
湘江水流東復深蕩子不歸勞妾心故將鮫人萬斛
淚寫入哀蛩腸斷吟
寒蛩　王龍起
寂寂冬夜長燈火輝微光寒蛩窻外鳴皎皎月入房
何由迫人耳繁響在我牀感懷難就寐曳屣步中堂
凭欄細傾聽怨遶樓上梁風多不成曲啾唧愁予腸
伊伊重縷縷持此為誰傷空簷鐵馬動悲聲相抑揚
正當霜漏盡幽咽倍淒涼
蟋蟀　潘亨
愁對燈前影時聞牀下聲要知因物付何用不平鳴

《古今图书集成》中的蟋蟀诗词

◎ 又

头圆项阔身紫色，一对弯尖牙似血。腿足圆长翅肉红，独有双尾白如雪。斗败来虫只一口，将军神勇威名赫。

◎ 拖 肚

黑头红项背形驼，更兼肚腹如舵拖[1]。

齿色黑红如钳样，连赢数阵不为多。

【注 释】

(1)舵：船舵。此句云蟋蟀拖肚就像船后拖着船舵一样。

◎ 又

黑头红项背形驼，肚腹垂垂若茧蛾[1]。

牙色黑红双得美，翅须薄绉是灵鼍[2]。

【注 释】

(1)垂垂：沉重直垂的样子。茧蛾腹部肥大，此喻蟋蟀拖肚。(2)灵鼍：有灵应的鼍。鼍，即扬子鳄也。

◎ 绣 肩

绣肩绣胁不为奇，赢得来时也可虞[1]。

金铃落却终难复，欲斗无情致叹吁[2]。

【注 释】

(1)也可虞：也值得担心。(2)叹吁：叹息。

◎ 线 腿（伶仃腿）

六足离身一线连，猛然揭盖腿收敛。惊醒行跳如常虫，此乃将军形相显。两腿似象已脱卸，行跳又是象平常。不识线腿是二将，斗后方知宝贝样。

◎ 八 脚

八脚生来最害怕，一时得了真无价。

三秋唯此每横行，来者交锋腿脚卸。

◎ 五爪金龙

金龙名号朝天阙，沙场蒙尘日月缺。

千秋功业非难建，五足镇敌似飞雪。

◎ 独 脚

独脚全凭绰芡功(1)，助帮其拐可成功(2)。

切须休要饶他大，两腿俱全力不同。

【注 释】

(1)独脚：指只剩下一条后腿的蟋蟀。绰芡功：用芡的手法高超。(2)拐：指剩下的那条腿。连上句是说只有用高超的芡法帮助蟋蟀，才能使它在格斗中取胜。

◎ 又

人言独脚最枭雄，谁道原无孙膑功(1)。

纵使赢时须芡绰，由来力怯不相同。

【注 释】

(1)孙膑：战国齐人。曾与庞涓同学兵书。后涓为魏相，嫉膑之才，召膑至魏，刖其足（砍掉他的脚）。孙膑后来为齐威王师，为齐谋击魏。庞涓兵败自杀，孙膑由此显名。

◎ 反生名

金锦额，黄麻路；银丝额，白麻路，俱要透顶，更要麻路与额相泛[(1)]，此等妙也。

【注释】

(1)此句是说麻路和斗线颜色要正好相反。相泛，即相反。

◎ 又

金丝额，白麻路；银丝额，黄麻路，俱要金对银，二件相反。银额金丝，各透明细直为上。

◎ 又

金丝额，白麻路；银丝额，黄麻路。金银相交龙驹步[(1)]。虎额悬丝细透明，来虫觌面皆惊惧[(2)]。

【注释】

(1)龙驹步：此喻蟋蟀步态威严，表示此虫雄壮有力。(2)觌面：见面。

◎ 铁弹子

镔铁熔成弹子形[(1)]，满头漆黑没分星[(2)]。牙钳牙肉生来白，共骇将军目未经[(3)]。此虫迥异促织，头如铁弹，并无脑线分星以及须根金圈。两腿短壮，牙肚洁白。其色虽似黑青，而内隐金光奕奕。余于戊子年曾得此虫，是岁五色诸虫皆出，与之角胜，莫不败北，赢至六十余册。真异虫也！

【注释】

(1)镔铁：一种精炼而成的铁，古代常用来打制刀剑。弹子形：指长圆形。(2)分星：即分野。古人将天上的星宿与地上的位置对应起来，由天上说是分星，由地上说是分野。(3)共骇：大家都感到惊骇。目未经：没有见过。

◎ 又

相貌迥然异促织，额无线路如青铁。须根视若赤金圈[(1)]，牙钳肉色白似雪。两腿短壮弹子形，黑青颜色金光凸[(2)]。敌尽三秋五色虫，将军之名推首列[(3)]。

【注 释】

(1)这句是说头须的根部有金黄色围绕，犹如套着金圈。(2)金光凸：金光闪烁。凸，本义是突现，此指闪烁或映照。(3)推首列：意即位居前茅。

◎ 飞促织

飞虫能斗体轻盈，白翅收时斗负疼[(1)]。

水中拔去难飞矣[(2)]，果然百战百场赢。

【注 释】

(1)白翅：指飞蟋蟀的内翅，也即长衣。(2)去飞翅法详见本书“养法”中的有关内容。

◎ 又

飞虫能斗体轻盈，拔翅成疮斗负疼。可用剪刀裁内翅，自然百战百番赢。飞促织在树者为妙，在土中者不佳，山中者为山令子。飞促织打下，当喂带血活物，安于静处，莫与人斗。又怕风透，切避蛩吟[(1)]。有人辏合[(2)]，交口便赢。

【注 释】

(1)这句是说不要让它听到其他虫的叫声。(2)辏合：即合斗。

◎ 又

飞虫者，非异也。虫于角翅下生两软翅[(1)]，色淡黄而尖，盖于尾，夜则飞，类多勇猛轻捷。其形身厚腿长，头尖顶浑，但斗时人知其为飞虫，则不肯配对。若将软翅拔去，恐有伤损。须先挑起角翅，用小剪刀将飞翅齐根剪去，则无伤损，遮人一时不周[(2)]。

【注 释】

(1)角翅：指蟋蟀的前翅，即平时用来鸣叫的双翅。两软翅：即内翅也。(2)这句是说趁人们不注意，掩饰自己是飞虫。

◎ 又

飞蛛能斗体轻盈，黄白堪夸青莫惊[1]。白翅水中应拔去，依方调理畏寒生[2]。此虫终始休长看[3]，好静防风避类声[4]。带血蚊虫频养准，慎教震动一番惊。三秋若果能珍惜[5]，百口交时百口赢。

【注释】

(1)青莫惊：此云青色飞虫并无特出之处。(2)依方：按照古谱。(3)休长看：意为不要长时间掀盖察看盆中的蟋蟀。(4)类声：同类的叫声。此句是说不要听到其他蟋蟀的叫声。(5)若果：如果。

◎ 又

圆头弓背葫芦形，飞蛛善斗体轻盈。黄白翅色配得好，将军百战百场赢。慎免震动易受惊，静养防风避雷声。飞翅白衣早拔去，常喂蚊蝇三秋珍。

◎ 香师肩铃

香师红额及肩铃，只好三番二次赢。

卸却红铃难保久，纵然赢得也无情。

◎ 玉锄头

杜家名号玉锄头，白肉乌牙孰与俦[1]。

面黑更兼头脚大，定然得胜遍三秋[2]。

【注释】

(1)孰与俦：谁敢与之匹敌。俦，本指同辈、同伴，这里是指对手。(2)最后两句是说此虫的厉害，战遍三秋并无对手。不过下面一首则与此相反，谓此虫甚劣，“不堪收”“懒去求”。究竟何者为是，养虫家明鉴之。

◎ 又

黑牙黑面不堪收，此种诸人懒去求。

雪样翅儿加白腿，胜时齐道玉锄头。

◎ 又

白玉当额琥珀头，白肉乌牙何处求。

更兼腿长翅青金，无敌天下遍三秋。

◎ 玉垂头

头项分明似远离，中间肉白如蛴螬。

仰首搭牙俯首胜，玉垂头号任君题。

◎ 肉锄头

黑牙黑面不堪收，此等虫儿莫去求。

若得面肥头脚大，杜家名号肉锄头。

◎ 金束带

十个红铃九个败，脱却红铃休赌赛。

红铃若得满腰生 常胜号为金束带。

◎ 又

身材端正相超群[1]，金带围腰似面君[2]。携赴敌场争战斗，管教不让大将军。红铃生于翅根，此热虫也。如若围腰，方称此名。

王雪涛等《豆荚蟋蟀图》

【注释】

(1)相超群：体形体色超过他虫。(2)金带："金束带"的简称，实指蟋蟀腰间的红铃。面君：朝见皇帝。

◎ 金带铃（一名金束带）

古语红铃定不赢，如铃脱落即凋零。

腰间砌满红铃子，常胜称为金带铃。

◎ 琵琶形

翼像琵琶秋蛩首，头雌项滑世罕有。

长牙金翅非等闲，斗尽三秋无敌手。

◎ 三段锦

麻头青项翅销金，体白牙长六足明。

更不异常腰背阔，蜀川三段锦花名[(1)]。

【注释】

(1)蜀川三段锦：锦是丝织物之一种，因花纹不同而有很多名称。三段锦即其中一种，因三色而得名。古代以蜀锦最为有名，产四川。唐杜甫《白丝行》："缫丝须长不须白，越罗蜀锦金粟尺。"

◎ 又

头角峥嵘毛项蓝[(1)]，两般颜色不须言。

更兼双翅如披锦[(2)]，好似将军奏凯旋。

头项翅各俱一色，俗名三色。

【注释】

(1)峥嵘：指超越寻常，不同一般。(2)此句云双翅盖体，如披上锦缎一般。

◎ 又

麻头青项翅销金，白牙白腿腹如银。

百战百赢无敌手，蜀中三段锦为珍。

◎ 两头枪

须无尾短最堪伤，虫大终须不是强[1]。

肉尾腿长还倒插[2]，闻名尽说两头枪。

【注释】

(1)此句意为，由于有上一句所说的毛病，即使虫长得很大，也还是没有用的。(2)倒插：指蟋蟀的尾须倒插，故又称这种尾须为“插尾”。蟋蟀的两只尾须一般是向后下方生长，而此种尾须不但很长，而且向上方生长，如同两支枪插在尾部。两头枪的得名也正源于此。

◎ 绣花针

小能敌大果然强，虫小赢多必是良。

累胜上肩魁大者[1]，这般虫小也非常[2]。

【注释】

(1)累胜：屡胜，多次战胜。上肩：指蟋蟀的中胸部分，脖与腹之间的地方。魁大：硕大雄壮。(2)非常：非同寻常。

◎ 又

佳名唤作绣花针，口含锥儿毒气深。

嘱咐诸虫速回避，交口咬着定伤身。

◎ 淡黄白

淡黄白，头生三尖，琥珀色，身厚，牙红细长，奇也。

◎ 又

淡黄白，头须三尖，身如琥珀色，钳红项宽，毛燥腿大为上。

◎ 狗蝇斑

两腿黄斑翅若金，黑牙青项有精神。此虫莫认为三色，斗到三秋人自惊[1]。金翅乌牙，黄斑遍腿。

【注释】

(1)人自惊：此谓蟋蟀会有上乘表现，能令众人大吃一惊。

◎ 金苍蝇

朱头绿项身油绿，脚腿微黄红点生。

钳环血色翅尖样，力能扛鼎自扬名。

◎ 红 铃

红肩红胁不为奇，连连赢得也防虞[1]。

金铃落了终难复，无情去斗脚成灰。

【注释】

(1)防虞：意指防备以后的失败。

◎ 又

十个红铃九个败，卸却红铃只好卖[1]。

若得红铃满腰系[2]，战胜号为金腰带。

【注 释】

(1)卸却：这里是指脱落。(2)满腰系：指布满腰间。

◎ 又

红肩红肋及红铃，止有三场两次赢。

脱下红铃休要斗，纵然赢得也无名。

◎ 又

红铃满背号驼金，只许三番两次赢。

卸下铃时难赌赛，若逢强敌必遭倾[1]。

【注 释】

(1)必遭倾：必然失败。倾，倾覆。

◎ 又

金铃数点衣泛赤，阴阳左右各排列。

红铃满背金束带，中秋以前斗无敌。

◎ 滑紫三呼

一呼梨摠采，二呼油纸灯，三呼沿盆子。

◎ 又

滑子一唤梨摠采，世人重呼纸油灯。更有沿盆子三字，威名强敌日加增。九秋谁道无奇物，滑色虫中有瑞征[1]。双翅若然油色润，册场逸骥逐云腾[2]。

【注释】

(1)瑞征：祥瑞的征兆。(2)逸骥：喻蟋蟀如不为人所知的良马一样。逐云腾：状蟋蟀在战场上的雄姿。

◎ 又

头大额圆翅油滑，腰身浑厚肚肉白。

大腿圆壮貌惊人，紫青黑色均称雄。

◎ 滑紫色

头圆脚大遍身黄，翅滑牙红蛛蜘王。异名唤作油里达，彩花管取满头妆。此虫一名油里达，二名油单翅，三名沿盆子。其口最快，交锋死斗，逢着对手，有力无失也。

◎ 五色油

如何但解重油黄，青红紫黑不细详[(1)]。入手有情油一色，五行中亦有虫王。若得白油浑似玉，牙钳五色战千场。

【注释】

(1)这两句的意思是说，为什么只知道看重油黄，而对青红紫黑中的油色虫不细细了解呢？意即各色有油都有可能成大将，故题为“五色油”。

◎ 五色

红头青项翅金黄，肉腿如同白雪装。

更喜牙钳黑似漆，诸虫咬着蟹乘凉[(1)]。

【注释】

(1)蟹乘凉：该是一句谚语，具体含义不详。

◎ 又

色呈青赤黄白黑，天成美姿应五行。

不问东西南北中，来敌虽悍视尘轻。

民国粉彩瓷器局部

◎ 五 花

花头花项生来大，满腿斑斑黑点播[1]。

更配牙钳翼翅花，交锋定是狮子座[2]。

【注 释】

(1)播：散播。这里意为布满。(2)狮子座：本义是佛所坐之处。《大智度论》："佛为人中狮子，佛所坐处若床若地，皆名狮子座。"此处喻不可战胜。

◎ 又

花头花项花翅膀，两腿斑斑照黑光。

更求花牙来相配，三秋人羡五花壮。

◎ 油纸灯

头圆腿壮遍身黄，翅滑如油肉带苍。

一对牙钳如红色，此物虫中是霸王。

◎ 又

头混腿脚一身黄[1]，翅滑牙红促织王。

易名叫做油莉挞[2]，赌花管取满头装[3]。

【注 释】

(1)头混：指头额圆大。混，同"浑"，浑圆。(2)易名：别名。(3)赌花：见前注。

◎ 又

腿壮头圆遍身黄，如油滑翅肉还苍。牙钳一对鲜红色，此是虫中楚霸王[1]。一呼油纸灯，一呼哩莲采，一呼沿盆子，号滑紫三呼。油青油黑，得遍体油透，亦是外五行将军，不可以油滑而弃之也。

【注 释】

(1)楚霸王：即秦末项羽。以勇武著称，曾被封于楚。

◎ 又

额圆腿壮遍身黄，翅滑如油肉色苍。

一对牙钳红似血，将军无敌独称王。

◎ 又

琥珀黄头项灰赤，遍身六足皆油色。

红牙紫钳百场胜，油退鸣金休再出。

◎ 油丹色

黑头青项翅油丹[1]，腿脚牙长似雪霜。

相貌这般无觅处[2]，斗时绝胜岂寻常[3]。

【注 释】

(1)油丹：从字面上理解，似应为油红色。但有的谱也写成“油单”，意为油纸或油布。以全首内容来看，应是指后者。(2)无觅处：指这种蟋蟀很少见。(3)绝胜：一定能够取胜。

◎ 虎头玉蚊

虎头阔项体如金，须硬朱钳琴似吟[1]。

玉蚊宽裆双翅厚，此样娇虫没处寻[2]。

【注释】

(1)琴似吟：其意应是“吟似琴”，即鸣声如琴。(2)娇虫：对蟋蟀的昵称，即佳虫也。

◎ 玉色促织

玉蚊毛脚肚皮青，草还珠上有光明[1]。

镜头圆钳麻黄翅[2]，斗胜之时心内欣。

【注释】

(1)此句连上句解，草即指上句所说的“肚皮青”之色。珠：喻这种“玉色促织”的珍贵。(2)镜头：喻头额之明亮。

◎ 银锭样

紫头青项翅如花，肚下生斑腿又麻[1]。

须硬火钳银锭样[2]，未曾弹琴子弟夸[3]。

【注释】

(1)腿又麻：指腿上有麻点。(2)火钳：红色的双牙。银锭：银块。(3)弹琴：指蟋蟀鸣叫。

◎ 环珠样

方钳短项翅如银，玉肚红蹄鳞又多[1]。

此样娇虫世间少，珠环项上集纱罗[2]。

【注释】

(1)红蹄：指红色腿足。(2)纱罗：意指项的绒毛。

◎ 面筋块

梢尾麻头上下红[1]，纹路毛路须似针[2]。

寸体方圆面筋块，喂养须当要小心。

【注释】

(1)梢尾：指尾须尖锐。梢，尖细。(2)毛路：可能有误字。应是“毛项”之类。

◎ 紫头青项销金翅

紫头青项三色明，掌上观之要认真。若还遇之须调养，任君日逐去交锋。此虫正三色，入格上论，当收养也。

◎ 香狮儿

红肩绣项始为奇，连胜几场总不知。一铃落地君休斗，若还赢了也心疑。此虫一名带红铃，铃落不可恃强，妄斗有失。

◎ 缰铃子

其音连续急促，如驴马缰上之铃声，驰骤乱鸣，非如他蛩之疾徐应节也。审其音，属于商者十之三四，属于徵者十之六七，故推其性，似近乎热，然间亦有结冬者。或云系隔年之蛩，诸蛩闻之皆辟易，恐未必然。

◎ 香橼旋

有交口或分局而如轮之转磨之旋者，名曰香橼旋。其旋有缓急之殊，急者胜负未分，缓者多败。又有左右之别，即系胜负攸分，此因咬痛肉牙，每至此旋。其旋圆转不定，谬以圆、橼同音，遂借香字冠之，误称香橼旋。

◎ 又

蛩有交口或分局而如轮之转旋者，名曰向圆旋虫。其旋有缓急之别，急者于胜负未分之际见之，缓者则多败之象也。临旋时当审虫之虚实，以决虫之胜负也。俗以此旋名香橼，毫无意义，至为可笑。盖音声讹传，流俗不察，随而漫呼之误也。

◎ 铁线虫

凡蛩腹渐大，日甚一日，其内必生铁线虫，如丝弦铁线样，长尺有咫。日久从尾孔钻出，腹空而即毙。间有两条者，蜿蜒虬曲，二三日犹活。畜蛩家遇之，其年决无枭将，此大不利之兆也。据云系螳螂变者多有此。

◎ 又

石孙按：此虫盖蝗虫所变，余曾三遇之，皆不能斗。至谓畜虫家遇之，决无枭将而大不利，真无稽之谈，可笑也。存其说以博一粲耳。

◎ 吹 铃（齐齐翅、铃铛子、山鸡）

玲珑翅声如银铃，交口声扬似摄魂。

吹铃不须论颜色，管教百战百场赢。

◎ 啷啷咚

不取项色不取头，细看状貌亦无由。

只缘战胜鸣不已，此是将军凯歌奏。

◎ 草三段（草三色）

麻头青项白毛丁，金翅绉绉肉带青。

腿脚斑黄牙似炭，当场健斗众皆惊。

◎ 又

麻头青项白毛丁，金翅玲珑肉带青。

腿脚斑黄牙似炭，当场健口似雷霆。

◎ 又

头圆相似紫葡萄，红白长牙项有毛。

更兼淡淡绉银翅，三段之名声价高。

◎ 真三色

紫头青项白毛良，金翅生来肉带苍。

两腿浑长斑白色，一对红牙不可挡。

◎ 真三段（真三色）

紫头青项有毛长，金翅生来肉带苍。

两腿圆长斑白色，一对红牙不可当。

◎ 又

紫头青项有毛钉，金翅生来色更浓。

六腿壮长白色肉，须得红牙最高强。

◎ 小二色

紫头青项翅油黄，四脚如丝两腿长。

更兼一副焦牙齿，中秋饶大也无妨。

◎ 呆促织

头昏项滑有何奇，脚腿斑花黑肚皮。翅短更兼膏药色，将来只好喂窝鸡。此虫纵然阔大短翅，枉占其盆，养之何益。

◎ 呆 物

头昏项紧有何奇，腿脚花斑黑肚皮。

翅上更有膏药迹，只好将来去喂鸡。

◎ 又

定知黑白全无用，须信青黄不可欺。

若是狭长终有失，身形厚阔最迷痴。

◎ 残 疾

不问青黄赤白黑，不拘大小与残疾。

秃须秃尾小无爪，此物见之不足惜。

◎ 又

不问青黄赤白黑，一有伤残难下册。

秃须秃尾腿无丁，掷弃沟中亦何惜。

◎ 又

不拘青白赤黄黑，不问大小和残疾。秃须秃尾又如盲，斗时满场人失色。此虫不论颜色残疾，斗时甚恶，亦可收养。

◎ 停 牙

常蛩开钳朝左右，此物放牙分前后。观似病齿暗中乐，细品斗相意寒愁。相对一击便成功，盘斗何须满场走。合钳滚地对手惊，轻巧赢敌凯歌奏。

第七卷　功虫录

功 虫 录

◎ 金 黄（道光十三年出）

此虫生相，前半方阔，腰粗尾尖，黄头黄项，蜡腿蜡肉，细金斗丝，麻路散布头上。红钳黑面，翅若涂金。鸣声啾啾，沙而带哑。开盆则两须搅扰，终日不定。厘码不过一百四十毫。中秋时曾与一小养户角斗，一时连胜四十余盆。内有饶大至五六十点者，均不多咬。致被借去，久假不归。闻其入栅，交口即胜。后因喂食疏忽，竟至跳去，未曾斗至结冬。此系童年所得，真数十年不一见之虫也。

◎ 真黑青（十七年出本土，杭码八厘）

深圆头，乌金头皮，银丝贯顶，深青圆项，翅色纯紫，腰圆背满，肚腹微拖，鸣声洪大，六足粗壮而短，黑绒肉，光彩耀目，两尾纯黑，粗长几半寸许。然光润无毛，不翘不敞。此虫的系土狗形，落口极重，力大于身，三秋无敌。

◎ 蜡腿黄大头（二十二年出东门，大七厘）

熟铜头皮，金丝斗路，头圆绽无脑搭，老铁皮项，宽阔而起毛丁，腰圆背厚，翅尖尾尖，细黄毛肉，六足如黄蜡捏成，粗长无比。鸣声尖而且老，有若铜皮糙米。白钳粗于米粒，启闭甚捷。杭码七厘之蛩，牙之长大，从未有过于此者。斗十数笼，不二夹。来虫弱者不过六足捧头，如遇名将，则一合钳，无不头开项裂。此虫喂以大米饭，能食粒半，而腹不垂。至大雪后，口吐黑水数滴而僵。迹此知为老蝗所变。

◎ 紫白尖翅（三十五年出东门，七厘）

大头阔项，生体方幅，翅尖直包子门。淡紫头皮，细白斗丝透顶。淡青项，两翅作豆腐皮色，而声若洪钟。白脚白肉，通体素色。净白长牙，中秋破口，不知合钳。数遇大敌，每受数百口无还夹。至落汤后，只交口即胜，马前无一合之将矣。最异者，于盆中视之，色极浅淡，一入栅笼，汤光浓重，色若乌金，人不知为淡色，是可贵也。

◎ 淡青尖翅（又出虞山赵子介送，大七厘）

深头长项，生相平平。腰背不甚丰满，两翅尖长，色如稻叶，微带黄光。淡金斗丝，白牙扁阔，如成衣剪刀式。善斗能盘，落汤收夹。鸣时竖翅不落。初翅沙声，以为尖圆翅，无足异。后乃愈叫愈急，咮咮然一气不断，竟似草虫嘶鸣声，绝不类蟋蟀鸣者，其声真乃得未曾有也。

◎ 红牙重青（二十九年己酉出本土，大六厘）

蝴蝶头即三角头，两眼高耸，星门突出，生相长方。深青圆项，乌金头皮，细白斗丝，项毛浓厚。眼大逾恒，面长而黑，马门尖小。紫红钳如苏木色，细而尖长。腰背浑厚。乌金翅带尖样，鸣声叮叮然。细黑绒肉，六足不长而粗壮。两须一作竹节式，至深汤节节花白，与桑牛无二。斗不行夹，是真异虫。

◎ 淡紫黄（三十年庚戌出东门，大六厘）

深头圆项，生体长方。翅尖如蜂翼，淡青麻路，宝石红牙，肉色白而干老。初秋出土，颇类白青，项色半青半白，并少沙毛。中秋后头皮忽变蜜蜡色，翅色明亮如淡金。腿脚精莹如白玉。其项半化为金，半起烂斑朱砂点。周身光彩，如宝如珠。色则似淡黄，似浅紫，似蜜背，似白黄，光华闪烁，不可评定。以示养蛩惯家，无有能定其色者。性颇不驯，其走如驶，见亮则奔驰不定，且要沿盆数次，然从未见其跳跃。凡斗数十栅，无敌，因以淡紫黄目之。

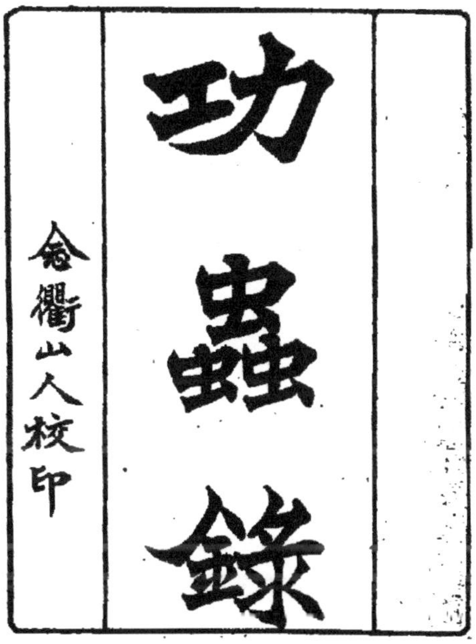

清秦偶僧《功虫录》封面

◎ 侯字青大头（咸丰元年辛亥出本土，八厘）

起顶大头，青金头皮，银丝透顶，深青阔项，沙晕重重。老像钳，如竹钉式。腰圆尾尖，六足长大。青金翅，底色浓厚，外罩蓝光。早秋出土，身长径寸。相只平平，且翅带黄光，头皮呆木，斗丝糙白，非紫非黄，颇嫌浑色。交霜降后，肉身藏紧，竟成大头尖梢，头皮斗丝悉化，与谱所称真青色相俱合。早秋拖肚时，已属无敌，后只交牙即胜。真难能可贵之品也。

◎ 炼钳稻叶青（铜匠华大出，杭码大七厘）

生体厚短，头项肉身，圆如滚木。正青头皮，淡金斗路。薄青项，老姜片钳，长而扁薄。短翅如苗叶色，六足白而细短。盆内游行，摇摇如不胜力。马门粳硬，出土即炼牙，炼罢须一时许。然遇斗则闭钳甚捷，任凭敌虫跳跃，牢不轻放，口门一似有关键者。凡斗二十余栅不少异。此虫生相极属平常，行口却独老辣，数十年内殆无其俦。然炼牙之虫，终属不取，虽才貌极佳，千百中不能获一，养蛩家勿为所误也。

◎ 金丝黄大头（二年壬子出南门，八厘）

大头宽项，琥珀头皮，金丝透顶。深青项，黑面红钳，翅如玄缎。腰圆尾尖，六足明净，白肉白尾。早秋出土即已精彩夺目，光如宝石明珠。油毛沙血，字字俱足。此虫矫健异常，入栅一闻聒叫，即遍栅飞腾，爪着栅底，淅淅有声。其牙长大多锯齿，遇敌甫交牙，每掷出数寸，即已败走。若经合钳，殆无不腰断腹裂，从未有与对夹者。落汤后头红如樱珠，浑身作蜜蜡色，翅亦化为赤金。此系真正黄虫，实养蛩家所罕见。犹忆此虫鸣声振耳，在汤桶中偶一鼓翅，即声闻堂屋，亦一异也。

◎ 乌牙淡黄（三年癸丑出东门唐增保，大六厘）

前身阔厚，方头方项，白肉白脚。淡黄头皮，金丝麻路。老桃皮项，上起毛丁。黑面阔板黑红牙，仅开一线。肉身坚结，两尾尖长，似系骨多肉少。淡金翅，笼形极大，敌虫交口即走。此虫的系淡黄，然已三秋无敌。谱云冬虫，未尽然也。

◎ 沙黄（四年甲寅出虞山，八厘）

阔圆高厚，龟背虾腰。老青项，熟铜头皮，虎黄斗丝，麻路俱作金色。糙金翅，声如破锣，红牙上起黑斑。腿脚苍狸，黄肉黄尾，浑身如蒙黄雾。色光转似不足，实则为沙所掩。每一合钳，敌虫立毙。此系异虫，铃不常见，必呼雌二三日始一贴雌。一柄两铃，形同并蒂花果，是谓双铃将军。

◎ 干青大头（又出虞山，小六厘）

半身头项，生体阔厚。翅短而尖。头色浓厚，细白斗丝。黑砂项，干丁肉。长面方腮。老红钳，隐隐有白纹坟起。两腿似嫌微短，而小脚长逾诸虫。经审之，亦若有骨无肉。遇斗交肩即胜，不待合钳。秋分破口，至寒露底才二十余天，已胜十八九栅。唯斗后不食，每每立水池中。初交霜降，即已老毙，盖早秋将军也。

◎ 真黄尖翅（五年乙卯出南门，大八厘）

小四字头，方项，阔腰背平。翅如金箔，鸣声极松。金黄斗丝，旁多麻路。头皮项色，肉身腿脚，一例俱黄。红牙紫脸。此虫出身极嫩，于处暑初出土，翅不能鸣，周身毫无颜色，以厘码较大养之。霜降节后忽变成黄蛩，斗性最烈，牙不多张，交锋不过一二撮，敌虫无不却走。凡三到苏城，无有对手。斗至结冬，鸣声犹松而不急。直养到正月，时已逢春，一日偶以芡拨之，始苏苏然作棉夹砂声。是盖有前生者，究不知是何变虫也。

◎ 铁皮项黄大头（六年丙辰是杭虫张老和来，八厘）

圆珠大头，星门充足。乌金头皮，麻黄斗丝，麻路多而不显，极似暗麻头。铁皮项，上起黑沙。黑面，焦红钳，根阔而头锐。六足长大，乌金尖翅。肉隐金光，干丁黑肉。早秋喂食过多，以致腰身僵硬，受芡不灵。曹平称至二百二十毫。至落汤后，每日出粪十余粒，数日后落轻四五十点，肚腹收足，独见头项，矫健如飞。是年南浔之状元旗号于苏城设立铜旗，其虫名曰飞公鸡，与之合对，仅一二勒钳即已扯断项背，浆水自翅中流出。其力量直不可思议，真蛩中之霸王也。

◎ 白肉青麻（七年丁巳出南乡董家巷，七厘）

圆杆生身，深头圆项，青金头皮，金丝斗线，麻路杈出，绊满头根。黑面，宝石红牙。腰背浑厚，肉身纯细，六足圆长。浑身若虾青色，斗二十余栅无敌。

◎ 小白牙青（八年戊午出本土南门，四厘）

青金头皮，斗丝细白，麻路分清。薄青项，黑面白牙。平头平项，而腰背高厚。肉身绒细，六足精莹，色如泉水澄清，另有一道蓝光笼罩。此虫秋分出土，寒露破口，斗十数栅不二夹，厘码不过一百三十点。深汤中于苏州遇一名将，号为无敌。自一点钟开斗，直咬至四点余钟，一路分清勒钳，并无造桥、结球、滚夹，栅中转战百余遍，足有数千余口，为从来所未见。初则敌虫鼓翅飞腾，骤如风雨，既乃气力不加，鸣声渐渐低小，行走不动，六足俱瘫如人之脱力者。而此虫矫健如常，牙门随启随闭，周身无丝毫伤损；且养至来春，其寿独长。谱称“不异而异，谓之神品”，此虫是也。

◎ 大项重青（九年巳未出本土侯谦一，杭码大八厘）

阔生大头，项尤宽阔，俗称项套头。乌金头皮，金丝银额。黑面老红钳，牙门极紧。腰背阔厚，迥异寻常。黑绒肉，两尾光润而轻细。腿脚圆长多黑斑，笼形极大，虽遇名将不二夹。落汤后数日不斗，即自将腿脚咬去，六足仅存半截。一着芡草，犹鼓翅如飞，盖毒虫也。

◎ 白青尖翅（又出南门吴阿纪）

生相极阔，半身头项，浅红头皮，白斗丝，微带扁样。黑面老白钳，净而无黑爪，淡青毛项，干丁白肉，翅薄绉而尖，鸣声啾啾。色浅碧如竹叶。腿脚白而粗壮。三秋决胜，从无二夹。是盖五色俱足者，真淡色中之异品也。

◎ 大腰青（同治五年丙寅虞山朱久一来，八厘）

圆头充星门，麻黄斗路，项筒宽阔。青金翅，六足粗壮，腰背丰厚无比。白牙大而起棱，牙尖微带弯样，寒露后忽变宝石红。出土时身带白沙，似嫌嫩相，然头色明净，鸣声洪亮，迥异嫩虫。秋分破口，斗至结冬，历锡、金、常、昭各乡镇，及昆山、上洋等处，无有敌对。汤桶中头色红如朱樱，遍体红沙，两尾纯紫。其背高厚，有若隆起，而结体仍然方幅。行动如蚕，头能顾及其尾。顾深汤中每每口吐清水，且常立水池中，饮水至饱，旋即吐去，倾刻间可称轻二三十点，可称异虫。是盖变蜻蜓之水虫所变。

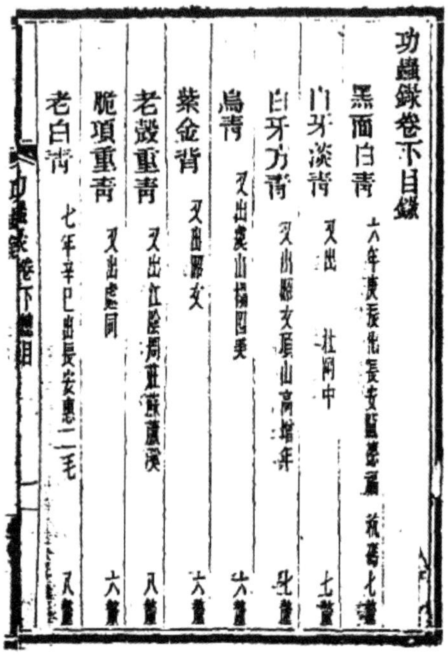
功蟲錄卷下目錄
黑面白青 六年庚辰出長安[illegible] 七釐
门牙淡青 又出 杜网中 七釐
白牙方青 又出歸安頂山高增年 八釐
烏青 又出虞山楊図英 六釐
紫金背 又出歸安 六釐
老殼重青 又出江陰周莊薛蘆渓 八釐
脆項重青 又出虞同 六釐
老白青 七年辛巳出長安惠二毛 八釐

清秦偶僧《功虫录》目录

◎ 方黄（又出长安，大八厘）

紫铜头皮，老而薄亮。麻黄斗路，如累金丝。生体阔方，背仍圆满。淡红牙，上有白竖纹，紫绒项，圆而宽厚。四足明净，两腿多黑斑。糙金翅，肉带紫油色。尾极光阔长尖。寒露至结冬无敌。汤中头色益明，与琥珀无异。此直谓之老紫黄亦可。

◎ 朱项白（又出海宁养田庙范巷，八厘）

大方头，淡红头皮，扁白麻路。浅黑面，老白牙，极长大。朱砂项，上起黄斑。淡金翅，白肉白脚。生体长方而厚，翅带尖样。笼形极大，声若洪钟，竖翅不落，是浅色中极老之色，霜降至结冬无敌。

◎ 青麻头（又出长安邱玉山，八厘）

相极高厚，方头方顶。青金头皮，铁面青毛项，银额金丝，麻路绊满头上。项毛丛丛，似可手撮。牙红如宝石，光彩射目。六足长大，须粗尾尖。初出土周身毛白如纸，枯槁无神。头项均蒙白雾，斗丝浮板，牙亦不红，背凹尾翘，无一足取。以厘码较大养之，日进米三粒。冬节后姑与落汤，适遇风信两昼夜，偶检及之，其斗丝悉化麻头，项变为青，翅变为黑，牙变为红，唯背肉不足耳。以之出斗，竟不行夹。虽遇名将，交口辄胜之，冬至时犹健若早秋也。

◎ 白尖翅（又出长安，大七厘）

大四字头，紫脸，烂斑项，头皮若老草色。满头白麻路，如柏叶样。腰粗尾尖，鸣声绵夹沙，咮咮然竖翅不落。老白牙，极浑长，有如枣核钉式。六足明净，肉身细结。初破口遇一名将，合钳即毙之。斗至结栅无敌。

◎ 方青大头（又出虞山顶山，七厘）

生相极阔，大方头，黑沙青项。头色如乌金，斗丝黄细。开光黑面，紫红钳，不长而阔，上隐隐有白纹。乌金翅，绉而贴肉。腰圆背满，肉老结起青斑。六足白而粗壮。鸣声叮叮。落口极重极快，三秋无敌。

◎ 乌背白青（又出长安奚四保，大八厘）

深圆头，黑面，头色浅似白蛩。重青项，翅薄糯似点漆。两牙浑长，净白无黑爪。肉身细结。六足圆长，善斗兼能受口，愈冷愈健，深汤之中虎将也。

◎ 老紫黄（又出顾山同福字号送，杭码七厘）

圆头圆项，头作熟铜色，金丝麻路。长薄白钳，项厚多沙，腰下极满。背若驼起。紫金翅，微短而带尖样。紫油肉，光彩如绒。六足不长，而脚力最健。两尾纯紫。数遇大敌，咬至数百口，精力倍加。闻其初出土，周身墨黑，并无麻路，斗后始渐退出，如剥去一层衣壳。白露至结冬，数十斗无敌。识者谓是隔年之蛩，可谓真异品矣。

◎ 銛字青大头（又出虞山席蕴山来，八厘）

青头乌顶，金额银丝。黑面方白牙，似短实粗。深青毛项。腰身高厚。紫金翅，薄绉无迹，鸣声尖急异常。细结黄毛肉，自腰勒尖至尾。六足白净，斗亦交口即胜，历苏、常各码头无敌。

◎ 干 青（又出南乡董家衖，六厘）

生体阔圆，青金头皮，淡黄麻路。浅四字头，项极宽厚。蜜蜡牙钳。肉身细结而毛燥。两翅薄糯，鸣作叮叮声。六足粗短，立盆中能竟日不动，若老病者然。至一闻聒叫，则张牙鼓翅，不待芡草，势若飞腾。每斗，敌虫必伤损，计斗十余栅。盖出栅以前，已在小儿手中数十斗矣。

◎ 黑黄尖翅（又出琴川顶山，大八厘）

此长衣也，近俗概名尖翅。深圆头，头皮老如紫珀，麻黄斗丝，细直透顶。黑面，淡红钳，上有白竖纹坟起。铁皮青项，腰背浑长。肚腹若炮竹式，尾尖而有肉。乌金翅，时露金光，尖长直罩尾际，绝无边骨、硬角等病。鸣声苏苏，急而微哑。笼形极大，六足圆长，肉黑而绒。斗不二夹，后至闻其声者多至拆去。以故斗至结冬，仅八九栅耳。

◎ 红牙白黄（又出长安小张三，七厘）

四字头，老草头色，麻黄斗路。方项毛燥而起青斑。黑面紫红钳，金翅黄毛肉。六足结白，生体阔方。凡遇大敌，最能受口。与葛云甫会于苏城，斗数百口，须尾尽脱，精神倍加，斗后遂封盆。后晤云甫于上洋，云下锋仍斗至结冬，又胜数栅，则此虫真可谓无敌矣。

◎ 重青大头（六年丁卯出昭文顶山周玉德，七厘）

方头圆项，腰粗尾尖，色浓厚如黑青；而金丝麻路，细直分明。乌金头皮，黑沙青项。腹背高厚，肉身干老。浑身沙晕丛丛。翅尖而声急。黑斑红牙，启闭极快。犹记于六七斗时，受一失夹，项皮崩裂。其间白肉如脂，干结无水出。当时还夹即胜，以为受伤深重，不可复斗，以草按之，使之合缝，而贴雌吃食，无异平时。旬日后复行出栅，从无二口。落汤亦无伤发之患，直至结冬无敌。

◎ 白牙青（又出昭文顾秋桥，大六厘）

头形怪异，额尖高耸，脑角窄削，两眼并生于面门。乌顶白斗丝，淡青毛项，竹钉白钳。腰背阔厚，蟹脐独大，尾尖而有肉。青金尖翅，色极澄清，是正青中之浅一色者。早秋破口，从不合钳。敌虫无强弱，不过一二勒钳即走，所谓轻夹重出，历苏、松、常各属，无有敌手。

◎ 金背长衬衣（又出昭文项山，八厘）

相极阔厚，珊瑚头皮，斗丝扁白。深青项，黑面红钳。黄金翅，纯粹无黑迹。鸣声洪大，有尖阔翅。其衬翅直盖至尾，洁白异常。肉身青黑，而极绒细。斗时猛健无对。及交小雪老毙，口吐黑水，僵立如生，是或蚱蜢所变与？

◎ 值年五色（又出长安陆天顺，八厘）

红头青背，斗丝类白蛩。锅底脸，眼下及两腮微黑，阔板红牙。项筒宽厚，朱底青斑。翅色青翠，直与纺纱娘无二。腰阔背驼，六足精莹，肉身洁白，所向无前。是年为丁卯年，具此光彩，足称值年将军。其生相亦不易得也。

◎ 白肉方青（又出长安小张三，杭码大九厘）

方若骨牌，一身细肉。青头蓝项，金翅红牙。六足粗白如灯草。此虫称二百三十毫，一时匹码极少。破口遇一名将，只一合钳即胜。以厘过重，仅斗两次，殊可惜也。

◎ 月白淡青（七年戊辰出昭文小市桥蔡茂德，大七厘）

短阔圆厚，身如甘蔗一节。头圆而绽，淡青头皮，微露一二分白气。斗丝细白，黑面红牙。蓝青项，沙毛特重。肉身绒细，腰背丰隆，肚腹肉鳞几不可辨。青金翅，声急而尖。周身蓝光笼罩。六足明净，尾细如发。中秋斗至深汤无敌。

◎ 白肉淡紫（又出长安奚四保，七厘）

平头直项，腰背浑长。浅紫头皮，淡红斗丝，极其沉细。花青项，上起烂斑。翅色与芦花相似，鸣声雄厚，急如爆竹。紫红钳，根带白色，颇似两节钳。杭人谓之块子红钳，实则白钳黑斑，其钳最为坚老。肉身洁净，白腻如脂。此色本系冷虫，因其生相平平，早秋即行破口，斗至结冬，数遇名将，未有敌手。

◎ 黄大头（又出昭文周关和，八厘）

山笋生身，大头阔项，金丝贯顶，麻路散布如柏叶。铁皮项，上起烂斑，直如灰漆灰补，较油葫芦项皮还厚。长方面，牙色如小麦，式亦如之。干黑肉，两尾黑而轻细。糙金翅，鸣声极老。腿脚苍黄，爪花俱带红色。其性躁烈，一跃辄四五尺。犹记落盆月余，偶尔惊触，连跃数十步。及捧入盆，肚腹不拖，脚仍有力，一似未曾跳者。可谓力大于身，宜其三秋无敌也。

◎ 青大头（又出琴川顾昆和，七厘）

柜台生身，长方头，眼角特起，青金头皮，斗丝麻路俱白。淡红长钳，方项，沙晕极浓。腰身高厚，竖翅十分，是为侧生，亦系贵品。翅色绿如老树叶。六足浑长，矫健多力。

◎ 黑壳白青（又出昭文大河范增二，大八厘）

阔方大头，厚青沙项，头皮如老草色。淡金斗丝，满头麻路，浑如八脑线。锅底黑面，焦墨红牙，粗于米粒。翅如玄缎，而罩青光，鸣声躁老。腿脚圆长，干黑肉。笼形之大，一时无两。头形凶恶，状貌瑰奇，直如有骨无肉。周身沙晕纯黑，而斗丝、头色，实系淡虫。此等色相，经所不载，是为黑壳白青，真赏鉴家得之，可不待出栅而知为无敌矣。

◎ 海棠白大头（八年庚午出杭州白石庙，大八厘）

深圆大头，脑盖如海棠花色，扁白斗丝。开光黑脸，尖长老白牙。朱砂项，底上盖青毛。腰圆尾尖，肉身纯细而带珠光。六足精莹如玉，绝无斑点。金背白尾。鸣声洪亮，竖翅如篷。身分五色。数十年来，此虫色相之佳，无有出其右者。亦如人品貌不凡，五官俱美，可决其出将入相，一生富贵无疑。唯厘码太重，仅斗数栅。行夹极文，交牙即胜。且认色时见其笼形精彩，每至拆去，都不敢斗。汉家旗帜，一见惊人。气概若此，真可谓出类拔萃矣。

◎ 干青大头（又出临安将台地土郭文秀来，大八厘）

此虫系蜻蜓变，头项之大，为养蛩家所罕见。淡青头皮，糙白斗丝，似嫌粗笨。因其头面阔大，转若非此不宜。项皮宽阔，上糁白沙。腰粗尾尖，干丁白肉。偶一游行，头颈每脱出半米，白肉如脂，涌出项外。长白钳，无黑爪，上隐隐有血点如斑。此等牙钳，亦属罕睹。厘码重二百毫，前身居大半，肉身仅四分耳。故其力大，所向无前，交肩即胜。如遇名将，辄一口噙住，翘首前行，而敌虫并不能跳跃。比至放下，其虫已僵。宛如两将交锋，照面即生擒活捉，是即说传所称李存孝等类，其勇猛无可比方也。

◎ 黑沙青（又出虞山顶山周寿坤来，大八厘）

大头阔项，生体方阔，浑身黑沙。细金斗丝，黑红钳，长大而多锯刺。乌金翅，色光闪闪，有老绿色。其翅一长一短，鸣声似小而实急。肉身纯黑，绒细异常。独两尾肥粗可厌。腿脚并不穷细，而脚力全无。厘码重二百余毫，而茓情疲软，殊觉少力。凡遇敌虫冲夹，每倒退一二寸。及进中门，则不待合钳，无不却走。时届一夜风信，其尾忽变细长，青黄白黑，节节花点。细审之，直退去一层皮壳。后询之捉手，云于洞内曾见蜈蚣壳，或系蜈蚣所变与？

◎ 黑沙尖翅（又出本土东乡黄三胖来，杭码八厘）

小四字头，眼如双丫髻，插于脑角，银额金丝。长黑红牙，细才如铁线。倒装项，沙晕重重。腰背丰满，肉身绒细。浑身蒙满黑沙，光彩转为所掩。翅绉而薄，咮咮然一片沙声。尾际高厚有肉，翅尖直包子门。六足粗壮，生身最为结足，斗无二夹，名振三秋。此虫出身于凉棚破竹中捕得，是铁嘴胡蜂变无疑。

◎ 青项绿肉紫（又出虞山，四厘）

长头起眼角，色如琥珀。细红斗丝，隐沉不显。铁皮项，上起青毛。黑面白牙。生体长方而侧厚，细青肉。肚腹绒毛，纯染绿色。六足圆劲。翅黑而浓，其色较老黑紫稍淡，比茄皮色不同，另具一道光华精彩。早秋破口，直至结冬，约斗三十余笼，所遇名将，不知凡几。只似夹非夹，即已败走，从无咬至四五口者，人称软口第一。此与顾秋峤之白牙青、张和尚之黑黄、丁仲纬之沙青，均未其用力。此等行夹，真是无上上品。

◎ 真黑色白牙（十年辛未出昭文顶山周大荣来，八厘）

头圆如珠，黑逾点漆，细金斗丝。白牙如笋桩式。黑绒项，宽阔而深。蟹脐方满，腰背丰隆，六足圆壮。翅若乌金，鸣声尖急。干黑肉，似粗而实老。处暑节前即已出土，然苍劲绝伦，毫无嫩相，识者谓是隔年之蛩。按其颜色非黄非紫非青，是为真黑。凡斗十五栅，猜放十四次，历苏、常、江阴、常熟各乡镇，从未行夹。至第十五栅，约会于陆家桥，各帮精锐俱集。遇一三秋名将，始一合钳，栅笼震动，人以为异。自庚申乱后二十年，此虫猜放最大，得彩最多，是为功虫第一。后以深汤中花不满千，彩不满百，遂封将军，冬至时犹健若早秋也。

◎ 银牙白脚紫（又出长安谢老二）

此紫青也。大方头，阔青项，生体方幅。六足特长，色如灯草。头皮微紫，细白斗丝，光而沉隐，迥异青虫。白牙粗长如米，壳老声洪。白肉白尾。翅色较虾青稍浅。力大逾恒，笼形莫占，实系间色之虫。杭人独美其名曰银牙白脚紫。

◎ 黄壳方青（又出昭文小时桥，蔡茂德来，大七厘）

四字头，阔青项，淡金斗丝。乌顶，短红牙。生体方阔，腿脚而壮，如人之五短身材，并非出奇品格。虽遍体黄光，而斗路头皮，毫无间色。性最猛烈。出栅数斗，失去抱头爪半截。后为友人借去，又失一腰脚。其人好斗，仍以当场。姑苏会斗，与嘉兴葛云甫合对，咬十余口即扯去一腿，再百余口又去一脚，仅存一腿一足半，犹死斗不休。一任抛掷，终不落翅，时被仰侧，犹能合钳。恶咬至一时之久，敌虫已力竭口糊，不复能斗。古称勇士出战，不死带伤，犹以为幸，此虫仿佛似之。其性之猛烈，盖数十年所未有也。

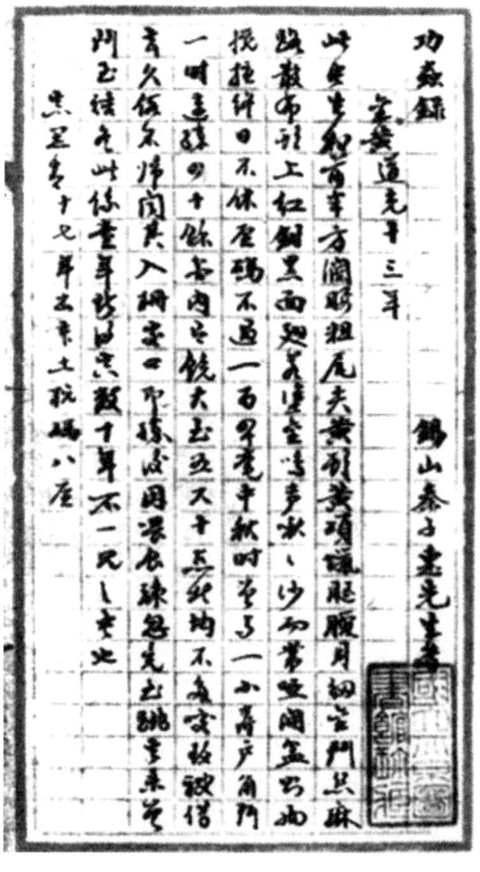

抄本《功虫录》

◎ 红牙青（十一年壬申昭文徐四来，七厘）

圆头圆项，状貌阔圆，而腰背至尾，又如杆子形式。乌金头皮，光明如镜。黑面红钳，金丝麻路，厚青项，翅纯糯如玄缎。周身精彩，耀目增光。其精神之充足，宝光直自盆内涌出。肉身细洁，腿脚浑长。行口极文，秋分至交冬，斗十数栅不行夹。至深汤遇一名将，腾掷持击，飞斗数百口，胜后仍不二夹。

◎ 红牙重青（又出虞山石庆大，八厘）

深头宽项，生相方幅。头色浓重，项糁黑沙。金色斗丝，细直透顶。阔板红牙。黑绒肉，腿脚苍老多黑斑。行夹极重。数栅后，时当霜降，忽而不吃食，不贴雌，两须拳卷，肚腹无肉，已属干老。落汤喂以粥糜，颜色顿明，肉身转足，须之拳者自行咬去。试以芡草，矫健如飞。复行出栅，竟不二夹。按其致病之由，或因早秋断缺水食所致。然至深汤犹能反衰为壮，转弱为强，亦异品也。

◎ 蓝青大头（十二年癸酉出羊尖镇张伯用来，六厘）

头形圆绽，项极宽深。腰背以下，肉止一条，勒尖至尾，即谱所谓海蛳形。此虫出处似欠干燥，虽属重青，色光不足。乌金头，糙白斗丝，亦无光彩。黑青项，间有白毛。衣壳肉身，色浑而滞。早秋怯亮，性爱奔驰。后身亦嫌单薄。中秋破口，只一交牙，连斗两笼，均不行夹。霜降节后精神焕发，遍体蓝光。项上白毛尽退，铺满粒粒青沙，宝光闪烁，时有青狮子之目。斗二十余笼，前无坚敌。深汤至上洋，人见其光彩笼形，即行拆去。占彩场中，望风辟易。此虫系盆中退出天蓝青，若于早秋求之，转恐失之当面矣。

◎ 红牙淡青（十三年甲戌出昭文，大六厘）

生体短厚，项宽背满，有若橄榄形。头不大而圆足，青金头皮，淡黄麻路。紫面红钳，长注盆底。青毛项，自腰至尾，肉极丰满。翅薄而尖。身带浅碧色。虽笼形差小，然力大于身，犹人之具内壮者；亦自早秋至结冬无敌。

◎ 大黑黄（光绪二年乙亥出长安，张小和尚，杭码九厘）

高方阔厚，四字兼全。且系半身头项，翅尖直裹至子门。初看极类齐臀，较之尖圆翅尤阔。头皮老厚，斗丝浑而不显。脑角高起，阔面方腮。铁皮大项，方白牙，不长而短，实则粗厚至极。芡步稳重，张牙时两腮有宝光射目。衣壳颇厚，黑木无光。肉色苍劲，肚腹卷紧黄毛。六足高大，据立盆中，终日不动。鸣时如敲铜板，声尤结实。养至寒露，头皮退薄，头丝悉化为蓬头，有如累丝金线，周身精彩。翅现金光，两尾尖长，细如黄发。每斗非但不合钳，并无勒夹，只迎头一凑，而敌虫已绝芡。负者或称过性，或云汤洋，数斗无异。此系真正黑黄，数十年来仅一见耳。

◎ 老壳沙青（又出虞山丁仲伟送，八厘）

方头，竹管项，头角特起，姜黄斗丝。黄脑角极显，似属忌款。紫红花牙，短薄若糠片样。马门黑小，牙不多张，仅开一线。糙金翅，中秋即起沙声。腿脚细小，青黑肉。肚腹拖出四五鳞，状貌最为丑劣。早秋称至二百十余毫，实只杭码八厘。每斗恒饶码三十余点，比较笼形，仅六七折，然从未行夹。是年蓄一长脚青，猜放数栅，所向无前。曾与合对，交口仅被一刮，即跃出僵毙。比苏，六足俱瘫，不能行动。养至半月，不复开牙。后至深汤，仲纬持以相赠。其时肉已收拍，颇似爆头紧项，腰背圆足，周身沙晕，两尾微翘。于上洋两斗，亦只一撮，敌虫立即昏晕，不知是何变虫。最可笑者，乡人以秋虫十头上城售卖，三日间卖去九头，独剩此虫，并无人要，竟至白送与人。仲纬因见其连斗十余虫，以二百文购得。于以慨真鉴之难，益叹千里马常有，伯乐不常有也。此虫与黑黄俱养至来年三月中，须尾爪花，俱无伤损。唯叫音则苏苏然，不类秋虫矣。

◎ 白青大头（又出长安李介福，八厘）

大头宽项，形如山笋，而背稍平。淡红头皮，金额，白斗路。黑面焦红钳，青毛项，翅黑如点漆。背肉似嫌不足，而鸣声雄厚，竖翅不停。六足净白，两尾尖长。此虫俱第一等品貌，而夹口转在二三等间。以其受口能盘，卒能斗至结栅，故志之。

◎ 金背白（又出李介福，八厘）

此与丁卯年之金背长衬衣，头色斗线，周身颜色，俱极相似。唯生体阔而不厚，鸣声松而无力，则远逊之。咸丰间曾得一黄尖翅，金背而声极松，结栅后养至逢春，其声始变。此虫亦然。霜降前独不知斗，赢两三栅，夹口平平。插汤后落口渐重，及交小雪，只一勒钳，敌虫立毙，数栅皆然。此种必系毒虫，但不能识其来历耳。

◎ 小天蓝青（二年丙子出虞山王庄，鲍春和，仅三厘）

出角大头，黑蓝项，正青头皮，乌顶，银丝斗路。竹钉白牙，根粗而头锐。前身阔厚，肚腹瘪而少肉。乌金翅，底色深沉，外罩玻璃光，绝似蔚蓝天色。此真谱所谓“雨过天青”。鸣声丁丁，六足白净。厘码仅一百二十余毫，能食全米。自秋至冬，未曾退食，故虽瘪肉寿特长。凡斗十数笼，从未行夹，只一交牙，敌虫必滚至栅底，如人之酒醉，立脚不定者。辨色像形，是蜻蜓变。

◎ 红牙重青（又春和出亦三厘）

圆头圆项，生相四平。黑壳白肉，周身饱满。深黑头皮，金丝斗线。淡红牙，上有白竖纹坟起。青项乌背，六足浑长。此虫同天蓝青同出一家，厘码亦相配合。时而夹单，时而多咬，亦斗十数栅，足称了虫。然较天蓝色之才貌斗品，则大相悬殊矣。

◎ 尖翅老壳青（三年丁丑出昭文崔金泉，大七厘）

长头充星门，深圆项，腰背浑长，尾际尖于纸撵。乌金头皮，金丝麻路。铁皮项，上起毛丁。翅尖若土蜂，作老椐叶色，鸣声与括铜皮无异。黑面焦红牙。身比碌碡，结实无比。六足壮长，茓步极稳极灵。每斗交牙，敌虫即掷至背后，斗十数栅无少异。如名将冲锋，全无照面，真了虫也。

◎ 左搭白牙青（又出虞山大河许景仁，大七厘）

深圆头，鼓墩项，宽厚包头。腰阔背驼，直似地鳖虫生相。青金头色，乌顶白斗丝。糯米白牙，钳门极紧。翅带老绿色，天然左搭，鸣声雄壮。肉细尾尖，脚力最大，交口即胜。斗十数栅，仅两合钳，一则头项裂开，一则腰身扯断。猛烈如此，欲遇对夹之虫，诚哉难矣！

◎ 稻叶白青（四年戊寅出本土沈兰溪来，九厘）

白头青项，扁白斗丝。头圆项厚，腰背阔背，黑面老白牙。腿脚圆长，肉身干洁。翅色浅碧如苗叶，而壳老声洪。此系大四平相，自头至尾，美满无嫌。早秋肚腹拖出四五鳞，厘码重至二百三十余点，落汤收拍，阔圆高厚仅称杭码九厘，宜其所向无敌矣。

◎ 白额头（五年己卯出长安周星奎，杭码八厘）

山笋生身，头圆项阔，腰粗尾尖。老白头皮，乌顶黑面，额前有白点凸出，精莹似玉。扁白斗丝，短仅半节，却极分清。青毛项，淡金翅。黑斑红牙，牙尖有巨刺如蜈蚣钳式。六白脚，一身细肉。两尾尖长，细才如发。落汤破口，斗五六栅，俱系轻夹重出。时至冬至，遂封将军，诚可惜也。

◎ 天蓝青（六年庚辰出长安，八厘）

深圆头，黑青项。乌金头皮，细金斗路。项背高厚，远过他虫。黑绒肉，竹钉白钳。翅色如点漆，却有玻璃白光笼罩。竖翅不落，声若铜钟。遍体蓝光，如秋夜雨过，天色沉沉，一道黑蓝光彩，非可以言语形容。交牙即胜，即谓之天蓝青，可无疑也。

◎ 铁色红牙青（又出范巷范景山，八厘）

大头阔项，腰背丰满。淡金麻路，阔板红钳。肉老而绒细，尾糯而尖长。头色光明，项皮老厚，铺满青砂，色光浓厚，在重青正青之间，非寻常黑青色可比。钳门之紧，亦属异相。初受草张牙颇迟，似极费力，必三数草始能张足。然闭钳极快，故其合钳之重，十倍他虫。犹记在上洋与嘉兴帮合对，仅一勒钳，而敌虫已项背分裂，浆水出自翅中。其力量真不可测度。秋初出土，便极苍老。落汤后食量倍增，而笼形最大，每斗必让毫码。嘉兴、嘉善、平湖及浦东各旗号，望风披靡，真了虫也。

◎ 白牙重青（又出赵锡堂，八厘）

深头阔项，眼角极起。乌金头皮，细白斗丝透顶。生体极短极厚，肉身绒细。腿脚浑长，翅黑如玄缎，鸣声洪亮，竖翅如篷。老白牙，长尖无黑爪，合钳最捷。力大于身，屡次饶码，未曾对夹。冬至日斗吟秀旗号之座舱，时滴水成冻，两虫独健若早秋，只一合钳，敌虫已落盆无芡。一时从壁上观者，无不交口赞扬，称为杭虫中极品。

◎ 白牙青（又出杜卓异，大八厘）

大圆头，深圆项，项皮肿厚。生体阔圆，腰粗背满。正青头皮，斗丝细白贯顶。白牙长大而有宝光。肉色苍老，仍极绒细。此虫出土似苗叶青，中秋为正青，落汤后仍带黑青色。合钳重不可当。养蛩家见之，均称为无敌大将。

◎ 稻叶白青（又出王小毛，六厘）

浅白头皮，深青项。满头斗丝，细直而多麻路。黑面红钳，宝光闪烁。腰圆背厚。翅作淡碧色，遍体绒细，两尾尖长。相不甚大，而笼形高厚，无出其右。轻口重出，屡逢名将，不多咬斗。苏、松、嘉、湖各帮，无有对手。

◎ 白牙黑紫（又出张三喜，七厘）

头项圆整，生体浑长。黑色白牙，斗丝微白，出土颇似重青。两翅尖长，鸣声圆急。落汤后翅上忽变紫红色，斗丝细若红缨。于日中照之，其底色竟如黑化红之汉玉。愈冷愈健，能夹能盘，所谓茄皮紫者是也。

◎ 红牙白（又出南塘陈长春，大八厘）

头如海棠花色，扁白斗丝，黑面干红钳，四字长头。桃皮项，沙毛丛丛，色尤苍老。生体高厚。淡金翅，鸣声洪大，肉身绒细。六足明净如玉，是谓白蛩正色。惜破口极迟。所遇皆名将，然交口即胜。盖虫能得五色中之正色，毫无间杂混淆，已可决为无敌矣。

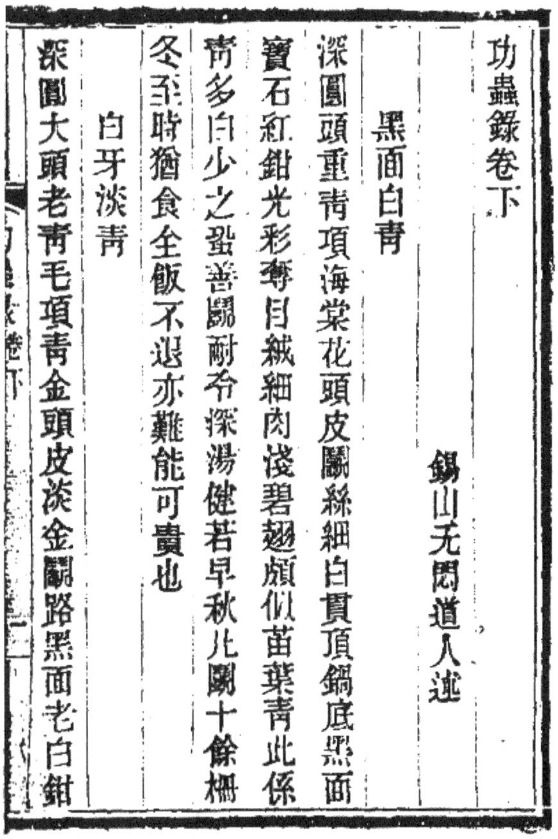

功蟲錄卷下

錫山无悶道人述

黑面白青

深圓頭重靑項海棠花頭皮鬭絲細白貫頂鍋底黑面寶石紅鉗光彩奪目絨細肉淺碧翅頗似苗葉青此係靑多白少之蛩善鬭耐冷深湯健若早秋凡鬭十餘柵冬至時猶食全飯不退亦難能可貴也

白牙淡青

深圓大頭老靑毛項青金頭皮淡金鬭路黑面老白鉗

清秦偶僧《功虫录》之一页

◎ 红牙白青（又出小张三，七厘）

圆头起眼角，头色浅淡如老草色。斗丝细直，麻路分清。深青毛项，黑面红钳。腰背圆满，勒尖至尾。青金翅，六足长而明净，霜降破口，斗至结冬，亦称无敌。

◎ 黑面白青（六年庚辰出长安顾德福，杭码七厘）

深圆头，重青项。海棠花头皮，斗丝细白贯顶。锅底黑面，宝石红钳，光彩夺目。绒细肉，浅碧翅，颇似苗叶青。此系青多白少之蛩，善斗耐冷，深汤健若早秋，凡斗十余栅。冬至时犹食全饭不退，亦难能可贵也。

◎ 白牙淡青（又出杜阿中，七厘）

深圆大头，老青毛项。青金头皮，淡金斗路。黑面老白钳。腰背浑厚，肉鳞绒细。两尾尖长，纯作紫色。淡青金翅，如泉水澄清，鸣声震耳。曾饶大十毫不行夹，亦深秋出色之蛩也。

◎ 白牙方青（又出昭文顶山高增年，七厘）

起顶大头，方青项。青金头皮，细白斗路。生相方幅，壳薄声洪。白牙粗壮如笋桩样，色轻倩类苗叶。性最躁烈，开盆每驰骤跳跃，不可逼视。然一着芡，则鼓翅飞鸣，不复怯亮。是真浅色中极苍老之虫。曾于常熟遇一名将，已斗十余栅不行夹；与之合对，合钳即胜之。斗后僵立不食，半日即毙，下锋盖毒虫也。

◎ 乌　青（又出虞山杨四美，六厘）

此沙青也。四字长头，黑青项，淡金斗丝。黑面，竹钉白牙。乌金尖翅，背厚尾勾。早秋颇带蓝光，至霜降后光彩忽敛，大似干象。落汤亦无汤光，而吃食贴雌，并无老态。遍体蒙茸，如沙如雾。遇斗则遍栅飞腾，从不多咬，较之汤前尤为猛健。轻忽视之，失其真矣。

◎ 紫金背（紫金背，又出昭文，六厘）

乌头青项，白背红钳，生体浑长。早秋以为乌头银翅，唯蛩性粳劣，受芡无情。养至深秋，头色纯紫，斗线俱红，翅变赤金色。肉身干结，腰圆尾勾，盆情熟糯，芡步极灵，每斗辄小口出局。金翅且系紫色，似属早虫。当其未变之前，若以之出斗，鲜有不败。可见驾驭之难。

◎ 老壳重青（又出江阴周庄苏芦溪，八厘）

深头圆项，腰背浑厚。乌金头，金丝麻路。铁皮项，宽阔多沙。黑油肉，似粗实老。糙米长钳。头皮衣壳，光彩浓厚。六足圆长，合钳轻快。此虫未出栅时，已在人手中盆斗数十次；直至深汤，曾无老意，真三秋常胜之将也。

◎ 脆项重青（又出江阴周庄苏芦溪，六厘）

小四字头，方项，重青头皮，淡金斗路。黑面长红钳。腰背阔厚，肉细尾尖。秋初出土，纯乎黑色，后退重青。曾受大麦气触，诸虫一时瘫毙，此虫独瘫而后苏。出栅逢凶，受一重口，其项裂去一条，翅根俱见，颜色鲜红，项内似另有一层壳。合钳颇重，兼能受口。唯曾受麦触，脚力稍软耳。项到爆裂，并无水出，是真变虫。

◎ 老白青（七年辛巳出长安惠二毛，八厘）

圆头圆项，腰背阔厚。肚腹多毛，肉鳞黎黑，状类蝼蛄。淡黄头皮，斗丝微白。黑面白钳。烂斑项，厚而起黄毛。淡青金翅，鸣声独松而少力。六足粗壮，两尾纯紫。凡斗十数栅无敌。此虫于处暑前出土即极苍老，腿脚微黄，浑身滑色。收养月余，项上渐起毛丁，并不见为光滑。油毛沙血，色色俱全。其为秋退伏退，均不各而知，即谓为隔年之蛩也可。

◎ 油 黄（又出长安赵连喜，杭码七厘）

出土颇似乌背青，蓝青项，乌金头皮，唯蓬头金斗丝类黄虫耳。生体高厚，黑面长红钳。养仅半月，遍体发油。腿脚肉身，俱如蜜蜡，斗丝头色悉化，沙毛尽卸，早起沙声。日日斗之，未逢敌对。甫交霜降，即僵立盆中。盖早秋将军也。

◎ 红牙方青（八年壬午出虞山张伯用，六厘）

半身头项，前方后方。短阔高厚，状貌奇异。乌金头皮，淡金斗路，微觉粗浮。长方黑面，阔板红钳。皮壳苍老，鸣声颇似阔翅。肉轻而绒，脚圆而壮。行夹最重，交口即合钳，敌虫无不绝芡，三秋无敌。此锤铛之将也。

◎ 白青麻（又出长安，四厘）

白蜡麻头，蓝青项。糙白斗丝，麻路如丝瓜络，布满头上。黑面红钳，平头直项，腰背阔圆。尾尖而有肉，仿佛合船形。白肉白脚，颜色极足，毫无娇艳嫩光。因厘码太轻，不甚爱惜。早秋即以出斗，直至结冬，约头二十余栅，所向无前。可见五色诸虫，无论何时出土，但得肉身十结，皮壳苍老，虽欠喂养工夫，已是胜人一等，谁云淡虫不可以早斗也。

◎ 黑蓝尖翅（九年癸未出昭文杨家桥盛传宗，八厘）

深头起眼角，光明如漆。细金斗丝，蓝青项。黑面老白牙。腰阔背驼，尾尖有肉。乌金尖翅，精彩如蓝宝，而底色尤浓。鸣声特异，响逾一切，入栅鼓翅，聒叫无间。盖由天光足透，土气兼全。其力裕，其声洪，为历年所仅见。六足明净，肉似黑绒，而肚腹白如傅粉。其行口极似元年之大黑黄，从未合钳，亦无勒夹，交锋只一凑，来虫已绝芡，真无上上品也。斗至霜降，在舟中喂养，偶尔跳跃，钻入夹舱，搜寻慌乱，竟至压毙，为之闷闷者累日，至今惜之。

◎ 方青大头（又出石大庆，八厘）

头项方阔，淡青头皮，斗丝微白。腰背宽厚，遍体黄光。出身最早，秋虫上市，已先出土旬余。肉色苍狸，六足粗壮。早秋即系光滑，项毛似属钻光。养至月余，色光渐变，沙毛俱足，体已结方，褪尽黄光。翅色与虾青无异，落汤即起沙声。淡红牙，长而且厚。自破口至结冬，未有与对咬者，可称三秋将军。

◎ 红牙干青（又出大河许玉林，七厘）

细糯结实，肉色如米粉团成。头足而圆，项深而厚，金丝透顶。翅色澄清，若蓝玻璃笼罩。干红牙，只开一线。六足随身，两须微短。每日开盆，从未见其行走。喂食须送至嘴边。偶尔移动，亦不出方寸。一入栅笼，则鼓翅飞腾，其走如驶。数遇大敌，其最著名者横山桥之六翼尖翅。直咬数百口，酣斗至一时许，敌虫几毙，而精神倍加。又有荡口黑大头，亦曾飞斗百口，激去一抱脚。下锋犹且斗至结冬。迄今多啧啧称道之者。

◎ 白牙青（又出虞山，七厘）

此与许景仁之左搭白牙青，头皮斗线，翅色肉身，宛然无二。唯一则阔圆驼背，一则杆子生身，才貌稍逊耳。此虫亦系糯米白钳。早秋养于闷筒，咬啮败絮，致损牙关。左首一牙，坐而不动，已置之无用。至霜降时，偶试一斗，右牙甫闭，敌虫已跳跃不止。交口之重，迥异寻常。试以出斗，累栅皆然，足称无敌。如使两牙并用，即较之左翅白牙青，其勇猛岂肯多让哉！

清杨柳青年画《斗蟋蟀图》

◎ 老黑紫黄（十年甲申出昭文大河，六厘）

方头阔项，短厚生身。开光黑面，钳大逾恒。两眼起而且前，当面视之，迥殊一切，状貌奇特。黑漆头皮，金黄斗线。铁皮项，翅色浓重而露金光。紫油肉，绒毛扇紧，不辨肉鳞。六足圆长，两尾黑而细润。周身宝光闪闪，于日中照之，第觉其精彩深沉，非只一色，比以他虫，殆无不精神淡薄矣。尤可怪者，早秋未落雌时，竟将磨细瓦盆啮成一孔，深可分余，长且二三分许。其牙钳之硬，直与金石同坚。每斗一处，人皆争避，转栅极难，以故游历苏、常两月余，仅斗八九栅。咬盆成孔，亦养蛩家所罕见也。

◎ 金青麻头（又出羊尖张伯用）

头项宽大，生体阔圆，勒尖至尾，蜜蜡头皮。黑面干红钳，斗线细直而多麻路。黑青项，淡金翅，遍体金光，鸣声尖急。腿脚明净，肉细尾轻。汤前十余斗，夹口平平，不甚出色。至交小雪，愈冷愈健，至逢凶不行夹。此种谱称金青，真间色中之贵品也。

◎ 白牙重青（又出马市陆昌美，杭码八厘）

大头宽项，高厚阔方，相属上品。乌金头皮，糙白斗丝。黑青项，方白牙。肉身细洁，腿脚浑长。唯底色不甚浓厚，于日中照之，则不能掩其嫩相。黑色之虫，愈浓愈贵。出土时唯项生白毛者，多不中用，以其非潮即嫩也。此虫出土稍嫩，故其黑色浮而不沉，底色浅而不厚。只以状貌雄俊，已能占彩当场，实非上等名将也。

◎ 红牙青尖翅（又出羊尖张添，六厘）

四字长头，深圆项。腰宽背满，肉细尾尖。糙白斗丝，黑青尖翅。淡红牙，粗圆而头锐。其色较重青为淡，比正青则深。盖因土色不足，以致色光浅薄。间有隔光，然其生相则为尖翅中所最贵。故数遇名将，均非对手。冬至后有阳羡人来会斗，来虫系二十余斗之上将，只一二口胜之。此蛩当是变虫。若第执其色而论，决为皮相家所摈弃。是其力量精神，当又在牝牡骊黄之外矣。

◎ 干 青（十一年乙酉出严家桥，小六厘）

圆头圆项，生体阔圆。青金头皮，淡金麻路。项不甚青，毛少而极苍老。谱所谓“项上起毛丁”者是也。干红钳，不长大而牙门极紧。周身毛燥，肉细而润。色较苗青色稍老，正如寒露中稻叶将黄未黄之际，另具一种轻倩苍老之色。背厚腰圆，两尾尖细。性最猛烈，早秋腾跃跳掷，受口能盘；落汤后则交口即胜，更不二口。自白露至冬至，斗二十余栅，真三秋将军也。

◎ 蓝项白青（又出杭州巴子门外王小钧，六厘）

海棠头皮，头形圆绽。蓝青项，深而且厚。浅金斗丝，细直贯顶。麻路不甚显，而隐隐作麻头形。全黑长脸，阔板老红钳，明而有光彩。青金翅，鸣声尖急。六足明净，肉细尾尖。霜降后破口，斗不及十栅，从未合钳。虽遇名将，只以轻口取胜，亦从不多咬。深汤益健，人多避之。是其力量未有底也。

◎ 黑沙青（又出虞山石巷，八厘）

头圆而足，项阔而深。乌金头，铁皮项。生身高厚，腰背丰隆。金丝贯顶，绝少麻路。浑身漆黑，沙晕丛丛。翅厚而尖，鸣声洪亮。老象钳，粗于米粒。肉身绒细，腿脚烂斑。两尾尖长而微紫。性最怯亮，开盆则奔驰不定，入栅亦然，以故斗口极武。脚力稍浮，然一合钳，敌虫无不头开项裂，至有跳毙者。此虫深汤中食量如早秋，喂以全米粒半，可立尽。肚腹微拖，而笼形极大，亦不可解之理也。

◎ 白青大头（又出长安沈三和，八厘）

浅海棠头皮，黑脸，方头阔项，黑门突出，项色纯净。圆长白牙，净无黑爪。淡青金翅，声若金钟。此蛩前半方阔，后身稍削，直若有骨无肉。六足长大，周身绒细。色则七青三白，细审之竟是淡白青。笼形之大，倍于他虫。状类蜻蜓，力最勇猛，实为数年不一见之虫，品貌瑰奇。自早秋收得，以至深秋，未曾出斗，而声名已属远播。及至效力，当场甫经亮布，辄被拆去，以故仅斗一二栅耳。于以知具大本领者，早得盛名，亦非所宜也。

◎ 乌背青（又出虞山小时桥陆仲山，八厘）

浅淡头皮，金丝麻路。头相充足，生体阔圆，而尾仍尖样。青项乌背，黑脸红钳。鸣声紧急，肉情绒细。此虫出土时稍稍炼牙，斗后则有时炼，有时不炼，所谓“硬马门”也。性烈，尤能受口。落汤后曾遇一名将，初则腾掷对拔夹，继则嚼钳结球，直咬至千余口。彼此均已重伤，卒能以小口取胜，使敌虫绝芡，亦可谓真了虫也。

◎ 黑沙白青（又出王庄严大奎，七厘）

头圆腮阔，黑脸红牙。项皮宽厚，腰背丰隆。四平饱满，翅绉无迹，自是头等品貌。白露中出土，系淡青头皮，花青项，淡青翅，米色斗丝，颇嫌嫩相，实则仅退一二日耳。养至月余，色光尽变。霜降破口，所向无前。轻倩之色，忽而苍老。鸣声带哑，遍体铺沙。头色显系老白青，斗丝并化麻头式样。落汤后汤光浓重，均系黑沙笼罩，栅中直是黑色，及出栅视之，则依然淡虫也，亦可云异矣。

◎ 白牙淡青（又出长安，八厘）

杆子生身，圆头长项。腰背圆如炮仗，渐渐勒尖至尾。青金头，乌顶淡青项，通体如泉水澄清，微带苗叶色。六足圆长，白牙白肉。出土时最嫩，项尚带白毛，一身毫无底色。以其生身极圆，养之以为备员而已。至寒露节，底色渐灵动。唯拖肚至四五鳞，称之约重二百三十毫。试与破口，只一合钳，竟将敌虫牙根咬断。落汤后以次落轻，只称杭码八厘。斗则转无重夹，平平一二口，似咬非咬，而来虫已走。历苏、松数属皆然，足称无敌。此实系变虫，唯难晓其前生耳。

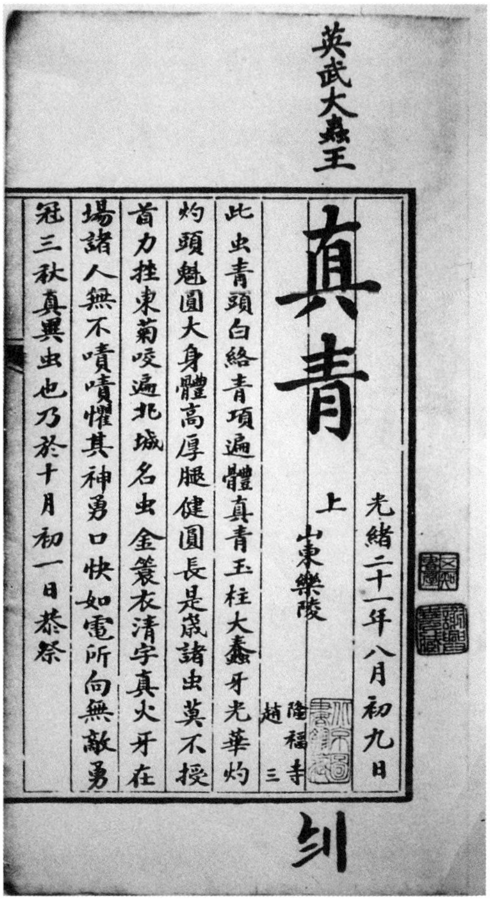
英武大蟲王
真青
光緒二十一年八月初九日
上 山東樂陵
隆福寺 趙三
此虫青頭白絡青項遍體真青玉柱大蠢牙光華灼
灼頭魁圓大身體高厚腿健圓長是歲諸虫莫不授
首力挫東菊咬遍北城名虫金簑衣清字真火牙在
場諸人無不嘖嘖懼其神勇口快如電所向無敵勇
冠三秋真異虫也乃於十月初一日恭祭

恩溥臣《斗蟋蟀随笔》中的“真青”

◎ 小淡青大头（又出长安沈五来，杭码五厘）

青金头皮，金丝麻路。头圆项阔，乌顶白牙。腰背不甚丰满，尾际尤尖削，状类海蛳形。肉身干细，腿脚浑长。周身光彩，微带浅碧色，较苗青叶稍深。此种色光，颇多骁将。寒露破口，并不合钳。落汤后落夹极快极重。历各码头，前无坚敌，于小码中尤难得也。

◎ 金背白青（又临安将台地土郭文秀来，六厘）

珊瑚头色，细白斗丝。蓝项金背，紫脸白牙。六足纯白，周身绝无草光，是为最上细种。唯相貌平等，出土时似嫌扁薄。养至落汤，腰背俱足，一经收拍，居然可观，虽无惊人之概，而栅中一道金光，迥殊一切。其翅薄绉，鸣声如锣，是真贵相。此色最迟，深汤愈健，勿其金背而早斗也。行口轻快，并不多咬。惟破口太晚，斗仅四五栅耳。

◎ 乌青大头（又出虞山许福林来，七厘）

半身头项，骨多肉少。方阔生身，翅厚而尖样。乌金头，铁皮项，细金斗丝。浑身墨黑，如蒙沙雾。干丁肉，六足斑狸而圆壮。牙不甚长，尤属阔厚。此虫出土已近秋分，稍带滞色。养未半月，精彩焕发。然性猛烈异常，因啮水盂，致将马门啮伤，收卷不起。偶试一斗，其落口重不可当，犹能一二口取胜。后值一劲敌，飞斗数百口，其时马门已烂，不能落夹，任其恶咬，浑身受伤，仅以头撞，而敌虫竟至力尽败去。盖因其性勇猛，如人之裹创苦战，不肯少屈者，然真蛩中之虎将也。及至落汤，马门僵硬，遂至不食以死。殆如人之有才而不遇时者与？倘无此病，则以本年结栅之虫论之，并不在干白青后也。

◎ 淡青大头（又出张二，八厘）

大圆头，阔圆项。山笋生身，淡青头皮。紫面白牙，斗丝微白。肉情细糯，六足明净无斑色，较苗青稍浅。此虫短厚阔圆，尾尖有肉，品貌自是头等。惜其沙毛太轻，底色甚浅，不能如宝如珠。然其行口之重，已是前无坚敌。全才之难，于此可见。

◎ 青项白肉淡青（十二年丙戌出长安，冯子文来，七厘）

此虫杆子生身，深头圆项，青金头皮，金丝麻路。蓝青项，黑面红钳。弓背长腰。尾尖细肉，两翅尖长。时露金光闪闪，色比金青为浅，比淡青稍浓。周身苍老，肉类干黄玉色。六足圆长，鸣声尖急。矫健善斗，秋分破口，历苏，松、嘉、湖，所遇多名将，未逢敌手。此浅色中三秋将军也。

◎ 白牙重青（又出杜福珍，七厘）

头不甚大而极圆绽，乌金头皮，细白斗丝贯顶。黑面白钳，项皮苍老。砂晕极浓，身如铁炮。腰粗尾尖，鸣声如敲金铁。肉身纯细，腿脚圆壮。明净精莹，周身光彩，有若天青贡缎，于重青中微耀绀色，实则宝光血气所映射，诚为青色中罕有之色。力大口重，竟未有一合之将。养至逢春，犹须全尾足，健若早秋也。

◎ 銛字青大头（又出昭文顾四四，八厘）

大头圆绽，项极宽深，前身阔厚，几无伦比。青金头皮，糙白斗丝。老白牙，长拄盆底。生体有类海蛳形，然较之大头尖尾之虫，则又形高阔。此等生身，当在一等。肉色纯正，腿脚圆壮。初出土绝类淡青，色光微嫩。至深秋一变，壳老色浓，青项青金翅，鸣声丁丁，自是青蛩正色。合钳极重，力大于身。此虫盖蜻蜓变也。

◎ 老壳沙青（又出周春大，六厘）

常熟喂养秋虫，早秋只喂饭一颗。至捉户贩户，并皆间日喂饭。盖欲其肉少而头项大也。然每至饿坏，致虫体受伤。虽有佳虫，难期结栅。椿大沙青于九月初始行出卖，当时肉不甚足，生体阔方，头圆项阔，青金头皮，淡金麻路。老象钳，起闭甚捷。鸣声尖急，六足浑长。浑身颜色澄清，绝无潮嫩等病。食量最大，能尽米两粒，而腹不垂。斗至落汤，转能得肉，毫码亦比汤前较重。鸣声微哑。周身沙雾丛丛，光彩若为沙掩。其性最烈，进汤更甚。开盆见亮，即已鼓翅张牙，故其合钳最重。偶遇劲敌，直将来虫咬毙。唯力稍逊，实早秋饿伤之故也。

◎ 黑壳紫青（又出长安石井，八厘）

大头方项，生体阔厚，尾际微松。乌黑头皮，银红斗丝，细沉贯顶。阔板红牙，六足粗壮，类蟹踞形。鸣声洪亮，肉黑而绒。黑色而带蓝光，不得谓之茄皮紫；斗丝细而红色，又决非是天蓝青。名之黑壳紫青，特就其色与斗丝言之耳。至其状貌瑰琦，精神雄健，所向无前，尤为间色中所罕见。

◎ 红砂白肉紫（又出虞山顾四四，杭码四厘）

四字长头，黑脸，头色浓似紫蒲桃，银红斗丝贯顶。长方红钳，宝光射目。淡金翅，上起紫红砂。鸣声尖急，腰背丰满。肉细而微红，六足白净无瑕。笼形高大，闭钳极快，敌虫未有与对咬者。秋分斗至结冬，未有敌手。

◎ 小青大头（又出顾海大，五厘）

头项生身，与铦字青大头无稍异，毫码较少三十余点，而苍老则过之。此虫青金头，深青项，细白斗丝。浑身碧色，是真苗叶青。深红钳，极长极厚，翅紧声洪。尾尖肉细，腿脚净白。落口最重，虽遇名将，未曾对咬，是小码中出色之虫。状貌笼形，总高人一等，宜其三秋无敌也。

◎ 白牙真黑（十三年丁亥出严家桥西乡朱小弟来，七厘）

圆头圆项，山笋生身。乌金头皮，明于点漆。淡金斗丝，细直透顶。黑绒项，青底面糁黑沙。阔面方腮，老白牙，尖长如竹钉式。翅如玄缎，浓厚光明，绝无膏药痕迹。腰背丰满，腿脚斑狸。两尾光润，细糯尖长。虽浑身纯黑，而肚腹白于傅粉。鸣声洪亮，至冬间落汤后，一夜忽变沙声。其声烦碎，较他虫之起沙者愈形骤急。霜降节破口，斗十数栅，从无二夹。只一闭钳，曾不用力，敌虫于跌出后，犹跳跃不止，其行口真为罕见。按此虫颜色，与同治九年之黑色白牙，竟无少异。五色诸虫，能得正色，皆属无敌。此盖真正黑色也。

◎ 红牙淡白（又出长安韩阿福来，七厘）

此虫于白露前出土，色属白青。相颇高厚，微欠沙毛。六足净白，肉细无比。养至霜降，退去青色，竟成白蛩。深头圆项，腰长尾尖。浅黄头皮，扁白麻路。黑面紫红牙，式带长方，有如紫宝石，光彩夺目，于淡色中最为少见。厚桃皮项，上起毛丁。翅色如经霜老草，作浅白色，鸣声宽阔。落汤后骤变沙声。笼形最大，数遇名将，未尝多咬。杭人谚云：“白肉红牙是了虫。”直为此虫写照矣。

◎ 白牙黑蓝青（又出虞山高第第来，大六厘）

深头阔项，乌金头皮，开光黑面，细白斗丝贯顶。项皮宽阔圆厚，沙晕重重，绝无分心项眼[1]，色与深青大呢[2]无二。老白牙，长大而带尖样。翅如点漆，声若洪钟。肉更极绒极细，腰身阔厚，渐渐勒尖。尾际尖而有肉，六足圆劲，矫健无伦。周身光彩，正如碧天雨过，玉宇澄清。早秋破口，直斗至深汤。《王孙鉴》称天蓝色为无敌，今于此虫益信。

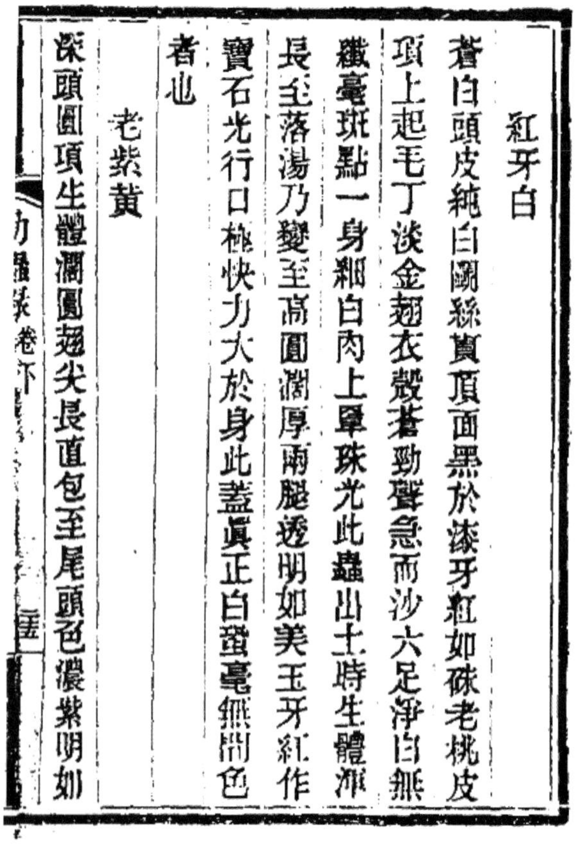
紅牙白
蒼白頭皮純白闘絲貫頂面黑於漆牙紅如硃老桃皮
項上起毛丁淡金翅衣殼耆勁聲急而沙六足淨白無
纖毫斑點一身細白肉上暈珠光此蟲出土時生體準
長至落湯乃變至高圓潤厚兩腿透明如美玉牙紅作
寶石光行口極快力大於身此蓋真正白蛩毫無間色
者也
老紫黃
深頭圓項生體潤圓翅尖長直包至尾頭色濃紫明如

清秦偶僧《功虫录》之一页

【注释】

(1)分心项眼：《功虫录》作者秦子惠《王孙经补遗》论项云：“至如浅而狭，薄而紧，或生白毛，或作烟煤色，并半节青半节白，以项眼项分星等病，均为下品。”此处之“分心”疑即“分星”之音误，“分星”为项病之一。项眼，即项上有蛀孔，亦为项病。(2)大呢：此语不通，疑为“尖尾”之形误。

◎ 青项金翅（又出虞山顶山童海金来，八厘）

头圆而足，项大包头。淡金头皮，金丝麻路。乌顶黑脸，糙米白牙。铁皮青项，腰圆背厚。早秋长身拖肚，颇类土狗形。翅如赤金，细黄毛肉。六足粗壮，矫健多力，竖翅作丁丁声，斗不二夹。此虫于处暑前出土，曹平称二百点，秋深只称分六厘。落汤已干老，斗仅六七栅耳。然论其斗功，曾于常熟遇一名将，合钳胜之，时已绝芡。后闻此虫仍斗结栅，则当日之勇猛可想矣。

◎ 愈字青尖翅（又出常州沈云来，七厘）

四字长头，眼角极起。乌金头皮，金丝透顶。黑青项，老白牙，细长而尖样。糙金翅，鸣声啾啾，似哑实急。腰背高厚，肉细尾尖。六足不甚长壮，然一着芡，即遍栅飞腾，如风樯阵马，势不可遏。其性猛烈，偶遇重口，必加重以还，敌虫无不绝芡。落汤至大雪，翅忽烂去，竟成秃背，盖毒虫也。

◎ 白牙紫青（又出昭文，八厘）

头项圆足，生体短阔，尾际仍尖。头色仿佛茄皮，斗丝则红白相间。老白牙，黑项，乌金翅，皮壳苍老而带黑色。腿脚圆劲，并极精莹。初出土时，底色浅薄，近乎草青。后则翅色变黑为金，头色化乌为紫。出口极重，善斗能盘。乍视之似属浑色，实则老壳紫青耳。

◎ 红牙紫白（又出顶山，五厘）

头形圆绽，青金头皮，扁白斗路。乌顶黑面，宝石红牙。项深而阔，青底上糁白沙。腰背宽厚，生体如莲子形。翅色浅淡而露金光，鸣声骤急。出土便极苍老，六足与肉身俱白。秋分破口，直至结冬，未逢敌手。按此虫色相，自是细种。唯具此肉身颜色，欲得头项整齐，生身宽厚，已属难得。加以宝石红牙，周身苍劲，宜其三秋无敌矣。

◎ 麻头老白青（十四年戊子出崔家巷，杭码八厘）

深圆大头，烂斑青项，蜜蜡头皮，斗丝扁白而多麻路。黑面方腮，眼如点漆。腰圆背厚，两尾尖长，六足明净。肚腹肉鳞，并起珠光。淡金翅，鸣声尖急，有类金钟。老黑红牙，粗而有锯刺。斗三栅，未见行夹。霜降节后忽立而僵，验之蟹脐发黑，盖以伤发而毙也。按是秋自处暑至秋分，月余不雨，田土坚硬，多致干烈。虫在土中，用铁扦掘起，或为泥块挤伤，竟至不寿，诚为可惜。此虫苍老干结，为淡色中所罕有。即以色相而论，亦属出类拔萃，矫矫不群。本年秋虫，不能不推为第一也。

◎ 白牙重青（又出项山童海金，八厘）

深头阔项，腰背丰隆。乌金头皮，糙白麻路，糯米白牙。乌金翅，微带蓝光，较之雨过天青，似觉稍逊。腿脚圆劲，尾细而长。性最猛烈，每一着芡，即奔放冲夺，如怒马之不受羁勒，临阵交锋，一冲即胜。曾于浙江峡石镇遇一名将，两相冲击，被咬住一腿，盘旋久之，甫一合钳，敌虫跳跃几毙。其时已在深汤，养不数日，腿竟落去。盖因性躁以致受伤，然其勇猛诚为无敌。

◎ 白牙蟹青（十五年己丑出杭州，五厘）

大头阔项，头角高耸，两眼向前，铁面方腮，状貌凶恶。黑漆头皮，淡金麻路。铁皮项，方白牙。乌金尖翅，生体阔方，而尾极尖细。六足圆劲，鸣声尖急。其性猛烈非常，早秋破口，直至深秋，前无坚敌。开盆见亮，则鼓翅张牙，精神抖擞，六足跳跃有声，历秋冬无少异。色较黑青稍浅，与蟹壳青无异。屡遇名将，从未对咬。下锋并有斗至结栅者，可谓三秋无敌矣。

◎ 白肉油青（又出杭州，七厘）

深头方项，青金头皮，乌项，糙白麻路。白牙圆大，无黑爪。生体高厚，六足粗长，笼形最大。两翅作油绿色。肉身细结，兼带宝光。此白牙青兼油色者。其发性最早，中秋即出栅，约斗十余笼，从未合钳，亦无重口。虽遇名将，只三四叉夹，无不却走，殆所谓软口者欤？至交冬落汤一日，即已老毙。此盖不进汤之虫也。

◎ 芦花淡紫（又出将台郭文秀来，八厘）

此虫出土时乌金头皮，蓝青毛项，翅若玄缎，六足纯白。高厚方阔，头大脚长，状貌瑰异，真可谓之为天蓝青。初得之，如获珍宝。时甫交白露，乃落盆十数日，黑色忽然褪去，项上青毛亦并卸光，变为槟榔花项。其色非青非黄，浑身如蒙霜雾，对之生厌。初次出栅，即饶码二十余毫，意在必败，然合牙即胜。斗至深汤，并无敌手。此殆谱所谓芦花紫者与？蛩本化生，极其善变，非亲自经验不信也。

◎ 小白牙青（又出昭文，大六厘）

圆头圆项，腰背俱圆。乌金头皮，淡金麻路，深青项。翅色稍淡，不类重青，亦系黑色中之浅色；而肉色苍老，腿脚白净，迥异寻常。尖长白牙，闭钳极快，斗五六栅不行夹。然性最猛烈，见亮则跌脚张牙，卒至跌伤跳腿，至不能伸屈。落汤后封将军。

◎ 淡红麻头（又出昭文，八厘）

大头深项，背厚腰圆。生体短阔高厚，兼而有之。尾际独尖而少肉。其色非黄非紫非青，衣壳肉身，俱作浅红色。淡金斗丝，麻路散布，的系麻头。黑脸红牙，项不青而苍老，肉极绒细。小脚粗长，两腿微短，形类蜻蜓，斗不行夹。曾于常熟遇一名将，苦战逾一时之久，精神倍加。观者如堵，咸以为将遇良材，未可任其相并，始各用草点回。盖敌将系黄色，亦结栅之虫也。

◎ 苗叶青尖翅（十六年戊寅出杭州范玉闰来，五厘）

四字长头，黑脸长白牙，青金头皮，麻路纯白。深圆项，极苍老，腰背圆满。翅长尖直包子门，作浅碧色，鸣声紧急，如击金钟。六足明净无斑点，肉情绒细而干结异常。入栅如怒马陷阵，纵横跌宕，势不可遏。按尖圆翅至深秋多变沙声为能受口，此虫自早秋以迄深汤，鸣声无少异，而骁健独过他虫。此真苗叶青，实不易覯之贵品也。

◎ 黑大头（又出昭文石庆大，七厘）

深圆大头，乌金头皮，金丝麻路，铁皮项，黑脸糙白牙。生体则阔圆高厚，字字兼全。衣壳苍劲，腿脚圆长，肉黑而细，翅若乌金。唯腹未能白净，是殆黑多而青少者。惜其性稍缓，从不合钳，斗至三四栅耳。然就其品貌而论，当为本年首推也。

◎ 白青尖翅（又出杭州，杭码九厘）

此虫头项腰背，一气浑成，形同覆瓦，而尾段仍尖。浑身包扎紧峭，绝无边骨翅角等病。浅红头，淡金麻路，黑面白牙，青项。浅乌金翅，鸣声沙而带棉。肉最绒细，尾才如发。六足圆壮，明净无斑。处暑初出土，似嫌微嫩。至深秋则精神奕奕，神骏异常。但就色相而言，已具了虫格度，于尖圆翅中尤为贵品。惜分量太重，称至二百余毫，斗仅两栅。近则厘码尚小，其一百一二十毫之虫，转得争花夺彩，列为前锋。此虫以瑰异之质，竟为所掩，可谓埋没英材矣。

◎ 白牙深青（又出白石庙张如春来，七厘）

淡乌金头，银额金麻路，长尖白牙。项厚腰圆，翅尖尾细。生体则头项腿脚，肉身包裹，均属相称，实平相中之贵品也。翅色则黑而不浓，斗丝则黄而兼淡，介乎正青重青之间。行口极轻，敌虫交牙即走。蛩之间色最多，至有五色兼全者，是盖七青三黑之虫也。

◎ 白牙干大头（十七年辛卯出长安周正发来，八厘）

大头方项，腰阔尾尖，生相若骨多肉少。青金头皮，细白斗路，深青毛项。紫金翅，两尾微翘，似嫌背肉不足。净白牙，无黑爪，粗圆如米粒。初出栅，一冲即胜。后遇一名将，苦斗逾时，如疾风暴雨，固结不可拆解。卒以小口胜之，以后仍不行夹。此虫声若洪钟，笼形莫占，浑身苍老。性尤猛烈，虽欠背肉而能受盘，是真瘪肉干青。小码者时或见之，至杭码八厘，则真绝无仅有之虫矣。

◎ 黑壳淡青（又出昭文顾四四来，七厘）

大圆头，额尤丰满。锅底黑脸，头皮较海棠色稍浓。金斗线麻路，旁出多而且细。黑绒

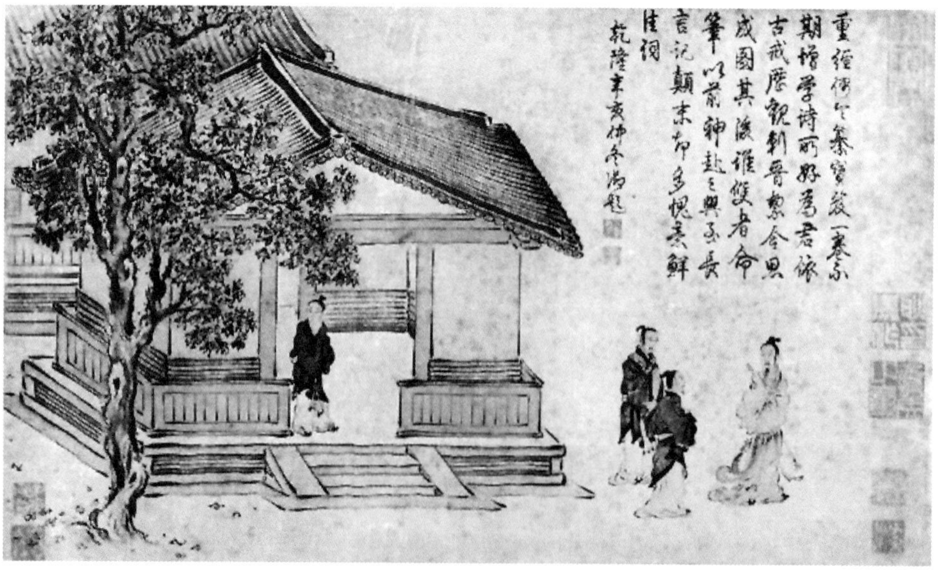

清《唐风·蟋蟀》诗意图

项，宽厚而起烂斑。山笋生身，尾尖有肉。遍身黑色，六足斑狸。唯斗丝头色确系淡青。早秋白钳，后变血色象钳。行口极重，闭钳即胜。落汤则浑身黑沙笼罩。鸣声尖厚，矫健不可当。中秋破口，历苏、常、琴川、上洋及东乡各镇，所向无敌。

◎ 淡白青麻（又出杭州将台郭文秀子郭春来，六厘）

头大起棱，两眼高出额线，上脑盖如老草色。净白斗丝，旁多麻路。开光黑面，阔板红牙。淡青项，似欠沙毛，而烂斑坟起。青金翅，鸣声丁丁。然腰背尾尖，肉细且厚，最为贵品。六足圆壮，精莹如玉。霜降破口，至大雪时犹能食尽粒米，正如人之壮年。故每斗必遍栅冲夺，敌虫从无照面。其色则白多于青，是真冷虫之无敌大将也。

◎ 红牙白（又出长安周富生来，六厘）

苍白头皮，纯白斗丝贯项。面黑于漆，牙红如珠。老桃皮项，上起毛丁。淡金翅，衣壳苍劲，声急而沙。六足净白，无纤毫斑点。一身细白肉，上罩珠光。此虫出土时生体浑长，至落汤仍变至高圆阔厚。两腿透明如美玉，牙红作宝石光。行口极快，力大于身，此盖真正白蛩，毫无间色者也。

◎ 老紫黄（又出长安，四厘）

深头圆项，生体阔圆。翅尖长，直包至尾。头色浓紫，明如宝石。麻黄斗路，阔面方腮。大红牙，粗厚无比。黑青毛项，紫金翅。肉作紫红色，腿脚微黄。两尾尤为绒细，鸣声尖而带厚。是为极苍老之虫。最可异者，早秋出土系杆子形，浑青色，奔驰跳跃，不可逼视。以虫试之，合钳之重，迥异他虫。寒露其色忽变，肚腹收拍，竟似合船形。此盖“阔圆高厚，干老细糯”八字兼备者，宜其无有敌手也。

◎ 乌背红牙青（又出昭文，六厘）

高厚生身，如柜台式。圆头起顶，乌金头皮。金丝麻路，黑面红牙。青项乌背，六足长大。肉细而绒，鸣声洪亮。方出土时，以指甲拨之，辄张牙鼓翅，如斗发音。其性之雄健，早秋已然，诸养蛩家见之，以为见所未见。临阵只勒钳，无重口。来虫虽极矫健，亦无重口，是可概见其力量矣。

◎ 青项黄麻（又出马伯大来，六厘）

头项生身，与黑壳淡青无少异。初出土头色系老壳青。金黄斗丝，粗直贯顶，却灵活而不浮板。黑脸，深青项，大红牙。肉情绒细，腿脚苍老无黑斑。乌翅内隐金光，鸣声厚而且急。临斗不甚合钳，便以牙拨之，敌虫即走。中秋破口，斗路渐化蓬头。至落汤，则如细丝金线，麻路杈出如柏叶样。此种的系黄麻头，养蛩数十年仅三四见耳。

◎ 老黑紫（又出昭文克仁字号来，杭码五厘）

头项生身，腿脚俱称，是为阔四平相。乌头黑面，纯红斗丝，细才如发。紫绒项，黑油肉。两翅作苏叶色。尖长白牙，行口极快极重。早秋腰背阔厚，得之者误认粗黑色。以之勾口，交牙即胜，未出栅前已斗数十次矣。落汤仅斗两笼，卒以多斗伤发而毙，诚可惜也。

◎ 大牙油青（又出杭州，四厘）

头不大而圆足，项不宽而苍老，生相平平。淡头皮，浅金斗路，乌顶黑脸，老白牙极长大。此虫杭码只四厘，虽六七厘之虫，牙未有大过之者。初出土颇似老壳淡青。秋分出栅，从不行夹。至落汤遍体发油，宝光四射，交口即胜。松江属多小码，在上洋斗数栅，后人多避之，虽有名将，亦不敢与抗衡也。

◎ 小稻叶青（又出木城东门，二厘）

平头平项，壳薄而苍，肉干而细。青金头皮，淡金斗路。青毛项，大红牙。周身碧色而带黄光，如深秋稻叶色，是谓老色稻叶青。此虫仅一百二十毫，屡经饶码，未逢对手。出于本土，尤为难得。

（以上：清秦子惠《功虫录》）

◎ 英武大虫王真青（山东乐陵，隆福寺赵三）

此虫青头白络，青项，遍体真青。玉柱大蠹牙，光华灼灼。头魁圆大，身体高厚，腿健圆长。是岁诸虫，莫不授首。力挫东菊，咬遍北城名虫金蓑衣。清字真火牙，在场诸人，无不啧啧惧其神勇。口快如电，所向无敌，勇冠三秋，真异虫也。乃于十月初一日恭祭虫王。颂曰：伏波大将军，英武大虫王。以彰神勇，而与同癖者共览焉。偶成七律一首，以志神勇：

神勇真青到处扬，身雄力猛腿圆长。钳如干将锋且夭，翅似唐猊健而强。

北讨菊清齐授首，南征铎帅共焚香。三秋场上威名赫，蟋蟀丛中第一王。

◎ 恩子芳题

头圆牙大性刚强，翅项真青隐有光。血色红钳坚且锐，烟熏黑腿壮而长。敌虫受口身惊窜，物主当场意气扬。触目虫王今岁得，教人那得不焚香。

◎ 英士先题

真个牙坚腿更长，青身闪烁有光芒。虫与交锋皆立毙，王虽对垒亦怆惶。天地精英育此虫，生来威猛众难同。牙钳更比干将利，菊帅铎清落下风。

◎ 恩子芳又评一则

余友恩溥臣性癖蟋蟀，凡虫一入选者，必精勤调养，爱护珍之。比年来所得虫甚夥，然皆互有输赢，未得始终为冠者。光绪二十一年秋八月初九日，于隆福寺赵三山东蟋蟀内，购得真青一头。其虫体厚钳红，腿长肉黑，麻络直长，头项相称，牙大异常，光明可爱，故知其不可轻视；然亦未深信。初排时，将敌虫两牙咬折。于是按期赌斗，所遇名虫，皆受一二口而惊窜败北矣。适北城有东菊蓄金蓑衣者，名噪一时，为诸虫之冠，乃与真青放对。下盆时，在场诸人意必有一场恶战。诚如中原逐鹿，不知鹿死谁手。孰知金蓑衣两牙方递，即被真青咬住。金蓑衣连受五口，而曳兵走矣。在场诸人，愈谓真青此真虫王中之王也。余亦爱惜此虫，故为志。

◎ 神武都虫王黄大牙（山东济南）

此虫黄圆头大，阔蓝项，紫黄方翅，身背宽厚，六腿圆健，双钳红色，蠢大异常，局中呼为清口虫王。初斗时，有南城斋字购得刘海亭上好勇虫玉牙青一头。伊虫身背雄厚，遍体黑毛，交锋时一扻就赢。是日与黄大牙角斗，在场诸人以为必有一番恶战。即至交锋，竟不能敌；勉强支持，即被咬折一牙而惊窜矣。菊字曰："真好黄蛐蛐，赢吾一上好虫。"凯字曰："此虫好大脖子，好大牙力。"又在那王府上广字大像黄麻头，只半口。广字曰："此虫未见咬，如何即败？好快口，好精神！"从此威名大振，莫敢与敌者。乃于十月二十五日（即大雪后一日也）在宣武门外方壶斋杨宅祭神，与元昌由天津觅来上桌将军勇虫青大头角斗。未斗时，蛐蛐把式二陈素知其勇，暗告元昌曰："克秋之虫异常勇猛，不可与敌，须当避之。"元昌曰："吾虫系天津打遍无敌者，甚有底，不惧伊虫。"上桌斗时，元昌得意扬扬，以为必胜，及至交口，青大头牙力竟不能敌，只被黄大头一口，而青大头卷牙损，望风逃矣。在场诸人为之哄堂，皆曰："好大红牙，好大钳力，好快口，真乃清口虫王也。"茂字、凯字、南帅、冬平诸人皆欲争借，再上几次桌。余黄大牙口快牙大，神欢骁猛，诸虫避易，勇冠三秋。已然功成名就，不忍再劳其勇，皆惋言谢辞之。诸人皆曰："此虫今秋可称为五路都虫王矣。"七绝四首以志神勇：

雄壮身材体厚丰，刚强骁猛冠诸虫。

红牙蠢大干将利，王号名垂万古中。

◎ 其二

至勇无敌体健强，身雄铁骨翅金黄。

宜须怒尾能酣战，啮死诸虫号霸王。

◎ 其三

神武虫王振方壶，红钳似火敌万夫。

力降菊广元昌瑞，竹帛名垂冠帝都。

◎ 其四

神武超群世间稀，诸虫胆落又魂飞。

红钳似火干将利，打遍秋冬逞雄威。

◎ 其五

高厚形方遍身黄，头魁项阔力最强。威鸣金翅生音咤，怒吐红钳露剑芒。

百战无敌超俗格，三秋独占异寻常。祭神上桌人争羡，勇冠都中第一王。

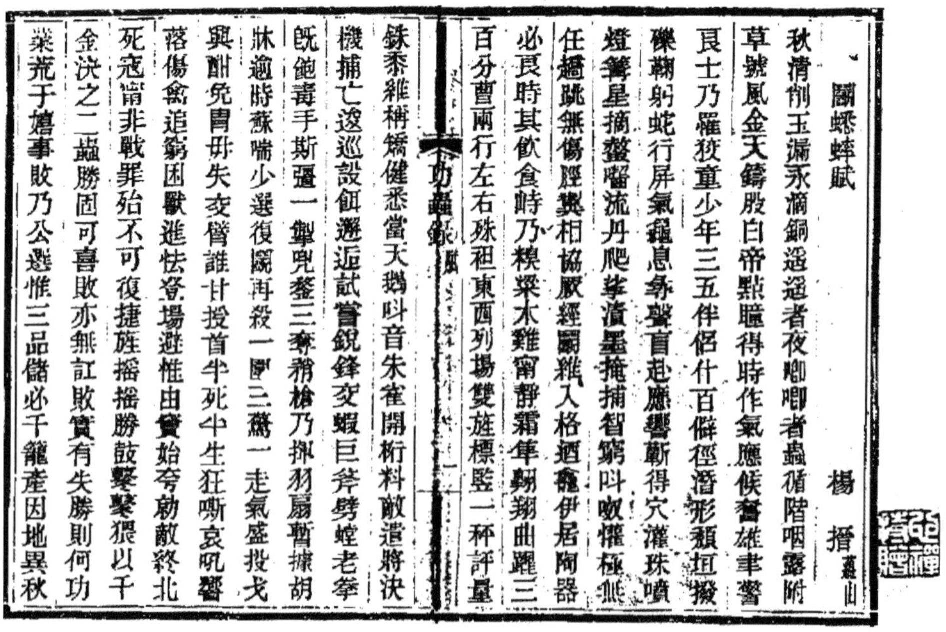

鬬蟋蟀賦　楊揩 嘉山

秋清削玉漏永滴銅遥遥者夜唧唧者蟲循階咽露附
草號風金天鑄殷白帝點瞳得時作氣應候奮雄聿警
良士乃羅狡童少年三五伴侶什百僻徑潛形頽垣撥
礫鞠躬蛇行屏氣龜息手聲盲起應響斬得穴灌珠噴
燈籌星摘盤溜流丹爬挐潰墨掩捕智窮吅呶懽極無
任遍跳無傷脛翼相協厥經鬬雞入格適龕伊居陶器
必良時其飲食時乃粳粱木雞甯靜霜隼翱翔曲躍三
百分曹兩行左右殊砠東西列場雙旌標豎一秤評量

功蟲錄　賦　一

銖黍錙稱矯健悉當天鵝叫音朱雀開桁料敵遣將決
機捕亡逡巡設餌邂逅試嘗銳鋒交蝦巨斧劈螳老拳
既飽毒手斯彊一掣兜鍪三奪稍槍乃揮羽扇暫據胡
牀逾時蘇喘少選復鬬再殺一鬬三蹶一走氣盛投戈
興酣免胄毋失交臂誰甘投首半死半生狂嘶哀吼響
落傷禽追窮困獸進怯登場避帷由竇始夸勍敵終北
死寇肯非戰罪殆不可復捷旌搖搖勝鼓鼕鼕猥以千
金決之二蟲勝固可喜敗亦無訌敗實有失勝則何功
業荒于嬉事敗乃公遐惟三品儲必千籠産因地異秋

《功虫录》中的“斗蟋蟀赋”

◎ 山东大虫王蚂蜂黄（山东，隆福寺四面陈）

此虫黄麻头，朱砂项，两翅金色。六腿壮长粗大，身材雄猛。双钳血色，蠢大异常。牙锋有钩，宛若桑剪。形似猛虎，势若狻猊，骁勇绝伦。初排时，敌虫未敢入牙即走，亦未知其勇。赴方壶斋与广字名虫紫青角斗，在场诸人以为紫青必上，捧局者数十人。广字亦得意洋洋。两虫牙钳方对，紫青即不能敌，仅受一口而紫青曳兵走矣。广字奋然曰："吾虫甚勇，遍斗无敌者。今日何故只一口便败耶？好厉害黄蛐蛐！"乃于十一月初六日（即大雪）打将军祭神。上振字名虫大像墨牙青，伊虫体厚形方，神欢像大。振字以奇货居之，曾上数盆，今被蚂蜂黄力挫凶锋，而振字汗流夹背，丧气垂头，匆匆即走，曰："好勇黄蛐蛐，好快口。吾虫不幸遇见硬对也。"在场诸人皆曰："好清口虫王，好精神。"此虫真无敌矣。祭神上桌，颂曰：山东大虫王。贴喜字封盆大吉。十一月二十九日荣终。七绝四首以志威勇：

刚钳蠢大似青锋，勇冠诸虫力最凶。

天寿名扬威远播，凌烟阁上绘英容。

◎ 其二

高头朱项翅如金，蠢大红钳形似针。

六腿圆长神力猛，虫王桌上羡君临。

◎ 其三

黑腿粗长蚂蜂黄，红钳蠢大异寻常。

诸虫授首威名赫，天寿焚香意气扬。

◎ 其四

山蚂蜂黄气象雄，紫头朱项翅玲珑。

通天直线如银白，触目钢钳似火红。

◎ 神威大虫王高头青（山东，隆福寺文子）

此虫头顶高圆，红钳蠢大，六腿长健，身雄力猛，遍体重青一色，真勇虫也。交锋时牙开一线，初排时未见敌虫交口，而敌虫牙坏身耸矣。九月十七上善字名虫黄麻，只半口惊窜败北。善字曰：“好清快口，此虫无挡，准可上桌。”于是未肯多斗。十月三十日（冬至前三日也）祭神。上广字打遍京都无敌上将青白麻者，伊虫曾上北城常乐名虫黄麻头，威名大振，连上十数盆，无敢角头者，皆以无敌大虫王呼之。放对时，广字得意洋洋，以为必胜。交口时力牙不打，气力又不敌。广字在傍，汗出如浆。把式小赵曰：“今日遇见硬对了。”连受三口曳兵而走矣。在场诸人皆曰：“好厉害红牙青，真乃无敌大虫王。”此虫可盖京都第一王矣。祭神上桌，恭颂神威大虫王。贴喜字封盆大吉。十二月十一日荣终（立春前五日也）。七绝二首以志威勇：

高厚魁梧大方头，红钳蠢大振三秋。

身雄力猛威名赫，王号宣传万古留。

◎ 其二

遍体真青蠢牙红，形高背厚气豪雄。

威名远播传四境，勇冠三秋第一虫。

◎ 无敌大虫王青黄（山东宁阳，隆福寺小郭）

此虫高头黄麻，白络贯顶，青项青身，遍体真青色。六腿长健，身圆背厚，体壮雄伟，血红大蠢牙，真勇虫也。交锋时神欢口快，急如闪电。敌虫似未搭牙，而身耸牙坏矣。适南城方壶斋杨家，蓄有乌头金背子一头，伊虫形方体厚，金背乌头，蓝项白牙，真名虫也。广字爱护珍之。八月十六日，与青黄角斗。未斗时，广字擎棒侍芡，有所恃而不恐，以为必胜。捧局者亦云：“今看他怎咬？”及至交锋，乌金背宣须怒尾，开牙方递；似未搭牙，而乌金背身耸一团，拼命挣脱，头歪须僵。勉强张牙，发楞转瞬之间，又覆一口，乌金背身扭牙坏，如断篷之舟，旋转不已，惊窜而逃。广字汗湿红毡，手颤面赤，大叫：“好厉害蛐蛐，好快口。吾虫不幸遇见硬对，不容还口就坏了。此虫今秋无挡，下次多赌洋钱。”从此威名大振，广字闻风远避。偶然相遇，即约往牛肉湾王家赌现洋，实惧青黄之勇耳。其笼字勇虫青厚墩，只半口而牙损惊窜矣。余青黄钳硬似钢，口快如电，体壮神欢，诸虫避易，真清口虫王也。因留打将军，未肯多斗。孰料今秋各局场并无祭神之处，乃于十月二十八日（即大雪日也）恭祭虫王，颂曰：无敌大将军，贴喜字封盆大吉。十一月初三日荣终。七绝四首以志神勇：

遍体真青气象雄，黄头白络蠢牙红。

方壶啮死乌金背，猛勇当先第一虫。

◎ 其二

钢钳触目凶又恶，力挫诸虫皆惊跃。

名冠三秋盖世雄，英名已绘凌烟阁。

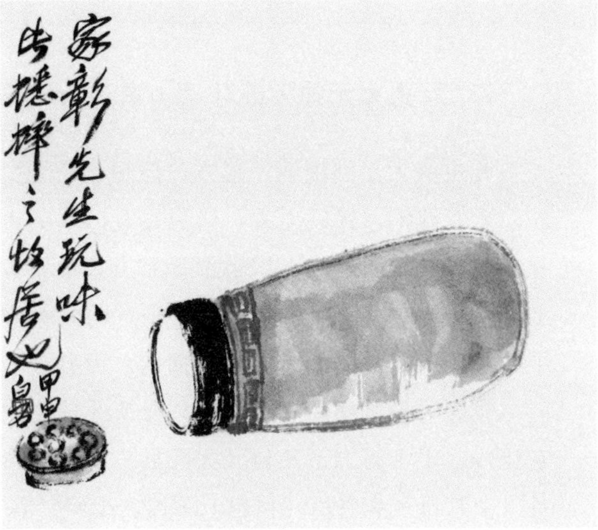

齐白石蟋蟀故居图

◎ 其三

体壮神欢遍身青，钢锋利胜剑初硎。

诸雄胆落威名远，清口虫王目未经。

◎ 其四

无敌将军真罕见，交锋口快急如电。

三秋威振独超群，广茂宜龙心胆颤。

◎ 超勇大将军紫青（山东宁阳，隆福寺鸡李）

此虫头高项阔，蠢大墨牙，形方体厚，遍体紫青色，六腿圆长，神欢力猛，口快如电。交锋时敌虫两牙方递，即六腿朝前而身耸矣。牙歪须死，望影惊窜。所向无敌，独占三秋，为一时名虫之冠。力挫星字大像青大头，只半口而败。星字曰：“未看真搭牙，如何就败？真好快口。”又上竹字五转好口名虫青麻头，牙折身死。盖字曰：“好大墨牙，好硬钳力！真乃清口虫王！余虫不幸遭此挫败，从此收兵，再不赴局场角斗。”又于十一月十三日（大雪后四日也）在牛肉湾王宅（即双字）上善字四转名虫黄麻，杨广字及把式陈二、切郭等皆曰：“好大墨牙，好快口！此虫今秋无挡，准上桌。”局中诸人畏之，莫敢再与角斗者。因本年各局场均未举办祀神之处，虽然双字祀神，唯时期过晚，未克前往。乃于十一月二十四日（冬至日也）恭祭虫王，颂曰超勇大将军，贴喜字封盆大吉。十一月二十五日荣终。七绝二首以志威猛：

墨牙蠢大最英豪，广善怆惶望影逃。

勇冠三秋传远播，将军声势盖天高。

◎ 其二

形方体厚雄如虎，墨色钢牙似纯钩。

力挫诸虫齐奔北，威名赫赫冠三秋。

◎ 冠勇大元帅大红牙（山东济南，隆福寺小陈）

此虫头大足圆项阔，形方体厚腿长，遍身淡青，血红蠢牙，骁猛绝伦，力大无穷，口快轻捷，牙似纯钢，锋硬无敌，诸虫畏避，真英虫也。力挫星字有底名虫大白牙、本春青麻，吓坏升字薄皮黄等虫。又上广字上等名虫大像素黄麻者，伊虫曾上数盆，爱若珍宝。下盆时以为必上，孰料方一交锋，被大红牙一口，将素黄麻连腮带额咬碎。伊虫痛苦已极，数次耸身，摆脱不开。良久方由大红牙上将头摘出，而胆裂魂飞矣。在场同人皆曰："此真乃虫王也。"解字曰："好厉害蛐蛐，好狠蛐蛐！"从此威名大振，莫敢再与敌者，勇冠京师，威扬远播。困年老腿残，于十月二十三日（大雪后三日也）恭祭虫王，颂曰冠勇大元帅，贴喜字封盆大吉。十月二十八日（大雪后九日也）荣终。七绝二首以志威猛：

形方体厚蠢牙红，熊背圆腰力最充。

威镇方壶施英勇，三秋独占第一虫。

◎ 其二

头圆牙蠢遍身青，骁猛无敌似虎形。

大显神威惊四座，英名远播已刻铭。

◎ 虎翼大元帅青长衣（山东宁阳，隆福寺赵狗子）

此虫青头青项，青翅长衣，六腿圆长，淡白蠢牙，交锋时口快如电；更兼牙力最大，战败名虫甚夥，所向无敌。曾上东平紫黄，一口即死。其星字大伏地、茂字墨牙黄暨紫青、泉字紫麻头，皆时名虫也。威名远播，勇冠三秋，同人畏之。十月二十九日（大雪后九日也）打将军祭神。上永胜左搭翅，伊虫曾在天津打将军上桌，赢黄家现洋五十余圆，名振天津。孰料被青长衣只一口，惊窜而逃，从此数十日再不敢开牙。永胜曰："吾虫在津何等英勇，今日不幸遇见虫王被辱，诚可惜也。"于是祭神上桌，恭颂虎翼大元帅，贴喜字封盆大吉。十月十八日（小寒前三日也）荣终。七绝二首以志威猛：

长衣威猛赫赫扬，巨齿青身力更强。

勇冠三秋无敌手，会贤堂上颂虫王。

◎ 其二

虎翼元戎盖世稀，真青遍体翅长衣。

会贤堂上称异品，打罢秋冬显神威。

◎ 骁猛大虫王青金翅（山东宁阳，隆福寺文阔亭）

此虫头魁项阔，腰身圆厚，六腿长大，遍体青金色，两牙蠢大，坚硬异常，口快轻捷，骁猛无敌，名冠三秋，真英虫耳。初斗时上星字心爱名虫马蜂黄者，未见搭牙，而马蜂黄身窜奔逃。星字曰："未见口，吾虫欠铃子，可再接斗紫青。孰料紫青开牙方一碰，即逃奔避易。星字又曰："今日真怪，好口蛐蛐，为何不咬？"又良久，乃曰："吾马蜂黄方下铃子，又开口矣。"于是又斗。马蜂黄开牙猛扑，被青金翅只半口，又惊窜矣。茂卿曰："此虫真好，今秋无挡矣。"因过铃子损坏铃兜，未敢多斗，虽然带病，神气甚旺。于九月十五日上星字镇盆第一名虫大像紫黄，伊虫曾上凯字青麻头，又上吾名虫黑尖翅，皆未敢入牙即败。孰料被青金翅一口咬成坐墩，许久方将牙逃出，须坏牙歪，险些死于盆内。观斗诸人，为之哄堂喝彩，皆曰："好利害青金背子，好硬牙钳。此真虫王也。"其豳字名虫红牙青，未斗时在场诸人皆捧红牙青，外局重重。及至交口，红牙青竟未敢入牙而逃窜矣。局中诸人皆曰："此虫牙大铁硬，惜红牙青不走字，遇见虫王耳。"因铃兜有病，于九月二十五日恭祭虫王，颂曰骁猛大虫王，贴喜字封盆大吉。十月十一日荣终。七绝四首以志威猛：

虎体熊腰势高超，三秋勇冠姓字标。

刚锋蠢大无敌手，触目虫王下九霄。

◎ 其二

骁猛无敌冠都门，诸虫避易惊断魂。

三秋场上威赫赫，播得英名镇乾坤。

◎ 其三

项阔头圆体像奇，青金翅背美容仪。

诸雄胆破怆惶北，清口威名竹帛垂。

◎ 其四

神欢口快迅如神，两翅青金像出尘。

力挫星豳齐授首，威名到处早惊人。

◎ 冠武大将军左翅蟹青（海南[1]）

此虫头大项阔，腰身浑厚，六腿圆长，牙钳蠢大，遍体蟹青色，更兼翅向左搭，真异虫也。交锋时未见搭牙，而敌虫身耸牙歪，逃窜败北矣。初斗时上瑞字勇虫黄麻，只一口，黄麻牙损而逃。善字曰："此虫真正蟹青，真快口。"茂字、禄字等皆曰："好快口，好辣口。此虫今秋无挡。"又于九月十二日，在方壶斋上雅字名虫大像黄麻头。把式小魏曰："此虫真正蟹青，口快牙硬，乃明虫王也。"广字托人购借，未肯相赠。其一字紫黄、雅秋黑青，如羊遇虎耳。是秋因无祭神处，乃于十一月十六日（冬至日也）恭祭虫王，颂曰冠武大将军，贴喜字封盆大吉。十月二十七日荣终。七绝二首以志神威：

头圆项阔真蟹青，左翅生成异奇珍。

蠢大刚钳惊四座，将军快口迅如霆。

◎ 其二

天生异品最英雄，遍体青青蠢牙红。

左翅威名传远播，三秋勇冠立奇功。

【注释】

(1)海南：此处"海南"非指今日之海南省，而是当时虫界特指的地域，据郭和卿说法是泛指渤海之南的山东乐陵、宁阳一带。

◎ 宣武大将军真青（海南，隆福寺小王）

此虫头青圆大，麻络白纹，阔项如绽，青翅方厚，六腿圆长，牙如玉柱，勇健超群，真英虫耳。是秋所向无敌，力挫星字紫眉子、禄字黄单鞭、虎字红牙青、豳字红牙青，名冠一时。唯方壶斋杨广字爱之尤甚，托出多数至友相借。余碍于情面，不得已赠给，是日即颂曰宣武大将军。

◎ 镇武大将军黄厚墩（山东宁阳，隆福寺文阔亭）

此虫头圆项阔，身体雄厚，遍身黄色，六腿长大；更兼力猛无穷，牙大宽厚，红亮异常，局中人呼为硬牙。勇冠三秋，同人畏惧。曾将宪字黑青一口咬死。又上钟德大油葫芦青、李字青单尾等，皆一时名虫也。于十月十五日无意中与广字第一清口勇虫青条子角斗，伊虫体厚钳红，重青一色，遍斗无敌者。下盆时广字手执棒芡，以为必上。孰料交锋时，奋勇斗战，牙力竟不能敌，只受一口而曳兵走矣。广字汗出如浆，手颤神变，乃曰："吾虫系清口虫王，今日因何一口即败？"明字曰："汝虫非不用力，在牙上打滑擦，如何能敌？"从此黄厚墩威名大震，莫敢与敌者。于小雪（十月二十六日）恭祭虫王，颂曰镇武大将军，贴喜字封盆大吉。七绝二首以志神猛：

头圆体壮半身黄，熊背红钳腿更长。

威镇方壶名远播，三秋齐颂此为王。

◎ 其二

阔背圆腰蠢牙红，形方体厚力最雄。

都人皆诵虫王至，赫赫威名镇局中。

◎ 定武大元帅铁青（伏地，隆福寺杨永顺）

此虫头圆项阔，腰厚腿长，玉柱大钳，遍身纯黑，银线贯顶，蓝项粗须，真勇虫也。交锋时口快如电，敌虫难以支持，力挫名虫甚多。唯八月二十三日，上勇字熊背，未斗时伊虫奋勇直前，即至搭牙，竟至牙力不打而逃。勇字曰："好利害黑油条蛐蛐，此虫今秋无敌矣。"从此威名大振。赴局数次皆不敢斗，一见铁青，胆破魂飞，望影而逃。解字曰："此虫斗臭盆了，无人再敢与他斗。"九月二十日因大腿落一只，于当日恭祭虫王，诵曰定武大元帅，贴喜字封盆大吉。十月初十日（小雪后二日也）荣终。五律一首以志威猛，此数十年所得好伏地蟋蟀中第一健虫也。

威镇西南域，高营产异才。乌头银丝贯，蓝项铁甲陪。

体厚身雄壮，牙坚巨齿恢。三秋齐授首，功业冠云台。

◎ 威武大将军青扁子（山东长清，西安市场陈阔林）

此虫头大似蜻蜓样，血红大牙，身厚腿长，遍体真青，口快轻捷，神欢力大，望之若虎，猛于狻猊，此余数十年中模范蟋蟀也。屡因像大口硬，局中莫敢角斗。十月十四日（小雪后六日也）祭神。时广字、协蜂、星字皆不敢斗，望影而逃，乃于是日恭祭虫王，诵曰威武大将军，贴喜字封盆大吉。十月初六日（冬至日也）荣终。七绝二首以志威猛：

蜻蜓头样世间希，两翅真青色闪辉。

血色钢锋蠢且大，三秋打遍逞雄威。

◎ 其二

头大牙红遍身青，腰圆体壮性最灵。

祭神吓破诸人胆，绘像凌烟第一形。

◎ 五路大元帅青锋帅（山东宁阳，隆福寺陈阔林）

此虫头圆项阔，体厚形方，六腿长健，遍身重青一色，银线贯顶，血红大牙，锋坚无比，勇力绝伦，神欢像伟，盖一时之虫王也。所向披靡，威振三秋，诸人畏惧。乃于十月十四日祭神。吓走西安安斌帅，望影鼠窜，不敢角斗。又于二十八日方壶斋祭神上桌，力挫卿字玉牙黄，恭诵五路大元帅，贴喜字封盆大吉。十一月初九日（冬至后二日也）荣终。七律一首以志威猛：

体厚形方尾最雄，头圆项阔力无穷。威鸣两翼如云黑，怒吐双钳似火红。

奋舞钢须惊左右，频驰铁爪镇西东。祀神夺得标名锦，恭贺元戎第一功。

◎ 雄威大将军紫黄（山东宁阳，隆福寺陈阔林）

此虫高头大牙，身雄力猛，遍体紫黄，口快轻捷，一时之上将也。初斗时敌虫未敢入牙即败。于九月二十二日与广字上好名虫红牙青角斗，下盆时伊虫开牙先进，即被紫黄一狠口咬坏，身耸牙歪，许久方能逃出，已昏绝于盆中。广字汗如雨下，而苦胆破矣。从此威名大振，莫敢与敌。乃于十月十四日祭神，上锐字青麻。下盆时广字在傍曰："呀！是此君耶？"上桌恭颂雄威大将军，贴喜字封盆大吉。十一月十五日（冬至后九日也）荣终。五律一首以志威猛：

勇冠方壶斋，威名振六街。头高红钳利，体厚金甲排。

广字闻风惧，秋声望影霾。将军惊四座，捷报喜胸怀。

◎ 超武大元帅紫黄（山东宁阳，旃檀寺西大街二陈）

此虫头大项阔，背厚腰圆，腿长力猛，血红大蠢牙，由头至尾，遍身重紫黄色，银线贯顶，口快如电，真乃一时之名虫也。力挫坚字勇虫青黄，只一口而惊窜矣。局中人惊骇曰："好快口！无挡之英虫。"又挫锐字紫青，伊虫未敢入牙即败。锐字曰："好大牙力！吾虫不幸遇见虫王。"又赴局数次。臣字、叨字、爽秋、咏胜、本春等皆望风而避，未能多斗，诚可惜耳。唯张子卿一见即曰："真好蛐蛐！如祭神时给我一信，看伊上桌。"是年并无打将军处，乃于十月二十日恭祭虫王，诵曰超武大元帅，贴喜字封盆大吉。五律一首以志威猛：

紫黄力无穷，骁猛冠世雄。项赤腰圆阔，身强体厚丰。

腿长钢爪黑，头大蠢牙红。超武传千古，三秋第一虫。

◎ 镇威大将军素黄（伏地，隆福寺全子）

此虫头大项阔，体厚腰圆，麻络贯顶，血红大牙，六腿长健，勇猛异常，真英虫也，是年威名大振，局中尢敢角斗者。因买时有蛐蛐把式鸡李看见，即曰："名虫王也。"未能抢买到手，是以到处喧传："克秋得一好黄蛐蛐，今秋无挡矣，真正名虫王。"局中诸人互相传播，皆望风畏之，莫敢与敌。唯峰字、西忠等，皆欲借此虫多赌数十元钱，孰料无敢相敌。素黄虽好，三秋只咬一口，埋没英才，诚可惜耳！乃于十月初十日（小雪日也）恭祭虫王，诵曰镇威大将军，贴喜字封盆大吉。五律一首以志威猛：

天产无敌将，英虫说素黄。头高牙蠢大，体厚腿圆长。

勇气惊河北，神威镇四方。三秋皆授首，赫赫美名扬。

◎ 镇南大将军井泥青（山东，钓鱼台陆鸿禧）

此虫头高体厚，六腿长健，遍身重青色，蠢大白牙，钳硬似钢，口快如电，形同猛虎，势若狻猊，真名虫王也。交锋时，无论何等勇虫，只一口即昏坏而逃，其勇猛如此。在场诸人皆曰："此虫真好狠口，此秋无挡矣。"又聘字黄麻，杰虫也，亦被一口咬转；数日后聘字犹打听井泥青起来否？于十一月初八日（大雪后一日也）祭神上桌，力挫杏字红牙紫（伊虫曾上十数盆，皆一口胜，名振一时）。诵曰镇南大将军，贴喜字封盆大吉。十一月二十日（冬至前二日也）荣终。七绝二首以志威猛：

清代街头围观斗蟋蟀

遍体深沉井泥青，头高牙蠢迅如霆。

三秋打遍无对手，功迈凌烟绘君形。

◎ 其二

头高牙蠢像英奇，两翅深青似井泥。

祀神夺得将军位，尊号威名天下驰。

（以上：恩溥臣《斗蟀随笔》）